安全治理丛书

西南政法大学安全治理与社会秩序维护研究院
重庆大学外国语学院 联合主持

但彦铮　彭　静　主编

安全治理丛书

〔英〕约翰·戴维斯　著

John A. Davis

冲突与控制

19世纪意大利的
法律与秩序

CONFLICT
AND CONTROL

LAW AND ORDER
IN NINETEENTH-CENTURY ITALY

陈　梅　　余曼筠　　译
但彦铮　　译审

社会科学文献出版社

SOCIAL SCIENCES ACADEMIC PRESS (CHINA)

安全治理与秩序的法律之维
（代总序）

法律与秩序，是人类社会两个永恒的主题。

20 世纪 70 年代以来，世界范围内确立的犯罪控制领域的所谓制度与思想模式，在进入 21 世纪初期之时，正面临着前所未有的挑战与巨大的变革压力。犯罪控制的制度与思想是由警察、法院、监狱等一系列国家机构所支配的，而所有这些国家机构在现代性来临时，就在安全与秩序的生产过程中占据了中枢地位。[1] 在任何时代和任何国家，有关犯罪及其防治的话题与主题往往不可避免地被卷入重大的社会与政治变革之中。尤其是自治理论在国内外兴起以后，有关犯罪、安全、风险与治理的理论及政策话题，不仅受到各国犯罪学、警察学（公安学）、社会控制、公共安全治理以及公共政策等相关学科理论研究者们的关注，更是各国政府在制定有关社会治理与安全治理方面的政策和法律时所重点关注的话题。有关犯罪治理、安全产品供给的话题，还涉及国家形象与能力（如"成功国家"与"失败国家"）的变化、公众对刑事司法的信任、公众对和谐稳定的社会秩序的期盼以及维护社会秩序、构建安全责任共担制、和谐社会的有序参与等传统和非传统社会秩序维护机制及其现代化重构问题。

当前，我国处于深化改革开放、加快转变经济发展方式的攻坚时期，如何有效地维护我国 21 世纪战略机遇期的社会稳定，成为当下政策制定者和学者们关注的重要话题。

---

[1] 〔英〕麦克·马圭尔、罗德·摩根、罗伯特·赖纳等：《牛津犯罪学指南》（第四版），刘仁文、李瑞生等译，中国人民公安大学出版社，2012，第 61~74 页。

平安是国家繁荣昌盛、人民幸福安康的前提。建设"法治中国"和"平安中国"是在中国共产党第十八次全国代表大会后，中共中央总书记、国家主席、中央军委主席习近平最早提出的实现"两个一百年"奋斗目标、实现中华民族伟大复兴的中国梦的重要战略举措。建设平安中国，事关中国特色社会主义事业发展全局，中国特色社会主义事业需要在一个和谐稳定的社会环境中稳步推进。深入推进社会治理创新是建设平安中国的基本途径，对推进国家治理体系和治理能力现代化具有重要意义。促进安全和维护社会秩序需要成本，保障安全和维护社会秩序的手段措施和方式方法需要明确的道义上的正当性。企图不受限制地满足对更多安全的渴望，会对公民自由与一般社会生活造成严重的否定性的影响。① 要处理好改革、发展与稳定和秩序的关系，就必须坚持法治观、制度观和治理观。维护社会秩序和实施安全治理，不仅需要正确的理论指导，还需要科学合理的制度设计以及充分且多样化的实践。因此，需要理论与实践有机结合，全社会共同参与，坚持"古为今用、洋为中用"的理念，兼收并蓄，立足国情和当前实际并放眼未来，充分发挥法治的引领和保障作用，积极进行理论创新、制度创新和实践创新，创造安全稳定的社会环境。

安全和平安是人们在满足基本生存和生理需要以后最基本的需求，安全治理以及社会秩序维护是人类社会的永恒主题，任何社会任何时候都有正常的社会秩序和安全需求。随着治理理论的兴起，国内各个学科也开始重视运用治理理论拓展研究领域。本研究团队长期从事警察学（公安学）、犯罪学和社会治安问题的研究，追踪研究国外安全治理理论的发展与各国开展安全治理实践的最新动态，特别关注自美国"9·11"事件以来，世界各国在警察权和反恐立法及实践方面的最新成果，试图对国外犯罪控制、警察科学、安全治理、刑事司法等方面的研究成果进行借鉴与吸纳，并结合中国的国情和实际，开展以问题为导向的实证研究，为公安学的理论体系和知识体系建构，为 21 世纪国家战略机遇期社会秩序维护和平安中国建设提供理论支撑。

---

① 〔英〕麦克·马圭尔、罗德·摩根、罗伯特·赖纳等：《牛津犯罪学指南》（第四版），刘仁文、李瑞生等译，中国人民公安大学出版社，2012，第 653 页。

　　随着 21 世纪全球化的不断发展，国家在保障公民安全方面的方法和途径发生了巨大的变化，引发了人们对于安全对美好社会的作用以及保障安全的机构等重大规范性问题的关注，也提出了如何界定安全和公共安全产品供应等具有挑战性的理论问题。国家治理（state governance）是自阶级社会以来最重要的政治现象之一，其本质在于通过其属性及职能的发挥，协调和缓解社会冲突与矛盾，以维持特定的秩序。关于治理的概念，让-皮埃尔·戈丹认为，"治理"（governance）这个词本身就是问题之源。他认为，"治理"有多种角度的解释，但"如果说治理是一种权力，那它表现为一种柔性且有节制的权力"；他还认为，"治理这个词从 13 世纪起就在法国阶段性地流行过，其最初的意思在很长时间内都可以和'统治、政府'（一直沿用至今）以及'指导、指引'画等号"。最新的研究成果显示，"在 17 世纪和 18 世纪，治理是关于王权和议会权力平衡的讨论所涉及的重要内容之一，而在那个时代，王权在实现过程中开始依靠一些新的原则，而从这些新原则中，诞生了公民权利和市民社会理念"。① 这一理念一直延续至 21 世纪，并有了新的现代内涵。治理是指对警察政策的形成与方向的宪法性、机构性安排。②

　　20 世纪 90 年代末以来，国内学术界开展了治理理论和实践的研究。随着研究的深入，西方治理理论与中国本土治理理论的错位现象逐步凸显，国家发展和治理的实践表明，治理理论只有在本土化的基础上才能实现理想的重塑。在运行意义层面，"社会治理"实际是指"治理社会"。换言之，所谓"社会治理"，就是特定的治理主体对社会实施的管理。在制度层面，国家治理、政府治理和社会治理的目标都指向在坚持中国特色社会主义根本和基本制度的前提下，破除一切不适应生产力发展要求的体制机制，创新释放生产力和社会活力的体制机制，以完善和发展中国特色社会主义制度。③ 面对 21 世纪全球化背景下社会转型的大趋势，必须探索出符合本国国情的社会秩序维护与安全治理的基本理论、制度和实践路径。

---

① 〔法〕让-皮埃尔·戈丹：《何谓治理》，钟震宇译，社会科学文献出版社，2010，第 4 页。

② 〔英〕麦克·马圭尔、罗德·摩根、罗伯特·赖纳等：《牛津犯罪学指南》（第四版），刘仁文、李瑞生等译，中国人民公安大学出版社，2012，第 651 页。

③ 王浦劬：《国家治理、政府治理和社会治理的基本含义及其相互关系辨析》，《社会学评论》2014 年第 3 期。

"安全治理丛书"正是遵循这样一种基本的逻辑，进行知识谱系和理论体系的建构与实践验证：借鉴其他学科发展的历史经验，首先进行中西古今比较，以问题为导向，对当前我们在维护社会秩序中面临的犯罪问题、安全治理问题和其他社会治理问题开展实证研究，真正形成具有中国特色的社会主义社会秩序维护和安全治理理论。本系列丛书是西南政法大学安全治理与社会秩序维护研究院整合校内外资源，紧紧围绕"深化平安建设，完善立体化社会治安防控体系"这一目标，以警察学（公安学）为支撑，依托法学、政治学和社会学等相关学科，围绕"平安中国"进行跨学科研究的成果。①

为了全面、详细和系统地了解安全治理的理论渊源、制度变革及政策实践，本系列丛书包括三大部分：最新的警察学、社会与犯罪治理、安全治理的国外译著丛书；我国近代社会治理与安全管理的理论与相关古籍整理的勘校丛书；以问题为导向，对当今社会秩序维护与安全治理问题的实证研究和理论创新著述。

为此，我们与社会科学文献出版社合作，推出"安全治理丛书"，包括《警察学百科全书》《警察学导论》《古罗马公共秩序》《冲突与控制：19世纪意大利的法律与秩序》《警察：街角政治家》《英国警察：权力与政治》《警务与警察权导论》《执法的边界：警察惯常的行为方式》《制造安全感：

---

① 安全治理与社会秩序维护研究院项目，起源于2009年11月28~29日，我在中南财经政法大学主办、刑事司法学院承办的"中国刑事司法改革与侦查理论研究学术研讨会"上，做的题为《安全治理理念的兴起与警察学理论转型》的一个简短的报告。报告认为司法体制改革应该从警务模式和警务观念的转变开始，关键是要配置好国家权力与公民权利的关系，并提出转型的具体设想（具体信息参见中南财经政法大学刑事司法学院新闻网，http://gaxy. znufe. edu. cn/A/? C-1-272. html，以及物证技术学实景图像库网站，http://jyw. znufe. edu. cn/wzjsx/xwzx/200912/t20091202_21260. htm）。随后，我便开始着手社会与安全治理方面的"知识谱系"的建构。该科研平台项目自2010年开始获得西南政法大学中央财政支持地方高校发展专项资金的资助，2012年7月27日以《重庆市财政局关于下达2012年中央财政支持地方高校发展专项资金预算的通知》（渝财教〔2012〕154号）形式，正式予以批准，2013年开始实施。其主要发展目标是为警察学（公安学）的研究和学科建设提供理论支撑、实践经验和国内外有关维护社会秩序及实施安全治理的"知识谱系"参考。安全治理与社会秩序维护研究系列丛书是该平台项目的系列成果，主要关注国际国内维度的安全治理的理论及实践，包括与犯罪控制、社会秩序维护、公共安全服务等有关的内容，主要从警察学（公安学）基础理论、犯罪控制与秩序维护视野下的社会秩序维护与安全治理（包括反恐警务）、制度安全与现代国家制度建设、文化安全与文化国家建设等维度，进行理论研究。

风险社会中的警务》《可疑文书的科学检验》《安全治理、警务与地方能力》《以使命任务为基础的警务》《警察绩效评估》等经典译著。该系列译丛，以警察科学的知识和理论体系的建构为主要内容，既有百科全书式的巨著，又有西方警察发展历史及警察学教材，还包括当代警务改革、警察科学理论以及安全治理理论发展方面的最新著作。这些著作的译述，能够帮助我们了解西方警察学的发展历程及最新发展成果。

我们又与知识产权出版社合作，推出了"社会治理丛书"，包括《警务发展与当代实践》《警察的政治学分析》《新警察学——国内与国际治理中的警察权》《21世纪的安全与通过环境设计预防犯罪（CPTED）——关键基础设施保护的设计与犯罪预防》《解读警察文化》《澳大利亚警政》《警察权、公共政策与宪法权利》《跨国法律秩序与国家变革》《德治：道德规则的社会史》等译著和著作。该系列丛书中的译著，主要关注各国运用警察学、犯罪学和相关理论维护社会秩序和开展安全治理活动中的做法，兼具理论与实践。同时，该丛书还包括部分以我国当前的社会治理问题为导向，进行专题实证研究的学术著作。

"读史可以明智"，"了解和熟悉历史才能把握现在；研究并洞悉现在才能展望未来"。警察在社会与安全治理的过程中，具有十分重要的地位。我国的现代警察制度肇始于清末新政时期，在民国时期得到长足发展。一批受过警察学专业训练的学者和实务人士在培养新式警察和进行现代警察制度研究方面发挥了积极作用，特别是他们以法治视角去观察和思考警政制度，形成了较为优秀的学术成果。这些成果既力图与当时的域外警察研究接轨，呈现对当时来说较为先进的理念，也致力于结合国情，总结中国式治理经验。为此，我们与法律出版社合作，推出了"民国时期警政研究勘校丛书"。该丛书收录了民国时期警政研究的代表性作品，是一套兼具警政研究学术价值、警察制度史料价值和警政实务现实意义的优秀丛书，丛书作者都是民国时期的专家。其中，有内容全面的《警政全书》，有给当代以学术滋养的《警察法总论》，也有关注特殊地域的《乡村警察的理论与实验》，还有梳理历史的《中国保甲制度·里甲制度考略》，等等。十几本著作各有鲜明特色，从这些著述中，我们能把握民国警政研究的基本面貌和内核。同时，我们还与知识产权出版社合作推出"中国近代社会基层治理勘校丛书"，通过历史透镜，审视近代中国乡村社会的村治历程及经验，为我们思考当今新型城镇化背景下的农村社会治理提供历史借鉴。

尽管时代发生了诸多变化，但是，近现代的实践和当时学者的思考、研究和建言，仍然具有一定的借鉴意义。有些做法，我们未必赞成，但足以引起思考；有些做法，值得我们借鉴，则更见现实意义；有些做法，已显得不合时宜，但反观其与当时时代的紧密联系，也足以给我们启发。尽管有些学者在当时所处的政治立场不同、身份特殊，但他们的观点不乏真知灼见。历史经验告诉我们，不仅要有科学的理论武装，而且还必须立足于保障"最大多数人的最大利益"，有正确的实践，才能取得治理的成功。"温故而知新"，我们还可以说"温故而创新"。希望这种"外译"和"温故"的工作足以让我们在当代警政研究和推进警政的高度法治化过程中"知新"，进而做到"创新"。"沉舟侧畔千帆过，病树前头万木春"，我们期盼这些著作的重新勘校，能让读者以现代的眼光审视这段历史中有关社会与安全治理的理论、制度及实践，从而做到古为今用、开卷有益。

我们深信，在全面推进依法治国、建设中国特色社会主义、实现"两个一百年"奋斗目标、实现中华民族伟大复兴的"中国梦"的历史征程中，通过对古今中外有关安全治理和社会秩序维护的理论、制度及实践的梳理，可以进一步提升理论水平，增强对中国特色社会主义理论、道路、制度和文化的自信。牢牢把握推进国家治理体系和治理能力现代化的总要求，主动适应新形势，切实增强理论研究的前瞻性，坚持立足当前与着眼长远相结合，发挥法治的引领和保障作用，积极推动社会治理与平安建设的理念、制度、机制、方法和实践的创新，为创造安全稳定的社会环境，提供国内外的理论借鉴与实践经验参考。

最后，本研究得以实施，得益于财政部中央财政支持地方高校发展专项资金建设规划项目，感谢支持该项目立项和为该项目获得批准而付出辛勤劳动的所有人员。该系列丛书中的译著得以翻译出版，要感谢西南政法大学外国语学院、重庆大学外国语学院的很多老师和翻译专业研究生的参与，要特别感谢他们的支持与谅解，尽管对青年学者及研究生而言，翻译国外著作可能是一种培育和鞭策，但同时面临着语言、专业及能力等诸多挑战，即便我们用尽了"洪荒之力"，仍有可能存在不足与问题，万望各界专家海涵并指正。对参与该项目的所有同事、学界同人以及出版社的朋友，对他们对本系列丛书能够克服重重困难得以顺利出版所给予的支持、鼓励和体谅，在此表示由衷的感谢！

西南政法大学

安全治理与社会秩序维护研究院　但彦铮

2015 年 12 月·山城重庆

序

社会科学文献出版社决定出版我的著作《冲突与控制：19 世纪意大利的法律与秩序》（1988 年）中文版，在此我深表感谢！

虽然 30 多年来，政治背景、地缘政治背景和文化背景已发生深刻变化，但我相信本书探讨的问题在当今时代仍具有重要意义。本书探讨的是 19 世纪意大利民族统一进程几十年中国家与社会之间不断变化的关系，这一个案反映了国家形成（state formation）和民族国家构建（nation building）的更广泛过程。本书反映了当时影响历史分析的诸多观点，其中最为突出的是旨在通过社会行动者和社会力量的经验来改写政治历史。就意大利而言，这种方法与安东尼奥·葛兰西（Antonio Gramsci）的著作有关。他是意大利共产党创始人之一，墨索里尼执政期间遭监禁，出狱后即去世。

早期的历史学家将意大利实现政治统一与议会君主制描绘成自由民族主义的胜利，但随着第一次世界大战后意大利法西斯独裁统治的兴起，这种观点遭到质疑。葛兰西就是主要批评者之一，在后来作为《狱中札记》（*the Prison Notebooks*）出版的著作中，他强调了伴随意大利民族国家构建过程的激烈社会冲突，得出结论：意大利 20 世纪的极权主义实验是复兴运动缺陷引发的结果，而复兴运动采取"不完整的"资本主义革命的形式［失败的革命（*rivoluzione mancata*）］——该失败揭露了 19 世纪意大利资产阶级的弱点。

如今，或许会有批评者认为，将意大利法西斯主义的起源与复兴运动的缺陷相联系过于偏向目的论，但这种尝试有助于在欧洲国家建设的大背景下思考意大利如何争取政治独立和统一。除葛兰西之外，社会历史学家艾瑞克·霍布斯鲍姆（E. J. Hosbawm）和爱德华·帕尔默·汤普森（E. P. Thompson）等也关注社会、经济、制度和政治变革之间复杂的相互作用。

　　19 世纪的意大利为深入研究这些相互作用提供了绝佳机会。这是人们所熟知的"复兴时代"（Age of the Risorgimento），是继罗马帝国以后，意大利首次实现独立和政治统一的时期。当时意大利的城市和农村地区普遍存在社会和政治动荡，起义和革命频繁发生，违法行为和抢劫更是屡见不鲜，这构成了复兴运动的持续政治背景。更广泛的经济变革对南欧主要农业经济产生了深远影响，从而引发了地区性的城乡动荡。而这些城乡动荡也解释了为什么 1848 年革命能够令温和派自由民族主义者转变观念。这些人之中，就有皮埃蒙特政治家、国王维克多·伊曼纽尔二世（Victor Emanuel Ⅱ）的主要大臣卡米洛·奔索·加富尔伯爵（Count Camillo Benso di Cavour），在随后的 10 年间，他缔造了意大利统一，深信只有更强有力的国家才能确保公共秩序和安全。因此，"秩序、力量和稳定"成为自由民族主义者政治纲领的中心主题，他们迅速给对手冠以扰乱秩序的名头。

　　法律与秩序渗透了复兴运动时期的政治及政治语言，这种状况在意大利统一后持续了很长时间，深刻地塑造了新意大利国家的发展轨迹。这些主题正是本书第二部分的研究对象。这部分研究了新意大利国家政权做出的往往过度高压的反应如何显示了其制度弱点，论证了犯罪人类学的兴起以及意大利是欧洲犯罪人数最多的国家这一观念反映了意大利统一以后资产阶级的不安全感。第二部分还探讨了法律与秩序是如何被植入意大利自由主义政权的政治语言中的，以及人们出于政治目的使用和滥用这一概念的各种情况。本书最后一部分讨论了 19 世纪最后 10 年意大利国内的一系列大规模危机，它们几乎压垮了意大利新建立的君主立宪制。但出人意料的是，在世纪之交后，这场危机却为减少对公共秩序威胁的新尝试开辟了道路。武力和镇压没有被完全弃用，但是与之相伴的是旨在提升民众政治参与度，改善国家与主要的社会、经济和政治力量代表之间沟通的新方案。

约翰·戴维斯

目　录
CONTENTS

导　论　变革世界中的法律与秩序

　　——1790~1900 年的意大利……………………………………… 1

第一篇　旧秩序的消逝

第一章　旧秩序的危机 ……………………………………………… 15

第二章　冲突中的社区 ……………………………………………… 33

第三章　乞丐、强盗和土匪 ………………………………………… 55

第四章　城市秩序与失序 …………………………………………… 75

第五章　复辟后的法律与公共秩序 ………………………………… 99

第二篇　新秩序的建立

第六章　从革命到内战：自由秩序的形成…………………………… 131

第七章　自由主义意大利的政治分歧和社会动荡 ………………… 153

第八章　**1860~1890 年自由主义意大利的警察与人民** ……………… 173

第九章　法律的守护者 ……………………………………………… 199

第十章　公共秩序与私人秩序 ……………………………………… 215

第十一章 犯罪与南方问题：黑手党党徒和克莫拉组织成员…………… 237

第十二章 "意大利可悲的领先地位"：犯罪和社会问题 …………… 257

后 记 19世纪90年代的危机——存疑判决 ……………………… 281

缩略语………………………………………………………… 295

导　论　变革世界中的法律与秩序

——1790~1900 年的意大利

在 19 世纪促成意大利国家独立和政治统一的熟悉事件背后，是多灾多难的社会现实。周期性政治危机和持续的社会动荡是那个年代意大利历史的不变主题，这一主题并没有因为新成立的统一国家而结束。在统一后的意大利，南部多地发生内战。始于旧制度①公国危机的 19 世纪又终于另一场危机，这场危机有令南欧第一个也是唯一一个宪政国家猝然灭亡的危险。

毫不意外，在这样社会动荡、政治不确定的背景下，法律与秩序成为同时代人持续关注的问题。这并非意大利独有的现象，而是社会和政治快速变革期间欧洲普遍经历的一部分。不过，这样的关注对意大利的政治发展也起着重要而特殊的作用。例如，许多有产阶级和专业人士认为复辟国家的那些统治者不再具备维持秩序的能力，这种观念令其相信有必要进行政治变革，也令其与皮埃蒙特②的政治领导层实现和解。然而，这些担忧

---

① 旧制度（*Ancien Régime*），指法国大革命前的政治和社会制度。在这个制度下，每个人都是法国国王的臣民，也是某一个阶层和省份的成员。所有人分为三个等级：神职人员、贵族和其他（第三等级）。本书脚注皆为译者注。

② 皮埃蒙特（Piedmont，意大利语为 *Piemonte*，意为 "山脚下"）是意大利西北部大区，首府都灵，由亚历山德里亚省、阿斯蒂省、比耶拉省、库尼奥省、诺瓦拉省、都灵省、韦尔巴诺-库西奥-奥索拉省和维切利省组成，与法国、瑞士相邻。皮埃蒙特南部、西部和北部被利古里亚亚平宁山脉和阿尔卑斯山脉环绕，核心是波河河谷，那里有意大利最好的农田。皮埃蒙特是意大利北部大工业三角（都灵-热那亚-米兰）的一部分，其制造业种类繁多。萨沃伊家族曾是意大利西北部最重要的封建主，1400 年后，萨沃伊控制了阿尔卑斯山的两面，统治了现在的法国萨瓦省和皮埃蒙特，1700 年以后，几乎整个皮埃蒙特都在萨沃伊统治之下。意大利独立运动期间，皮埃蒙特领导了 1848 年、1859 年和 1866 年统一意大利的尝试，统一之后，萨沃伊王室成为意大利王国王室，皮埃蒙特-撒丁尼亚王国国王维克多·伊曼纽尔二世在 1861 年成为现代意大利的第一位国王，而都灵也短暂成为意大利首都。

背后的混乱却以其他方式影响着意大利的政治命运。为此，加富尔①毫不犹豫地指出，从国际角度来看，建立独立、统一的意大利的最大好处是，有希望"结束不满与动乱的局面，并为欧洲提供一个有序、宁静而平衡的新元素"。¹

结果，加富尔的希望化为泡影。到 1870 年，新政权虽然得到巩固，但头几十年里不时出现持续的社会动荡和新的政治挑战。这是许多意大利人对新国家的现实普遍感到幻灭的一个因素，并在 19 世纪七八十年代对意大利"社会问题"（social question）的争论中得到表达。贫困和社会矛盾突出的现实与用心缔造的复兴②神话大相径庭。如果用最贴切的比喻来形容当时的幻灭感，那就是意大利被公认在国际社会"领先"——只是因为它在欧洲犯罪率最高。许多人曾深信政治解放与统一会带来社会和道德重建，但这种期望与"可悲的领先地位"（sad primacy）对比鲜明又令人沮丧。

毫不质疑就接受这些论点是愚蠢的行为，而且，即使现有统计数据可信，可以公开进行有意义的国际比较，其结果对历史学家来说也是微不足道的。这种认识比经验现实实在得多。需要解释的是，为何总体来看，动乱特别是犯罪问题，得以占据新政权政治和文化生活的核心位置。例如，19 世纪七八十年代，由"社会问题"所引发的广泛问题逐渐被简化为更狭义的术语"犯罪问题"（crime question）。切萨雷·隆布罗索（Cesare Lombroso）及其追随者对名为"犯罪人类学"的新兴学派的研究是造成这种情况的主要因素，而且他们的研究在很多方面引发了其他问题：为什么国家统一后意大利学术界赢得的第一个重大国际荣誉会在犯罪研究领域？关注犯罪并非隆布罗索独创，而且，与其研究主题一样，其研究最初引来的热烈回应也涉及

① 卡米洛·奔索·加富尔伯爵（Count Camillo Benso di Cavour，1810～1861），撒丁王国首相（1852～1861）、意大利王国第一任总理（1861）、意大利统一时期自由贵族和资产阶级君主立宪派领袖。他在意大利统一运动中展示了灵活熟练的外交手段，生前带领皮埃蒙特-撒丁尼亚王国完成了大部分意大利地区的统一。与朱塞佩·马志尼（Giuseppe Mazzini，1805～1872）和朱塞佩·加里波第（Giuseppe Garibaldi，1807～1882）并称为意大利开国三杰。

② 意大利复兴运动（意大利语为 Risorgimento，意为"再次崛起"），指 19 世纪意大利统一运动，于 1861 年意大利王国建立时达到高潮。复兴运动是一场意识形态和文学运动，它唤醒了意大利人民的民族意识，并引发了一系列政治事件，使意大利各邦国从外国统治中解放出来，在政治上团结起来。

许多重要的问题。

然而，这并不是关注犯罪和动乱的唯一维度，自由主义意大利政治文化的另一个显著特征是其政治语言与犯罪词汇重合，一些最广为人知的例子就产生于后来被称为"南方问题"（southern question）的大背景下，即意大利南部大陆①和西西里岛（Sicily）与意大利中部和北部之间普遍存在的条件差异，致使两西西里王国②融入新的意大利时引起的错综复杂的经济和政治问题。对于许多北方人来说，神秘的犯罪团伙的存在，比如黑手党（mafia）和克莫拉（camorra），充分证明了不仅"南方问题"是犯罪的结果，而且犯罪实际上是南方人整体文化甚至种族低劣性的表现。[2]

不过，继续在新国家政治生活中发挥重要影响的地区冲突并不限于那些政治语言和犯罪语言相互交织的区域。这个时期，政治对立和犯罪之间的界限在欧洲大多数国家都模糊不清，但这种状况在意大利尤为突出，部分原因在于新国家产生于严重的政治危机中，而在随后的数十年里，政治对立日益严重，这种不确定性越发加大。

因此，法律和秩序从来不是抽象思辨的问题，其一直明明白白地处于 19 世纪意大利政治议程的中心。然而，有关法律和秩序的政治议程与角色却在不停变换。

19 世纪早期，法治需求构成意大利自由主义纲领的核心，复辟独裁政府与精英阶层之间的斗争主要围绕用宪法约束专制权力以及保障公民自由和政治自由展开。这正是 1848 年皮埃蒙特的地主阶级和君主达成的协议内容。"名人政体"（régime of notables）首次出现在由实施反动专制统治的萨沃伊

---

① 意大利南部大陆（意大利语为 *Mezzogiorno*），指意大利境内与前那不勒斯王国大致相同的地区，包括意大利半岛南部外加西西里和撒丁岛，或泛指意大利南部，与意大利北方存在很大的发展差距。本书中 *Mezzogiorno* 仅指意大利南部大陆，经常与西西里和撒丁岛并列。*Mezzogiorno* 在意大利语中表示"正午"或"中午"，意大利南部因为中午阳光强烈而得此名。

② 两西西里王国（*Kingdom of the Two Sicilies*），15 世纪中期至 19 世纪中期将意大利半岛南部与西西里岛联合起来的国家。11 世纪诺曼人统一了这两个地区，1282 年西西里晚祷的暴动事件遭阿拉贡王国镇压之后，这两个地区被划分为大陆上法国安茹王朝的那不勒斯王国和岛上的西班牙阿拉贡王朝，两个地区的统治者都声称自己是西西里国王。1443 年，阿拉贡的阿方索五世重新统一了这两个地区，并获得了两西西里国王的称号。1815 年波旁王朝复辟时期，两个地区的行政管理合并，西西里岛失去了自治权，王国正式称为两西西里王国。

家族（the House of Savoy）建立的撒丁王国①，这也成为未来意大利政权的政治框架。因此，统一的意大利采用了君主立宪制，以法治为前提。结果却是，理论与现实的差距很快显现出来，新政权薄弱的政治基础受到各方攻击，法治再次走到意大利政治议程的中心。

1890年，那不勒斯无政府主义者弗朗切斯科·萨韦里奥·梅利诺（Francesco Saverio Merlino）在流亡期间出版了一本小册子，简明扼要地总结了法治再次成为意大利政治问题中心的原因。他认为法治在意大利就是个假象。国家统一以来，历届政府滥用职权对司法行政进行系统干预，将"地方法官变成自己的士兵"，并给予腐败堕落的警察机关广泛而专制的权力。在自由主义的外表下，统一政权的现实是威权和专制，因此，"在意大利，没有什么比合法与非法的界限更为模糊不清"。[3]

在19世纪最后几年几乎压垮意大利的危机中，梅利诺的控诉成为意大利政治的中心问题之一。面对日趋严重的社会动荡和政治对立，历届意大利政府以公共秩序面临的真实和想象的威胁为借口，进行了前所未有的专制统治实验。1894年和1898年，意大利许多地区出台了戒严法，同时颁布了更长期的紧急立法，规定拘留政治犯罪嫌疑人、禁止所有形式的政治结社和集会以及罢工和公众示威。危机在建立议会外政府的尝试中达到顶点。

但是，专制政府的实验以失败告终。危机的结果出乎许多人预料，意大利议会政府没有崩溃，而是放弃了政治镇压，重申宪政以及遵守正当法律程

---

① 撒丁王国（意大利语为 *Regno di Sardegna*，英语为 Kingdom of Sardinia，1720~1861），亦称皮埃蒙特-撒丁尼亚或者撒丁尼亚-皮埃蒙特（英语为 Piedmont-Sardinia 或 Sardinia-Piedmont），19世纪中期意大利境内唯一独立的王国，位于意大利西北部。意大利统一以它为基础。1720年，萨沃伊王朝被迫将西西里岛让与奥地利，换取了撒丁岛（亦译作萨丁岛），于1743年建立皮埃蒙特-撒丁尼亚王国，辖意大利西北部地区的皮埃蒙特、萨沃伊公国和撒丁岛，设首都于都灵（曾因法国人侵暂时迁都卡利亚里）。1815年根据《维也纳条约》，除科西嘉岛以外的热那亚共和国领土全部并入撒丁王国。撒丁王国于1848年颁布宪法，1858年与法国缔结军事同盟，法国协助将奥地利势力逐出伦巴第和威尼斯，撒丁王国则割让萨沃伊（萨瓦）和尼斯给法国。1860年，中意大利联合省公投加入撒丁王国，之后加里波第率"千人远征军"占领两西西里王国，令撒丁王国获得意大利南部。1861年3月17日，撒丁王国更名为意大利王国。

序——这些正是 1914 年之前的 10 年里焦利蒂①政治策略的标志。虽然这一转向的本质及意义现在仍然是自由主义意大利国家的历史和史料编撰的中心难题之一，但毫无疑问的是，在关键的 1894~1900 年，保卫公民自由与法治为本来异质和分裂的反对派提供了可能是最广泛、最有效的政治纲领。这场危机清楚表明，自统一以来，历届意大利政府采用的手段和方法极为狭隘偏执，但结果也表明，法治支持者战胜了专制制度推崇者。

历史学家思考 19 世纪 90 年代的这场危机时，通常会参考 20 年后的情况，当时，意大利宪政体制在第一次世界大战后一系列混乱事件中崩溃。许多历史学家认为，统一后意大利历届政府推行的治理措施极其狭隘偏执，显示了自由主义意大利与其法西斯继任者之间的延续性。[4]

19 世纪 90 年代的事件涉及的许多问题远远超出了本研究的范围，这场危机只是本研究的尾声，而不是独立的中心话题。但 19 世纪最后 10 年的许多核心问题确实直接触及本书的主题，那就是法律和秩序在整个 19 世纪意大利的社会和政治历史中发挥了广泛的作用。在这种背景下，19 世纪 90 年代政治斗争的许多方面就具有了不同的视角和意义。具体而言，强有力的证据表明，在自由主义的意大利，不断滥用权力和一再违反法治的尝试不应被视为国家政权实力的表现，而是其行政和政治弱点的表现。正是这些弱点，而不是国家政权的整体实力与其所代表利益的单一性质，才是 19 世纪末这场危机的关键，这些问题也可能有助于解释为什么在这次事件中专制解决方案最终被摒弃。

本书主要探究法律与秩序如何密切联系并直接影响 19 世纪意大利的政治及社会发展主题。由于这涉及意大利社会史和政治史的方方面面，有必要对最重要的主题及其相关性做简要介绍。

本书开篇介绍法律与秩序相关主题产生的背景，并依次考察造成了 19 世纪长期失序体系的旧制度政权危机、社会动荡和失序的主要表现形式，以

---

① 乔凡尼·焦利蒂（Giovanni Giolitti，1841~1928），政治家，5 次出任意大利总理，在他的领导下意大利繁荣发展。他是"新自由主义"背后的主要力量，增加了议会选举权，接受了工会的讨价还价能力。他还通过 1911 年征服利比亚，使意大利进入了帝国主义的鼎盛时期。他反对意大利参加第一次世界大战，后来又呼吁对意大利进行彻底改革。他还支持克罗齐的教育改革。然而，他无法阻止法西斯黑衫军与社会主义和共产主义者之间不断升级的暴力。起初，他容许法西斯运动，但在 1926 年社会主义者贾科莫·马泰奥蒂被法西斯主义者谋杀后，他对墨索里尼的批评日益增加。

及同时代人对这些失序现象的看法和应对方式。本书在 19 世纪意大利社会变革和制度发展的背景下，探索法律和秩序这对孪生主题如何形成且产生意义，因为其根源往往不单单是社会变革，而且还有伴随着重大政治、行政及体制变革产生的冲突与紧张局势。正是在社会制度与公共制度间复杂且不断变动的边界区域，产生了许多法律与秩序的根本问题。

虽然本书并不是按照意大利政治历史的传统年代学概念撰写，未将意大利统一看作一个政治阶段的结束和另一阶段的开始，但它的确涵盖了意大利经济发展中具有某种统一性的一段时期。在此期间，外部变革力量和国内发展进程都对意大利产生了影响。正如同时期欧洲许多其他经济体一样，最重要的经济发展在于商业需求扩大，市场力量渗入那些自给自足的小农农业和集体农业仍然显著的地区。商业需求刺激了圈地、土地私有化、小地产囤积，以及开垦荒地的新计划，这些做法往往会对既定的经济和社会组织形式带来破坏性后果。

上述力量变化说明，与那些处于第一次工业革命中心的经济体相比，欧洲周边的主要农业经济体同样直接、严重地受到欧洲经济变化的影响。如果说商业需求的渗透为意大利广大农村带来了变化和不确定性，人口快速增长则进一步加剧了这种局面。据估计，1700～1800 年，意大利人口从大约 1300 万增长至 1700 万，1840 年创新高，达到 2200 万，在意大利统一时，人口已增至约 2500 万。[5] 如此高的人口增长率必然给资源和土地带来巨大压力，也使公共管理面临前所未有的困难，加剧了意大利社会面临的问题和紧张局势。

然而，不同地区的变化速度不尽相同，积极影响与消极影响之间的平衡在各地亦不同。不过，在本书研究期间，意大利发生的变化仍基本具备可比性，只是在 19 世纪最后 10 年，意大利工业经济的扩张和巩固才开始在经济和社会体系中带来深远的变迁。

意大利经济活动形式和组织的这些变迁为本书提供了讨论意大利统一前后社会动荡及各邦国结构和组织变迁的背景。既然维护秩序（可能还包括维护法律）是所有政权的首要任务，那么法律和秩序就与意大利在此期间政权性质和职能的改变密不可分。

我们可以将上述发展变化视作欧洲普遍模式的组成部分，和欧洲其他地方一样，意大利旧制度政权的危机和法国统治的经验形成一股新的力量，即要用中央集权的官僚行政体制取代旧制度分散自主的行政体制。尽管在统一前，意大利各种政权激增，令这一集权化过程的初始阶段难以追踪，但毫无疑问，重大变化从 19 世纪一开始便在发生。

这个变化进程既包含开发更为专业的治安管理形式，改组法律法规、司法行政制度，甚至刑法典和惩罚方式，也包含制定新措施，为贫困人口提供福利、援助及受教育机会。然而，穷困、赤贫与犯罪在这种背景下一再出现，这提示我们：行政职能与机构扩张本身显然也与社会和经济变迁密切相关，这些变迁给国家政权带来了新的负担。

中央集权和官僚主义行政模式的逐渐兴起往往与经济变革力量的出现同步。意大利统治者为满足自身需求及改进国家管理体制，从 18 世纪下半叶开始就试图鼓励商业生产、促进土地私有化。他们剥夺封建的限定继承权，引起了贵族的愤怒；将寺庙和修道院的土地全部国有化，令教会大为光火。政府的方案同样威胁到穷人的经济生活——实施前瞻性的土地开垦计划、出售公共土地、刺激生产和降低非耕作土地面积，政府的新财政措施鼓励圈地和囤积土地的行为，导致佃农土地被收回，同时，盛产鱼、禽等各种猎物的荒地及公地大大减少，且损害了集体耕作形式，而这种影响往往是不可挽回的。

在法国统治意大利及之后的时期，上述进程明显加速，而法律本身被用作变革的工具，试图强推往往是背离既定法律、风俗和做法的价值观和戒律。19 世纪初，拿破仑的新《民法典》① 被引进意大利大部分地区，赋予私有财产优先权，这不仅威胁到老式的集体农业即混杂和多重使用权的存活（意大利农业经济在很大程度上仍然依赖这些使用权），甚至在很多情况下令这些权利变成非法。

新经济法与旧习惯法之间的对抗也在欧洲其他地区上演，不过，在意大利，惯有权利和集体权利的范围及重要性使得这些冲突尤为激烈。通过中央集权制度和官僚机构来建立新形式权力的尝试不仅与商业发展力量相结合，威胁和破坏了旧的社会和经济制度，还将截然不同的现实和相互冲突的合法性概念摆到了一起。

人们可能不禁要将这些事态发展简化为泾渭分明的两极，其特征是：一

---

① 　1804 年的 *Code of Civil Laws*，第一章中称为《拿破仑民法典》（*Napoleonic Civil Code*），第五章第一节中称为《民法典》（*Code Civil*）。

方面，现代化中央集权和官僚主义国家不断扩张；另一方面，更古老的行会式机构、更加封闭的熟人社会以及地方化的权力和特权体系持续存在。新旧秩序冲突虽然真实存在，但实际上却很少符合社会学理论非黑即白的区分。无论好坏，历史本身就杂乱无章，其变迁过程很少符合社会学想象的黑白对立。

这种状况背后有很多原因，部分原因将在接下来的章节中探讨。通常情况下，国家政权无法在实践中实现其意图。例如，在意大利统一前后，其经济资源的相对匮乏给发展有效的行政制度带来了重大阻碍。还应记住，官僚机构的职能并非纯粹的行政管理，其扩展往往与那些年意大利白领中产阶级的兴起和羽翼渐丰密不可分。许多意大利人深切关注法律和秩序问题，极高比例的专业人士甚至在某种程度上以法律和秩序问题为生——这意味着官僚体制也是政治庇护的重要来源。虽然官僚体制与政治庇护这两个方面都重要，但无论哪个都未必会提高行政效率。

这提醒我们，不能过分夸大国家政权与社会之间的冲突。当然还存在一些其他原因，我们不应受大革命的辞令误导，认为"旧制度国家政权"的说法自相矛盾。"国家政权"并非由法国大革命和拿破仑首次创造，尽管它经过其彻底重组、集权和加强。然而，它的许多制度几乎未变，可以借鉴意大利存在了若干世纪的政治、社会和文化根基。因此，在诸多意大利生活领域中，公共制度和私人制度的共存关系已是一种历史常态。一个明显但通常被忽视的例子是，在意大利社会中，即使是最贫穷的阶层也指望刑法提供保护，并为所受伤害获得赔偿。但在公共管理和治安的其他许多方面，人们显然希望确保公共规制不与民众习俗和情感发生冲突。

国家政权和社会之间简单的分裂对立最终是行不通的，因为国家行政制度的发展从来不仅仅是独立的技术或者资源问题。无论采取何种形式，国家政权扩张都会引发政治问题，给现有权力结构和社会组织结构带来深刻影响。但是，尝试建立中央集权以及官僚管理模式引起的紧张局势和冲突的复杂性主要在于，它不仅挑战了旧的社会制度和民众的合法性观念，也挑战了很多精英群体的权力及自主权。

当然，其他许多欧洲社会也出现了类似冲突，而在意大利，由于实行旧制度的各邦国瓦解后长期政治不稳定，冲突尤为强烈。除德国外，当时很少有其他欧洲社会经历过与意大利类似的政治动荡和制度动荡。这种动荡削弱了秩序框架，并对统一前后既有秩序的合法性提出根本怀疑。因此，统一前很久，"法律和秩序"这个政客口中合为一体的术语就已分裂成两个部分了，就像蛋头先生①，从墙头掉落摔碎了就极难复原。

18 世纪最后几年标志着政治和制度危机刚刚开头，这场危机持续到 19 世纪开始后很久。从某种意义上讲，危机由旧制度国家的行政体制缺陷带来，消除这种旧体制下的弱点不仅涉及技术或管理问题，而且涉及最根本的问题——政治问题，大革命后法国对意大利的短暂统治及之后的复辟史表明了这一点。当法国统治者尝试用大革命时期出现的中央集权和官僚主义模式来取代旧制度下的权力下放及分散机制时，本质上仍然独裁的政府统治者与精英之间的关系出现了根本性的问题。精英阶层不愿失去旧制度下享有的特权，而且坚决反对国家对以前自主程度更高的地区进行权力管辖，这仍然是分歧的主要原因，并在此后令统治者与精英之间的关系陷入僵局。

与以往一样，根本的问题是：谁的法律，谁的秩序？19 世纪早期经常进行的"社会秩序"和"政治秩序"区分生动地反映了这种紧张关系：前者被视为代表精英阶层的利益，后者则不然。在某种意义上，意大利复兴运动政治关注的是让二者和谐共存。只要它们仍旧处于对立状态，政治稳定就不可能实现，政治秩序的合法性也会受到质疑。结果，坚决要求宪政、尊重公民自由成为复兴运动自由主义政治纲领的核心问题。直到 1848 年，皮埃蒙特国王成为第一个接受并遵守立宪政府约束的意大利统治者，独裁统治者与精英阶层之间的分歧才出现了解决的可能。

然而，统一并没有缓解紧张局面，反而引起了新的冲突，甚至在南部内战结束后，新的意大利仍然是社会动荡、政治抗议和频繁骚乱的舞台。这些问题因为国家和权力精英之间持续不断的摩擦而恶化。区域分离主义是最剧烈的摩擦之一，但即使是市政管理部门也为保留更古老的自主权提供了重要机会。

新国家政权的合法性也受到广泛公开的挑战。这些挑战不仅来自"局外人"——无政府主义者、社会主义者或者其他一些"颠覆者"，甚至还来自精英阶层内部，因此越发具有破坏性。例如，正是天主教参议员这样一位无可指摘的人，轻蔑地将"法律上的意大利"与"真正的意大利"对立起来，并称前者为纯粹的官僚主义产物。

---

① 蛋头先生（Humpty Dumpty），童谣里的虚构人物，一个人格化的鸡蛋："蛋头蛋头坐墙头，蛋头蛋头摔筋斗；国王人马全动员，复原蛋头难上难。"诸多文学作品中出现过这个形象，如刘易斯·卡罗尔的《爱丽丝镜中奇遇记》（1871）。

新国家政权的不确定性就基于这些对立，尤其是基于将国家政权与私人影响力、庇护和权力分隔开来的不确定的、模糊的边界。公共领域与私人领域、法律上的意大利与真正的意大利、政治秩序与社会秩序——这些二元对立构成了意大利一个世纪政治和社会历史的显著特征，令法律和秩序包含的问题具有了意大利特有的模糊性和不确定性。

这些特征超出了文化范畴，且精英阶层在许多领域持续抵抗国家政权的干涉，令国家在行政和政治上一直处于弱势。国家行政制度的弱点在管理和执法制度中体现得尤为明显，本书将在不同章节探讨其原因。这些弱点在许多重要方面反映了客观条件的限制。例如，警察在自由主义意大利的地位相对突出，在某种程度上反映了社会管理与其他监管形式的缺位。但是，自由主义国家政权的警察和地方法官的职能缺陷揭示了其更广泛的行政弱点的重要方面。

对专制方法和频繁破坏法治行为的依赖既是政治也是行政不确定性造成的后果。意大利精英阶层对自主权的诉求削弱了国家的政治基础，同时导致出现自由主义意大利最危险的模糊局面。19 世纪最后几十年，这一点变得明显起来，当时在意大利许多地方，种种迹象表明，"私人秩序"本身陷入危机。

出现这些危机的原因在于，精英阶层和国家政权之间的对话不是孤立进行的，其背景是社会和经济变迁带来其他声音。这些变迁的征兆显现出来，在某些特定区域（尤其是波河下游谷地），尊重土地的古老价值观开始衰退，在其他地方，新形式的武装和劳工组织开始兴起。这些力量开始侵入先前家长式的社会关系圣殿，新的不安全感随之而来。就像精英们通过寻求非传统的及更高的合法性来抵制国家政权的入侵一样，大众政治的新生力量也以不同的形式提出了以下问题：谁的法律？谁的秩序？

发展与冲突无法简化为单一或简单的模式。它们在意大利的某些地区表现明显，但在其他地区却没有任何迹象，即使出现，也始终是以各不相同的独特形式现身。不过它们确实显示出一种倾向，令统治者与精英之间微妙的平衡关系陷入危机。当精英阶层要求更有效的保护时，就清楚展示，他们自身的态度和行为已经在多大范围内削弱了自由主义国家政权的政治能力和行政能力。当这些问题在 19 世纪结束后在法律和秩序危机中达到顶点时，即使是面临大众政治的新挑战和民众的反对，精英们也不愿为国家普遍利益牺性地方特殊利益，并且，虽然历届政府一再试图操纵法律和秩序面临的种种真实或假想的威胁，但精英们最终仍对国家政权的意图持怀疑态度，不愿看到它得到强化。

正是在这个更广泛的社会和政治发展背景下，那个看似简单的"法律和秩序"的术语造成的问题找到了内在的一致性。正因如此，本书选择在更为广阔的背景下来探讨法律与秩序，并不打算写成一部意大利法律史和执法史。警察及地方法官都是出现在不同时刻、不同环境的角色，我们主要关注的是他们所扮演角色的社会和政治背景。因此，本书试图将法律和秩序置于那些年代国家政权与社会之间关系不断变化的背景下，特别是研究既定形式的社会权力和影响力如何适应社会和政治变革的双重力量。本书关注的主要问题首先是国家政权与精英之间复杂而多变的权力平衡，其次是持续发挥作用的，基于顺从、庇护和经济依赖的非正式权力及影响力体系，以及以上方面随后如何遭遇社会变革及新兴大众政治的挑战，因为正是从上述问题中，法律和秩序获得了意义。

法律和秩序包含许多模棱两可的特性，正是这些特性令法律和秩序的主题触及且集合了该时期极为广泛的社会、体制、政治和文化动态，为历史学家提供了一个极为广阔的视角，基于这个视角可以探究社会与制度变迁的相互作用和影响。法律和秩序主题也阐明 19 世纪意大利的社会和政治变迁如何在许多方面构成更普遍欧洲模式的一部分，但在别的方面却非常独特。

注　释

1. 转引自 R. Martucci *Emergenza e Tutela dell'Ordine Pubblico nell'Italia Liberale*（Bologna, 1980）p. 130。

2. 参见 A. Niceforo *L'Italia Barbara Contemporanea*（Palermo, 1898），从中可发现一些最清晰的例证。

3. S. F. Merlino *L'Italia Qual'è*（1890）ed. N. Tranfaglia（Milan, 1974）pp. 135–136.

4. 参见：R. Vivarelli 'L'Italia Liberale e Fascismo' in *Il Fallimento del Liberalismo*（Bologna, 1981）；N. Tranfaglia *Dello Stato Liberale al Regime Fascista*（Milan, 1973），esp. pp. 167–180；U. Levra *Il Colpo di Stato della Borghesia: La Crisi Politica della Fine del Secolo in Italia（1896–1900）*（Milan, 1975）。

5. S. J. Woolf *History of Italy 1700–1860*（London, 1979）p. 275；M. Livi Bacci *History of Italian Fertility During the Last Two Centuries*（Princeton, 1977），p. 11。Woolf 教授的书是

关于本书第一篇讨论的社会与政治发展的最详细的英语研究，其另一部作品《18 世纪和 19 世纪西欧的穷人》（*The Poor in Western Europe in the 18th and 19th Centuries*）（London，1986）中的许多文章也涉及这一时期。H. Hearder 的专著《复兴时代的意大利历史》（*A History of Italy in the Age of the Risorgimento*）（London，1982）是最新的一般性研究，D. Mack Smith 主编的《维克多·伊曼纽尔、加富尔和意大利复兴》（*Victor Emanuel，Cavour and the Risorgimento*）（Oxford，1971）中的《1840~1879 年复兴历史概要》（*An Outline of Risorgimento History 1840-1879*）对意大利复兴的政治史进行了深刻的调查。对于统一后的时期，除了 D. Mack Smith 的《意大利现代史》（*Italy：A Modern History*）（Ann Arbor，1969）和 C. Seton Watson 的《从自由主义到法西斯主义意大利》（*Italy from Liberalism to Fascism*）（London，1967），还有 M. Clark 令人钦佩的新研究《1871~1982 年的现代意大利》（*Modern Italy 1871-1982*）（London，1984）。关于社会和经济发展，请特别参阅：S. J. Woolf 主编的《西欧的穷人》（*The Poor in Western Europe*）（London，1986）中的文章《穷人、原始工业化和工人阶级：意大利（16~19世纪）》[The Poor，Proto-Industrialization and the Working Class：Italy（16th - 19th Centuries）]；J. A. Davis 主编的《葛兰西与意大利的被动革命》（*Gramsci and Italy's Passive Revolution*）（London，1979）中 A. Lyttelton 撰写的关于土地变革的文章《地主、农民和自由主义》（Landlords，Peasants and Liberalism）；C. Tilly、L. Tilly 和 R. Tilly 主编的《反叛的世纪》（*The Rebellious Century*）（London，1975）中由 L. Tilly 撰写的关于意大利的一章。

第一篇　旧秩序的消逝

第一章 旧秩序的危机

19 世纪早期，意大利半岛政治动荡，社会局势极度紧张，与 18 世纪多数时间的表面平静形成鲜明对比。事实上，许多意大利观察家认为，在 18 世纪最后 25 年开局时，意大利各邦国正从文艺复兴鼎盛时代后的政治和经济灾难中复苏。在经历了两个多世纪的外国统治、政治分裂和经济衰退之后，这些国家的自主权似乎再次达到了新高度，政治和经济发展显露出新迹象。

1748 年《亚琛和约》的签订标志着政治相对稳定时期开始，这让哈布斯堡（Habsburg）王朝成为意大利半岛上主要的外来势力。除了统治伦巴第外，维也纳与其他意大利统治者，尤其是与托斯卡纳的哈布斯堡·洛林大公爵（Habsburg-Lorraine Grand-Dukes）形成了紧密的外交联盟。旧商业帝国威尼斯的衰落显而易见，但在东北部，萨沃伊王室统治的撒丁王国稳步扩张，抵消了这种衰落。皮埃蒙特政权的地理位置使其成为法国和奥地利之间的天然缓冲地带，是意大利唯一可以要求外交自主权的王朝政权。在南方，西班牙对意大利南部地区和西西里岛的统治持续数个世纪，1743 年，西班牙波旁王朝统治者登上那不勒斯以及西西里的王位，标志着一个新的政治自主时期开始。在卡洛斯三世①（他对那不勒斯的统治到 1759 年继承西班牙王位时结束）和斐迪南四世②的统治下，那不勒斯王国和西西里王国再一次成为意大利半岛上最举足轻重的王朝国家。[1]

意大利各邦国享有的新政治自主性反映在世纪中叶活跃的改革运动中。

---

① 卡洛斯三世（Carlos Ⅲ，英语为 Charles Ⅲ，译为查理三世，1716~1788），西班牙国王（1759~1788），两西西里国王（1735~1759，在那不勒斯称卡洛七世，在西西里称卡洛四世）。18 世纪欧洲"开明专制"的代表性君主之一，西班牙波旁王朝最杰出的统治者。

② 斐迪南四世（Ferdinand Ⅳ，1751~1825），波旁国王，那不勒斯国王（1759~1815），两西西里国王（称费迪南多一世，Ferdinando I，1815~1825）。

跟着"大游学"① 线路蜂拥至半岛的贵族游客发现，这里跟从前一样有着许多令人惊喜和新奇之物。除古代文物和文艺复兴时期的名作之外，当代艺术家和音乐家的作品也备受关注和赞赏，意大利启蒙思想家的论点和思想亦是如此。意大利对这些年来欧洲知识界的伟大辩论做出的最重要贡献之一竟然是切萨雷·贝卡里亚（Cesare Beccaria）的专著《论犯罪与刑罚》（*Crimes and Punishments*），这或许就是未来的征兆。[2]

那些有眼光的人也见到了经济新活力的迹象。在 18 世纪结束之时，阿瑟·杨格（Arthur Young）有充分理由对波河流域灌区复杂而高产的耕作技术赞叹不已：

> 这是农学家可能见到的最为有趣、最具启发性的事物，英国没有任何东西能与这些伟大的工程相媲美。[3]

亨利·斯温伯恩（Henry Swinburne）的理由也许就不那么充分，他 18 世纪70 年代在意大利南部地区和西西里岛旅行时，被他所认为的潜在富饶和财富深深打动，并报告说，只是宗教的蒙昧主义阻碍了该地区的适当发展。尽管此种评价偏于乐观，但即使是在最偏远的南方省份，斯温伯恩也能找到进步地主的实例。[4]

变化尽管不平衡，却依然在发生，而且意大利各邦国经济的变化丝毫不亚于其作家和哲学家的思想变化。这方面的证据存在于圈地行动的蔓延、耕地生产的逐步扩大、沼泽开垦计划的大量涌现——由于若干世纪的忽视和滥伐，这些不适宜居住的广大沼泽地堵塞了半岛的主要河谷和沿海平原。[5]但这些变化也带来了更深层次的激烈矛盾，这些矛盾在 18 世纪最后 10 年越发明显。

于是，那些平静而充满智慧活力的景象让位于更黑暗、更危险的形势。正因如此，不能单纯地将意大利半岛上旧制度国家的危机归于法国大革命和外来入侵。在督政府军队 1796 年进入皮埃蒙特和波河流域之前很久，危机

---

① "大游学"（the Grand Tour）是来自欧洲北部尤其是英国的贵族和富有的青年为完成其教育而在欧洲大陆进行的多年旅行，于 18 世纪达到高峰，最典型的行程是从法国巴黎到意大利罗马。

到来的迹象便已十分明显，最普遍的征兆便是意大利各邦国遭遇了极度严重的财政危机。到 18 世纪最后 10 年，意大利每一位统治者几乎都被逼到濒临破产。[6]与其他欧洲国家一样，公共财政的崩溃清楚表明，在资源和税收收入固定不变的前提下，日益增加的行政和军事开支带来了巨大负担。但最终让这些负担变得完全无法承受的却是专制改良主义的失败，改革者未能从旧制度混乱和权力下放的结构中建立起有效的行政和政治制度。在 18 世纪 90 年代危机之后的半个世纪里，探索新的行政秩序一直是主导意大利各邦国政治历史的因素之一。

意大利半岛改革运动的效力因国家而异，但是其目的却多有相似。其主要目标是维护君主制不受外部管辖的独立性，主要独立于教会和教皇。其次是重申君主制的最高统治权，反对特权阶层的权利主张，尤其是贵族阶层。专制主义改革计划意在将从过去封建制度继承下来的君主制有限权力转变为基于中央集权和官僚行政、消除或者最大限度减少与特权及教会等阶层分享权力的有效专制独裁。[7]

上述目标的实现程度必然随各主要邦国内王室、贵族和教会之间的相对权力平衡而有所不同。在君主权力受限而特权阶层权力和影响力最强的地方，改革几乎没有进展，不过即使改革失败，仍然可能在统治者和特权阶层之间引发激烈冲突。这一情况在那不勒斯和西西里最为突出。封建势力同样阻碍了教皇国（Papal States）以及威尼斯共和国（Venetian Republic）的改革。就像南方一样，世俗和教会中的封建势力继续拥有权力和特权，他们蔑视官僚中央集权，令国库空虚。

在皮埃蒙特以及哈布斯堡王朝统治的伦巴第和托斯卡纳，在承袭自过去的体制内建立中央集权官僚专制的尝试走得最远，然而即使是在这里，改革也遭到了强大阻力。19 世纪早期，伦巴第的封建阶层就已丧失财政特权。在伦巴第，当很多手握大权的贵族被系统地排挤出传统上由其垄断的行政职位后，约瑟夫二世①就疏远了这些贵族。[8]在托斯卡纳，彼得罗·莱奥波尔多（Pietro Leopoldo）主要依赖教会来支撑他雄心勃勃的行政和经济措施，但在 18 世纪 80 年代，他没收教会资金、打击宗教机构的行动引发了民众的愤怒抵抗以及托斯卡纳贵族的强烈反对，贵族对大公国日益增长的势力持怀疑态

---

① 约瑟夫二世（Joseph Ⅱ，1741~1790），神圣罗马帝国皇帝，以开明专制著称。

度。[9]与伦巴第地区一样，在皮埃蒙特，尽管封建头衔仍旧赋予贵族社会地位和政治影响力，然而其财政特权却遭到严重削弱。在此，官僚专制的转变尤为迅速，主要问题在于，需要为政权重组、公共管理及王朝野心勃勃的举措提供资金。例如，政府在18世纪70年代试图通过迫使农村社区赎买其承担的所有封建义务来重组地方行政机构，在皮埃蒙特和萨沃伊地区引发了一波农村冲突和暴力，直接导致了18世纪90年代剧烈的社会动荡。[10]

18世纪统治者的改革举措中固有的矛盾构成该世纪90年代政治与社会动荡的背景。讽刺的是，无效的改革与更具建设性的举措一样危险，那不勒斯和托斯卡纳的统治者在各自付出代价后才领悟到这一事实。在托斯卡纳，彼得罗·莱奥波尔多对基督教会的政策，尤其是对宗教机构的广泛镇压，以及对扬森派（Jansenist）牧师所推崇的大众宗教习俗（以往托斯卡纳统治者试图利用这些宗教习俗，将其作为宗教改革工具）的敌对态度，在激发农民宗教热情的过程中发挥了重要作用。1799年，农民们以近乎狂热的激情聚集在圣母玛利亚的旗帜下，高呼"玛利亚万岁！"[11]

在托斯卡纳，18世纪90年代的反革命暴力是对过火的专制改革的反抗，而改革运动在南方虽然未能达到预期目标，但破坏性一点不小。在封建制度依然是法律和经济现实的国家，改革举措遭到不屈不挠的反对，面对这一现状，波旁王朝制定出越来越随心所欲的措施以削减高级教士和贵族的财政特权，引起了南方社会最有权势的人群的愤恨。1799年的那不勒斯共和国（Neapolitan Republic）得到了许多贵族阶层的支持，他们将共和国视作开明寡头统治集团的治理实验。

与托斯卡纳情况相同，1799年春天，当红衣主教法布里齐奥·鲁福（Fabrizio Ruffo）在卡拉布里亚区（Calabria）举起圣费德（Santafede，即神圣信仰）的旗帜时，南方地区立即爆发了一场激烈的民众反革命运动，这是多重压力的结果。

物资极度紧缺、土地饥荒严重以及农村大众受伤的宗教情感都发挥了作用。雅各宾派（Jacobins）与圣费德派（Sanfedists）之间的混乱斗争在南方省份蔓延开来，让那不勒斯共和国陷入前所未有的大屠杀之中。然而，这些斗争与整齐的社会阵营从来都不一致。虽然穷人和被剥夺财产者的强烈愤恨情绪一直是这些激烈矛盾下的重要暗流，但反革命也为农村精英之间的分歧爆发成公开冲突提供了充足机会。在许多情况下，让精英分裂的激烈对抗也是早期波旁王朝改革尝试的结果，这些改革动摇了地方权力与影响力网络，由此加剧了党派之争。南方的反革命常常演变成混乱的局部内战，圣费德的胜利并未消除这些深层的紧张关系，它们在 1799 年之后持续加剧了南方的社会与政治动乱。[12]

托斯卡纳和那不勒斯仅仅是 18 世纪最后 10 年冲突发展到白热化阶段最极端的例子。意大利半岛的许多其他地区也经历了剧烈的社会动荡，其原因远比侵略军的存在更为深刻，在整个意大利中部以及罗马涅和皮埃蒙特都发生了带有反革命色彩的民众起义。[13]

1799 年的正统复辟短暂而野蛮，特别是在南部地区。在北方，拿破仑在马伦戈（Marengo）的胜利再一次复活了亲法共和国，尽管它们现在采用了拿破仑执政府明确的保守和专制风格。富裕而保守的地主被选中成为新秩序的代理，如伦巴第伯爵梅尔齐·德埃里尔（Melzi d'Eril），他对任何政治极端主义的蔑视从来不是秘密，而"雅各宾三年"（Jacobin Triennium）的共和派狂热分子被系统排除在权力之外。最初按照执政府形象重铸的法国卫星政体未经多少实质性变革重组为帝国的属国。1806 年，当拿破仑的长兄约瑟夫①登上那不勒斯的王位时，意大利半岛融入新帝国体系的行动实际上已经完成，并且存在至 1814 年。[14]

意大利半岛在法国统治的 10 多年里，借鉴了从法国大革命及其余波中磨炼出来的模式，实行全面行政改革。在意大利的每一个邦国，旧制度下君主政体复杂且权力下放的行政结构都围绕着中央集权的官僚行政结构进行重组，而帝国法典则主张国家的绝对主权，不允许其对权力与行政的独家垄断受到质疑。

法国行政改革的影响深刻且不可逆转。旧制度国家的经济结构通过出售教会和公有土地而得到挽救和巩固，而废除封建制度则能制定统一合理的税收制度以提供定期而可控的收入。法国统治者们还带来一种行政思想，缓和了自由放任的自由主义，其坚信：在环境阻碍自由企业发挥全部力量的经济体中，国家是发展的主体。

法国行政改革的成效在王朝复辟时期得到了最为充分的肯定。当时的正

---

① 约瑟夫·波拿巴（Joseph Bonaparte, 1768~1844），法国律师、外交官、军人、政治家，那不勒斯国王（1806~1808），西班牙国王（1808~1813）。法兰西第一帝国皇帝拿破仑·波拿巴的长兄。

统主义统治者没有认真尝试撤销行政集权工作，甚至是在王朝复辟最为极端的皮埃蒙特，也保留了法国统治时期建立的财政管理机构。19 世纪 30 年代，当皮埃蒙特统治者终于为时已晚地承认行政改革的必要性时，他们又一次回到了法国模式。[15]

在其他地方，王朝复辟带来的更多是名义上而非实质上的改变。在伦巴第，奥地利统治复位并向前威尼斯共和国各省延伸，标志着与拿破仑的前意大利王国行政传统突然决裂。然而，即使在此，这种不连续性往往也有名无实，因为帝国政府在其间几年已经按照接近拿破仑模式的路线和原则进行了改造。1815 年之后，尽管奥地利官员的数量优势赋予政府异域的外表，让其成为被排除在外的伦巴第和威尼斯贵族阶级持续怨恨的对象，但是，奥地利各省的管理与意大利半岛上其他邦国已不存在明显的风格差异。[16]

法国的行政改革能够持久，原因之一在于其延续了许多早期改革举措的逻辑。不过，即使是在那些 18 世纪最强大的君主制政体中也只能是愿望的东西，最终却在短暂的法国统治期间付诸实践，在意大利各邦国行政、官僚和金融机构系统中完成。

如果说这些行政改革加强了政府有效性，它们同时也标志着向更专制的政府又迈进了一步。这种转变的多义性在废除封建头衔和特权的情况下尤为明显。废除封建特权令所有公民在法律面前地位平等，其首要作用是维护国家的绝对主权，并使世俗和基督教的封建主正式放弃以前行使的政治和行政权力及特权。单这项改革就将法国大革命的平等主义言论和帝国本质上保守的目标巧妙结合在一起，由此为新的、强大得多的专制主义独裁制度建立了司法基础。将大革命的平等主义愿望变为实质内容的代议制机构在法国已经变成了执政府和帝国的空壳，而在意大利，这些代议制机构是行政管理而非权力分享的工具。与法国本土一样，意大利的拿破仑政权为一套新的、更加有效的专制制度奠定了基础，毫不奇怪，复辟时期的统治者并不愿意放弃其继承的增强版权力。

然而，相比法国统治者引进的行政管理解决方案，解决旧制度君主制崩溃背后的政治危机要困难得多。最棘手的问题之一就是新政权的统治者与精英阶层之间的关系。总的来说，法国统治者解决问题的思路是根据拿破仑时期法国已制定的方针，从有产阶级和富裕阶层获取支持和帮助，采用的方式现在一般被称为名人政体。法国在意大利的卫星国的统治者主要从拥有土地的精英阶层获取支持，拿破仑在法国把这些人称为制度的"花岗岩"（*Masse de Granite*），他们被委以行政职务，担任政府代表，但不能行使或者拥有任何独立的政治权力。[17]

名人政体在拿破仑统治时期的法国是否真的成为过现实还有疑问，不过，从物质层面来说，法国人确实可以提供很多东西，尤其是在经历了过去10年的混乱和暴力之后，出现了更有效保障秩序的迹象，还有充满诱惑的物质刺激。

通过挽救旧制度君主制下崩溃的公共财政，法国统治者维护了旧制度国家受威胁的债权人。大量出售从前王室、教会的土地以及公共土地使半岛上许多地区的土地所有权在现存农业精英阶层加速集中，与新政体进一步建立了物质联系。《拿破仑民法典》（*Napoleonic Civil Code*）的司法创新也保护和增强了财产所有人的利益，因为它主张所有权的绝对性质，而反对整个半岛业已存在的更古老的集体使用权和进入权。[18]

尽管有这些可观的物质利益，但要在更稳定的基础上巩固这种团结仍然极为困难。主要的障碍在于帝国的状况抑制了可以更直接、更永久地将精英阶层与卫星国命运捆绑在一起的制度的发展。例如，扩张官僚机构及增加公共就业机会提供了重要的潜在庇护来源，用以扩大卫星国政体的政治基础，但这并不总是一件易事。

官僚机构的扩张在意大利王国最为突出，为新政体赢得了伦巴第和艾米利亚区（Emilia）受过教育阶层和专业阶层的支持。[19]在其他由巴黎直接管辖的领地，如皮埃蒙特、托斯卡纳和罗马，要想发展由意大利人组成的官僚机构，这种机会更为有限。那不勒斯也出现了同样情况，尽管在理论上它比其他地区拥有更高自主权。拿破仑多次禁止缪拉①将法国官员排除在其政府之外，禁止他给那不勒斯人提供工作，这成为拿破仑与这个妹夫陷入公开冲突的原因之一。1811年，缪拉以直白的言语警示拿破仑，将那不勒斯人排除在官僚体制外会造成政治危险：

> 尊敬的陛下，我不能对您隐瞒，虽然我的部下逾万人，但绝大多数来自

---

① 若阿基姆·缪拉（Joachim Murat, 1767～1815），法国军事家，拿破仑一世的妹夫、元帅，贝尔格大公国大公，那不勒斯国王（1808～1815）。在莱比锡败于奥地利军队后，为保住那不勒斯王位而背叛拿破仑，于1814年与奥地利签订和约。

罗马、托斯卡纳或意大利王国，而那不勒斯人没有工作，正在饿死，哭求着要面包，却被异国人吃光了。陛下，查理三世时期，同样的原因引发了一场革命，我预期将发生相似的情况。[20]

即使缪拉公然违抗君主的意愿，财政状况也限制了官僚机构的发展，虽然确实出现了小规模行政阶层，后来发挥重要的政治作用并对南方的自由运动表达了强烈支持。[21]

经济和社会状况也阻止了意大利半岛其他地区官僚机构的扩张。即使是在意大利王国这个半岛上最大、最富裕以及管理制度最完善的卫星国，扩大公共管理的代价也是大量增加税收，负担最重的是穷人，这导致了大众对政体的不满和敌意。[22]

其他许多障碍令新独裁政体的政治基础难以巩固。拿破仑不允许他的傀儡统治者建立自己的军队，这剥夺了土地精英子弟又一重要的职业选择机会和就业途径。缪拉表现得尤为急切，他要在那不勒斯贵族中组建一支自己的军队，然而再次遭到皇帝阻挠，尽管从他后来的背叛来看，这种阻挠并非毫无道理。虽然想要从军随时可以选择大军团①，但是这常常会加深帝国与其卫星国之间的利益矛盾，对巩固卫星国的政治基础毫无裨益。

拿破仑时期统治者的政治和个人地位不稳固，也减弱了其对卫星国的投入，因为皇帝的政治、外交和王朝联盟的每个变化，都会令他们的地位岌岌可危。统治者可能被调动，如约瑟夫在 1808 年从那不勒斯调到马德里（Madrid）；国家政权可能出现消亡，例如，托斯卡纳前一刻还是一个大公国，下一刻就变成了伊特鲁里亚王国（the Kingdom of Etruria），继而沦为法国本土的三个独立行政区域。拿破仑的奥地利婚姻令其与其他正统王朝的政治联盟成为现实，并且提醒那些有影响力的人表达对帝国的忠诚要小心为上。

对社会不满的根源并不限于精英，也不只在政治方面，早在拿破仑发动法俄战争之前，就有越来越多的迹象表明了更深层次的社会动荡以及经济弊病。帝国战争给半岛许多地区带来严重商业衰退，尽管其影响在各地并不完全一致。比如，在北方地区，帝国的保护主义政策以及为法国本土工业搜集

---

① 大军团（*Grande Armée*），1803～1815 年拿破仑战争期间，由他本人亲自指挥的军队。

原料的行为刺激了丝绸生产和纺纱规模扩大，但同时也打击了奢侈纺织品精加工行业。[23] 海上贸易中断令半岛上无陆路市场通道的地区很难处理过剩作物，导致拿破仑统治早期粮食价格暴跌，一些地区甚至出现地主破产的担忧。

法国统治初期几年，低廉的粮食价格帮助缓解了意大利经济和政治从属于法国本土的负面影响，然而在 1809～1810 年，情况突然恶化。生存危机再度出现，几乎所有半岛主要城市都处于极度萧条状态，只有米兰部分例外。据估算，热那亚 1812 年极度贫困人口比例达 1/3，而棉花产业员工从 1798 年的 15000 名下降到 1811 年的不足 7000 名。1810 年，一位佛罗伦萨官员称，90% 的人口属于"贫困或极度贫困"。那不勒斯的贫穷状况更为严重，因为城市商业经济已完全停滞，导致成千上万的海员、码头工人、搬运工和临时工失业，并降低了对国内生产厂商和农村原始工业的需求。[24]

经济萎靡现象只是意大利半岛在拿破仑帝国及欧洲大陆体系地位低下的部分后果。偏袒法国制造商、为支援帝国国库和大军团而征税无疑恶化了局势，强调了面对强大的商业和政治伙伴时，半岛经济的殖民从属地位。但这种趋势早在上一个世纪就很明显。

法国统治者继承了旧制度君主制瓦解所遗留的政治问题，同时，那些导致了旧制度经济危机的更深层变化也延续下来。意大利包含广泛的经济类型和多样化的经济活动，几乎都受到了 18 世纪整个欧洲更广泛商业发展的影响。

最普遍的变革力量在于对农产品、食品以及原材料的需求日益增长。国外需求为生产带来新的刺激，鼓励土地所有者为市场提高产量。但新兴商业需求对半岛的影响尤为巨大，因为文艺复兴繁荣景象瓦解后几个世纪里意大利经济经历了逐渐衰退。

北部城邦国家制造业和银行业衰退，使其孤立于庞大的国际贸易体系，鼓励发展更封闭和地方化的经济体系。16 世纪大西洋经济崛起，地中海经济同步衰退，强化了这种趋势。资本撤出制造业和银行业，重新投资土地，从而强化了半岛经济以农业为主的特点。这种发展过程并不完全统一，在北方，波河继续为博洛尼亚区、威尼托区以及伦巴第区的奢侈纺织品产业提供进入中欧和北欧市场的商业通道。但更为普遍的是，经济生活向内收缩。虽然文艺复兴时期生产多样化明显，西西里和意大利南部地区向诸如托斯卡纳和利古里亚（Liguria）的制造中心出口，现在，围绕满足本地需求，更为狭窄、自我复制的经济循环方式激增，取代了先前的特点。[25]

意大利半岛碎片化为多个地方性经济循环，其基本特征在于城市与农村具有特殊关系。土地收益、国库收入以及封建税收都流向城市，那里是公共管理的中心，也是富裕阶层与权力阶层聚居地。这些人的收入与开支维持着手工行业和服务业的运作，让城市成为经济生活的主要场所。但这也是通过对农村更直接的剥削实现的。农村生产者支付的租金和税收流向了城市，而且他们还被迫补贴城市消费者，通过已为粮食设定了固定价格的供给系统为城市人口提供食物。在饥荒时期，政府不顾农村人民的巨大需求，强行征收各省粮食。由此，改革最落后的18世纪意大利各邦国的巨大行政首都构成了旧制度社会中最享有特权的机构。[26]

然而，在强大的商业需求压力下，这些特权化和地方化的经济机制逐渐瓦解。越来越多的英法船只和商人涌入意大利港口寻求谷物、橄榄油、丝绸，同时，很多人为了丝绸等原材料深入意大利内陆地区。除了宝贵的原材料（如西西里自然垄断的硫黄）、抢手的葡萄酒之类的消费品、多种多样的农产品和香料之外，意大利还为18世纪后期工业革命生产的新型轻质廉价纺织品提供市场，这进一步扩大了贸易前景。[27]

商业利益加上新的战略关切，18世纪英国和法国在印度和东方的利益扩张再次激活了地中海战略地位的重要性。法国于18世纪末占领意大利半岛，直接延续早期与英国争夺霸权的斗争，尽管形式不同，但斗争在整个19世纪仍然继续。

正如同一时期欧洲许多其他地区一样，膨胀的商业需求与农村人民的生存需求相抵触，随之而来的人口空前暴涨加剧了粮食供应压力。在许多地区，灾难得以避免全靠引进了比小麦高产、可靠的新农作物，其中，玉米最重要。然而，这也给以玉米为主食的意大利农村穷困人口带来了糙皮症，这种可怕的疾病18世纪末在波河平原东部大部分地区蔓延，导致本已岌岌可危的农村生活进一步恶化。[28]

粮食短缺和营养水平下降并不是市场压力增大的唯一后果。商业刺激以及粮食价格上涨使得地主们纷纷规避土地集体使用权带来的障碍，采取更密集和系统的耕作方式。这意味着将以前受制于多种使用权的土地圈占和私有化，由此引发了围绕土地所有权、使用权的无休止冲突。手握权势的人也会利用各种法律条款（但更多时候是非法托词）侵占农村和社区公共土地，各地土地所有者都设法通过采用更苛刻的租约来提高土地租金。[29]

这些变化尤其具有破坏性，因为意大利半岛许多地方仍然盛行以社区为基础的集体耕作体系。圈地运动和土地囤积限制了习惯使用权、导致公共土地面积减少，对穷人的经济状况造成近乎灾难性的后果。

农业秩序的另外一些重要特征也受到新商业需求的压力。在耕作农业与迁徙式牧羊业紧密相邻之处，比如北部高山地区以及意大利中部和南部，谷物生产扩大使得牧场土地面积减少，威胁到脆弱而历史悠久的生态平衡，使定居农民和游走的放牧人时常陷入暴力冲突。为小麦寻找新的栽种土地加重了由来已久的滥伐森林和水土流失问题，也给远至伦巴第的阿尔卑斯山谷和西西里岛中部的干旱高原等区域增加了新的生态风险。[30]

获得急需收入的前景也激励着许多 18 世纪的统治者努力加快这些事态的发展。18 世纪 40 年代在奥地利统治的伦巴第、皮埃蒙特以及那不勒斯王国展开的地籍（土地税）勘察就是鼓励土地所有者最大限度提高产量的举措，因为土地无论是否耕种都得纳税。许多统治者还试图树立进步地主的榜样。在托斯卡纳，彼得罗·莱奥波尔多统治下的行政官员尝试用新的免役税租约（quit-rent leases，即 *livelli*）来吸引农村居民迁移到未开垦荒地上去，然而，这种方案却因为疟疾和土地贫瘠而未能实现。像许多 18 世纪的意大利亲王一样，彼得罗·莱奥波尔多对土地开垦计划也表现出浓厚兴趣，即使当时的生产技术及财政资源无法支撑这些项目的实施。[31]

然而，这些措施并不总能带来预期的效果，最灾难性的例子之一是那不勒斯政府试图通过全盘解散该省的所有宗教团体来弥补 1783 年卡拉布里亚大地震所造成的损失。这些团体的土地和财产被用来建立"神圣银行"（*Cassa Sacra*）基金，政府希望其采用重农主义原则，通过建立大量小型自耕农场来恢复受灾省份的经济。但是，许多时人很快确信，这个实验带来的毁灭性后果几乎不亚于地震本身。土地买卖的受益者不是赤贫农民，贫穷导致其购买不了土地，而富裕地主以及新投机商以极其低廉的价格买断了大量地产，那些从前在宗教地主手下拥有传统租约的农民往往遭到驱逐。事态发展引发了强烈怨恨，在很大程度上导致了 1799 年席卷卡拉布里亚的暴力事件。类似情况也在别的地区上演。同样，在托斯卡纳，时人注意到在农村地区，临时工和无依无靠的劳工数量增加，人们把这一不祥现象归咎于出售修道院以及领地的土地。[32]

针对教会财产采取的一系列行动为旧制度邦国拮据的统治者提供了资本收入来源，同时也符合重农主义经济学家的教义，他们坚持要将那些因教会的"永久管业权"（dead hand）而未得到耕种的土地归还给农业生产。在重农主义理论的影响下，更加自由的贸易法规渐渐形成，尽管在这些情况下，理论通常也是由更为迫切的物质预期支撑的。托斯卡纳的彼得罗·莱奥波尔多可以说是18世纪末以前首位公开倡导自由贸易的统治者，其中也有特殊原因。英国人将托斯卡纳的利沃诺港（Livorno）作为其在地中海西部进行商业转口贸易的地方，为了利用这一点，托斯卡纳政权愿意增加农业产出。这也意味着托斯卡纳农业摆脱了以人为的低价向大公国的城市提供粮食的义务，同时免除了以往对城市纺织工业的保护。直接结果就是食品价格上涨，农村食品短缺，伴随着失业率上升，激起了城乡人口的日益不满。[33]

在18世纪托斯卡纳相对开明的环境下，彼得罗·莱奥波尔多政策的恶果显示，要改变代表旧制度经济的特权与保护结构，还存在着巨大障碍。在那些结构更加根深蒂固的地方如南部，改革面临的任务也必然更为艰巨。

然而，即便是在此，改革的影响也不可避免。最突出的一个例子就是维持大型旧制度城市的商业和财政特权需要花费巨额的成本。这一问题在中部和南部尤为严重，罗马、那不勒斯和巴勒莫的特权地位造成的经济、人口失衡最受瞩目，也最为病态。

18世纪下半叶，这些城市的快速扩张主要反映出其周围农村地区日益贫困。这个问题的本质已得到充分理解，改革者把享有特权的大城市比作肿胀的头颅，这些城市从各省羸弱的经济中吸走生命之血。然而，当局往往无力采取行动。例如，在罗马，尽管首都经济特权强加给农业各种负担，但是试图减少特权的尝试都遭到否决，因为这在政治上太危险。在那不勒斯1764年的大饥荒中，恐惧的政府通过从正在挨饿的各省强制征用粮食才挺过饥荒。也是在此处，由于害怕民众抵抗，减少城市特权的尝试也被搁置。1773年，巴勒莫尝试减少城市特权，激起了封建贵族以及工匠行会的反抗，他们联合起来维护自身特权。

1794年，一场新的、极其严重的生存危机袭击那不勒斯，当时波旁王朝君主政体的经济和政治状况岌岌可危，再也不敢在各省实施强制征用政策。由于政府不再能够在公开市场上提供资金来供应首都，因此有必要取消食品价格管制，并引入前所未有的消费税，这是对城市所有传统特权的公然挑战。这些变化无疑导致了1799年两次席卷全城的民众愤怒和暴力事件，这生动说明不断变化的经济力量与旧秩序结构之间产生了激烈和不可调和的矛盾，这种情况甚至在那些变革的政治意愿相对较弱的地区也会出现。[34]

拿破仑统治期间推行的经济和商业改革是较早改革方案直接、更为系统的延续。法国行政官员试图巩固以市场为主导、基于私有财产和私营企业的商业经济的基础。虽然他们许多人意识到这些创新将带来破坏性后果，但总的来说，他们相信这种状况很快就会得到解决，因为废除旧制度的约束会提高产量和就业率。

这些预想显然过于乐观。例如，在大规模出售教会和公共土地的计划中，这一点变得很明显，该计划旨在一举创造奇迹。首先，出售这些资产是为了偿清旧制度政权的债务，并为其继任者筹集新的现金收入。许多地区都达成了这个目标，但绝非所有地区，而且取得的收益往往比预期少得多。其次，这些拍卖旨在通过提供更多可用土地来缓解农村地区人们的不满，而人们希望建立一批新的自耕农场以增加农业产出，同时为农村社会提供稳定与秩序的新元素。

小型自耕农场能够重振农业，缓解农村社会的紧张局势——这种希望来自法国革命的经验。这在整个18世纪都是农业发展最经久不衰的神话之一，而且不限于意大利，尽管现实已反复证明这种希望虚幻、不切实际。法国统治时期的土地买卖显示，农村穷人因为贫穷而丧失竞拍资格，即使真的获得土地，也很少能够承受耕作的成本和负担。1808年之后，当南方试图将以前的封建和公共土地分给农村社区居民时，这一点变得尤为明显。这一行动的部分原因在于当时南方人民对公共土地和教会土地拍卖相对缺乏兴趣，因此，将以前集体使用的土地私有化被视作有力手段，可以使土地产生生产力，同时获得租金，用以支持地方行政和国家税收。但事实证明，新的自耕农场无法承受耕作、偿还抵押贷款和缴纳土地税的负担，很快就被圈地的投机者买断了。

在意大利其他地区，土地买卖更为活跃，政府直接干预、帮助创建小型自耕农场的动机较弱，不过普遍将其作为一种理想。对于整个意大利来说，公共和教会土地拍卖以及前封建地产私有化的主要受益者是老地主阶级中较富裕和有偿付能力的群体，虽然在一些地区，新型富豪确实跻身乡绅行列。[35]

如果说法国统治时期的经济改革是以在实践、理论和法律上加强自由市场经济为前提，那么现实情况往往迫使人们做出重大妥协。这在对各城市采取的政策不断更改中表现得尤为明显。粗暴取消公会特权、取消食品价格控制、取缔城市供应配置，甚至拆毁老城墙，无一不表明最初的决心，即建立更为平等的城乡关系，并消除旧制度经济最麻烦的特征之一。

然而，这在实践中就算有可能实现，也会存在很大难度。经济衰退以及城市人口大量失业造成城市社会动荡不安，导致政府出台一系列保护城市经济的新举措，例如，控制农产品出口实际上使农村及农村生产者再一次服从于城市消费者需求。尽管试图鼓励发展省级城市，但王朝的野心意味着首都仍然是公共工程和建筑支出的主要焦点。政府口口声声说要在城镇与乡村之间、首都与各省之间建立更公平的平衡，这种口惠却未能掩盖持续的经济差距，由此产生了城市之间的激烈竞争，这些竞争构成了复兴运动中政治动荡的最显著特点。[36]

商业需求入侵局部自给自足的经济，随之而来最明显的就是穷困甚至赤贫，面对这些弊病，大革命未能提供多少灵丹妙药。这些年里，那些主导重塑意大利各国政权的人相信，这些困难都只是短暂的，只要建立适当的农业和商业发展框架，问题就可以迎刃而解，最坏的结果不过是无法避免地中海式懒惰和无所事事（dolce far niente）。

因此，公共当局的主要职能就是改正过去的错误做法，尤其是无差别救济，这被看作导致懒惰和无所事事的首要原因。这些观点本身并不新鲜，而且早在18世纪就得到了莫代纳学者穆拉托里（Muratori）[37]这样的大权威的全力支持。但是法国统治者力求用更系统的方式来实施这些标准，建立更为严格和更具选择性的控制机制，阻止除真正穷困者之外的人获得救济。"羞愧的人"和"诚实穷人"的需要得到了承认，但福利管理的主要职能是把这一小部分值得帮助的穷人与大量的游手好闲之徒、无业游民、饭桶、开小差者和江湖骗子区分开来，后者是公共财政的负担，又故意、肆无忌惮地拒绝工作而阻碍了经济发展。

"减少救济资格"（less eligibility）原则在英国1834年《新济贫法修订条例》（New Poor Law Amendment Act）中才出现，在此前很久，拿破仑时期的"乞丐拘留所"（Dépôts de Mendicité）就建立了固定体系，对穷人进行严格区分。传统的补贴或临时住所式援助仅限于受人尊敬和感到"羞愧"的穷人，那些因商业暂时衰退、暂时不幸、疾病或年老而失去工作的人，以及其良好品行能得到教区牧师这样的公认权威人士证明的人。另一方面，正如其意大利语名称"劳教所"（Case di Lavoro）一样，拘留所是为了起到威慑作用，其故意惩罚和令人厌恶的特性是针对那些不符合"诚实穷人"管理标准的人。[38]

在城市和农村，大量宗教慈善机构消失令福利供应枯竭，以至于贫困边缘人口和赤贫人口越发可能违反原本针对流浪汉和健全乞丐的惩罚性措施。同针对所有形式的四处奔走和旅行的行业，针对流动小贩、街头摊贩、客栈和酒馆老板的严格控制一样，这些措施旨在遏制和减少来自农村的移民，这些移民在上一个世纪已经让许多大城市不堪重负。

为应对经济和体制变革最明显的社会后果而采取的更加系统的行政和治安措施将成为这些年法国式改革最典型的标志之一。大革命试图确立的这些变革的破坏性本质突出表明了需要比以往更为有效而广泛的行政、治安以及控制方法。法国统治时期，意大利各国经济和社会制度的变革加快了，而且为新的、更为协调的行政控制形式打下了基础。

注　释

1. 尤其参见 S. J. Woolf *History of Italy 1700-1860*（London，1979），Parts 1 and 2；参见意大利语文献 G. Candeloro *Storia dell'Italia Moderna*（Milan，1956），Vol. 1。

2. F. Venturi *Italy and Enlightenment* ed. S. J. Woolf（London，1973）；F. Venturi *Settecento Riformatore* Vol. 1（Da Muratori a Beccaria）（Turin，1969）.

3. 转引自 L. Cafagna 'La "Rivoluzione Agraria" in Lombardia'，*Annali dell'Istituto G. Feltrinelli* 1959，p. 401。

4. H. Swinburne，*Travels in the Two Sicilies in the Years 1777，1778，1779 and 1780*（London，2 vols，1783/1785）.

5. A. Caracciolo 'Storia Economica' in *Storia d'Italia*（Turin：Einaudi，1973）Vol. 3，pp. 512-687；G. Giorgetti *Contadini e proprietari nell'Italia Moderna*（Turin，1974）；E. Sereni *Storia del Paesaggio Agrario Italiano*（Bari，1962）.

6. 例如 G. Candeloro *Storia dell'Italia Moderna*（Milan，1956）Vol. 1，Ch. 2。

7. 关于改革运动，最佳的英语文献参见：S. J. Woolf（1979）Part 2；F. Venturi（1973，ed. S. J. Woolf）；J. Roberts *New Cambridge Modern History* Vol. 8，Ch. 12 Pt 2（Cambridge，1965）；O. Chadwick *The Popes and the European Revolution*（Oxford，1981）。

8. S. Cuccia *La Lombardia alla Fine dell'Antico Regime* (Florence, 1971), pp. 102–134.

9. 参见：E. Cochrane *Florence in the Forgotten Centuries 1527–1800* (Chicago, 1973); F. Diaz, *Francesco Maria Gianni. Dalla Burocrazia alla Politico sotto Pietro Leopoldo di Toscana* (Milan, 1966); M. Mirri *La Lotta Politico in Toscana Intorno alle Riforme Annonarie 1746–1775* (Pisa, 1972)。

10. R. Davico *Peuple et Notables 1750–1816: Essais sur l'Ancien Régime et la République en Piémont* (Paris, 1981); J. Nicolas *La Savoie au XVIIIe siècle. Noblesse et Bourgeois* (Paris, 2 vols, 1978).

11. G. Turi *Viva Maria! La Reazione alla Riforme Leopoldine 1790–1799* (Florence, 1969); I. Tognarini (ed.) *Arezzo tra Rivoluzione e Insorgenze 1790–1801* (Florence, 1982).

12. G. Cingari *Giacobini e Sanfedisti in Calabria nel 1799* (Reggio Calabria, 1979); A. Lucarelli *La Puglia nel Risorgimento* (Bari, 2 vols, 1923); N. Rodolico *Il Popolo agli Inizi del Risorgimento nell'Italia Meridionale (1798–1801)* (Florence, 1926).

13. M. Ruggiero *La Rivolta dei Contadini Piemontesi 1796–1802* (Turin, 1974); C. M. Tsoukas 'Spontaneità e brigantaggio: l'insorgenza contadina in Umbria' *Annali Cevi* (2) 1980 pp. 223–239; M. Berengo *La Società Veneta alla Fine del Settecento* (Florence, 1955).

14. G. Candeloro (1955) Vol. 1; C. Capra, 'L'Età Napoleonica' in *Storia d'Italia Contemporanea* eds. G. Levi, A. Levra and N. Tranfaglia, Vol. 1, pp. 366–368; C. Zaghi *Napoleone e l'Italia* (Naples, 1966); *Napoleone e l'Italia*, Accademia Nazionale dei Lincei, Rome, Quad 179, 1973.

15. R. Romeo *Cavour e il Suo Tempo* Vol. 1 (Bari, 1971), Ch. 2; F. Leoni *Storia della Contro-Rivoluzione in Italia 1789–1854* (Naples, 1975); C. Ghisalberti *Unità Nazionale e Unificazione Giuridica in Italia* (Bari, 1979) (esp. Ch. 7).

16. M. Berengo 'Le origini del Lombardo-Veneto' *RSI* lxxxiii, 1971, 525–544; R. J. Rath, *The Provisional Austrian Government in Lombardy-Venetia 1814–1815* (Austin, 1969).

17. G. Chaussinard-Nogaret, L. Bergeron, R. Foster 'Les Notables du "Grand Empire" en 1810' *Annales ESC*, xx, 1971; C. Capra 'Nobili, Notabili, Elites: Dal Modello Francese al Caso Italiano' in P. Villani (ed.) *Notabili e Funzionari nell-Italia Napoleonica* (*Quaderni Storici* 专刊, 37, 1978)。

18. 参见：R. Zangheri, 'Feudaità, Proprietà ed Economia nell'Italia Giacobina e Napoleonica' *AISMC*, Vol. XXIII-IV, 1972; R. Zangheri 'Gli Anni Francesi in Italia: Le Nuove Condizioni Della Proprietà' *SS*, xx, 1979, pp. 5–26。

19. 参见：M. Berengo (1971); L. Antonielli *I Prefetti dell'Italia Napoleonica* (Bologna, 1983)。

20. *Archives Nationales*, Paris (Archive Murat); 31AP6: Murat to Napoleon 18.1.1811.

21. 关于"缪拉分子"，参见 R. Romeo *Mezzogiorno e Sicilia nel Risorgimento* (Naples, 1963)。

22. L. Antonielli (1983) p. 475.

23. P. Villani *Italia Napoleonica* (Naples, 1978), pp. 75-116.

24. E. Grendi 'Genova nel Quarantotto' *NRS*, xxlvii, 1964, p. 311; 'The Treatment of the Poor in Napoleonic Tuscany 1808-14' in S. J. Woolf (ed.) *The Poor in Western Europe* (London, 1986); G. Fanelli *Firenze: La Città nella Storia d'Italia* (Bari, 1980) p. 169; D. M. Chiarito 'La Legislazione Napoleonica e il Pauperismo in Piemote' in E. Sori (ed.) *Città e Controllo Sociale in Italia Tra XVIII e XIX Secoli* (Milan, 1982), pp. 127-128；关于那不勒斯的数字及其来源，参见 J. A. Davis 'Naples during the French decennio: An unsolved problem?' in *Mélanges de l'Ecole Française de Rome* (forthcoming, 1987)。

25. 尤其参见：M. Aymard 'La Transizione dal Feudalesimo al Capitalismo' in *Storia d'Italia: Annali I* (Turin: Einaudi; 1978), pp. 1131-1187; A Caracciolo 'La Storia Economica' in *Storia d'Italia* Vol. 3, (Turin: Einaudi, 1973) pp. 512-687。

26. F. Venturi 1764; 'Napoli nell'Anno della Fame', *RSI* lxxxv, 1973; F. Venturi, 'Roma negli Anni della Fame' *RSI* lxxxv, 1973.

27. 参见：P. Chorley *Oil, Silk and Enlightenment: Economic Problems in 18th Century Naples* (Naples, 1965); A. Placanica *Uomini e Strutture Economiche in Calabria nei secoli XVI - XVIII* (Catanzaro, 2 vols, 1974)。

28. G. Coppola *Il Mais nell'Economia Agricola Lombarda dal sec. XVII all'Unità* (Bologna, 1979); A. De Bernardi 'Pellagra, stato e scienza medica: la curabilità possibile' and P. Corti 'Malaria e Società Contadina nel Mezzogiorno' in *Storia d'Italia Annali 7, Malattia e Medicina* ed. F. Delia Peruta (Turin, Einaudi, 1984) pp. 681-708, 656-680.

29. 例如，参见关于托斯卡纳的两项研究：F. McArdle *Altopascio. A Study in Tuscan Rural Society 1587-1784* (Cambridge, 1978); F. Mineccia *Da Fattoria Granducale a Communità: Collesalvetti 1737-1861* (Naples, 1982)。

30. S. Jacini *La Proprietà Fondiaria e Le Popolazioni Agricole in Lombardia* (Milano, 1857) pp. 153-162.

31. 例如 F. Mineccia (1982) pp. 23-49。

32. A. Placanica *Alle Origini dell'Egemonia Borghese in Calabria: La Privatizzazione delle Terre Ecclesiastiche 1784-1815* (Catanzaro, 1979).

33. 比较 G. Turi (1969) 和 I. Tognarini (ed.) 1982。

34. 关于巴勒莫起义，参见：D. Mack Smith *Modern Sicily After 1713* (London, 1968), Part 9; G. Valenti 'I Poveri in Sicilia nella Seconda Metà del Settecento' in G. Polito, M. Rosa and F. Delia Peruta (eds.) *Timore e Carità; I Poveri nell'Italia Moderna* (Cremona, 1982), pp. 283-293。

35. R. Zangheri (*SS*, 1979) 提出了更为积极的观点，谈到"一场真正的土地使用权革命"；关于皮埃蒙特，参见 P. Notario *La Vendita dei Beni Nazionale in Piemonte nel Periodo Napoleonico* (Milan, 1980)。

36. 参见 S. J. Woolf 关于 E. Sori (ed.) *Città e Controllo* (Milan, 1982) 所写序言，pp. 20-25 以及下文第四章。

37. 尤其参见‘The Treatment of the Poor in Napoleonic Tuscany 1808－1814’in S. J. Woolf （ed.）*The Poor in Western Europe* （London，1986）pp. 86－117；关于穆拉托里，参见 C. Poni‘Aspetti e Problemi dell'Agricoltura Modenese dall'Età delle Riforme Fino alla Restaurazione’in *Aspetti e Problemi del Risorgimento a Modena* （Modena，1964）。

38. D. M. Chiarito‘La Legislazione Napoleonica e il Pauperismo in Piemonte’；E. Pescianelli‘Pauperismo，Assistenza e Buon Governo negli Scritti di Cose Economiche Italiane del Secolo XVⅢ’in *Città e Controllo* （Milan，1982）；D. Maldini‘Il Dépôt di Mendicité del Dipartimento del Po’；G. Assereto‘Aspetti dell'Assistenza Pubblica a Genova nei Primi Anni dell'Ottocento’in *Timore e Carità* （Cremona，1982）；‘The Treatment of the Poor in Napoleonic Tuscany’in S. J. Woolf （ed.）*The Poor in Western Europe* （London，1986）。

第二章 冲突中的社区

使旧制度君主制陷入危机的经济和政治压力对社会经济生活中更下层的机构造成了同样严重的后果。事实上，往往正是在农村，在大部分意大利人谋生、过日子并形成对世界看法的农村社区，人们最直接、即时地感受到了新变化。出于这个原因，在统一前的一个世纪，以社区为基础的骚乱与抗议日益占主导地位。

农村人绝非都生活在固定的社区或其周遭，许多人从事着这样那样游走的职业，一直居无定所。比如，牧羊人跟随羊群从夏季牧场迁到冬季牧场，小摊贩则沿着知名的旅行路线长途跋涉。还有数量多得多的人沿常规线路季节性迁移以寻找工作，尽管其他时候可能住在固定社区。

在半岛某些区域，农村定居点也少见。在米兰以南的波河流域上游灌溉平原上，集约化农业早已赶走了农村社区，而没有安置在大型农庄或者农舍的那些劳工只能尽力在条件恶劣的茅棚小屋生存。[1]在托斯卡纳和意大利中部的佃农种植区，大部分农村人口同样居住在分散的农舍里，尽管历史上这些地区也有数目众多的小微乡镇。再往南，教皇国拉齐奥地区（Lazio）疟疾肆虐的广阔平原上几乎没有人烟，只有在特定时期从附近省份招募来的劳工，在合同期限内住在农村临时搭建的棚屋里。[2]

即使定居社区在某些地方更为常见，其规模大小也不统一。有点缀在阿尔卑斯山谷的微小高地村庄，沿着萨沃伊、皮埃蒙特北部以及威尼托到东部的弗留利（Friuli）分布，有紧靠亚平宁山脊、沿半岛分布的小村庄，还有在普利亚①平原上杂乱蔓延的乡镇。社区无论大小，每一个都拥有独特的社会身份和法律身份。事实上，社区首先作为法律实体存在，它不仅是行政单

---

① 普利亚（Apulia），意大利语为 *Puglia*，也译为"阿普利亚"，意大利南部大区，首府巴里。

位，而且还可以用历史所有权（historical titles）来定义其性质到底属于完全保有的、领主的还是王室的定居点。一个社区的法律边界、它对邻居的权利和义务不仅取决于记忆，也取决于历史所有权，无论邻居是平信徒地主、教会地主还是其他社区。这些所有权也界定了社区的土地边界，以及社区居民所享有的对周边林地、水道、封建庄园以及其他社区土地的出入权和使用权（rights of access and usage）。[3]

从过去传承下来的法律地位提供了建立社区身份的一种元素，而居民共有的集体身份强化了这一点。每个社区都构成了一个复杂的社会实体，通过严格遵循年龄、地位、职业、性别以及行为的等级制度加以区分。不同的职业群体、男性和女性、已婚者和未婚者、年轻人与老年人都是高度复杂的等级分层的一部分。一个人的地位不仅体现在其穿戴上（甚至包括女性的发型），更体现在对其行为的预期上。在宗教和民间仪式上，在守护神的节日里，或者是在平信徒兄弟会守护者庆典上，这些等级的区别按照固定的优先顺序严格设置。

然而，有关地位、权力和影响力的内部等级并不能阻止激烈的内部竞争和冲突。社区绝不是社会平等的代名词，也不一定会催生团结。即使是最小的社区，也拥有无数不同的家族群体、守护神体系（patronage systems）以及派系团体，而社区生活正是围绕这些更小单位的效忠和身份运行的。家族群体是重要子集，平信徒兄弟会则提供了在社区内建立起更广泛同盟体的手段。尽管这些兄弟会起源于宗教性质的慈善基金会，但其实际功能往往更具有政治性，它们常会引起正式派系的关注，这些派系的身份因为兄弟会的宗教徽章和守护者而得到进一步加强。[4]

家族群体和派系联盟很可能从内部分裂社区，然而，它们也抑制和约束了内部竞争，并在跨越时代的长期意识中，固化了主导和从属的家族势力之间的区别。[5] 但是内部分歧并不妨碍整个社区的集体利益意识，尤其是在受到外部挑战的时候。同样，内部分歧也未削弱整个社区奉行的习惯准则和价值观的力量。一旦拒绝接受约定俗成的准则，社区成员无论贫富都有可能成为众矢之的。男女有私情或者富人没在寒冬给穷人提供工作，就违背了社区传统和行为规范，可能会受到礼节性警告、遭受示威的喧嚣杂乐（rough music）之扰和群嘲。[6]

守护神是社区集体身份的一个强有力标志，守护神节为整个社区展现团结精神提供了机会。当村庄遇到来自外部的威胁，或者力图向邻近地区伸张权利时，守护神的圣物通常会作为集体身份和共同目标的象征。

不过，村庄守护神崇拜的象征意义绝不简单。一方面，它表达了每一个社区自身特定的身份；另一方面，它也代表着该社区被整合到一个更广博的文明之中，这种文明不仅是基督教的同义词，也是由修道院院长、高级教士、封建领主以及王室官员组成的更广阔的社会和政治世界的同义词。没有什么比将这些农村社区描述为与外界隔离、自给自足或自我封闭更让人误解的了。尽管从地理上来说，许多社区确实比较偏远，但是，即使是最孤立的山地社区也通过个人联系、相互义务和责任组成的密集永久网络与国家政权所代表的更广阔世界关联在一起。

社区之所以拥有自己的法律身份，是因为它们构成了民政管理的基本单位。在历史上，正是因为这个原因，社区被授予土地，以满足地方行政开支。这些土地几乎一直是社区事务的中心，关于土地的行政管理成为社区内部政治的焦点。但是社区也承担其他集体义务，最为明显的是，社区要向世俗和教会的封建主以及王室缴纳税款。无论一个社区是完全保有地产区还是属于世俗领主、教会领主或者王室的财产，它都受制于各种法律的要求和约束，这使其直接与外部世界产生联系。社区的权益诉求只能在领主法庭或者王室法庭提出，而内部争吵及其与邻近村庄、地主以及教会法人之间的矛盾需要外部机构的仲裁。这意味着，那些在社区内部发挥影响力的人很可能是可以接触和影响外部世界的个体，无论是外面的省级行政部门、有权有势的当地地主，抑或是王室或王公贵族的法庭。换句话说，那些在社区中行使权力和发挥影响力的人之所以能做到这点，是因为其拥有与外部力量和当局斡旋的能力。[7]

这些复杂而互惠的关系使得地方社区融入更广泛的权力和行政体系，并且，这也使得社区对外部世界发生的变化特别敏感。社区本身也易直接受到现行新经济力量的影响，社区冲突快速升级的最重要原因是公共土地和集体使用权面临威胁。一旦这些土地的公有性质受到挑战，社区生存及其居民生计都会受到严重威胁。挑战首先来自那些热衷于圈地和土地私有化的私人土地所有者，紧接着，公共当局开始鼓励社区出租或出售土地以获取现金收益。破坏土地公共性质的行为引发的问题后来成为这一时期意大利农村最复杂、最持久的社会冲突的根源之一。

笼统地定义旧制度社会的土地状况极其困难，这在意大利也不例外。地区之间存在巨大差异，地方经济的具体特性更突出了这些差异的重要性。理论上，公共土地可能属于王室（*beni demaniali*，国有资产），或构成特定社区历史禀赋的一部分（*beni comunali*，市政资产），但是即使据此划归这些项目，随后的土地划拨、赠予或者侵占也时常改变土地的初始状况。此外，封建制度的本质特征之一就是，拥有土地并不意味着拥有完整的所有权，而是意味着行使源自土地的权利并履行相应的义务。例如，社区经常在邻近的封建庄园土地上行使使用权，比如收获后去拾穗、冬季去放牧。

早在 18 世纪之前，许多地区的公共土地就已经被严重侵蚀。不过，尽管遭到蚕食、侵占，土地公有制依然广泛存在，甚至 19 世纪自由主义经济学家卡洛·卡塔尼奥（Carlo Cattaneo）也准备承认这构成一种"不同类别的所有权"。特别是对于高地社区来说，在畜牧经济中起着重要作用的权利包括公共土地和夏季放牧土地的集体使用权，其他同样重要的基本权利，包括从林地和树林中收集枯木用作燃料和建材、收集橡子作饲料，以及收集栗子作食物。而在平原上，公共土地为村民提供牧场，让耕种庄稼成为可能，林地和河流也十分重要，可以提供木材或芦苇作燃料和建材，提供鱼、干果、野味作食物，还可以充当绵羊、猪与山羊的粗草场。实际上，几乎在所有地区，公共土地与公共权利在农村社区生活中都起着根本性作用。对贫农而言，集体使用权是他们维持基本生活需要的关键，而社区行政机关的运转也有赖于公共土地的税收。[8]

早在 18 世纪之前，公共土地和土地使用权已遭到肆意侵犯，而以商业为导向的农业扩张不可避免地加速了这一进程。由于生产力和农耕方法没有出现重大突破，要满足新的增产要求就只能靠开垦更多土地。这也助长了对公共土地的进一步蚕食，那些有钱有势的人非法圈地，原有森林和林地被砍伐并播种。破坏性一点不少的做法还有开垦荒地和未耕地，这夺去了贫农在粗草场放牧及渔猎之权。

这些压力让人感受尤为强烈，因为人口迅速膨胀也给日益萎缩的资源带来了更大压力。因此，公共土地引发如此普遍的冲突也就不足为奇。这些冲突的区域集中度不断变化，显示了意大利多种多样农业经济转型的不同时间顺序。18 世纪下半叶，皮埃蒙特的冲突达到顶峰，19 世纪中期的几十年中，伦巴第和威尼托相继步其后尘。而在意大利南部大陆、西西里岛以及撒丁岛，这种冲突从 18 世纪下半叶到 19 世纪中叶一直持续。

意大利南部大陆

虽然商业化、私有化和圈地是造成这些冲突的最主要因素，但它们并非全部因素，政治压力往往也是加剧紧张局势的重要原因。18世纪后期，意大利南部大陆频繁发生的社区冲突就是最好的证明。人口增长，加上私人土地所有者不断侵占和圈地，令土地压力日益增长。

但是，这也不是造成冲突的唯一原因，因为在意大利南部大陆，侵占公共土地的情况已比意大利其他任何地方都严重。不过，18世纪后期，波旁王朝统治者开始将农村社区作为对抗封建地主财政特权的工具。18世纪80年代和90年代，王室向各省派遣代理人，鼓励社区提起诉讼，指控邻近地区的封建领主侵占公共土地、不向社区和王室缴纳应付款项。这样的举动不可避免地加强了社区的集体身份意识与集体权利意识，而这些身份和权利之前常常被弱化和遗忘。此举还复兴了村民大会或称议事会（parlamenti）这样已经废而不用的制度。这些大会在意大利其他地区也存在，但在南部，已经被当地的封建领主及其代理人主宰控制多年。理论上，社区所有成年男性都有权出席大会并发表意见。随着这些权利受王室代理人的鼓励而得到恢复，议事会成为王室对抗封建领主的重要工具，也是反封建主义运动的话语融入地方政治的重要途径。[9]

这类外部干预加剧了内部竞争和争执，同时也使整个南部社区处于一种复杂的对立之中。导致社区与强大的封建或教会邻居发生冲突的原因很快就变得模糊，因为社区自身出现了内部分歧。个人试图将集体权利主张转为己用，在与封建领主斗争取得成功的地方，受益者往往是社区中的权势小集团，他们凭借对社区管理的影响力，为自己和追随者夺取有争议的土地。收复被侵占的公共财产的斗争很容易就演变为瓜分土地，从而引发争夺社区管理权的激烈派系斗争。从这些斗争中产生了新的乡村名流（coqs de village）或绅士（galantuomini）阶层，他们持续酿成难以根除的宗派主义，使之成为19世纪意大利南部大陆农村社区最持久的特点之一。[10]

整个意大利南部大陆发生的局部斗争并没有让新兴的、更加贪婪的农村资本家阶层取代目空一切的封建前业主。南方农业经济内部固有的利益冲突使这些对抗局势更加复杂，敌友关系模糊不清，其中最重要的是种植谷物的农民和牧场主之间的较量。在意大利南部大陆和西西里岛的大部分地区，定居农业与游牧业密不可分且相互依存，大量羊群每年从山上的夏季牧场跋涉到沿海平原的冬季牧场，为干旱平原带来仅有的肥料，让持久进行谷物耕作在这里切实可行。然而，耕地和圈地的扩大，对牲畜的迁移路线造成了威胁，引发了牧场主和定居农民众所周知的矛盾。尽管陪伴羊群的牧羊人并非有权有钱之人，但羊群主人确实有权有钱，因此，争夺牧场和耕地造成两种不同而强大但都无组织的农业模式之间的利益冲撞。有钱有势的群体因此分裂，而他们的战斗对象是日益愤懑不平的农民。[11]

这些冲突为1799年的暴力事件埋下祸根。然而，法国统治期间推行的改革使形势更加严峻。约瑟夫·波拿巴和若阿基姆·缪拉重视整顿当地行政和金融的混乱状态，于1806年8月6日制定法律，宣告废除封建制度及其附属权利，主要目的之一在于恢复被封建主所霸占土地的社区所有权。

实际上，这项法律收效甚微，仅仅引发了针对有争议的主张的无休止的新诉讼。部分由于担心这会引起潜在的危险冲突，若阿基姆·缪拉尝试实施更为激进的解决方案。1808年，他建立了一个新的"封建委员会"，其成员多为意大利南部大陆反封建运动的领导者，他们得到授权执行1806年8月的法律，不经上诉就解决社区与前封建主之间所有的未决诉讼。委员会成员有两年时间完成这项任务，然后着手审查各省社区提起的案件。[12]

尽管政府将此做法宣传为一项激进的改革措施，主要目的却是提高现金税收，并且在切实可行的基础上重新建立地方财政。这也是为什么委员会有第二份明显更加激进的指示：立即将公共土地以及大部分已分配给农村社区的前封建庄园细分给居民。这种计划背后的观念在于私有制是生产性使用土地的最佳保证。但是，这种做法也有非常直接的财政目标——指望自耕农的耕地为社区提供租金收入及为国家提供税收。然而，这些财政目标却在一开始就破坏了改革的根基，造成的怨恨比从前更甚。在实施公共土地分割的地方，税收负担迅速压垮了新佃农，抵押贷款和村里的年租金让他们不堪重负。一旦收成不好，农户们就会被迫出售土地，这使其落入了更富裕的地主和当地政府官员手中。缪拉没能成功创建一批小型自耕农场，他本想在昔日的公共土地上确立农村贫困人口的自耕农地位，结果不仅导致新租户遭到大规模驱逐，还使社区丧失集体权利，财产进一步集中到更大的地主手中。[13]

毫不奇怪，19世纪早期南部几乎每一次爆发农村动乱都伴随着对曾为公有财产的土地的集体占领。这些占领行为往往高度遵守法律，向国王或其代表提出正式请愿。这些占领往往只是象征性的，社区每年都会组织人们占领那些有争议的土地，以宣示对这些土地拥有所有权。[14]

无论诉求的合法性是否得到承认，对意大利南部的失地村民而言，维权的方式寥寥无几。法国统治者废除了旧的村议事会制度，由有产者组成的选举制市议会取而代之。这是更广泛的行政集权化进程的一部分，使地方社区行政权处于各省王室省长的直接掌控下。这意味着，旧式社区彻底灰飞烟灭。起码从理论上来讲，在旧社区里，人人均有发言权，可是现在，对被剥夺选举权的村民而言，甚至集会行为也再次变得非法。同时，统治者还尝试对社区生活的其他方面进行掌控，例如，为规范平信徒兄弟会，引入了严格的附加控制措施，因为这些团体被看作混乱和冲突的主要来源。[15]结果，群众游行与占领土地的守法外表很容易让位于更为暴力的手段：毁坏侵权地主的作物和财产、恶意纵火、残害牛群，甚至是公然行窃。

波旁王朝复辟后，当权者曾尝试调解农村社区与邻近地主之间的激烈冲突，然而，由于国家继续鼓励私有化进程，他们要缓解农村紧张局势变得更加困难。比如，当局对进入王室森林实行新的限制性规定以努力阻止砍伐森林和非法清理林地，然而，虽说通过恣意毁林来获取新耕地肯定是导致土壤侵蚀的主要原因，而且在林中行使习惯权利如收集枯木、水果和坚果往往会对活树和新种植园造成广泛破坏，但罪魁祸首却是那些地主。新的限制措施与促进农业发展的其他措施相结合，进一步减少了农村贫困人口的资源，构成动荡和冲突的额外原因。[16]

面对逐步加剧的农村紧张局势，当局再次加大调解力度。在19世纪30~40年代，当局颁布了一系列王室法令，以保护冲突尤为严重地区的习惯使用权，缪拉的"封建委员会"也进行了新的尝试。然而，这些新举措主要证明了政府无法强制推行不符合当地实力派利益的解决方案，却给了农村社区新的希望，并因此进一步加剧了农村的紧张局势。

政府干预产生了矛盾的后果，发生在科森扎市（Cosenza）上方西拉（Sila）山区的事件就是很好的证明。西拉森林为王室所有，森林土地被大范围侵占，严重限制了高山社区的赤贫居民使用王室领地的习惯权利。因此，18世纪末，这一地区成为整个意大利南部大陆最持久冲突的战场，冲突的暴力程度与其复杂程度不相上下。

为了恢复秩序，1841 年，政府颁布了法令，规定科森扎城乡居民的使用权必须得到尊重。事实证明，这项法令不过是一纸空文。1848 年革命前夕，西拉山区乡镇人民的不满已经极具威胁性，所以成立了新的委员会，授权对被剥夺习惯权利的个人进行补偿。然而，不满情绪并没有平息。1848年 4 月，临时政府对每块社区公共土地的归属展开了全面调查，同时呼吁人们耐心等待，并坚称不会容忍侵犯财产权的行为。行政长官被派往各省实施19 世纪初就已下令进行的土地分割任务，并解决所有未决争端。[17]

西拉的社区却已经自己动手执法，当行政长官到达科森扎的时候，来自偏僻小村的武装村民们已经向城市挺进，要求政府立即划分有争议的土地。同样，在菲奥雷的圣乔凡尼（S. Giovanni in Fiore）修道院，村民们也发起了类似的抗议行动，但是示威人员遭到邻近地主以及国民警卫队的袭击，这场抗议以流血结束，双方死亡数人。行政长官赶到圣乔凡尼，不顾一切地试图重建社会秩序。经过调查，他毫不怀疑村民有理，暴力行为由地主挑起，他向那不勒斯报告，"人民和地主之间存在着很危险的仇恨，为了让他们和解，必须找到某种方法来减少这种仇恨"。[18] 但是地主无视这名官员保证村民习惯权利的努力，愤怒的村民开始采取更直接的策略，比如偷窃与残害侵权地主的牛羊，以及其他一些暴力行为。

那些试图对从前的乡村公地提出要求的人被称为"共产党人"，而 1848年占领土地的行动很快重新引起了地主对社会无政府状态的恐慌，他们发起了反攻。随着抗议与混乱的蔓延，当局再一次与受到威胁的地主团结起来，开始有组织地对付农民运动可能的"领头羊"。一项针对卡拉布里亚奥特拉省阿多尔村（Ardore in Calabria Ultra）副主教的控告是这些事件引起恐慌的最好例证，当时副主教被控告煽动占领该村从前的公共土地：

> 副主教受个人贪欲驱使，觊觎他人农场，无视传讲圣言的教士使命，反而利用自身影响力令共产主义毒瘤和蒲鲁东人的虚假福音潜入社区居民心中。[19]

1848 年在卡拉布里亚的西拉上演的暴力事件在意大利南部大陆的其他一些地方一再重演，而且由侵占公共用地与使用权引起的敌意和冲突也是主要原因，导致了比如 1848 年夏天从奇兰托（Cilento）山脉一直蔓延至萨勒诺（Salerno）南部地区的那场暴动。[20]

大革命之后，波旁王朝的介入造成了更多分裂。一些支持革命的有产阶级成员背叛王室，令统治者大为光火，决定利用土地冲突提升王室在群众中的声望。1848 年，在卡拉布里亚，许多最富裕的土地主，甚至是大庄园主世家，例如，巴拉科（Barracco）、卢皮娜兹（Lupinaci）、坎帕尼亚（Campagna），联合起来支持临时政府，并且在政治上达成了妥协。为了报复这一行为，波旁政府成立了新的土地委员会，对社区的指控展开调查。

事实证明，这是重大的政治错误，而且在 1860 年加里波第远征抵达卡拉布里亚时，其就促使许多卡拉布里亚地主叛变了君主制。支持新秩序的地主们迅速恢复了对地方的行政控制权，并且以同样的速度废除了波旁王朝早先有利于社区的法令，并确保绝不实施加里波第自己用来保证农民使用权并承诺进一步改革的法令，如同 1848 年一样，他们利用国民警卫队，以武力强制推行其意志。这些事件为大统一之后数月内肆掠南方地区的暴力起义和内战埋下了祸根。[21]

19 世纪上半叶，基于社区的冲突几乎遍布意大利南部大陆各省，最显著的特点之一就是与社区争端重叠的内部之争、派系之争大范围存在。这反映出南部精英阶级的高度脆弱性与分裂性，这种特性是贫困的农业经济及其内部利益冲突的产物。精英收入相对不足，使得地方行政当局提供的机会很有吸引力，因此农村社区的政治与更有权势群体的派系之争密不可分。

控制了地方行政权，也就控制了庇护权，鼓励形成受助人跟踪制，令这种机制深入社区最底层。但是，由于社会关系的结构以及派系竞争的普遍性，强调社区整体权利要求的努力很容易被这个那个争斗的派系出于自身利益而操纵。政府及其代理人的目标前后矛盾且毫无效果，他们调解和规范这些斗争的干预行动往往在无意间进一步催化、加剧了这些冲突和派系矛盾。但是，派系之争必然使得权势阶层分裂，不时为形式更为自主的民众抗议提供表达机会。

西西里岛

在西西里岛，公共土地问题也是一再引发农民集体抗议的原因，但是此处的冲突形式与大陆地区有着明显差异。造成这种差异的部分原因是，波旁王朝在此握有的政治势力和行政权都比意大利南部大陆要弱得多。而西西里的地主也组成了更为紧凑的力量，难以被抵抗或分化，不仅给政府管理带来了更大的挑战，也使得农村社区更难进行独立的抗议和抵抗。例外发生在政治危机之时以及 1848 年和 1849 年革命后，在加里波第于 1860 年率领千人志愿军登陆并首度战胜波旁王朝军队后的几个月里，西西里农村的不满达到顶峰，并突然爆发。内地农民很快抓住这一机会，对其武力占领的有争议的土地提出权利要求。土地占领迅速蔓延，给加里波第远征带来巨大的政治挑战，迫使复兴运动的伟大志愿军不得不直面岛内的社会现实。

从千人志愿军在玛莎拉市（Marsala）登陆起，加里波第便呼吁西西里岛农民奋起反抗波旁王朝军队，向他们承诺进行土地改革，并解决之前由社区土地和封建土地引起的冲突。农村人口的自发反抗在击败波旁王朝大军的过程中起了决定性作用，这并非由于农民直接上了战场，而是因为农村暴动的威胁使波旁王朝军队无法确保岛上交通线路的畅通。面临后方暴动的危险，波旁王朝指挥官只得让军队向海峡东撤以保护其撤退线路。这令任何反击尝试都难比登天，从而让士气昂扬但装备落后且未经训练的志愿军夺取了军事胜利。[22]

6 月 2 日，加里波第宣布，凡是愿意加入大陆远征军的人都可以得到土地，危机达到高潮。这个承诺的目的是在西西里农民中组建一支军队，这样加里波第就能跨越海峡，在大陆战场与波旁王朝继续作战。但是这项法令立即被诠释成了大范围土地改革的开端。随着内地社区自己动手执法并开始对有争议的土地按自己的主张立标桩分界，农民暴动和占地直接威胁到了西西里地主的利益，而没有后者的支持，加里波第的远征就不可能成功。这个新独裁者的政治对手敏锐地指出，加里波第无意间重新开启了西西里社会最危险的争端之一。[23]

这些后果在埃特纳火山（Mount Etna）西坡的勃朗特村（Bronte）表现得最为显著。勃朗特属于封建地产的一部分，于 19 世纪早期被赐予纳尔逊（Nelson）勋爵，以表彰其 1799 年镇压那不勒斯共和国的功劳。部分由于村庄主人是外国人，勃朗特村民占领土地的行为在世界眼中有损革命的形象，加里波第的一位海军中尉尼诺·比卓（Nino Bixio）受命恢复秩序。包围村子后，比卓要求领导和组织占领土地运动的人投降，据说他对村民做出了一番强硬警告：

我们不是来这里谈判的：你们要么保持沉默，要么，我们就会以正义和祖国的名义，将你们作为人类的公敌消灭。[24]

在勃朗特，25 名农民被杀害，但这并不是唯一案例：13 名农民死在了比安可庄园（Bianca villa），另外 13 名在墨西拿附近的阿尔卡拉利富西（Alcara Li Fusi）倒在了行刑队面前。加里波第夹在地主和农村社区间两头为难，不得不接受西西里一句格言的效力：“在西西里，有男爵站在你一边，你可以随心所欲，否则，就啥都干不了。”[25]

站在地主这一边确保加里波第的军事行动在政治上取得了成功，但代价是巩固了西西里精英手中的权力。在政治危急时刻，西西里农村发生的暴力冲突显示，农村社区的土地在西西里岛与大陆都是农业冲突的起因。但是，岛上这些斗争的性质却在重要方面与大陆的斗争不同。一个原因是西西里的政府力量弱得多，比如，这里的封建所有权和土地使用权改革要缓慢得多。在大陆地区，1806 年被法国占领之后，封建所有权就被迅速废除，而在西西里，复辟之后才逐步引入这项法律，且如何运用基本上交给了西西里的男爵和显贵们。这意味着私有化的实施方式令地主受益最大，代价是原本便所剩无几的公共土地，尽管公共使用权在岛上依旧普遍存在。[26]

国家、农村精英、农村社区三方的斗争加剧了大陆乡村的动荡局势，而西西里岛上波旁王朝的统治力量相对薄弱，在一定程度上阻止了这些斗争的扩大。在西西里，地主和农村社区针锋相对，手段更直接且更野蛮。只有在政治危急关头，贫弱群体才能找到外部盟友或调停人，其他时候有效抵抗的机会极少。

分布在岛上大部分内陆地区的大庄园主地产也加强了地主及其代理人的权力，并且早就剥夺了农村社区真正的自治权。农村社区的经济生活与大庄园主的地产紧密相连，后者的代理人和官员对农村人口行使广泛的权力，他们建立的权力和影响力网络进一步抑制了集体反抗。在大陆地区，政府对地主稳固的地方权力发起挑战，在西西里却并非如此。那些在大庄园中巡逻的武装警卫相当于为地主和地主管家（gabellotti）提供了私人武装。[27]

撒丁岛

西西里与意大利南部大陆不同的农村抗议形式反映出两个地区农业经济

组织形式、普遍社会关系以及国家对于地方的相对实力的差异。在意大利的第二大岛屿撒丁岛，情况却更为不同。

19 世纪早期，撒丁岛上的公共土地比半岛上其他地方都普遍，这不仅为岛上偏僻而险峻的内陆山区的游牧业打下了基础，也是萨萨里（Sassari）以及加卢拉（Gallura）地区以南疟疾肆虐的平原上游牧经济的基础。只有在低地村庄和大型城市周围才能看到小范围的精耕细作带，直到 1839 年，据阿尔贝塔·德拉马尔莫拉（Alberto Della Marmora）估计，岛上不到 1/5 的"农业用地是永久耕地"。[28]

德拉马尔莫拉以及其他皮埃蒙特的观察家认为这显然反映出该岛的落后状况，然而，撒丁岛受经济及制度变革力量的影响并不比其他地区少。在 18 世纪，撒丁岛同样逐步扩大了谷物种植面积以及橄榄等新经济作物的生产。随之而来的是现在司空见惯的一连串圈占农村社区公共土地和侵害集体享有的土地权利（ademprivi）的行为。在 18 世纪 90 年代席卷该岛北部的暴力叛乱中，农民对围栏和边界的攻击发挥了突出作用。

由逐渐渗透的商业化农业和圈地引发的这场骚乱因为皮埃蒙特政府的行为雪上加霜。如同西西里一样，撒丁岛也属于殖民地，但是，尽管西西里贵族的抵抗挫败了波旁王朝在岛上建立权威的不断努力，萨沃伊君主制强大的官僚传统更不能容忍约束。18 世纪整个下半叶，都灵政府用武力和法令来确立在岛上的权威，尤其是想要结束撒丁岛社区的自治权。皮埃蒙特行动的特定目标是打破封建主与当地社区间的反政府同盟，终结基于社区的农业，后者被视为政治团结的动因以及岛内经济转型的障碍。[29]

在意大利南部大陆，类似压力加剧了农业社会内部的分裂与冲突；在西西里，这些压力引起了贵族与权力阶层愁眉不展的抗拒；而在撒丁岛，这些压力在开始就激发了人们更加同心协力地抵抗皮埃蒙特的干预。

1806 年，流亡的皮埃蒙特政府颁布法令：岛上所有橄榄园主均有权将其作物围起来，不需理会现行的使用权。而波旁王朝复辟之后，系统性攻击基于社区的经济的行为加速了。1820 年颁布的法令使现有圈地合法化，同时规定所有的农村社区都必须将集体土地权出售或出租，否则就必须在社区成员之间分割这些权利。这引发了新的暴动，起义者破坏土地边界、围墙，毁掉圈起来的作物以及牲畜。在老式牧区经济与新近的定居式商业化农业实验产生最直接冲突的平原上，抵抗尤为激烈。在 1823 年又一法令要求所有村庄将公共土地围起来以后，这种反抗也扩散至更为偏远的高地村庄。法令遭遇了广泛反抗，那些依靠游牧经济获取利益的地主们愤愤不平，他们的敌意强化了农民以及牧羊人的不满。反抗者数量众多且人心凝聚，导致新法令无法实施，只有萨萨里平原例外。

尽管遭到反对，但是在1835~1838年，政府还是进一步立法废除了封建土地使用权以及集体使用权。并且，政府大大加强了岛上军事分队以确保执法力度，而在1851年，皮埃蒙特议会甚至推出了更激进的立法，禁止在未圈土地上放牧的悠久权利。尽管有进一步的军事增援，但关于土地私有化以及圈地的新立法在岛上许多地区无法实施。渐渐地，低地社区的反对遭到武力遏制，直到大统一时，这项法律在内地也只是一纸空文。出于这个原因，政府在1863年进一步推出新的法令以求一劳永逸地废除岛上残存的集体土地权，这项反对社群主义经济的运动更直接地进入了内地。

伴随着这些反对呼声的是开发撒丁岛经济的新尝试，通过铁路建设项目促进岛内锌、铅以及煤炭的开采。政府划拨给铁路公司大面积的前公共森林和林地，用以砍伐木材，征用了内陆社区大片森林土地，剥夺了人们赖以生存的牧场。人民的回应是1868年中心省份努奥罗（Nuoro）的新一轮起义，政府采取全面军事行动进行镇压。秩序得到恢复，但此后，撒丁岛中部大部分地区的秩序，即使是在最好的情况下也不稳定，努奥罗地区尤其如此，其在将来成为新国家的"犯罪"地带。[30]

皮埃蒙特和萨沃伊

矛盾重重的经济和制度变革并不仅仅发生在西西里岛、撒丁岛和意大利南部大陆的农村社区，基于社区的抗议也不限于游牧经济主导的地区。在意大利北部及中部许多地区，在平原、山地和河谷，也出现了农村集体抗议活动。如果说抗议活动地理格局的变化反映出所涉及的每个地区商业渗透时间的差异，那么集体抗议极少仅仅是由经济压力导致，就如在南部地区一样，其中还有特定的社会以及制度因素。

在构成萨沃伊家族大陆属地的省份，封建税费是造成18世纪农村动乱的主要原因。在18世纪早期，君主国靠出售封建所有权来募集资金，在领主制度下，这加重了农村贫困人口身上的负担。封建领主的苛捐杂税遭到许多农村社区的强烈抵制。当诉讼失败后，村民们经常拒交租金，放弃整个定居点。[31]

18 世纪最后几十年，都灵政府采取了新措施以提高财政收入，导致广泛的农业动荡。1770 年，卡洛·埃马努埃莱三世①颁布法令：所有农村社区必须偿清所欠封建债务，并且应通过出售或者出租公共土地来筹集所需资金。该法令的目的在于给予农村社区自我解放的机会，以此解决由封建债务引起的无穷争端，同时用村庄公地补偿封建领主。

正如欧洲其他地区一样，在皮埃蒙特废除封建苛捐杂税并同时补偿封建主的尝试迅速激化了本就紧张不已的局势。领主要求立即结算补偿款，而社区却停止支付应付款，并且拒绝进行补偿结算。当传出无补偿偿清债务的呼声之后，反抗情绪越发高涨，领主制度最令人恼火的特征仍然存在，即对狩猎、磨坊以及面包房的封建垄断，因此，要求废除这些特权的呼吁传遍皮埃蒙特农村地区。18 世纪最后数十年，谷物价格急剧攀升，紧张局势越发严峻，致使反抗封建制度的抗议活动与粮食骚乱叠加，其中农村社区的"道德经济"成为被用来对抗市场的威胁力量。[32]

有时候，这些斗争加强了社区团结，但如南部地区这样，它们也时常导致新的内部分裂。这种情况因为经济变革在此又一次导致社区内部巨大的贫富差距而变得尤为明显。在 18 世纪的皮埃蒙特地区，商业扩张相对缓慢，表现明显的只有通往韦尔切利（Vercelli）和诺瓦拉（Novara）的波河平原灌溉低地，这里的水稻生产扩张很快。其他地方也能感受到商业压力，在皮埃蒙特中心的朗格山地区，由于出口需求扩大，许多自耕农葡萄园应运而生。这起初带来了相对繁荣，但在 18 世纪最后数十年里，谷物价格急剧上升，葡萄酒需求下降而价格暴跌，依赖单一经济作物导致自耕农极其脆弱。[33]

虽说商业扩张给一些人带来了新的不稳定，却为另一些人带来了财富。最近研究显示了 18 世纪农村社区的内部凝聚力如何依靠庇护、亲属关系、家族联盟以及由相互认可的义务构成的复杂网络，形成跨越财富和影响力的强大纵向忠诚。在这种多元化结构中，下层人的忠诚及支持才能赋予有钱有

---

① 卡洛·埃马努埃莱三世（Carlo Emanuele Ⅲ，英语为 Carlo Emmanuel Ⅲ，1701～1773），撒丁尼亚国王（1730～1773），萨沃伊公爵。

势者地位，而对穷人来说，得到幸运者的庇护必不可少。制约行为规范的是整个社区认可和执行的规则、合乎习俗的期待以及相互的责任。正如忘恩负义的受助人会遭到集体声讨，刻薄的庇护者也会发现自己面临公众的责难，要么遭受"杂乐"（charivari）当众羞辱，要么受到更直接的制裁，如草垛被焚、财物被窃。

贫富差距加大，农村社区的凝聚力就减弱。这不仅是由于民情变化，也表明随着众多中小型自耕农场开始减少，农村社会结构开始发生根本性变化。最主要的原因是税收负担加重及人口增长，结果是土地所有权更集中、更极化。过去的分层更为多样，现在富裕土地主和承租人减少，极小和几乎赤贫的自耕农场越来越多，后者在 18 世纪最后几年的经济危机面前简直不堪一击。[34]

在此背景下，偿清封建债务的做法尤其令人激愤，因为这让富裕村民有机会以往往低廉得可笑的价格买下从前的公共土地，直接牺牲了社区较贫困成员以及公共土地习惯使用权人的利益。因为封建债务只能通过出售公共土地才能偿清，因此持有公共土地免役税租约的农民们面临驱逐。这种偿债方式不仅遭到了强烈抵制，而且成为农村社区内部竞争的新焦点，社区内富人与穷人、幸运儿与被剥夺财产者之间的矛盾更加赤裸裸地表现出来。在萨沃伊王朝统治下的皮埃蒙特省，社区团结的语言让位于一套内部竞争与不和的新词汇。成了有钱有势的人以后被轻蔑地称为"假发客"（peruques），因为他们现在可以戴假发、买精美服饰、吃白面包并假模假样地做出城里人的样子。[35]

18 世纪后期，皮埃蒙特和萨沃伊农村社区蔓延的紧张局势更充分地表现在 1792 年法国第一次入侵后的暴力及混乱中，并在 1799 年的反革命动乱中达到高潮。在皮埃蒙特，被拿破仑统治下的法国并吞的经历是重要的分水岭。19 世纪早期，即使是与意大利北部的其他地区相比，皮埃蒙特也保持了相对安宁。当然也有例外，例如比耶拉以北的阿尔卑斯山谷地区就是家庭羊毛纺织工和雇主之间反复冲突的战场。此外，1853 年，加富尔伯爵的自由贸易立法带来了价格快速上涨与粮食暴动，但总的来说，整个皮埃蒙特农村即使是在发生政治危机时也相对太平。[36]

也许我们以为的这种太平景象部分是由于历史学家没有发声，但 19 世纪早期该区域相对安宁也有其他原因。人口增长缓慢，意味着土地压力小于其他地方。复辟初期的谨慎及保护主义经济政策也抑制了北部平原灌溉区以外的商业发展。[37]但最重要的是，法国统治时期出售领主自留土地以及教会土地创造了一种农业结构，平原地区的大庄园以及贵族和绅士（这些年像加富尔家族那样投资成功）的地产伴随着丘陵和河谷地区大量小而又小的农民地产。旧制度国家危机毁掉了许多不稳定的自耕农场，但在皮埃蒙特，法国统治时期的土地出售确实加强了一批新的小型自耕农场，赋予皮埃蒙特的农业结构新的韧性。统一的时候，皮埃蒙特仍然是意大利小农耕种者和经营者最多的地区。[38]

伦巴第和威尼托

波河平原另一端的发展与皮埃蒙特各省形成鲜明对比。虽然 18 世纪下半叶威尼斯共和国的大陆版图相对平静，但针对收税人和那些被认为造成食品价格上涨的人也发生了多次集体抵制事件。在这里，同样是整个社区以遵纪守法、老套的形式组织抗议，村庄管理者和教士会陪着那些示威者向共和国官员陈述案情并呼吁伸张正义。[39]

圈占公共土地是引起威尼托地区冲突的常见原因，1796 年一大旱发生在弗留利地区科勒村（Colle）的事件足以说明这个问题。拂晓时分，150 名男男女女（占社区 60 户的一大半）把村子刚刚围起来的那块公共牧场占领了一部分，农民在他们声称属于村庄的那块地里割了干草和玉米，随后回了家。当局立即逮捕了已知参与此事的村长与教区牧师。牧师解释说他只是在散步时碰巧在场，但这并没有使乌迪内（Udine）的警官信服，不过，军队彻底搜查了村子，却没有发现任何被盗干草及玉米。[40]

1815 年之后，奥地利统治下的威尼斯各省频繁发生集体抗议行动，这是因为对公共土地和习惯权利的猛攻开始升级。排水和土地开垦面临的技术问题意味着直到 19 世纪 20 年代和 30 年代，波河下游都没有尝试过任何重大项目，但是明乔河（Mincio River）以东沼泽排水清淤新造耕地的工作一开始，农村社区就面临灭绝的威胁。许多农村社区的经济严重依赖沼泽地资源，沼泽不仅为狩猎、捕鱼以及粗草场放牧提供机会，而且也提供许多当地工业和手工艺所依赖的主要材料。在阿迪杰河（Adige）下游的卡瓦尔泽雷（Cavarzere）河谷居住的芦苇采集者，如同更南边的科玛吉奥（Comacchio）

潟湖居民一样，用芦苇做篮子、垫子以及房屋的草屋顶，产品销售区域很广，为许多男人、妇女以及儿童提供了就业机会。当蒸汽泵以及排水承包商到达卡瓦尔泽雷河谷的时候，村民们迅速占领了沼泽地区，并向政府请愿，希望允许习惯使用者以及居民们实施开垦工程。[41]

开垦项目以及圈占此前未耕作土地的行动体现了商业化农业对波河平原东部的逐步渗透。然而，此处同样是经济变革的潜在力量伴随着新形式的政府干预，挑战了农村社区的自治和生存。

18世纪，奥地利在伦巴第地区的市政管理基于农村社区展开。将地方行政管理权下放给有土地的贵族的做法制衡了奥地利官员控制的中央行政管理。在法国统治时期，地方行政通过省长办公室更直接地被置于中央管辖下，但是，在复辟之后，奥地利人再次引入保证地方行政自主权的1755年帝国法令，1816年，这些改革延伸至新近获得的威尼斯领地。[42]

斯特凡诺·亚奇尼（Stefano Jacini）在19世纪50年代将伦巴第地方行政系统作为一种家长式民主榜样。所有的成年男性财产所有者，无论财富多寡，都拥有村民大会投票权。这种会议定期召开并选举三人代表团，他们任期五年，负责管理社区事务。代表都选自最重要的地主，尽管村子里的无地者、妇女和未成年人没有投票权，但是会由自己的发言人代表。[43]

在伦巴第中央平原地区，地方行政权集中在较富裕地主手中，他们占据了所有行政岗位，其影响力由于行政体系表面的大众化和家长式特征而得到加强。但是，在伦巴第北部较小的丘陵和山地社区以及威尼托的那些社区，并不存在强大的地主阶级，这意味着民主的表象有成为现实的危险。在高地河谷和山区，社区成员几乎全是仅拥有零碎土地的农民，当局在此开始将保障社区自治权视为对秩序以及经济发展的威胁。

政府一再尝试解决这个问题。首先，减少了社区数量，接着在1835年，在财产所有者不足300人的村庄，投票权下放给更小规模的理事会，由30名社区最富有者组成。这些变革显然造成了伦巴第北部地区的动荡，动荡在1848年革命中达到高潮。革命的直接后果之一就是，社区事务的参与度大幅降低，因为没有土地的人被剥夺了从前享有的代表权。[44]

削减小型社区的自治权还存在着更为物质的因素。1839年4月，奥地利政府颁布法令，所有地方社区必须通过直接出售、永久租约或者由社区成员通过再度细分免役税租约将未开垦的公共土地资本化。帝国政府被授权监督这些事宜，确保各个社区都执行此项法律，亚奇尼宣称："这是我国历史新时代的开始。"[45]

同一时期，意大利所有其他邦国也有类似立法，这些帝国法令的目的在于将土地转化为现金收益以巩固社区公共财政，社区有义务将现金收益投资政府债券。政府认为，集体所有制转化为私有制将保证更充分地开发土地，由此助力农业扩张。然而，这项立法主要针对较贫困社区，因为在灌溉平原地区，公共土地早已消失。立法的目的在于减少波河下游、伦巴第与威尼托北部所有阿尔卑斯山谷里的社区持有的广大公共土地，由此加速开垦进程，同时遏制对林地和森林的严重侵蚀。

亚奇尼这样的观察者清楚地认识到，砍伐森林由不断增长的需求引起，可能给一些地区带来重大生态破坏。然而，他们同样深信，最明目张胆的破坏由杂乱无章地开发森林及其资源导致。他们相信，残存的习惯使用权和混杂放牧就是这些滥用行为的缩影，新立法明确寻求用私人企业更系统和更具建设性的开发方式取代不加区别进入森林土地的权利。[46]

在伦巴第和威尼托的一些贫困社区，对1839年立法的抵制被看作危及社区整体存亡的问题，这一次，又是法律改革而不是那些不那么明显的经济变革力量为集体抗议提供了焦点，这种抵抗采取的遵纪守法形式得到着重强调，尽管代价高昂，许多社区还是力图在法庭上质疑帝国法令的条款。但是，奥地利法官对村民的要求显出难以平息的敌意，做出的判决武断取消了根本不属于新法律范围的习惯权利。尽管遭遇抗辩，农民社区继续寻找新的途径来维护自己主张的合法性，比如，卡瓦尔泽雷河谷的卡纳若拉（Cannarola）村民拿出了一份特许状，声称是公元983年国王奥托二世（Otto Ⅱ）授予他们前辈的，以此证明他们合法集体拥有整个山谷。[47]

这些抗议融入了1848年和1849年在伦巴第以及威尼托农村地区发生的骚动。接连不断歉收、面包和玉米价格急剧上涨将动乱引至高潮，与革命前夕许多农村社区的粮食暴动一道，归还公共土地的反复呼声也清晰可闻。[48]

无论是在米兰还是威尼斯，临时宪法制度的领导人都没有对群众的这些要求给予任何关注。相反，米兰革命政府只在最初对农村不满情绪做出了例行公事的姿态（比如降低盐税），之后立即开征新税来维持对奥地利作战。早在1848年5月，对政府的失望情绪就蔓延到整个伦巴第农村，首个公开抵抗的迹象甚至出现在拉德茨基伯爵（Count Radetzky）率领奥地利军队反攻之前。当奥地利军队卷土重来之时，"打倒地主"和"拉德茨基万岁（Vival Radetzky）"的呼喊同步出现，表现出农民在遭到背叛后的怨恨。[49]

革命的经历以及有产阶级和专业阶层对奥地利统治普遍敌视的迹象促使奥地利行政官员在 1848 年后处理强大的集体利益时更为谨慎。在革命后的几年里，伦巴第和威尼托的农村秩序经由极为残酷的方式恢复，当地官员也发现，对于那些维护共同权利的重新尝试，明智的做法是睁一只眼、闭一只眼，甚至默许。[50]就如同那不勒斯王国的波旁王朝所实行的政策一样，这种见风使舵的平民主义特性驱使地主们呼吁更有效的产权保护。斯特凡诺·亚奇尼深切意识到私有财产的逻辑与农村社区的集体需求之间存在矛盾，但即使是他也毫不犹豫地争辩说，实行为财产提供更好和更有效保护的农村特别法典是伦巴第农业发展的主要优先事项。[51]

尽管集体抵抗力度大，但是面对商业发展逻辑以及日益强大的国家利益时，农村社区居于弱势地位。然而，如果社区经济基础具有一定自主性，抵抗可以维持很长时间。皮埃蒙特北部比耶拉山谷的纺织社区就是这样。在这里，家庭羊毛纺织与小型自耕农场结合，为整个社区提供有弹性且相对自主的经济基础。土地使得织工及其家庭平安度过了商业经济衰退时期，同时也允许他们有一定程度的经济独立。这种独立性经受住了 19 世纪初纺织机械化的考验，尽管羊毛生产商不懈努力，比耶拉纺织工还是继续牢牢控制着劳动力市场。通过父权制家庭结构，织工们牢牢把控着土地转让，而婚姻和继承制度则提供了每个家庭约束和控制整个社区劳动力的工具。这使织工们能够让雇主接受社区规范和习俗，而非被动接受雇主要求。[52]

现在仍然很难说在多大程度上意大利其他地区重演了比耶拉的经历，但是这种经历确实很重要，它提醒我们，即使从长远看，力争保留旧式的集体经济、社会组织以及集体所有权的尝试失败，这些努力也是意大利半岛社会和经济变革进程不可或缺的组成部分。现代化——我们姑且用一次这个术语，尽管它回避的问题多于提供的答案——既非单线演化，也非毫无歧义，并且，经济和体制的改变带来的碰撞不仅涉及不同类型经济逻辑与不同形式的合法性，还涉及不同且相互冲突的社会利益。这些冲突不仅影响了正在发生的变化的性质，也有助于决定其结果。

注 释

1. F. Della Peruta 'Per la Storia della Società Lombarda nell'Età della Restaurazione' *SS* (1975) pp. 305-339; F. Della Peruta 'Aspetti della Società Italiana della Restaurazione' *SS* (1976) pp. 27-65.

2. 参见 C. Travaglini *Analisi di un'Agitazione Contadina Nelle Campagne Romane all'Epoca Della Restaurazione* (Rome, 1984); 关于托斯卡纳，W. K. Hancock 的 *Ricasoli and the Risorgimento in Tuscany* (London, 1926) 仍然非常有用。

3. 特别参见 M. Giudtti and P. H. Stahl *Un'Italia Sconosciuta：Communità di Villaggi e Communità Familiari nell'Italia dell'Ottocento* (Milan, 1976) pp. 46-52。

4. 参见：D. Pompejano, I. Fazio and G. Raffaele *Controllo Sociale e Criminalità：Un Circondario Rurale nella Sicilia dell'Ottocento* (Milan, 1985) pp. 42-52; V. Padula *La Calabria Prima e Dopo l'Unità* ed. A. Marmari (2 vols, Bari, 1977)。

5. F. Cagnetta 'Inchiesta su Orgosolo' in Nuovi Argomenti 1954; 关于更早时期，也可参较 O. Raggi 'Sistemi di Parentela e Controllo delle Risorse... la Val Fontanabuona tra Cinque e Seicento' *EUI Colloquium Paper* no. 136。

6. G. Levi 'Strutture Familiari e Rapporti Sociali in Una Communità Piemontese fra Sette e Ottocento' in *Storia d'Italia* Annali 1 (Turin, Einaudi, 1978) pp. 624-655.

7. 同上，pp. 645-646, 也可参较 S. Silverman *The Three Bells of Civilzation：The Life of an Italian Hill Town* (New York, 1975) pp. 127-136。

8. P. Grossi *An Alternative to Private Property：Collective Property in the Juridical Consciousness of the 19th Century* (Chicago, 1981).

9. N. Rodolico (1923) pp. 205-206; R. Villari *Mezzogiorno e Contadini nell'Età Moderna* (Bari, 1961).

10. P. Villani *Mezzogiorno Tra Riforme e Rivoluzione* (Bari, 1962) 第四部分。

11. L. De Rosa 'La Crisi Economica del Regno di Napoli' in *1st Congresso di Studi sulla Puglia nel Risorgimento* (Bari, 1970); L. Masella 'Appunti per una Storia dei Contratti Agrari in Terra di Bari' in *Economia e Classi Sociali nella Puglia Moderna* (Naples, 1974) pp. 134-138; V. Bonazzoli 'L'Economia Agraria della Società della Puglia Cerealicola-Pastorale nel XVIII secolo' in *AIISS*, iv, 1973/4.

12. A. Valente *Gioacchino Murat e l'Italia Meridionale* (Turin, 1941/65) pp. 279-291.

13. 例如，G. Tucci *Terra e Riforma nel Mezzogiorno Moderno* (Bologna, 1971) pp. 142-157。

14. 参见 T. Pedio 'I Moti Contadini del 1848 nelle Provincie Napoletane' *ASPN* XVI (1977), pp. 125-176; E. J. Hobsbawm 'Peasant Land Occupations' *JPS* 62 (1974).

15. G. Landi *Istituzioni di Diritto Pubblico del Regno delle Due Sicilie 1815-1861* (Milan, 1977) Vol. 2, p. 817.

16. 特别参见 A. Lepre *Il Mezzogiorno dal Feudalesimo al Capitalismo* (Napoli, 1979) 第

三章。

17. T. Pedio *ASPN* ⅩⅤⅰ （1977） pp. 170-175; U. Caldora *Calabria Napoleonica 1806-1815* （Naples, 1960) pp. 179-185; G. Valente 'Le Condizione e i Moti dei Contadini in Sila nel 1948' *RSR* (1951) pp. 674-690.

18. A Valente （Turin, 1941/65) p. 639.

19. A. Basile 'Moti Contadini in Calabria dal 1848 al 1870' *ASCL*, ⅩⅩⅤⅱ （1958) p. 92.

20. L. Cassese 'La Borghesia Salernitana nei Moti del' 48' in *Scritti di Storia Meridionale* eds A. Cestaro and P. Laveglia （Salerno, 1970) pp. 155-187.

21. A. Basile *ASCL*, ⅩⅩⅤⅱ （1958); F. Gaudioso 'Indagine sul Brigantaggio nella Calabria Cosentina 1860-1865' in *ASPN* ser. 3, ⅰⅩⅩⅰ, 1983, 尤其是 169~177 页。

22. F. Renda 'Garibaldi e la Questione Contadina nel 1860' in *Garibaldi e il Socialismo* eds. G. Cingari and R. Battaglia （Bari, 1984); 也可参见 D. Mack Smith 'A Peasant's Revolt in Sicily in 1860' in D. Mack Smith *Victor Emanuel, Cavour and the Risorgimento* （Oxford, 1971)。

23. F. Renda in G. Cingari （ed.) （1984).

24. 转引自 E. Ripepe *Le Origini della Teoria della Classe Politica* （Milan, 1971) p. 107。

25. F. Renda in G. Cingari （ed.) （1984) p. 48.

26. R. Romeo *Il Risorgimento in Sicilia* （Bari, 1973) pp. 176-186; M. Aymard 'L'Abolition de la Feodalité en Sicile' *AISMC*, 1971, pp. 70-83.

27. G. Fiume *Le Bande Armate in Sicilia 1815-1849: Violenza e Organizzazione del Potere* （Palermo, 1984).

28. Alberto Della Marmora *Voyage en Sardaigne* （Paris, 1839) in M. Guidetti and P. H. Stahl （Milan, 1976) pp. 358-363.

29. S. Pola *I Moti delle Campagne di Sardegna dal 1793 al 1802* （Sassari, 1923); L. Scaraffia 'Le rivolte contadine in Sardegna' *QS*, 32 （1976) pp. 800-810.

30. L. del Piano *La Sollevazione Contro Le Chiudende* （Cagliari, 1971); G. Sotgiu *Lotte Sociali e Politiche nella Sardegna Contemporanea 1848-1922* （Cagliari, 1974).

31. R. Davico *Peuple et Notables 1750-1816* （Paris, 1981) p. 37; S. J. Woolf 'Economic Problems of the Nobility in the Early Modern Period: the Example of Piedmont' *EcHR* 17 （1964) pp. 267-283.

32. M. Ruggiero *La Rivolta dei Contadini Piemontesi 1796-1802* （Turin, 1974) pp. 24-26.

33. R. Davico *Peuple et Notables 1750-1816* （Paris, 1981).

34. G. Levi 'Strutture familiari' *Storia d'Italia*, Annali 1 （Turin: Einaudi, 1978) pp. 656-659.

35. J. Nicolas *La Savoie au XVIIIe Siècle* （Paris, 1978).

36. R. Romeo 的 *Cavour e Il Suo Tempo* （Bari, 1977) 第 2 卷第二部分谈及对加富尔 1853 年自由贸易措施的 "大规模抵抗" （'mass resistance'），第 71 页。

37. R. Davico （Paris, 1981) p. 257; L. Bulferetti and R. Luraghi *Agricoltura, Industria e*

Commercio in Piemonte Vol. 2（Turin, 1966）.

38. 参见 V. Castronovo *Il Piemonte*（Storia delle Regioni Italiane dall'Unità a Oggi, Turin, 1977）pp. 14-20。

39. M. Berengo *La Società Veneta alle Fine del Settecento*（Florence, 1956）pp. 113-121.

40. Ibid., pp. 114-116.

41. P. Brunello *Ribelli, Questuanti e Banditi：Proteste Contadine in Veneto e in Friuli 1814-1866*（Milan, 1981）, pp. 100-117；也参见 F. Cazzola 'Fiume e Lagune' in *Cultura Popolare nell'Emilia Romagna* Vol. 3（Bologna, 1980）。

42. M. Meriggi *Amministrazione e Classi Sociali nel Lombardo-Veneto 1814-1848*（Bologna, 1983）pp. 64-76.

43. S. Jacini *La Proprietà Fondiaria e Le Popolazioni Agricole in Lombardia*（Milan, 1857）pp. 122-123.

44. Ibid., p. 124.

45. Ibid., p. 162.

46. Ibid., pp. 53-65.

47. P. Brunello（1981）p. 105.

48. F. Della Peruta 'I Contadini nella Rivoluzione Lombarda del 1848' in F. Della Peruta *Democrazia e Socialismo nel Risorgimento*（Rome, 1973）pp. 67-68.

49. Ibid.

50. P. Brunello（Milan 1981）pp. 66-92.

51. S. Jacini（Milan, 1857）pp. 335-339.

52. 参见 F. Ramella *Terra e Telai：Sistemi di Parentela e Manifattura nel Biellese dell'Ottocento*（Turin, 1984）。

第三章　乞丐、强盗和土匪

　　农村暴动也可能采取更独特的形式，从 18 世纪下半叶起，农村流浪人口出现前所未有的增长，引发了当局和有产阶层极大的担忧。时人声称农村流浪人口在上升，虽然没有理由怀疑这一点，但是却无法对其进行量化测试，这不仅是由于缺乏数据，更是因为流浪不再是一种状况，而是一种罪行。拿破仑时期的立法将已有做法正式化，《拿破仑法典》第 269 条规定，"流浪者的身份本身就是一种不法行为"，从而确保贫穷与犯罪在语义上无法区分。[1]

流浪者与贫民

　　由于任何涉及旅行的商业活动都存在流浪的嫌疑，所以，许多社会团体以及手工业组织都可能被打上流浪的标签。对季节性劳工及流动工人而言也是如此——他们沿着古老的年度路线辗转游走，成为农村地区常见的风景线。沿波河平原（即米兰平原）的北部地区以及更远的山里，高地和山谷农场的农民在夏收时节到平原干活，以此来弥补土地资源的匮乏。在南部地区，每年夏季，内陆的农民都会选择来到亚得里亚海（Adriatic）沿岸，因时制宜，根据收成时间从一个地方游走到另一个地方，贯穿整个普利亚平原①和卡皮特拉特省（Capitanata），以此最大限度地延长工时。流动工人一般有妻儿陪伴，且都成群结队行进，一部分原因是为了防止土匪和强盗拦路袭击，另一部分原因是他们由被称作把头（*caporali*）的代理人招募，代理人负责为他们跟各农场签约，并为其提供报酬和口粮。在罗马的坎帕尼亚

---

　　① 意大利语为 *Tavoliere delle Puglie*，意大利第二大平原，仅次于波河平原。

（Campania）地区，每年收成时节，把头们从相邻的马尔凯大区（Marche）和阿布鲁佐大区（Abruzzo）的村庄招募工人到大庄园工作。[2] 在西西里岛，每年一旦与北非海盗式的巴巴里（Barbary）王国统治者达成协议，交了保护费，旅途就会更为安全，大批农民航行至北非海岸，充分利用那里收获时间更早的好机会。

除了季节性迁移民工外，也有许多巡回或者漂泊的职业，比如牧羊人、护林人员、游走的小贩、艺人以及民谣歌手，他们跋涉整个半岛，到分散的农庄和偏远的乡村谋生。保护财产新规出台，使人更容易触犯法律。例如，对土地使用权的法律限制意味着，如果牧羊人的羊群偏离公共道路进入私有土地，那么他就可能被控偷窃。虽然季节性劳工、游走的小贩及商人可能极易被当局贴上"流浪者"的标签，但事实上，真正贫困的人难以进入他们的行列，这是因为和许多固定职业相比，季节性以及流动性行业同样有自己紧密的社交网络、传统以及独有的招募体系，因此，局外人很难甚至无法进入。

即使我们把目光从被当局归类为流浪者的人员转向那些因为不幸或贫穷沦为流浪者的人，也有证据表明，在19世纪早期，流浪更多源于农民与土地之间的关系越来越不稳定，而非因大批农民被驱离土地。例如，在此期间，更为集约化的耕作形式改变了许多地区固定工与临时工的比率；在整个波河平原中部，永久和定居的农场雇工相对于不定期和临时雇用人员的比例不可逆地下降。直到19世纪后期，无地工薪族劳工（*braccianti*）大军才成为波河流域下游的显著特征，然而早在19世纪早期，波河流域上游集约化农场的固定工与临时工的等级结构已经发生了明显转变。而在皮埃蒙特区东北部的洛梅利纳和韦尔切利的稻田里，田间工作几乎全部由临时工承担，主要是女性。[3]

临时用工需求的增加没有弥补固定劳动力用工需求的下降，部分原因是人口增长也带来了劳动力供应的增加。但是，农业合同条款的改变也使许多佃农更加依赖额外打短工以维持生计。在整个半岛地区，农民租约的条款变得更加苛刻，这不可避免地增加了被迫以额外劳动补充收入的人数。这个进程似乎在19世纪20~30年代加速，因为地主通过提高租金来弥补农产品价格下降带来的损失。

比如，在伦巴第地区，地主开始废弃集体租约，在这种租约下，通常是由5~6户构成一个小组，以联合分成制为基础，共同管理一个大农场。现在，农场被划分为更小的单位，租给单个家庭。通过这种方法，地主能够更好地控制农场耕作方法，特别是确保农场小麦种植占比增加。由于小麦注定要上市，这必然减少农民自给作物面积，同时也降低了租户抵抗的可能性。[4]

波河平原干旱地区以及附近山区农场桑蚕养殖业的扩张也产生了相似效果。压力依旧来自地主，他们渴望用这种新型经济作物获利。新租约规定要种植桑树为蚕提供食物，这也侵占了农民家庭口粮作物的土地，蚕茧还占据了农民的茅舍。[5]

当局意识到，农村贫困和流浪与土地合同形式发生的变化有关。在18世纪后期的皮埃蒙特区，当局指责新型的大型承包商，谴责他们造成了农村地区贫困人口的增加和农村人民的不满，这种谴责在19世纪也频频出现。[6]据称，这些投机承包商在分租的时候强加了许多苛刻的新条件，同时他们结束了许多家长式的做法，这些做法过去曾将领主和佃户捆绑在责任和服从的相互关系中。囤积居奇的新承租人对待深陷债务的佃户们的行为激怒了斯特凡诺·亚奇尼。因为欠债是整个半岛上自耕农的正常且不可避免的状况，因此在年末的时候，地主极少迫切要求立即偿清债务，通常会延缓还债期。之所以会有这种明显宽大的政策，部分原因在于不可能全部收回债款。这就让自耕农的依附性得以延续，同时也鼓励了地主与租户之间的义务与服从关系。地主在遗嘱中减轻长期佃户债务的做法延续了很久，直到19世纪晚期还很常见。然而，投机承租人通常在承租时自己也欠下了巨额债务，所以他们不愿意表现出这样的克制，以至于租户出现最轻微的租金短缺都会导致被驱逐。[7]

这些改变意味着，许多自耕农也不得不寻求临时工作来养家糊口，他们与无地的劳动者竞争，造成了永久性的供需结构失衡。临时工作竞争加大，压低了工资，农村穷人的生活条件进一步恶化。

拿破仑时期对向城里移居的行为采取限制措施，并且这些措施之后仍然保留，这使情况进一步恶化。18世纪农村移民令城市过度拥挤，人口过剩达到了危险程度，导致入城限制更为严格，而城市贫民则可能会被遣送回其出生的乡村，这也加重了贫困向农村的集中。

真正遭受灭顶之灾的是那些赤贫的农村流浪者。工作机会稀缺意味着他们所面临的威胁不仅是公共部门的骚扰和拘禁，而且农村社区也不太会对这种误入其领地的无依无靠的流浪者给予太多同情。在社区范围内，涉嫌擅自闯入的"外来"流浪者都可能会被移交给当局查办，除非基督教的慈善原则战胜了群体的团结和仇外思想。[8]

当局对农村流浪者的惩治非常严厉。在法国统治以及复辟时期，当局承认，有必要在某种程度上分散福利供应，而且福利供应一般集中在主要的外省城市和城镇，不过，即使是在正常情况下，这些机构都极少能满足城市贫民的需求，更何况是在困难时期，贫困人口像洪水一样涌入城市，它们就更加无力承担了。

除了实施所有在乡村走动者必须服从的各种各样的治安措施以外，法国人也正式禁止了乞讨，这项禁令是打击流浪的主要方式之一。1814 年后，伦巴第各省发起了反乞讨专项整治行动，防止农村赤贫人员进入城镇，免得在特困时期使原本匮乏的福利资源进一步稀缺。

洛迪（Lodi）坐落在米兰以南肥沃平原上，这是半岛上最富有的农业地区之一，该地区的状况清楚地表明了农村贫困的规模。尽管洛迪地区农业繁荣，但在 1830 年，近 25% 的人口被登记为贫民，接受救济和援助。收成不佳时，如 1834 年，那些周边乡村挨饿的劳工们试图到城镇中寻求帮助，但是遭到城镇守卫和专为打击公开乞讨而成立的特别联防队的驱赶。[9]

采取措施打击乞讨主要是为了将农村穷人挡在城镇外，这进一步加重了农村地区的贫困程度。如果这些人足够幸运，有家人、亲戚以及社群，那供养他们的重担就落在这些人肩上。不过也有更为积极的行动，当局极力鼓励地主在农业活动淡季为当地贫困人口提供务工形式的私人赈济。

19 世纪 30 年代，流浪与贫穷成为公众讨论的重大议题，对穷人和流浪汉进行短期强制监禁的劳教所（济贫院）数量也在增加。例如，1836 年，皮埃蒙特区的新济贫院主要开设在外省城镇，当众乞讨的人都要被强行监禁。政府也尝试开设 19 世纪更早时候由法国统治者引入的"勤勉院"（Houses of Industry），意在通过让贫民工作，使其恢复正常生活。理论认为这些机构将能自给自足，然而实际上，这种情况从未出现，它们与普通的济贫院一样，最终都发挥了本质上的刑罚功能。[10]

政府组织专门的警务力量来打击农村犯罪和控制流浪乞讨人员，再一次表明农村地区事态带来的恐慌。1815 年成立的皮埃蒙特皇家宪兵队（Piedmontese Royal Carabinieri）是首批新警察部队之一，专门负责巡逻农村地区，拘留流浪者以及其他"可疑人员"。皇家宪兵队跟其他国家的类似力量一样，都参照拿破仑统治时期组建的马上宪兵队，具有广泛的即决拘留权，这让流浪和不幸失业成为犯罪的同义词。[11]

强盗和土匪

在 19 世纪早期的意大利，如果说流浪和贫困是农村社会动乱中最普遍的现象，那么强盗和土匪则构成了更大的威胁，而且在半岛某些地方，盗匪几乎跟贫民一样常见。在欧洲地中海的大多数地区，抢劫和偷盗行为（brigandage and banditry）① 已经盛行若干个世纪，要捕捉它们在特定时刻的历史特征远非易事。而且，强盗形象一向浓重的浪漫色彩也没有让任务更轻松。

强盗的浪漫形象具有悠久的历史渊源。例如，1860 年法国征服意大利南部大陆后数月内，像弗拉·迪亚沃洛（Fra Diavolo）这样带领人们抵御法国入侵的强盗首领的名字就被搬上了巴黎舞台，改头换面成为整个 19 世纪都熟悉的刻板印象，甚至流传到今天。[12]强盗被转换成了文学的老生常谈，象征着一个既神秘又原始、既英勇又残酷、既迷人又令人厌恶的世界，一个北欧的文明阶层正迅速与之渐行渐远的世界。虽然这并非毫无种族歧视的痕迹，但是文学中的强盗代表着这个更早期世界的美德和恶习，在这个世界中，原始迷信和暴力与更古老的荣誉和独立准则结合在一起。

无论这些特点是积极还是消极，文学作品中的强盗形象在过去与现在都是虚构的，但是近来，为强盗平反昭雪、将其视作民众抗争的淳朴拥护者的企图，有引入另外一种历史浪漫主义的风险。将强盗描绘为原始反叛者，试图解决（无论表达得有多模糊）民众的不满和阶级不公，但是源于大众文化和民间歌谣的神话与现实完全不一样。"社会性土匪活动"的说法还带有一系列总结，将强盗变换成一种永恒、普遍的刻板认识，即每一种小农文化都谋求按照自己形象重铸的罗宾汉式角色。然而，困难之处在于，这些总结往往忽视了抢劫和偷盗是在特定的社会、政治以及历史环境中产生的，其形

① 本书作者在介绍词源时区分了 brigandage 和 banditry，其他地方则两个词混用，指"匪患""匪盗行径"。

式和特征往往会根据时间、地点而有根本性的不同。[13]

强盗作为原始反叛者的形象同样也引出了其他重要问题，特别是有人认为，在缺乏更明确表达出来的以及集体形式的政治意识的社会中，个人反叛行为是反抗不公的唯一可能反应。过分强调土匪行为表现出的反抗的个人性质，有可能严重扭曲产生这种行为的社会现实。至少在意大利，匪患最普遍、最持久的地方常常是社会组织最为紧密的地区，社群被各种亲属关系、派系联盟以及依附关系紧紧捆绑在一起或者分裂开来，在这些关系中，任何形式的个人主义即使并非完全无法想象，在最好的情况下也都困难而罕见。[14]简而言之，土匪行为确实具有社会特征，但是找到这些特征的地方不在总是曲解土匪行为而概括出的反叛象征性中，而在其发展并持续的具体社会经济环境中。

尽管抢劫和偷盗在意大利有着悠久的历史，但政府起码并未将盗抢行为仅仅认作历史的遗留问题，而将其看作18世纪进程中正变得更为普遍和危险的现象。这到底反映的是不断变化的现实，还是观念的转变，需要更进一步的研究。

语言是观念改变的重要指针。在18世纪末及19世纪初，强盗和土匪开始有了若干新的含义。这两个词中，"土匪"（banditry）这个词更老、含义更精确。在中世纪法律中，社区和封建主有权放逐（*bandire*）那些危害社区的犯罪人员，那些被放逐的人（*banditi* 或 *fuor-banditi*，直接翻译过来就是"法外之徒"）被剥夺了法律保护，他们的货物被扣留，杀了他们可能不受任何惩罚。但是在法律上，既然是犯罪行为导致放逐，那么放逐状态仅是一种状态而非罪行。

因此，从法理上讲，土匪存在于地方司法和王室司法交汇的那片混乱、有争议的无人管辖地带，正是在这里，权力的轮廓在这一时期开始迅速变化。一方面，封建领主和单个社区发现维护法律和秩序极其昂贵和烦琐；另一方面，国家正试图扩大自己的管辖权和权威，以对抗过去遗留下来的地方自治要求。

18世纪，这种双重压力在伦巴第明显出现，农村社区越来越频繁地向奥地利政府呼吁，要么允许招募武装警卫，摧毁不断扩大、不断入侵其领地的土匪团伙，要么提供政府援助。尽管奥地利政府不愿承担农村社区的行政负担，但还是选择抓住机会扩大权力，并且开始每年派遣骑兵巡逻队穿越米兰平原下游地区，以摧毁已成气候的较大土匪团伙。政府还于 18 世纪 80 年代与威尼斯共和国达成协议，以减少各自边界的土匪流动与活动。[15]

伦巴第地区的情况说明，无论土匪的存在是真实的还是假想的，都可以为政府提供强有力的论据，令其牺牲地方管辖权来扩大自己的权力。这很明确是 18 世纪 60 年代皮埃蒙特军队对撒丁岛土匪团伙发动攻击的目的。在此，"土匪"只是这次行动的附带目标，主要目的是限制撒丁岛封建主享有的广泛的区域管辖权以及一系列特权，指控撒丁岛内陆土匪猖獗就为萨沃伊君主沉重打击撒丁岛男爵们的势力提供了机会。[16]

18 世纪 70 年代，意大利南部大陆也出现了极为相似的情况，当时波旁政府借口卡拉布里亚的西拉森林中土匪横行，在卡拉布里亚中部地区更努力地维护王室司法和行政。这里同样有证据表明，科森扎市山里西拉森林中盗匪活动的规模显示，领主和当地社区没有能力维持秩序。[17]

在法国占领期间，反对自主管辖权的斗争步伐加快，此时，除了"放逐状态"（banditry），"团伙抢劫"（brigandage）在法律与秩序的词汇中也占据了突出的位置。这个词并不新鲜，原本是加重罪名，即被"预先审判"（pre-judged）并置于法律保护之外的个人除了抢劫的单独罪名，还犯了结社和与同党相互勾结的额外罪行。为了回应民众在 1799 年以及拿破仑占领后对法国军队的不满，"团伙抢劫"这个词被无差别地用来定义各种形式的集体抵抗和骚乱。当这种抵抗被定义为"团伙抢劫"之后，肇事者变成了纯粹的叛乱分子，立即被置于民法和战争行为准则的保护之外。

1806 年，约瑟夫·波拿巴进入那不勒斯以后，民众对法国新政府的大规模抵抗在巴西利卡塔、普利亚和卡拉布里亚大区各省蔓延，为尤为残酷的升级镇压提供了理由。两年中，这些不幸的省份被置于"战争状态"之下，民事司法也暂停。除了军事法庭和即决处决，涉嫌窝藏或协助叛乱分子的整个村庄都可能被"军事处决"，这意味着被封锁起来，然后付之一炬，而士兵则射杀任何试图逃跑的男人、女人或儿童。[18]

"战争状态"在 1808 年一结束，团伙抢劫的指控就提供了维持军事统治的另类途径。1810 年和 1811 年，应对残存强盗团伙的紧急措施达到了顶点，当时曼赫斯（Manhes）上校被赋予消灭新政权政治反对派的任务。为了切断叛乱分子的补给，曼赫斯对人员和牲畜流动实行严格控制以饿死强盗，并且规定，将食物从村庄带到田间者将以死罪论处。一日中午，一群妇女将面包带给在田间工作的男人们时，被法国骑兵中队拦截并射杀。这成为当时最臭名昭著的事件。在每个村庄，当局都得拟定疑似不法分子的名单，这些"被剥夺法律保护者"在缺席情况下被判处死刑；如果被抓住，可能被即决处决，其亲属也将遭到报复。[19]

波旁王朝复辟之后继续采用类似方法，并且迅速恢复了军事法庭。1819年《那不勒斯刑法典》对那些犯有团伙抢劫罪、"在农村成群劫掠"的人及其保护者判处死刑。每个社区都继续拟定"被剥夺法律保护者"名单，但并不依据已被证实的罪行，而仅仅是因为被控告者"臭名昭著"、"遭公众谴责"或者是"人尽皆知的作恶者"。由于这些措施对抓捕强盗并未起到很大作用，波旁政府随后采取了更狡猾的策略，鼓励背叛，比如赦免那些罪行较轻的人，以及那些出卖其他劫匪的人，而不管他们自己罪行大小。[20]

虽说团伙抢劫和土匪行径给政府大开方便之门，令其能够通过操纵对公共秩序真实或假想的威胁来扩大国家权力，或规避更烦琐的民事或刑事审判程序，但这些现象肯定不仅仅是官场人士凭空臆造。尽管土匪和强盗并非无处不在，不像官方说辞与19世纪早期游记中的传奇式流浪冒险想象试图让我们相信的那样，但是它们确实存在，并且可能在意大利不同地区遇到。

遗憾的是，由于官方记录使用这些术语时不太注重精确性，因此它们并不总是有助于描述"典型强盗"的职业特征及资历。例如，在18世纪的伦巴第大区，当奥地利当局制定已逮捕、通缉的土匪名单时，其中包含的许多人可能被称为流浪乞讨人员更准确。流浪和土匪行径之间的界限必定模糊，但两者还是有所不同。尽管农村人口恶劣的生存条件确实在一定程度上增加了强盗团伙的潜在成员，他们试图在法外甚至违法生活并养活自己，然而人之所以沦为匪徒，贫穷基本只是暂时原因。

征兵制度才是直接得多的招募土匪的方式，且当法国人引入这种制度时，在整个意大利北部引发了士兵大规模开小差，即使武力强制也几乎不可能实施。在伦巴第和托斯卡纳大区，政府将提高征兵配额的任务下放给握有地方行政控制权的知名人士，取得了更好的效果。这一精明之举发挥了当地庇护与区别对待体系的作用，意味着那些社区眼中的局外人或者遭排斥的人最有可能被提供给法国征兵委员会。利用地方权势的区别对待体系，可以降低集体抵制的风险，让征兵过程更官僚化，同时也更有效率。[22]

在那些法国政权无法依靠当地精英支持的地方，抵制征兵现象仍然突出。1809 年，法国占领意大利教皇国，粗暴地实行征兵制，引发了城市暴乱，试图集结新兵的部队在圣安杰洛城堡（Castel S. Angelo）前遭到一群愤怒的妇女袭击，要求放回自己的儿子。示威活动被骑兵部队打断，但是一出城，大部分新兵便纷纷逃离，还没等小分队到达边境就遁入山中。由于担心在罗马激起进一步抵抗，法国当局把精力转向外省，结果教皇国的强盗团伙数量迅速成倍增加。[23]

即使是在 1808 年以后的南部地区，对新政权的公开反抗也持续不断。缪拉一再抵制皇帝的征兵要求，理由是征兵极有可能激起新的暴动。拿破仑拒绝接受进一步拖延，那不勒斯王国于 1809 年按时实施征兵，反响的暴力程度不亚于罗马。各省的持续抵抗意味着征兵必须通过武力来实施，当局部署了骑兵分队突袭村庄并带走那些适龄男子。而根据军事法，逃走的人可能遭到即决处决，在这个问题上再无其他选择，只能去当"土匪"。[24]

在某些时刻，贫穷和征兵带来的新成员可能令土匪团伙膨胀，在发生政治危机或生存危机时尤为如此，但这最有可能发生在强盗团伙已经有着较稳定基础的地方。形式较为稳定的强盗和土匪活动在许多地区持续存在，然而在其他地区几乎不为人知。虽然覆盖意大利南部大陆、西西里岛和撒丁岛大片地区的偏远山区地带似乎能为盗贼提供理想的栖息地，南方地区也确实独占鳌头，但 18 世纪后期及 19 世纪早期，强盗团伙也在意大利中部的大部分地区活动，特别是在隔开托斯卡纳和翁布里亚的亚平宁山脉地区以及拉齐奥平原和马莱玛平原。在皮埃蒙特西部，沿着阿尔卑斯山脉通向法国尼斯的运输线为臭名昭著的巴尔贝蒂所控制，而在环绕利古里亚海岸的山路上，旅行者经常面临土匪袭击的风险。在通往威尼托的东部荒凉地带，强盗团伙也很常见，而在 18 世纪，正如我们所知，大型强盗团伙侵入波河谷，甚至到了米兰平原下游地区，引起了极大恐慌。[25]

高山为强盗队伍提供了最大的安全屏障，不过，凡是货物远途持久流动和运输构成当地经济基本特征的地方，都有这样那样形式的强盗活动。若干世纪以来，沿着波河流域及其支流，各种形式的贸易活动为走私网络提供了机会，而走私行动常常与匪帮行径难以区分。事实上，复杂的收费和边界系统将波河地区多层分割，简直是公开引诱大规模走私，其数量和价值都可能超过合法贸易。这种大规模走私需要高度复杂的组织、资金以及同谋者网络，那些直接携带走私货物、被政府定义为强盗和土匪的人群只是这个庞大而复杂组织中最显眼的部分而已。商人、地主和位于这条秘密商路上的社区居民、波河上大型移动面粉厂老板，更不用说警察和海关官员，这些分离的部分一起组成这个庞大的共谋和纵容犯罪网，使其具有高度复杂的经济和社会特征。[26]

国家对烟草、食盐等消费品的垄断也为与匪帮行动重合的大规模走私提供了重要契机。例如，在弗留利的山谷，烟草是极易在小山丘农场栽种的少数经济作物之一，但是得由国家强制收购。因此，当地自耕农将目光转向走私市场，但为了打通路径，他们不得不求助盗匪帮忙将烟草作物转运出边境关口，也会向资助秘密贸易的商人和地主寻求帮助。[27]

走私盐规模更大。在意大利统一之前，所有邦国对盐实行极其严格的垄断管控。例如，在拉齐奥和普利亚地区，从海滩收集粗盐的活动甚至也遭到禁止。然而，即使是在最差的饮食中，盐也不可缺少，还是当时保存肉类过冬的唯一手段，因此，食盐在自给经济中发挥着至关重要的作用。尽管从未得到研究，但是盐走私一定是半岛上最大的商业活动领域之一，既有极为本地化的业务，也有涉及长途贸易的复杂而广泛得多的组织形式。盐的供应量受到沿海盐田和内地盐矿的地理位置限制，因此这种走私经常涉及长途大量运盐。这又需要复杂和广泛的联系人及共谋系统、庞大的资金投入以及秘密储存设施等。同时，除了负责实际将私盐搬运、分发给消费者个体的人以外，这项买卖必然牵涉更广泛的群体，包括商人、地主、旅馆老板等，而我们现在对这些人知之甚少。

对进口货物征收高额保护性关税也为大规模沿海走私提供了另一种捞钱良机。在法国占领时期，这一点表现得尤为明显，当时，帝国企图强行禁止与盟国贸易，却只让人看到了走私活动是多么赚钱。例如，在托斯卡纳，尽管埃莉萨·波拿巴①政府竭力想要阻止走私，但人们还是能够想到办法将走私货物源源不断运往利沃诺港口，然后由包含强盗、旅馆老板、地主、商人和公职人员的关系网运送至大公国和亚平宁山脉。[28]在南部，因为靠近西西里地区以及马耳他的英国人很容易获得被禁的殖民地商品，因此这里的走私贸易更加广泛。这里同样涉及广泛的利益，不仅有商人和地主，就连在卡拉

---

① 埃莉萨·波拿巴（Elisa Bonaparte，1777~1820），法兰西皇帝拿破仑一世最年长的妹妹，托斯卡纳女大公。

布里亚和普利亚区的许多法国资深军事指挥官也很快发现了这条致富之道。[29]复辟之后，这种贸易机会并没有减少，因为除托斯卡纳地区外，意大利各地都采用了高额保护关税，而保留的内部关税控制延续了走私品依赖的经济机遇。

在许多地区，这些违禁品行业规模之庞大已经是大家心照不宣的秘密，这表明团伙抢劫也不能仅仅被看作个别犯罪现象或是对当权者的反抗。这些非法交易为强盗团伙赢得了某种程度的自主权。弗留利的农民逃避了官方烟草税，转而就得把钱支付给那些帮他们把收成跨境运输到奥地利克恩滕州（Carinthia）的土匪们。任何企图避开土匪垄断权的行为都会带来严重的后果。

即使是为穷人提供服务，这些强盗也不一定是穷人的朋友。强盗的职业令其与穷人接触密切，而他们与有钱有势者的接触虽不那么明显，密切程度却丝毫不低。如果他们决定挑战从事违禁品贸易的更强大利益集团，这样做的风险在于打破自己的饭碗甚至是摧毁自己的生命所依赖的庇护所和共谋网。由此可见，尽管强盗们貌似独立，但他们也不过是更为广阔的依赖和庇护系统的一部分。

意大利南部大陆的匪患情况

将匪帮行径与一种特定经济组织形式绑定在一起的不仅仅是走私活动，而且，匪帮行径在意大利南部大陆、西西里及撒丁岛的山区最普遍和持久不只是由于这些地方交通不便。在这里，匪帮行径也与走私密切相关，但前者主要依赖于盛行的游牧经济而存在。在意大利南部大陆，伴随着圈地活动和森林砍伐，谷物生产稳步扩大，给旧式的牧业经济造成重大威胁，尤其是威胁到了大批羊群每年从山区到平原的迁徙路线，同时也大大缩小了其可用的粗草场面积。土地转卖在法国统治期间让情况难上加难，意大利统一之后，境况进一步恶化，造成了混乱和暴力的利益冲突。波旁政府相对软弱，意味着冲突一般通过暴力解决，这也是强盗团伙滋生壮大的背景。[30]

尽管1806年抵抗法国入侵军队进攻的行动在卡拉布里亚地区蔓延，引起了复杂得多的反应，但它们也证明了这些相互冲突的利益的力量。负责恢复社会秩序的法国军事指挥官起初将匪帮行径看作穷人与富人的战争，即使并非纯粹农村人原始野蛮性的体现。但是他们逐渐被迫承认，农村暴力有着更为复杂的社会维度，尤其是他们意识到大量手握重权的地主阶级虽然沉默不语，却深度参与其中。虽然他们的名字仍然笼罩在神秘和缄默的网中，但很明显，许多在羊群和牧场上投资最多的人参与度最高，他们不仅是强盗团伙的保护者和支持者，而且是组织人。

1812 年，卡拉布里亚的法国宪兵指挥官以毫不含糊的措辞报告：

> 支持强盗者可以分为两类，一类源于自身品行邪恶，另一类则源于贪婪和自私自利。这两类都主要集中于最大地主的行列之中，而他们的名字却始终是个谜，以至于总也无法获得事实证据来证明他们是盗贼的同谋。[31]

法国人一开始调查这条线索，证据就迅速积累起来。比如，科森扎总督、前雅各宾党派成员让·勒内·布里奥（Jean René Briot）发现阿方索·巴拉科（Alfonso Barracco）男爵是西拉森林里强盗的主要组织者和保护者之一。巴拉科是马切萨托平原上最大的地主之一，拥有大量羊群，将西拉高原作为夏季草场，但他绝不是唯一直接参与强盗活动的大地主。

强盗们组成了非正规军，职能之一就是保全恩主的权利和财产，同时也尽可能从敌人手上谋生。1810 年在巴西利卡塔地区被曼赫斯俘获的强盗团伙首领塔科内（Taccone）的事迹表明了围绕这些活动存在模糊且复杂的利益纠葛。在接受军事法庭审讯时，塔科内坦白道，作为巴西利卡塔省最大通缉犯的那段时间，他受到了阿布里奥拉和劳伦扎纳两地村庄中主要派系的全面保护。他的恩主兼保护人唐多梅尼科·阿塞尔达被描述成"一位富有的绅士，劳伦扎纳公民卫队的指挥官"。因为塔科内为他干了许多事，所以"无论是阿塞尔达自己还是他的卫兵都从来没有为难过塔科内，实际上，他们经常去山里的藏身处与他及其追随者一道进餐"。这个地方被证实是属于阿塞尔达的偏远农场，塔科内及其属下在袭击和行动的空档将其用作大本营。尽管塔科内是该省最大通缉犯，但是他的妻子仍然可以不受打扰地居住在劳伦扎纳公证人的房子里，塔科内还经常出入这里探望她。[32]

塔科内这样说，可能是想要保全脸面，不过没有成功。但是，其他强盗团伙也有大量相似证据。这并不是说，强盗团伙不过是分裂南方贵族阶层的宗派主义的延伸，也不能将其仅看作强大靠山的走狗［被形象地称作"帮凶"（*manutengolismo*）］。这只是部分真相，因为宗派主义也给强盗团伙创造了达成某种程度自主的机会。强盗们可以背叛自己的靠山，或者让这一个保护伞对付另一个保护伞，在与地主交易时，这给了强盗讨价还价的底气。由于牲畜容易被盗或者致残，地主不得不招募盗匪充当保护者，而这一做法也容易让地主们遭到报复，尤其是在普遍动荡危难的时刻，比如在法国占领卡拉布里亚和巴西利卡塔地区的许多危难时刻，强盗们可以摆脱靠山的束缚，冒险进行无差别勒索和盗窃。

不过，从长远来看，如果缺乏强大的庇护者，强盗即使能够生存，也极其困难。当暴力程度开始威胁整个地主阶层的利益时，就会出现这样的危险：地主们并肩作战，一同努力除去威胁到自己的盗匪盟友。例如，1806年之后卡拉布里亚和巴西利卡塔地区长期处于无法无天的状态，盗窃牛与其他牲畜的行为已经到了前所未有的程度，这就促使地主们选择与曼赫斯联手，合力将强盗团伙送上军事法庭。布里奥特总督曾认定巴拉科男爵是西拉重要的盗匪庇护者，而后者却尤为夸张地向新盟友表达忠心。[33]

强盗们实施暴力的目标主要是小地主以及那些没人撑腰的人。穷人和弱者一样往往都是受害者，特别是那些与强盗同享偏僻栖息地的牧羊人和烧炭人，以及另外一些牧羊人和烧炭人，他们只要对敌人吐个字，就可能打破沉默和共谋准则，让敌人找到这些强盗。缴费供应强盗团伙给养的也是牧羊人和自耕农。尽管强盗们剥削和压迫穷人，这并不妨碍他们有时获得民众的强烈支持，但这种情况很少超出特定社区和亲属关系的范围。年轻牧羊人安东尼奥·科雷姆的壮举充分说明了这一点。1806年，卡拉布里亚起义后的几个月里，他使用化名科雷姆王（King Correme），成为西拉高地上最令人畏惧的强盗领袖之一。他将总部设在隆戈布科，根据法国官方证实，这是西拉森林地区大多数牧羊人的出生地。而此地的牧羊人被描述为：

> 坚韧、大胆且粗俗，他们与羊群一起在山中长大，在苦寒气候中变得冷酷，并且步枪极其熟练，什么都干得出来。[34]

这名法国评论家还指出，尽管牧羊人随羊群分散在山中，但是他们却受亲属关系的紧密约束，因此，"只要一个无礼之徒就能发动整个不守规矩的群体"。

这正是科雷姆在隆戈布科高举叛旗时发生的状况，之后的事件证明，他的追随者在多大程度上以其亲戚为基础：

> 隆戈布科地区以及附近村庄的人们都投靠他。他任命自己的兄弟、穷亲戚以及信任的朋友为队长。队长们开始负责统治邻近的村庄，主持结婚和离婚仪式，并且委任教会职务：看啦，牧羊人做了国王！[35]

在一场民众起义的表象背后，科雷姆的暴动使得一个关系紧密的宗族夺取了地区控制权。后续事件也表明，科雷姆在攻击其他村庄时，会精心挑选攻击目标，选出某些家族加以摧毁，而放过其他。

因此，即使是在动乱更全面的时候，匪帮活动仍然与弥漫在南方社会的派系、恩惠以及亲属关系网络有着千丝万缕的联系。然而，在社会更为平静安宁的时候，匪帮活动仍然受到主要权力结构更为严密的限制，并且需要更紧密地依靠有钱有势者所维持的共谋和纵容网络。

西西里岛的匪患情况

从另一方面来讲，西西里岛的自由匪帮机会更少。独自求存的土匪群体通常短命，时时被围攻摧毁的危险笼罩。这些危险并非来自政府，而是来自大地主所控制的强大力量，甚至是在当局描绘的西部内陆和卡塔尼亚平原的"匪灾山谷"，乡村犯罪的受害者也几乎没有大地主。最常见的目标是旅行者、过境货物以及小地主和农民的土地与牲畜。[36]

相比于内陆地区，西西里岛手握重权的人存在感甚至更强。这些"武装团伙"只是被当局定义为土匪（很少有其他人选择这么描述他们），但是在西部内陆的大庄园地区，他们其实是前封建庄园主遗留的武装护院的后裔。在许多方面，南部地区封建势力只是在名义上被正式废除，武装护院就是这样，实际上却转任了大庄园主的田间护卫。然而，在法律上，他们仍然与非法的"农村掠夺者武装团伙"别无二致。另外，对于地主来说，武装团伙继续作为一种重要的权力工具而存在，同时也是抵抗波旁王朝的手段，阻止其尝试侵占地主小心翼翼保留的权力与势力范围。[37]

尽管这些武装团伙从农村较贫困人口招募而来，但是他们依靠强有力的后台保护，任其调配。因此，这些团伙是西西里农业社会的施恩和依赖等级体系的表现形式，也是其工具，其根基最终在于大庄园经济。

分租以及管理大地主庄园的管家（bailiffs 或称 gabellotti）手握承认或拒绝承认租约和工作的权力，成为农村穷人命运的仲裁者。这些人的权力是"施恩—服从"权力金字塔体系的基础，并且该权力需要用更暴力的手段巩固。由此，恐惧构成整个大庄园体系工作纪律最重要的部分，同时，除了保护财产和牲畜，武装的护院也得规训劳动力。[38]

权力与恩惠系统虽然源于大地主庄园，却不限于庄园。除了负责监管大地主庄园耕种区域的租约之外，管家们还对庄园的牲畜负有直接责任，正是牲畜饲养和销售使得大地主庄园经济体系融入一个更大的交换和商业活动体系中。

牲畜极易被盗，需要持续性保护。它们还需要充足的牧草供应，最重要的是，在这些干旱地区，需要充足的供水。为了避免他人侵占，必须对这些资源采取保护措施，但有时防卫很容易变成攻击，因为谁掌控了西西里岛西部稀缺的水资源和牧场，谁就扼住了经济命脉。在巴勒莫、特拉帕尼以及阿格里真托地区，这些资产常年遭到侵略和掠夺，这不足为奇。在这些冲突中，地主或其管家指挥的武装团伙扮演着核心角色。

对于更大的土地所有人来说，盗牛提供了重大的获利机会。19世纪早期，这已经发展为一个全方位的秘密产业，并且显示了很久以后被称为"黑手党"的团伙的所有特征。盗牛可能是西西里岛西部最重要的商业活动，而且其扩张密切依赖将其与巴勒莫市联系起来的关系。巴勒莫提供了西西里岛西部最大的消费市场，并且正是城市需求将大都市与大地主庄园腹地联系到一起。盗牛及销赃为城镇和乡村的共生关系提供了重要的实例，而这种运作需要广泛的共谋系统支持。牛身上的烙印得改，把偷来的牛赶往首都的路上必须将其藏匿在友好的庄园中，还得找到顺从的屠夫、地位更高的合伙人，他们可以把过度热心官员的好奇心引开，确保官僚对此事不感兴趣。[39]

地主是这一非法产业的主要受益者，同时他们也往往是受害人，但这很少会引发像大陆地区那样失控的派系斗争。施恩与庇护主义网络围绕大庄园发展，其广度与规模促进了公认势力范围和边界的建立。当然，这些势力范围也有可能会被打破，但是由于它们能够让特定区域占主体地位的单个地主或者地主群体对当地的自耕农以及实力较弱的邻居进行某种非法征税，采用的形式为有组织的盗窃或者提供保护以换取预期回报，因此它们也获得了一定程度的稳定性。

波旁王朝很快被迫承认了这些同谋体系的力量，因为在 19 世纪 30 年代后期，政府做出新的尝试以维护自己在西西里岛的权威，特别是要杜绝内陆地区无法无天的武装团伙以及日益严重的盗牛现象。一位名为彼得罗·乌略亚的资深法官被指派到巴勒莫调查造成该省无法无天状况的原因，他的报告成为详细描述后来被称作"黑手党"的团伙的最早记载资料之一。

乌略亚的调查明确显示，资深法官和政府官员是匪帮活动的直接同谋，调查让他确信这些人仅仅是金字塔式共谋系统的顶端，其下还有许多调解和保护层。乌略亚也开始了解到这个系统如何将大地主庄园经济与巴勒莫自身提供的商业机会联系在一起，导致产生剥削、敲诈和恐惧的复杂网络。他声称，巴勒莫是一个有大约"40000 名无产者的城市，他们的日常必需品完全取决于大人物的愿望和心血来潮"，"即使是在 19 世纪，这个城市仍然很封建"。[40]

乌略亚在报告中描述了地方法官和公职人员的共谋如何极大地阻碍了政府有效干预：

> 地方法院最高长官贪赃枉法、屈从权势，玷污了其职责……其中包括很多黑暗势力的保护伞，对诸多恶行大加包庇，其中最出名的便是窃牛……也有资深法官公开保护走私者，例如卡塔尼亚皇家总检察长科尔瓦亚先生。当我们将目光放在地方法院机关下层，这种勾当更是随处可见。[41]

尽管乌略亚精力充沛，眼光敏锐，但是，他打破同谋体系的努力只是强化了地主对那不勒斯政府干预的愤懑抵制。

撒丁岛的匪患情况

如果说西西里岛西部的匪患特点与大陆地区甚为不同，撒丁岛的情况与之又形成了另一鲜明对比。到 19 世纪中叶，在意大利半岛内陆，尤其是偏远的巴尔巴贾高原和努奥罗地区，盗匪行径几乎成为一种生活方式的代名词，至少当局如此认为。这些地区地处偏僻且群山环绕，有助于保护牧羊业经济的社区组织，克服国家的反复滋扰。巴尔巴贾的山区高原牧场由该区域与世隔绝的各社区共有，甚至到 19 世纪末，奥尔戈索洛村仍然拥有意大利最大规模的公共财产之一，公共粗牧场共计 22000 多公顷。[42]

牧场土地整体由社区共有，羊群却属于各家庭私有财产，而家庭在社区的地位和财富取决于羊群的规模。家族同盟因此致力于扩大羊群规模，以便在社区内形成强大的子群体和宗族势力。敌对宗族间极易发生争吵和冲突，单一家庭群体内部的情况也不容乐观。久而久之，这些扩大家族的同盟也在较富有与较弱小的家庭群体之间和单一宗族内部制造出显著的贫富差距。到了这一步，内部等级制度赖以立足的施恩—服从体系便可能分崩离析。[43]

在社区内部争端中，偷羊是报复的方式，也是仪式性的仇杀警告。如果引发争端的伤害没有得到补偿，就可能导致仇杀和流血事件，而这只能以更多暴力加以回应。亲属群体的主导地位意味着冒犯个体相当于冒犯整个家族，因此个人矛盾会很快升级为可能持续几代人的家族恩怨。敌对宗族之间，和平不易恢复，需要正式安抚仪式，这往往只有在流血的代价平衡之后才有可能。[44]

那些因仇杀而不容于社区的人可能会跑到山上落草为寇，猎捕敌人的羊群。然而，暴力行为和偷羊行动并不仅仅发生在社区内部，也发生在敌对社区尤其是相邻社区之间。山村居民将平原上较富裕的定居点看作可以猎取的猎物，正如 1847 年那份文件所描述的那样，采用的措辞令萨萨里主教哑舌：

> 阁下：在此刻以前，我们从未觉得，我们拿走需要的羔羊、母羊、牛和猪是犯了天父之法。既然无所不能的上帝对他的子民一视同仁，那么他又怎能允许加卢拉平原的牧羊人有些拥有 500 只羊，有些 800 只，甚至还有 1000 只，而我们每个小羊群却连 100 只羊都不到？不论巧取还是豪夺，如果我们能够从平原地区成功弄走 100 只羊，此举不过是在帮助实现更为公平的分配。[45]

偷盗邻近社区的家畜，尤其是侵袭山区牧羊人下山过冬放牧的平原上较为富裕的农场，采取的形式可能是个人盗窃，但即使是个体作案，也会立即牵连整个宗族或社区。而社区争端又会催发新一轮的抢劫，由社区年轻小伙实施，他们出发前会接受村里长者仪式性的祝福。

发生在敌对社区之间的争端是撒丁岛匪患最典型的形式，但是这些争端并不仅仅是习俗和人类学仪式的产物。19世纪，随着低地放牧成本的增加，山地社区之间的土地冲突越发激烈。例如，1870年，两个社区之间发生一系列侵占行为和突然袭击之后，奥列纳市的村民因此向意大利新议会上诉，控告属于奥尔戈索洛市的邻村，要求其赔偿损失：

> 在那些普遍认为行为端正、有社会地位的模范公民中，也能找到违法者的身影……但值得认真思考的是，那些组团袭击我们地盘的人既非匪徒，也非无可救药的恶棍，而是包含了拥有强大影响力和不可撼动地位的人——他们完全不会受到怀疑。[46]

由以上案例中存在的明显反差可见，匪盗行径并不能轻松简化为简洁的社会学术语。法律与秩序的词汇中描述的笼统的犯罪与骚乱在现实中呈现出各种截然不同的形式。在某些地区与某些时刻，匪徒行径几乎无法区别于前一章探讨过的集体抵抗。撒丁岛的情形如此，而在其他地区，匪徒行径则由不同的社会关系和经济生活模式塑造。但是，也正是由于匪徒行径与不同地区盛行的经济活动和社会结构形式有着紧密联系，所以，只有极个别匪徒是单个、孤立的反叛者。在农村社会紧密团结的社会体系中，落单意味着弱小，而当土匪活动牵涉到更广泛的利益和群体时，最有可能存活并持续。

同时，土匪行径给一些人提供了可利用的工具，可以借对付土匪的名义扩大国家行政权力、牺牲旧制度下放的管辖权及随后更为非正式的私人势力范围。对法律及秩序的威胁无论真实存在还是假想，都为扩大国家权力、采取专断及紧急措施提供了重要理由。随着时间的推移，现实与操控之间的矛盾非但不会减少，还会逐步加剧。

注　释

1. D. M. Chiarito in *Città e Controllo* cit p. 128.

2. C. M. Tavaglini *Analisi di un'Agitazione Contadina nella Campagna Romana* (Rome, 1984)

pp. 15-30.

3. 转引自 F. Della Peruta *SS*（1975）和 *SS*（1976）；M. Berengo *L'Agricultura Veneta dalla Caduta della Repubblica all' Unità*（Milan, 1963）。

4. S. Jacini *La Proprietà Fondiaria*（1857）pp. 212-238.

5. P. Bresolin 'Condizioni di Vita dei Contadini Lombardi tra Sette e Ottocento' in S. Zaninelli（ed.）*Questioni di Storia Agraria Lombarda nei Secoli XVIII e XIX*（Milan, 1979）esp. pp. 63-82；F. Della Peruta（1975）p. 326.

6. R. Davico（Paris, 1981）；M. G. Broers *The Restoration of Order in Napoleonic Piedmont 1796-1814*（未发表的牛津大学哲学博士论文，1986）。

7. S. Jacini（1857）pp. 250-252；A. Banti 'Ricchezza e Potere: le Dinamiche Patrimoniali nella Società Lucchese del XIX secolo' *QS*, Aug. 1984, pp. 409-413.

8. F. M. Casarin 'Il Vagabondaggio nel Dominio Veneto alla Fine del XVIII secolo' in *Città e Controllo*（Milan, 1982）pp. 236-239.

9. S. Granata and M. Patrini 'Poveri, Mendicanti e Casa d'Industria a Lodi nel XIX Secolo' in ibid. p. 371.

10. M. P. Caprioli 'Il Sistema di Beneficenza Pubblica nel Piemonte Preunitario' in ibid. , p. 481；F. Della Peruta *SS*（1976）pp. 52-55.

11. 见下文第五章及 M. G. Broers（1986）。

12. A. Mozzillo '*Cronache della Calabria in Guerra 1808-1811*'（Naples, 3 vols, 1972）Vol. 1, pp. 176-192.

13. E. J. Hobsbawm '*Primitive Rebels: Studies in Archaic Forms of Social Movement in the 19th and 20th Centuries*'（Manchester, 1959）.

14. A. Blok 'The peasant and the brigand: social banditry reconsidered' *CSSH*（1972）pp. 494-503.

15. G. Solvaggine 'Brigantaggio e Contrabando nella Campagna Lombarda del Settecento' *NRS*（1970）pp. 23-49, pp. 374-419；关于匪盗行径（banditry）的定义，参见：G. Fiume *Le Bande Armate in Sicilia dal 1819 al 1849: Violenza e Organizzazione del Potere*（Palermo, 1984）；M. Sbriccoli 'Brigantaggio e ribellismo nella criminalistica dei secoli XVI-XVIII'，未发表的会议论文（Venice, 1984）。

16. F. Cagnetta 'Inchiesta su Orgosolo'（1954）pp. 150-151；L. Scaraffia 'Le Rivolte Contadine in Sardenga' *QS*（1976）pp. 800-810.

17. G. Zurlo *Stato della R. Sila*（Naples, 1790）.

18. A. Mozzillo（1972）；关于卡拉布里亚反叛，参见：R. M. Johnson *The Napoleonic Empire in Southern Italy*（London, 1904）Vol. 1, pp. 118-144；Rambaud *Naples sous Joseph Bonaparte 1806-1808*（Paris, 1911）pp. 93-133；G. Cingari *Brigantaggio, Proprietari e Contadini nel Sud 1799-1900*（Catanzaro, 1976）。

19. A. Mozzillo（Vol. II, 1972）p. 123.

20. G. Fiume（1984）pp. 40-51；A. Scirocco 'Amministrazione della Giustizia e Poteri di Polizia

Prima e Dopo l' Unità in *Atti del 52 Congresso Naz. dell' Istituto per la Storia del Risorgimento Italiano* (*Rome*: *November*, 1984).

21. G. Solvaggine *NRS* (1970), pp. 412–415.

22. L. Antonielli (1982) pp. 455 – 474；J-P. Filippini 'Difesa dell'Impero o Difesa della Società? Le Misure di "Haute Police" nella Toscana Napoleonica' *RISN* XVII, 1980, pp. 9–66.

23. L. Madelin *La Rome de Napoléon: La Domination Française à Rome de 1809 à 1814* (Paris, 1906) pp. 303–316.

24. A. Mozzillo (Vol. II, 1972) pp. 837–838.

25. 例如 Solvaggine *NRS* (1970)。

26. R. Bacchelli 的小说 *The Mill on the Po* 生动地描述了这些情况。

27. M. Berengo *La Società Veneta alla Fine dell' 700* (Florence, 1953) pp. 122–125.

28. V. Ardito 'Le Brigandage dans le Département de l'Ombrone (1808–1814)' in I. Tognarini (ed.) *La Toscane nell'Età Rivoluzionaria e Napoleonica* (Naples, 1985) pp. 199–222.

29. M. Heuron 'La Contrabande en Calabre durant la Période Napoléonienne' in *Atti del 2 Congresso Storico Calabrese* (1960) pp. 125–137.

30. L. Cassese (Salerno, 1970) pp. 191–247.

31. Bibliothèque Nationale, Paris (BNP): *Fonds Italiens* f. 1125/2, 24 Feb. 1812.

32. Ibid., f. 1124/7.

33. M. Petrusewicz 'Signori e Briganti. Repressione del Brigantaggio nel Periodo Francese in Calabria: Caso Barracco' in *Storia e Cultura del Mezzogiorno: Studi in Memoria di U. Caldora* (Cosenza, 1978) pp. 333–346.

34. BNP, *Fonds Italiens*: f. 1177/4.

35. Ibid.

36. G. Fiume (1984) p. 56.

37. Ibid., pp. 10–33.

38. 有关大庄园经济的更详细描述参见：A. Blok *The Mafia of a Sicilian Village. 1860–1960* (Oxford 1974)；J. & P. Schneider *Culture and Political Economy in Western Sicily* (New York, 1976)；D. Mack Smith 'The Latifundia in Modern Sicilian History' *Proceedings of the British Academy* li, 1965, pp. 87–93 ；下文第十章。

39. G. Fiume (1984) pp. 96–97.

40. Ibid., p. 76.

41. Ibid., p. 73.

42. F. Cagnetta (1954) p. 8.

43. Ibid., p. 38.

44. S. Wilson 'Conflict and its Causes in S. Corsica 1800–1835', *SH* (Jan. 1981) pp. 32–69.

45. F. Cagnetta (1954) pp. 88–89；L. Scaraffia (1976) pp. 809–810.

46. F. Cagnetta (1954) p. 61.

第四章　城市秩序与失序

城乡动荡与叛乱频繁打断了意大利统一之前整个世纪的历史进程。18世纪晚期，许多主要邦国首都被卷入旧制度国家的危机之中，其程度不亚于农村地区。巴勒莫在 1773 年成了一场有着广泛基础的革命的舞台，而在 1799 年，那不勒斯两次经历了民众的愤怒与暴力行动，规模在这一时期前所未有。18 世纪 90 年代，佛罗伦萨和托斯卡纳各城也处于民众骚动和抵抗的前沿。

法国统治时期，城市相对安宁，但是在复辟之后，城市再次在 1820～1821 年革命期间成为政治经济动乱的中心，尤其是在 1848～1849 年，有点规模或层次的城市定居点几乎没有哪个未受动乱波及。一系列事件从 1849 年抗击奥地利、争取独立的战争开始，在加里波第于次年远征南方时达到顶峰，虽然这些事件没有伴以严重的城市暴乱，但是 1866 年巴勒莫发生了又一次重大叛乱，直到海军全面登陆和军事占领后才镇压下去。

不过，城市叛乱和暴动并不一定能够作为更深层城市动荡的证据。城市地区，尤其是邦国首都，频繁沦为政治冲突的战场，而这些冲突开始于其他地方，直接根源也不在城市社会。同样，政治剧变也不一定是更广泛城市动荡的信号。比如，1821 年，在革命未遂期间，都灵依旧一派平静。另一方面，1848 年，意大利统治者正是担忧前几年的生存危机和商业衰退会引起城市叛乱，才在宪法上做出让步，希望能阻止更广泛的危机。此后，在城市，民众不满的威胁不亚于农村，成为制约历任温和与激进派革命领导人的主要因素，并在革命发展中发挥了重要作用。

尽管城市频繁发生起义和革命，但其骚乱模式不同于农村。在城市中，集体骚乱的分布更为零星，也更加反复无常，缺少农村动乱常有的连续性元素。有人可能会认为，这是由于城市当权者可用的控制手段更有效率，也更实时。邦国首都和重城要镇有重军把守，再加上宪兵和民兵组织，能够迅速铲除潜在动乱。然而，当局本身对其依靠武力遏制城市动乱的能力几乎没有信心，除非动乱规模极小，而城市骚乱往往被视为更严重也更紧迫的危险，与之相比，农村暴乱更加遥远、更容易围而剿之。

或许，要更好地解释城市动乱的非连续性，需考察该时期社会经济变化以何种方式影响城市。与农村地区相比，这个时期的意大利城市相对被史学家忽略，然而，有力的证据显示，城市变革的经历在许多重要方面与农业社会不同，因此，城市人口在许多重要方面没有太多受到农村地区某些事态发展的影响，尽管城市自己也远算不上繁荣。[1]

19 世纪早期的城市社会

意大利的城市布局与农村景观一样鲜明多变，各地区之间城市居民点的规模和密度差别巨大。意大利中部小型城市居民点的密度最高，而波河流域城镇密布，许多规模庞大。在遥远的北方，城镇又小又少，自罗马以南，就更为稀少，不过其规模往往庞大到失衡。

在意大利北部和中部，由于历史渊源，城市居民点数量颇多。人口最为集中的地区位于遍布着分成制农场的中部——托斯卡纳区、艾米利亚区、翁布里亚区以及马尔凯区。尽管数量众多，但这些镇子通常很小。佛罗伦萨是当地最大的城市，截至 1800 年已拥有常住人口约 8 万人。利沃诺排第二，虽然迅速扩张，但到 18 世纪末，人口数量仅为 5 万人。卢卡有居民 2 万人，位居第三。

往北和往东，城市居民点也数量众多，而规模更大。仅次于威尼斯（1800 年有 13 万人口）与博洛尼亚（6.3 万人），艾米利亚和罗马涅包含一大片中等城市，居民 2.5 万~4 万人。到了拿破仑时代末期，米兰的城墙之内居住着 13 万人，而截至 19 世纪 50 年代末期，伦巴第的整体情况如下：

13 座城市，个个规模庞大且引人注目；115 个乡镇（borgate），大部分在其他地方的话会被称为城市，其中居民人数超 1.5 万人的 1 个、超 8000 人的 6 个、超 7000 人的 8 个、超 5000 人的 12 个、超 4000 人的 24 个、超 3000 人的 53 个。[2]

都灵人口在 18 世纪翻倍，到 1800 年已有常住人口 7.5 万人。而皮埃蒙特在同一时期有若干省级人口大镇，包括亚历山德里亚（3 万人）、尼斯（1.8 万人）、阿斯蒂（2.2 万人）、维切利（1.6 万人）和库内奥（1.65 万人）。[3]

然而，南部城市的居民点分布却大相径庭。1800 年的罗马约有 13 万人口，却处于人烟稀少的拉齐奥平原中心。[4] 在意大利南部，18 世纪末的那不勒斯估计约有 45 万名居民，相当于南部大陆总人口的 7%。尽管那不勒斯的人口占比而非绝对数有所降低，但仍然是 19 世纪意大利最大的城市。到了统一时，没有哪个南部大陆的地方中心城市的人口超过 5 万人，而意大利南部的前八大市镇集中于坎帕尼亚。1800 年，西西里的巴勒莫有 14 万名居民，而卡塔尼亚（4.5 万人）超过墨西拿（4.4 万人），位居第二。[5]

然而，光靠数字并不能准确地说明"城市"人口的情况。比如说，许多农工居住在中小城市，很难和周围的农业经济区分开来。北方如此，南方也如此，斯特凡诺·亚奇尼就强调了 19 世纪 50 年代伦巴第许多城镇本质上的农业特征。虽然大约 60% 的伦巴第人口从法律上被定义为"城市"人口，但据亚奇尼估计，这些人约一半积极从事农业。他因此推断，只有 30% 的人口能够用"市民"这个词来准确描述——这个阶层完全由牧师、贵族、专业人士和行政人员构成，最重要的是更愿意住在省城或首都而不是自己地产上的那些地主。但是，即使是在较小的城市居民区，这些有产阶级和专业精英的存在也带来了一种独特的认同感，将其自觉地与周围的农村世界区分开来。[6]

相较于纯粹的数字，人口增长趋势更能清楚表明该时期影响意大利各个城市的经济发展状况。1800 年，有 5 个城市的人口超过 10 万人，包括那不勒斯、罗马、威尼斯、米兰和巴勒莫，而到 1860 年，增加至 8 个城市，新增都灵、佛罗伦萨、博洛尼亚和热那亚，而威尼斯沦为奥地利的里雅斯特港（Trieste Port）商业竞争的牺牲品，掉出榜单。都灵是人口增幅最大的城市之一，在此期间，其人口从 7.5 万人上升至 17 万人，米兰则从 13.4 万人上升至 18 万人。热那亚从长时间的经济衰退中恢复过来，在 19 世纪 50 年代开始迅速扩张，到 1860 年，人口达到 12.3 万人，另外还有 9 万人在皮埃蒙特造船业基地所在的热那亚的桑皮埃尔达雷纳郊区。[7]

商业港口如卡塔尼亚（1800 年 4.5 万人，1861 年 6.9 万人）和利沃诺（1814 年 4.6 万人，19 世纪 30 年代 6.1 万人）也迅速扩大，同时许多中级城市也在稳步扩张。即使是在卡拉布里亚大区的偏远省份，勒佐卡拉布里亚省、卡坦扎罗省和科森扎省的城市规模（1800 年分别为 3 万人、2 万人和 1.8 万人）也在 1800~1860 年增加了一倍。[8]

从人口统计学的角度来看，在统一前的半个世纪中，意大利城市并没有处于停滞的状态，但是人口膨胀本身不是经济活力的标志。虽然这些数字只不过是印象式的，但在同一时期，意大利人口增长了大约 40%，从 1801 年的 1780 万人上升至 1861 年的 2500 万人，[9] 而很少有城市的扩张速度可以与之相提并论，这说明城市人口数量整体下滑，城市人口的膨胀主要依赖农村移民。这种情况出现在罗马和那不勒斯这样的老首都，还有北方城市。伦巴第大区的人口增长普遍比南方慢，而且远远低于欧洲地区的平均值，亚奇尼就特别论述道：

> 虽然农村人口自然增额较大，但农村人口长期流向城市。特别是在米兰，每年来城市定居的人口不断增加，其中许多来自该省最偏远的角落。[10]

城市依赖农村移民来维持或增加人口数量。这种情况在整个欧洲普遍存在，不过仍旧表明过度拥挤、卫生条件差造成了城市的高死亡率。但是，就算人口流入比例不再像上一世纪那么病态，人口持续不断地迁入也说明城市保留着比农村地区相对优越的地位。正如我们所见，法国统治者已设法在城市和农村之间建立一种更加平衡和开放的关系。废除城市行会特权、取消城市享有的供应特权（岁调条例）、对内部关税和城市免税政策进行调整、在许多地方拆除象征城乡隔离的旧城墙、鼓励外省城镇扩张等，所有这些都是在更平等的基础上整合城乡经济的一种表现。

但是，在实践中，在拿破仑帝国统治的最后几年里，经济日益衰败，法国改革者的计划大大受挫，而 1810 年之后几年再度爆发严重的生存危机，为了努力支撑摇摇欲坠的城市经济，许多早期改革实际上都被推翻了。例如，那不勒斯于 1810 年发生了饥荒，若阿基姆·缪拉不得不放弃约瑟夫·波拿巴早先引进的自由贸易政策，并对谷物出口实施新的管制，以此来保证谷物率先满足城市消费者的需求，此后才能用于出口。其他地方也采取了类似措施，都趋于牺牲农民利益以满足城市人口需求，只有在国内市场得到保证的前提下，才允许出口。这些管制措施使食品价格保持在低位，令城市消费者受益，大多数意大利邦国沿用这些措施至 1860 年（托斯卡纳是例外）。这些政策使地主无法利用国外市场提供的良机，因此会成为精英阶级政治不满的重要来源，也是自由主义经济学家持续批评的一个靶子。[11]

其他许多城市特权从法国统治时代留存下来，尽管形式有所变化。法国人引入的新财政体系造成的后果鲜为人知，但是事实证明，要编制准确的城市税收登记簿和调查表很难，这种情况直至 19 世纪之后很久才得到改变。因此，很可能城市财产税比农村要低，而一线城市的间接税常常没有二线城镇和农村重。[12] 法国的卫星国维护世袭制度的野心也意味着公共收入仍旧主要流向一线城市。同时，这些城市也是建设项目和公共工程最大份额支出的受益者，而诸侯宫廷的继续存在为各种各样的手工行业和服务行业提供了市场。虽然政府口头上支持有利于各省的权力下放原则，但行政集权的现实特别有助于维持意大利各邦国首都城市经济的相对优越特征。

虽然在法国统治期间，城市经济结构改革没有人们有时以为的那样彻底，但是城市管理风格和性质的变化比想象的更加明显。在这方面，法国的改革也沿用了早期的举措，但更具连贯性和有效性。旧制度下一直被贵族垄断的自治市政行政机构已经废除。贵族精英虽然继续垄断着市政府，但权力大大削弱，并处于中央官僚机构的监管之下。市政预算由财政部掌控，而日常的城市行政管理由新的内政部和警察部接管。

各城市丧失了旧有的各种自治体的自主权，而市政府也按照拿破仑的思路重组。尽管相比于从前，行政管理任务也在更大程度上下放到主要的省级城市，但与此同时，行政权力严格集中到国家官僚机构手中。这会成为摩擦的重要原因，因为省级城市发现自己背负了新的财政负担和金融义务，却仍要服从意大利邦国都城的利益和需求。在统一前的几年里，首都城市与省级城镇之间的关系成为紧张局势的源头，在发生政治危机的时刻，不断激化成暴力冲突。热那亚对都灵，利沃诺对佛罗伦萨，内陆城市对威尼斯，安科纳和罗马涅大区城市对罗马，意大利南部地区省级中心对那不勒斯，巴勒莫对那不勒斯，以及墨西拿和卡塔尼亚对巴勒莫——所有这些城市之间的敌意或许是构成这些年意大利最变化无常的动荡的根源之一。[13]

意大利城市的基本经济功能和结构继续显示着与过去的紧密联系。在复辟时期，头几十年的经济环境强化了许多传统特色。例如，农村地区的商业生产增加，巩固了作为城市经济基础的商业活动，同时，土地精英和商业阶级的新财富也继续涌向城市。这又帮助保存了城市手工贸易以及服务行业，而这些产业为有钱人的消费需求服务。

新型制造业主要留在农村，这种分布特点也保护了城市手工业。事实上，在19世纪早期，尽管已正式取缔行会特权和组织，但是城市手工业者与农村制造者的分工几乎没有变革的迹象。许多制造业的初级阶段，尤其是纺织业，都与农村经济紧密结合，而纺丝、缫丝、纺毛以及亚麻和大麻纤维生产都仍然主要属于农村产业。19世纪早期，由于机械化主要影响的是这些生产的初级阶段，所以城市保持了对主要精加工行业和高级手工艺行业的垄断，如服装、缝纫、马车和细木工制造、食品、造纸、玻璃器具制造等行业。

这些城市商贸活动和生产活动还受多数意大利邦国（托斯卡纳除外）沿用至19世纪40年代的高额进口关税的保护。这种保护行为并非偶然，且政府时常敏锐地意识到支持城市贸易和制造的重要性。政府对新式工业进入城市也十分谨慎，因为大批工人集聚城市被看作对公共秩序的重大威胁，要不惜一切代价避免，英国新纺织城的骚乱经常被拿来做例子。虽然大型纺织厂数量与日俱增，但在农村地区，甚至在伦巴第，仍旧被视为"旁门左道"。[14]在那不勒斯，这种观点得到重申，政府热心地宣传英国工厂体系扩张引起的行业病和职业病。在托斯卡纳，佛罗伦萨的商业精英和金融精英明确支持基于贸易和银行的经济扩张进程，因为这样可以避免用新型制造业污染大公国的传统城市经济。[15]

一般而言，新型制造业都在城外，只有都灵例外，其河道和运河系统遍布中心城区，导致城内建立了众多小型工程、化工和其他生产车间。其他地方的新型制造业选址通常都靠近水力供应，或是集中在靠近城市但仍在其边界之外的居民区。米兰就是这样，在整个世纪进程中，被称为科尔皮桑蒂①的乡下小村庄群已经逐渐变形成为一个新的制造业和工人阶级城市。在热那亚，造船业在桑皮埃尔达雷纳的邻近郊区复兴，而建于19世纪30~40年代的那不勒斯造船厂和工程建筑物位于那不勒斯湾的皮特拉萨以及斯塔比亚海堡城外。[16]

因此，许多传统的城市手工业得到保护，免受来自新兴产业的竞争压

---

① 意大利语为 *Corpi Santi*，意为"圣体"，位于米兰郊区，建于1782年的一个市镇。

力，同时也与新兴产业从地理位置上分隔开来，并将聚集在新兴制造业和产业郊区的农民工隔离在外。但是在复辟后的头几十年里，由于农业萧条，城市经济的传统特色也得到加强。尽管 19 世纪 30 年代物价上涨，但接下来的十年出现了新的生存危机并开始了第一次重大国际商业衰退。这些都不是经济增长的理想条件，直到 19 世纪 40 年代中期，城市经济结构几乎没有变化。

价格下降以及对谷物出口的控制为城市消费者压低了食品价格，但没有阻止需求下降。农村土地租金下降减少了地产精英的消费支出，必然会反作用于对城市制造业和服务业的需求。这可能在一定程度上被旅游业抵消，不过，旅游业的性质也在变化，不同于上一世纪的"大游学"。波旁王朝复辟后的几十年里，城市消费停滞不前，一个有说服力的指标就是缺乏重大的私人或公共建设项目，而且，虽然农村移民流入使许多大城市的人口稳定增长，却很少新建房屋。例如，即便是在人口迅速扩张的北方城市，19 世纪 50 年代之前也没有重大的城市开发项目，穷人的生活和居住条件恶劣，这就是 19 世纪 30 年代首次袭击意大利半岛的霍乱疫情能够在意大利新旧城市肆意蔓延的原因之一。[17]

城市工人

城市经济陷入停滞，意味着那些拥有某种形式长期就业的工作人口形成了少数特权群体。19 世纪 30 年代出现的最早期城市统计数据证实了这一点，这些数据尽管是高度印象式的，但确实清楚显示了大部分城市人口的生活状况不稳定。工匠和手艺人是极少数，周围是规模大得多的服务人员群体。其中，较大的群体是家仆，显示出食利行业和住房产业在城市经济中的主导地位。紧跟其后的是受雇提供其他城市服务的人，诸如马车夫、街头搬运工、清洁工以及商人。

最大的单一群体是临时工。据估计，19 世纪 30 年代末，米兰约 5 万名 18 岁以上就业男性劳工中，只有 1.7 万人有固定的商业工作或职业。其余的人及其家人持续处于不稳定状态，以致超过半数的城市成年男性实在是"朝不保夕"，以临时、不稳定的工作为生。1820 ~ 1836 年，尽管城镇人口稳步增长，但是丝绸纺织这个城市主要行业的就业人数却保持不变，只有直接依赖城市消费市场的那些行业如马车制造和巧克力生产表现出扩张迹象。[18]

都灵的情况也非常相似。在 19 世纪 50 年代加富尔改革之前，虽然皮埃蒙特首都的小产业数量不同寻常，但是城市的商业活力不及米兰。尽管如此，在大统一时，都灵的劳动力职业结构却与米兰相似。1860 年，全市 17 万名居民中劳动人口约为 5 万人，其中 2 万人为家仆。制造业工人只是劳动人口中的少数群体，而服务业从业人口更多，反映出都灵的城市经济偏重食利者以及消费者。就像米兰，正规就业的人口占少数，存在大量不稳定的临时工。[19]

现有统计数据不允许我们去探究此阶段意大利其他城市的穷人与工人阶级的分层情况。但是最大的工人聚集地还是在港口城市，如威尼斯、热那亚、利沃诺、安科纳以及那不勒斯，那里雇用了大量码头工人、装卸工、搬运工、驳船工以及渔民，尤其是在一些老城中，庞大的工人队伍主要由非技能工和半熟练的工人们按照企业方式组织起来，垄断了特定社区中的某些就业部门。在大型国有制造厂和企业中也时常发现类似情况，例如通常国有的烟草厂以及海军兵工厂。

尽管政府一直极其关注农村边缘人口和流动人口对公共秩序构成的威胁，但是，极少有证据证明这个群体在城市骚乱中发挥了重要作用，尽管他们对普通犯罪的作用可能更大，而我们现在对此知之甚少。另一方面，技艺纯熟的工人以及与行会等社团有着密切联系的工人在城市重大动荡中扮演更为突出的角色。1848 年，城市暴力最严重的正是那些劳动力的行会传统最强的城市。热那亚、威尼斯、利沃诺、博洛尼亚、那不勒斯以及巴勒莫就是 1848 年重大骚乱的战场，在每一例中，扮演着最活跃和最直接角色的都是熟练工匠，他们有着严密的组织，如热那亚和利沃诺的码头工人、威尼斯的烟草工人和兵工厂工人（*Arsenalotti*）。[20]

1848 年 4~5 月，意大利几乎所有城市都上演了罢工运动，带头者主要是技术工人，印刷工人、裁缝和熟练工人占主导地位。他们的要求非常明确：提高工资、控制食品价格、改善工作条件。在那不勒斯，印刷工人在 4 月 25 日举行示威游行，反对近日引进的新印刷机，并要求更好的工资待遇。在热那亚，驳船工人抗议新建沿海公路，因为这降低了对其服务的需求，同时，马车制造商和出租车夫联手抗议引进威胁其生计的新式公交车服务。在佛罗伦萨、热那亚、博洛尼亚以及那不勒斯，日结工资的熟练裁缝组织了罢工，他们要求雇主提供更高工资和更大劳动自主权。[21]这些诉求表明，1848年城市工人的抗议不仅针对失业和高价粮，而且也针对已开始影响城市经济的更深层变革，这也许是首次有迹象表明城市经济也开始受到广泛经济变革的影响。

最直接的原因之一是先前十年保护主义政策的放宽，而1848年熟练工人和行会工人的反应表明，迄今为止一直受到庇护的城市工匠行业也开始感受到竞争和创新的压力。直到革命之后，加富尔领导下的皮埃蒙特区才追随托斯卡纳的脚步，也实行了自由贸易政策。但是，从19世纪40年代早期开始，来自大不列颠的巨大压力就已经迫使许多意大利邦国修改了自己的保护主义关税，并且与越来越广泛的外国势力签署互惠贸易协定。在那不勒斯，羊毛和棉花生产商警告政府，即使是这些有限的变化也有可能让首都周围成千上万纺织工人失业，事实上，1848年，萨勒诺和卡瓦的纺织厂一再成为失业和饥饿的家庭纺纱工的攻击目标。[22]

为摆脱保护主义而采取的初步试探性手段对城市技能娴熟的劳动力产生了重要影响，但也造成了分裂的后果。各种工人群体很少会因为抗议而团结到一起，对已有职业特权的威胁更有可能引起竞争性工人团体之间的冲突，而非齐心协力。例如，在热那亚，工人抗议很快演变成相互竞争的行业、职业、教区以及城区之间一系列漫无目的的纠纷。[23]

乍一看，米兰似乎会有所不同。当奥地利驻军在一个星期的野蛮巷战后被迫弃城时，卡洛·卡塔尼欧（Carlo Cattaneo）指出，"胜利的代价由穷人付出"。在米兰"五日起义"的300名受害者中，只有三位是有产者或专业人士，而剩下的人则呈现了城市男女工人的全貌，包括五金工、鞋匠、镀金工、织布工、纺纱工、泥瓦匠、街头搬运工、临时工、马车夫、妇女和儿童。[24]

米兰工人的高死亡率是由于奥地利军事指挥官深思熟虑后决定轰炸提契诺之门（Porta Ticinese，这地方被称为一个单独的小镇并非偶然，因为它有自成一体的人口），试图迫使这座城市屈服。尽管米兰的印刷工人后来在5月为反抗卡萨蒂伯爵领导的保守临时政府举行了一场大规模示威活动，但是他们不像威尼斯的兵工厂工人、热那亚的码头工人、那不勒斯的流浪临时工或巴勒莫的手工艺行会，从未在支持或反对革命中扮演过类似角色。[25]

在 1848 年革命中，与行会关系密切的工人表现突出，生动说明了在意大利主要城市中依然存在着旧的社会经济结构。在 19 世纪初，虽然手工艺行会遭正式取缔，但是许多手工艺行业和城市服务性的行会组织仍然在运行。比如，在热那亚，像公证员、染色工、理发师兼外科医生这样一些较老的行会变卖了财产，解散了。然而，包括裁缝、鞋匠、石匠和金银匠的许多其他行会虽然失去了正式认可，却选择保留了自己的企业组织、学徒制度以及其他小心守护的内部等级结构。码头工人、装卸工、驳船工、搬运工、以及出租车夫和马车夫也是同样的情况。[26]在威尼斯、利沃诺、那不勒斯、巴勒莫和热那亚，类似职业仍然受到行会严格控制，即使是在更正式的规定缺位之处。

具有牢固行会关系和身份的职业团体的存在也在古老城市的社会结构上留下了深刻且往往分裂性的印记。控制手工艺的行业准入权、国营制造厂的就业权或港口和码头的准入权是对劳动力供求关系潜在不平衡的回应，对特定职业和专业的垄断往往基于特定的位置，甚至特定的街道。因此，社区亚文化和其他集体忠诚的象征，特别是教区和守护神文化，又增强了这些行会化结构。意大利的大城市实际上往往是由相当独立的、排他性的且经常是相互竞争的社区组成的。19 世纪晚期，帕斯奎尔·维拉里（Pasquale Villari）评论道：

> 一个区域的居民大半辈子都不会进入别的区。就像国家之间的差异一样，城区不同，生活方式、行为方式和思维方式都各不相同，因此，城区之间几乎没有接触。[27]

那不勒斯从来就不是最典型的地区，在同一时期，罗马城的内部流动程度要高得多。[28]热那亚、威尼斯和巴勒莫这样的港口城市与那不勒斯更为相似，这里的劳动人口被分割成无数自我监管的行会式团体，而这些团体的职业关系以社会纽带为基础。

特别是在一些不需要专门技术的行业中，行会化控制也可能为类似强征保护费的权力结构提供基础。热那亚和那不勒斯的码头临时工由工头招募，这些人被称为"把头"，他们大权在握，实际上掌握了工人的生死，因为接受工作就相当于欠了工头人情债。这些权力还向上延伸，如果商人想要自己的货物安全卸载或储存，却未按照常规付钱给工头，那就太不谨慎了，而额外给上一笔好处费也许可以加快过境通关手续。[29]

最臭名昭著的行会式组织之一是那不勒斯的克莫拉。对于当局来说，克莫拉就是一个邪恶的犯罪组织，虽然它的犯罪特点毋庸置疑，但它却深深植根于行会式垄断的逻辑。它主要盛行于非技术性职业，在这些职业中，人力资源的垄断控制权通过武力强加，并通过亚文化巩固。基于此，克莫拉的活动广泛扩展到那不勒斯的经济和社会生活之中。例如，城市主要食品和肉类市场受到克莫拉控制，但是这些垄断势力往往会延伸回农村腹地，并凭借控制城市物资供应和销售而赚得盆满钵满。[30]

即使是没有克莫拉这样的垄断组织，不相干的外人也很难打入封闭稳定的城市社区。城市单个地区和行业常常与特定的农村社区保持密切的联系，主要通过成熟的亲属系统从这些社区招募新成员。[31]毫无关系的移民难以进入这个世界，他们可能更倾向于郊区新的制造业。因此，老城区居民与新移民往往区别很大，甚至可能发生公开的敌对行动。例如，1860年，意大利政府取消了奥地利人对米兰食品价格的控制，这一举动在城里引起了严重骚乱。然而，米兰工匠们尽职尽责地加入公民卫队，并参与了平叛，而叛乱的主力军正是来自郊区的移民工。[32]

维护城市治安

遵循法国政府统治期间的先例，意大利统一之前的城市治安也主要是为了保持和扩大"固定"或者永久性人口与流动和边缘人口之间的隔离。而后者始终是主要关注点。比如，一份令人惊慌的报道指出，1829年罗马全市1/6的人口由"乞丐、骗子、残疾人、无业游民、流浪汉以及吉卜赛人"组成。[33]

这些人都是治安管控的主要对象，意大利半岛的大部分地区都继续禁止流浪和公开乞讨，加上劳教所的刑罚性质，这些做法旨在查明并尽可能将现在所称的结构性穷人、边缘人和长期失业人员排除在城市之外。

除了旨在将城市边缘人口保持在最低水平的控制措施外，许多其他阶层的城市人口也受到特别条例的约束。废除行会时首次引出的问题就是如何规范工人与雇主之间的关系以及如何制约城镇工人。例如，在伦巴第大区，约瑟夫二世制定的法案废除了对行会的正式监管，而工人与雇主的关系此后被视为个人契约的问题，与国家没有直接利益关联。[34]

雇主们毫不迟疑地迫使工人们接受严苛的合同条款。工人们入职时不得不用一部分工资作为押金，比如作为品行良好的保证金，他们可能遭遇名目繁多的惩罚（罚金和罚没物品），还有强制性的最低劳动期限。[35]尽管在 19 世纪上半叶，皮埃蒙特和伦巴第的车间和工厂都采用了这类法规，但是并不妨碍雇主要求通过立法来加强自己的惩戒措施。例如，1828 年，米兰商会向奥地利总督报告称：

> 有必要一劳永逸地将违逆的种子从工人心中连根拔除；有必要针对所有学徒和他们必须接受的培训制定明确的规定；有必要制止工人过高的要求；有必要通过罚款的方式迫使他们履行义务。[36]

米兰商人要求政府实行"综合性立法，以对工人和工作场所进行规范，这一诉求被频繁提出"。但无论是在奥地利领地还是其他一些地方，政府都没有做好直接干涉劳资关系的准备，理由是这样做会妨碍市场力量，破坏自由放任经济学的根本准则。

不过，政府还是引入了更为正式的控制手段。1829 年，皮埃蒙特区基于法国版《工作手册》推出了自己的《工作手册》，一开始是强制都灵工人使用，之后便推向整个王国。《工作手册》既充当工作许可证，也是通行证。工人在就业 24 小时内必须向警察出示其《工作手册》，或者新办一份。只有得到前任雇主和上一居住地市长提供的品行担保书，工人才有资格获取这份凭证。换工作时，这个凭证需要再次呈给警察签署，只要雇主针对工作表现或是出勤表现做出半条负面评价，《工作手册》就无法续签。在这种情况下，工人只能立即回原籍地并离开该城市；失业一月以上的工人也面临同样的情况。[37]

推出这种手册主要是为了限制和控制移民数量，也是强制无业者离城返乡的手段。这也说明，这些年里，在现存的手工业之外，城市劳动力主要由农村移民构成。但是，这种手册也是大规模管束工人的强有力工具，它之所以最先出现在都灵，是因为在此期间，都灵在意大利城市中与众不同，坐落在城市之中的作坊数量众多，而且法国行政人员与皮埃蒙特行政人员之间联系密切。不过，在别处，身份证和护照具有同样功能。比如，19 世纪 30 年代，护照和旅行许可证成为那不勒斯人的必备证件，而在 19 世纪 40 年代，这项尝试在西西里岛宣告失败，因为西西里精英们认为这是波旁王朝在岛上越俎代庖。[38]

政府还通过各种间接的方式加强雇主的权力。严格禁止工人以任何形式结社，同时，北部城市的警察及其密探会对工人们打发稀有闲暇时间的酒家和小客栈进行严密监视。19 世纪 30~40 年代，在皮埃蒙特和伦巴第地区，公众谴责工人酗酒的呼声为关闭乡村酒馆和低级客栈提供了进一步的借口，因为在当局看来，工人正是聚集在这些地方密谋反对雇主。关闭行动遭到了皮埃蒙特北部比耶拉山谷的羊毛织工们尤为强烈的反对。这里的天气不适宜藤本植物生长，织工们因此组建了自己的葡萄酒消费合作社，这种"葡萄酒协会"对这些人际联系紧密的社区中男性的社会生活起到重要作用，而警方试图窥探或者关闭合作社的举动遭到了强烈抵制。[39]

工作手册、身份证和护照的出现都表明城市治安日趋正式化。在更加密切监视休闲活动和流行的"街头文化"的同时，政府还试图强制实行新的公共卫生法规。19 世纪 30 年代，由于霍乱疫情严重，政府更加关注城市卫生状况的改进，但是并没有立竿见影的效果，只是加速了富裕阶层居住区与脏乱危险的工人区的物理隔离。[40]

公共卫生也为警方扩大对典型边缘人口的治安管控提供了借口，同时也对现存城市社区的某些阶层造成了更直接的冲击。一个例子就是当局尝试更有效地管控接生婆和助产士，她们是城市贫民医疗的唯一来源。这些女人的存在开始引起日益增长的担忧，也促使牧师和医生建立了不寻常的同盟。牧师知道她们帮人打胎，因而怀疑她们，而她们的业务活动遭到新兴却自信的医疗从业者的谴责，称其迷信且危险。但在 19 世纪 40 年代的罗马，注册助产士的尝试经证明无法实现，这再次表明，面对同心协力的反对或者不合作行为时，城市当局的地位相对弱势。[41]

更严厉地管控性交易反映了类似的担忧，但也提出了许多其他问题，因为妓女构成了跨越许多社会和职业界限的团体。虽然许多妓女是从移民和居无定所的城市居民中招揽的，但不少其他人来自稳定的城市社区，对这类妓女来说，卖笑时常只是困难时期的权宜之计。

人们常常认为在大统一之后才开始正式管控性交易，但是情况并非如此。

性交易一直都受到各种形式的监管，而 18 世纪，当半岛不同区域都开始规范妓院时，这些监管变得更加复杂。虽然从 16 世纪开始，规范性交易就与抑制梅毒传播的努力密切相关，但是到 18 世纪下半叶，疾病问题才与社会的道德和物质福祉联系起来。性交易被指抑制了人口增长，并更普遍地助长了道德败坏。到 18 世纪末，"医疗监管"总体而言已经成为治安工作的一大重要环节。根据一位奥地利官员提供的信息，这种医疗监管应该被看作是"防卫技巧，也是一种能够保护人和家禽免除群居生活可能危险的原则"。[42]

在法国执政时期，政府采取了更加系统的控制措施，尤其是对妓女实施注册登记来减少军队传染病。但是批准与注册的方式在实践中往往很随意，目标既是预防疾病，也是获取财政收入，不过，警方权力增大确实让妓女更易受到恐吓和骚扰。[43]

接下来几年，政府逐步引入新的控制和监督措施，这表明当局意识到国家肩负提高公共健康和卫生水平的责任，不过，与对性交易的特别关注形成鲜明对比的是，人们对公众健康的其他许多危害却视若无睹，而这些危害往往要严重得多。但是，由于卖淫在同一个人身上结合了对公共秩序的威胁和对公共卫生的威胁，它为新兴的医学界提供了重要的理由，据此主张影响政策的权利。因为人们普遍认识到性交易不仅不可避免，而且满足了重要的社会需要，因此这种需要就越发巨大：

> 那不勒斯的外科医生萨尔瓦托·德伦齐写道，公娼制度固然邪恶，是对公共道德和习俗的冒犯，但不幸的是，这就是现状，所以必须容忍众多恶习以避免情况恶化，因为如果放任家庭荣誉受到更多个人隐私方面的干扰，任何大城市都可能出现更恶劣的情况，还会产生更严重的公共和私人道德丑闻。[44]

妓女不仅必须迎合军队的需要，也要迎合社会更深层次的不满，因为这个社会的男性尤其是中产阶级男性结婚较晚，年轻男子的单身比例较高。因此，相比那些会对家庭荣誉和神圣性构成直接威胁的罪恶，性交易的罪恶较小，可以原谅，甚至可以作为一种盾牌，来阻止人犯下更大的罪恶。

政府成倍加强了对性交易的规范，例如，1839 年，波旁政府出台了最新的《公共道德法》，强制那不勒斯和巴勒莫的妓女登记注册且定期体检。

虽然这些法规是出于防止性病传播的考虑，但是事实上却被证明无法实现，而警察以此为名大行腐败之事。例如，1850 年，有人发现，巴勒莫的警察局长经营着一家超过 400 名注册妓女的妓院。[45]

对意大利各邦国发展最重要的影响是按照帕朗-迪沙特莱提出的思路，于 1843 年和 1844 年在法国和比利时先后采用的新规。他于 1836 年发表的对巴黎性交易的研究为随后数十年的相关研究提供了标准的参考依据，最后得出结论，既然性交易在任何大城市都不可避免，就必须对其进行监管，以减少对社会的危害和滋扰。帕朗-迪沙特莱将妓女比作下水道，只要能保持干净，她们的活动就是有益处的。他建议妓院应该持有经营许可证，并且对入住妓女进行严格管理和注册登记。

1855 年，那不勒斯出台了仿照比利时现行法规制定的新规，随后于 1857 年进行了修订，由于皮埃蒙特军队中的梅毒传播情况令加富尔担忧，次年再次进行了修订。这些法规极为严格，当局建立了专门的卫生办公系统负责颁发妓院许可证、登记妓女姓名并督促其定期体检。在都灵，一旦被发现感染上梅毒，就不得不进入城市的梅毒收容所。每年有超过 1000 名妇女被关进梅毒收容所，而城里估计还另有 2000 名妓女。[46]

皮埃蒙特的法规后来成为新意大利的法规。尽管统一之前，意大利其他邦国的管控手段并不如此严厉，但是它们显示，国家功能和责任的概念正在扩大。因此，国家通过警察干预和监管的社会生活领域也在增加，不过我们对这种情况的日常后果知之甚少。在实践中很难对医疗从业人员建立更有效的控制，而对性交易的监管使当局不仅密切接触了边缘群体，而且与城市社区中更成熟的阶层联系密切，联系的方式揭示了统一前意大利城市中警察与人民之间的日常关系。如果警察逮捕一名女子，但是她所在社区认为她不是妓女，那么就很容易引发强烈的集体反抗，甚至骚乱。另一方面，如果一个女人或者女孩打破了其所在社区的行为规范和禁忌，比如，勾引已婚男性，那么她就会被社区指证为妓女，并交予政府机关处置。[47]

虽然有关这些事件的信息过于稀少，但是这些事件却提醒我们，尽管正规的治安和管控权力不断增大，但这些年来最直接有效地支配大多数意大利人生活的规范和限制，仍然由所属的社区决定，无论是在城镇还是农村。

贵族与资产阶级：城市中产阶级

然而，在这个时期，被当权者视为动荡源头的并不只有工人和穷人，中产阶级中的许多团体也处于同样严密的看守和秘密监控下。然而，1821 年米兰反叛之后，奥地利官员佐尔尼格有些苦涩地指出："在各种革命运动中，重要角色总是由极少数来自大贵族家庭的富有男青年扮演。"[48] 但是，如果这些不满属于复兴运动内部政治的一部分，是专制主义与雄心勃勃的自由主义之间的冲突，那么 1820 年、1833 年和 1848 年所发生的事件显示，构成意大利中产阶级不同群体的政治不满情绪也植根于更为具体的社会经济发展之中。由于这些阶级几乎从定义上就属于城市，因此他们的处境可以进一步揭示意大利半岛各个城市这些年发生的变化。

我们对富裕阶层的了解要远远大于贫困阶层，但是若需要进行更加鲜明的区分，这种信息的准确程度令人沮丧。不过，尽管信息不精确，从 19 世纪 30 年代中期开始编制的主要城市有产者和专业阶层职业简况表明：城市社会的主调无疑仍然是贵族。例如，在热那亚，英国旅行者 S. 莱恩在 1842 年写道，这座城市有着宏伟的宫殿，对"骄傲的热那亚"的称号当之无愧，但是，他也提出了自己的疑问：中产阶级住在哪里？法国领事在 1848 年也重复了同样的评价，他报告说："这里没有民众，中产阶级也几乎不存在。"[49]

长期商业衰退让热那亚成为一个特殊却又并非全然不典型的案例。据估计，在 19 世纪 30 年代的都灵，城市中有产家庭与职业家庭的数量不到 1 万户，其中，2500 户为"靠收益过活的地主家庭"，另有 2100 户为"食利者和领退休金的人"，此外有 124 名律师、120 名公证人员、180 名医生、160 名"银行家"、460 名批发商、1800 名零售商和店主、1670 名在俗教士，以及 805 位普通神职人员。这些数字再一次证实了都灵这些年极为传统的特点，与地主和食利者的数量相比，都灵社会的专业和行政类人员数量极少，而神职人员的比例与罗马几乎相同。[50]

难怪卡米洛·加富尔会将这座城市称为"知识分子的地狱"，马西莫·达泽利奥竟然会强调 1848 年之前主导皮埃蒙特社会的陈旧等级观念：

等级本能支配着整个社会。在这里，从国王到最卑微的农民，从宫廷到农场，存在着一个清晰的等级秩序，它保持着不可抗拒的力量和影响。通常，贵族、资产阶级、人民和平民这样的术语在其他地方足以描述社会等级，但是在皮埃蒙特则很不足，有必要使用一系列子类别，而这些只有长期生活在该地并了解该地的人才能完全弄懂。[51]

另一方面，米兰已经呈现更具活力的特点。1838 年的职业列表显示，在 5 万名成年男性中，有 2862 人为 "没有其他职业的财产所有人"，2273 人 "从事文科"，还有 482 名学生、65 位银行家、209 名证券交易所代理商，以及 1725 名左右批发商和店主。除了规模相对较大的职业中产阶级，还有近 2500 名公共部门和私营部门的官僚雇员，这些数字与邻近的都灵形成鲜明对比。[52]

城市图书出版业的蒸蒸日上促进了米兰中产阶级的发展，使米兰成为意大利半岛的知识与艺术之都。[53]而米兰中产阶级相对广泛的结构反过来又刺激了半岛上最具活力的城市消费经济的发展。

但是，不应夸大米兰的 "现代性"。城市的精英层仍然完完全全、彻头彻尾是贵族，而有产阶级主要由对商业财富持怀疑和鄙视态度、不住当地的地主构成。斯特凡诺·亚奇尼在 19 世纪 50 年代歌颂伦巴第的中产阶级时说道：

除意大利之外，没有哪个国家的中产阶级发展到如此庞大的比例或成功获得了如此重要的地位和影响力。我所指的这个中产阶级，不是在最近崩溃的法国政治制度基础上发展起来的、那种纯粹商业和城市性质的资产阶级所能比拟的，因为我们自己的中产阶级包括各种各样的行业和职业，以及有学问和财富的人，不过，它的经济基础首先在于拥有土地……[54]

如果说在米兰，土地仍旧是唯一 "体面" 和得到社会认可的财富基础，那么商业不那么繁荣的城市更是如此。虽然人口普查数据往往非常模糊，但城市有产阶级通常由非常富有家庭的极少量精英组成。例如，在佛罗伦萨，1810 年的人口普查将居住在该市的 1.8 万个家庭中的 1620 个列为 "拥有自己的收入来源"，而只有 308 个家庭被描述为"富裕"，18 个被称为"富有"。40 年后萨尔瓦尼奥利伯爵告诉纳索·西尼尔，托斯卡纳有若干"古老的家族，但是没有兼具财富和个人报酬的真正贵族。没有哪个家庭的年收入达到 20 万里拉（大约 6000 英镑）"。[55]

然而，也存在着以下这种可能：与同时期的其他社会团体相比，城市社会高级阶层的构成变化更为迅速，也更为彻底。生活在那个年代的人相信，极其富裕家族的少量精英与为数众多的有产阶级和专业阶级的差距在逐渐扩大。有些出人意料的是，这种情况往往被归咎于废除限定继承权（fedecommessi）和封建长子继承制（maggioraschi），这些制度以前让贵族家庭得以避免分割世袭财产。虽然废除限定继承权是为了解放土地市场，从而产生新的财富，但这种做法的确改变了富人的家庭经济状况，鼓励形成数量更多但单个不那么富裕的家庭。例如在米兰，这被认为是首次出现家庭房产频繁分割的原因，不仅为了给已婚的儿子们提供独立的住宿，还为了租金收益。[56] 同样的现象出现在都灵，在那里，阿尔菲里侯爵于 1850 年告诉纳索·西尼尔：

> 都灵有一些欧洲最精致的房子。上世纪中叶，修建房屋是一种时尚。财富庞大而永久，因为严格依限定继承权传承。事实上，长子之外年龄更小的家族分支的成员从不结婚。一家之主养着他们：他们填满了军队，占据了教会的高级职位，并构成了一个没有事干就学习取乐的艺术的庞大社会……如今，既然我们采用了法国的平等分割制度（虽稍加修改），房屋面积对我们来说变得过大，那我们就得仿效法国人的另一习俗，把房子的大部分租出去，自家人仅使用一层楼。[57]

其他许多主要城市也发生了同样情况。虽然在上一个世纪，将城市宫殿以及财产作为收入来源的类似尝试已经出现，但是，该做法仍然代表城市贵族经济基础的重要转变。农产品价格低迷时，这种趋势更为明显，许多贵族房产被重新改造，把底楼租给店主，同时将中等条件的其他楼层租给收入不高的中产阶级家庭。结果，城市富裕贵族对城市房地产产生了新的兴趣，而随着城市租金的持续上涨，其收益往往超过土地租金总额。[58]

抚养子女的问题是许多以前富裕的家庭面临的另一个困难。缺乏合适职业机会的状况因地位的概念而更加恶化。一旦论及这两个问题，生活在那个年代的人总是滔滔不绝，但少有人比斯克洛皮斯伯爵更为善辩，伯爵来自皮埃蒙特的地方贵族家庭，也是都灵数一数二的律师。当纳索·西尼尔在1850年询问他准备怎样为孩子找工作时，伯爵颇为详尽地回答道：

> 你所指的绅士阶层，即无关出生而通过教育和礼仪获得地位的男人，在意大利并不存在。虽然贵族与高级资产阶级在生活中有交情，但他们不属于同一阶级。层次高的人几乎不会让儿子当牧师。除了独身的限制之外，牧师的劳动强度也令人望而生畏。他几乎每天都要进行弥撒仪式、每天进行祈祷活动、长时间听人忏悔，而且，他跟病人待在一起的时间甚至比医生都要长。无论何时，一旦有人命悬一线，牧师便要风雨无阻地赶到病患身边，为其举行圣礼，他几乎整日陪在将死之人床边……在都灵的许多教区，牧师一个月的睡眠时间不超过6个晚上。曾经吸引贵族阶层的教会荣誉头衔不再是恩惠，如今被授予最为杰出的神职人员。
>
> 　　贵族成员也不会乐意让自己的儿子当内科医生。那只能看作一门生意，虽然参议员中也有医生，但是他们更多的是作为研究院的成员而非医生。大革命让律师受到极大重视：他们几乎是唯一拥有发言权的律师事务所人士，但社会地位却不高。律师业并不通向地方法院。
>
> 　　因此，除了军队以及公共服务的高级部门，很难说我们还有其他高等职业。中产阶级充斥医疗、法律行业，蜂拥至政府部门就业：我们复制了法国的中央集权制及其人民公仆制。从事教会工作的主要是下层阶级，只有他们能够忍受牧师工作的疲惫与清贫。农民子弟若能在教会谋得一个职位，那么他的整个家族都会觉得自己地位被抬高了——这并非难事，毕竟学者的教育成本比较廉价。[59]

体面家庭的孩子缺乏合适职业是意大利半岛重复的老调。在佛罗伦萨，萨尔瓦格诺利伯爵悲叹法官的工资低，甚至最高法官的年薪也很少超过320英镑左右的水平，这意味着地方法院"净是些游手好闲分子、穷光蛋及迟钝之徒：要么是厌恶律师工作或等不及律师收入到手的年轻人，要么是一事无成的老头"。[60]

19世纪晚期，贾科莫·萨瓦雷塞回顾青年时光时提醒儿子，在那不勒斯，他们这种阶层的家庭从前在就业时面临种种限制。无论出生贵贱，2000达克特金币以上的收入足以为全家赢得地位，使他们能够在时尚的托莱多大街或者是里维埃拉迪基亚地区租房，并且雇用仆人、买辆马车：

> 这种家庭的儿子接受了上流社会的态度，除了律师或者公务员，绝不从事其他职业。为什么呢？因为内科医生、外科医生、建筑师或者公证员等职业不能赋予他们社会地位。从事这些工作会有失身份，因此在一般情况下，财主的孩子会当公务员或者法官，而寻求其他职业的人只会是来那不勒斯学习的外省人。[61]

没有了限定继承权的集体保护，且有产精英逐步转变为农业地主和城市食利者，体面的工作本就寥寥无几，就业面临巨大的压力，国家官僚机构首当其冲。另一位颇有资历的那不勒斯观察家卢多维科·比安基尼表示这体现了商业替代方案的缺席：

> 自古以来，工业、手工业、职业技术行业和专业技术行业的缺席驱使人们在政府中谋职，以至于无论百姓还是行政当局都逐渐相信，一大部分公共支出应该用于为原本无法就业的公民提供工资。这些岗位很受人尊敬，那是因为它们给予占据者特权，而许多行政职位实际上作为家族遗产，由父辈传给子辈。[62]

与同期意大利大陆许多其他地区一样，狭窄的选择范围，加上政府部门承载的社会声望，造成了许多无法抗拒的压力，这是产生政治不满甚至动乱的重要原因。而全意大利的复辟政府大大加剧了这些压力，因为它们为了节省开支，纷纷压缩法国统治者设立的昂贵官僚机构。这些做法加上军费开支缩减，最终引发了 1820 年和 1821 年那不勒斯和都灵的一系列革命。接下来的数十年里，就业问题变得更加尖锐，因为农业持续萧条，对地主而言，为长子之外的儿子找一份收入丰厚的工作更加迫在眉睫。

在伦巴第，奥地利政府为了控制人们不断增长的在行政部门就业的需求，实施了新的入职资格限制。担任公职需要的大学课程延长，如此一来，中产阶级需要大大增加投资才能将儿子培养成公务员，而在僧多粥少的环境下，职业前景和薪资依然不佳。结果，专业的中产阶级的不满与伦巴第贵族的离心相互叠加——后者渴望重新垄断曾经专门预留给他们的奥地利政府的高级职位。[63]

意大利复兴运动时期许多城市精英和中产阶级群体积极参与革命，正是由这些对物质生活的不满导致的，而城市革命最具特色的现象之一便是每逢政权更迭，求职者们便蜂拥而至争夺就业机会和晋升机会。对物质生活的类似不满，往往是引起地方政府竞争的根源，因为争夺行政职权和特权，说到底也是争夺白领就业权。这也是为什么在这一时期的政治动荡中，各大院校和大学生扮演了突出角色。

但是，城市中产阶级低层群体的不满与城市贵族精英的不满并不完全一致。虽然维也纳直接管理伦巴第和威尼托地区让米兰贵族格外不满，在正统派的邦国，贵族精英层往往与波旁王朝复辟政府的联系更为紧密，因此成为渴望工作的中产阶级愤恨的对象。较富裕阶层的分裂往往反映出城市工人阶级的四分五裂，同时也说明，有限的贵族精英层与其余受过良好教育的有产阶级之间的鸿沟正在扩大。这种情况显示，更广泛的变化正在催生出更为复杂、分层更为明显的有产的及专业的中产阶级。中产阶级的政治不满强度是这些变化的征兆，并反过来促进了政治不稳定和社会动荡，这成为意大利在统一前半个世纪的标志。但是，隐藏在中产阶级下层不满情绪背后的变化本身进一步表明，一如农村地区，意大利的城市也开始发生变化。

注 释

1. 最完整全面的描述参见：A. Caracciolo 'La Storia Economica' in *Storia d'Italia* (Turin: Einaudi, 1973), Vol. Ⅲ；G. Candeloro *Storia dell'Italia Moderna* (Milan, 1958) Vol. Ⅱ, 1968。

2. S. Jacini *La Proprietà Fondiaria* (1857) p. 5.

3. 这些数字不仅不精确，且往往相互矛盾。例如，H. Schmal 主编的 *Patterns of European Urbanization Since 1500* (London, 1981) 中 A. Caracciolo 的文章 "Some Examples of Analyzing the Process of Urbanization: Northern Italy" 没有给出任何资料来源。这里给出的数字源自以下文献：K. J. Beloch *Bevolerungsgeschichte Italien* (Berlin, 3 vols, 1936-1961)；R. Zangheri *La Popolazione Italiana in Età Napoleonica* (Bologna, 1966)；A. Berselli (ed.) *Storia dell'Emilia Romagna* (Bologna, 1980)；G. Fritz 'La Popolazione di Roma' *AEUI* ser. ii, 1974；*La Città nella Storia d'Italia* ed. C. De Seta (Bari, Laterza)。

4. M. Caravale and A. Caracciolo *Lo Stato Pontificio da Martino V a Pio IX* (Turin, 1978) p. 625.

5. K. J. Beloch (1936 - 1961) Vol. Ⅲ p. 360; G. Galasso 'Professioni, Arti e Mestieri della Popolazione di Napoli nel Secolo Decimonono' *AISMC* 1961 - 1962, pp. 107 - 179; C. De Seta *Napoli* (Bari, 1981); G. Aliberti 'Strutture Industriali e Organizzazione del Territorio nell'Ottocento' in F. Barbagallo (ed.) *Storia della Campania* (Naples, 1977), Vol. 2, pp. 370 - 385.

6. S. Jacini (1857) p. 51; P. De Tommaso *Il Racconto Campagnolo nell'Ottocento Italiano* (Ravenna, n. d.).

7. *La Città nella Storia d'Italia* ed. C. De Seta (Bari, Laterza).

8. G. Cingari *Storia della Calabria dall'Unità a Oggi* (Bari, 1982) p. 6.

9. M. Livi Bacci *A History of Italian Fertility during the Last Two Centuries* (New Jersey, 1977) p. 12.

10. S. Jacini (1857) p. 52.

11. G. Mori 'The Genesis of Italian Industrialization' *JEEH*, Vol. Ⅳ, 1 (1975) pp. 79 - 84.

12. P. Villani *L'Italia Napoleonica* (Naples, 1982).

13. G. Giarrizzo 'Borghesia e Provincia nel Mezzogiorno Durante la Restaurazione' in *Atti del 3rd Congresso di Studi sul Risorgimento in Puglia* (Bari, 1983) pp. 21 - 33; M. S. Miller 'Communes, commerce and *coloni*: Internal divisions in Tuscany 1830 - 1860' *HJ* XXI 1978.

14. M. Romani 'L'Economia Milanese nell'Età della Restaurazione' in *Storia di Milano* (Milan, Treccani, 1960) Vol. 14, pp. 693 - 704.

15. 关于托斯卡纳，参见 U. Carpi 'Egemonia Moderata e Intelletuale nel Risorgimento' in *Storia d'Italia* Annali Vol. 4 (Turin, Einaudi, 1981) pp. 436 - 443; 关于那不勒斯，参见 J. A. Davis *Merchants, Monopolists and Contractors* (New York, 1981) pp. 225 - 239。

16. M. Romani (1960) pp. 693 - 704; E. Poliggi Genova (Bari, 1981); G. Aliberti in F. Barbagallo *Storia della Campania* (1977) Vol. 2, pp. 370 - 385.

17. C. De Seta (1981) pp. 231 - 233; A. Forti Messina *Società e Epidemia. Il Colera a Napoli del 1836* (Milan, 1979); A. Forti Messina 'L'Italia dell'Ottocento di Fronte al Cholera' in *Storia d'Italia* Annali 7 (Turin, Einaudi, 1985) pp. 431 - 95.

18. M. Romani (1960) pp. 697 - 714.

19. G. M. Bravo *Torino Operaio. Mondo del Lavoro e Idee Sociali nell'Età di Carlo Alberto* (Turin, 1968) pp. 18 - 40; V. Castronovo *Piemonte* (1977) p. 57.

20. P. Ginsborg *Daniel Manin and the Venetian Revolution of 1848* (Cambridge, 1979) pp. 97 - 104.

21. F. Catalano 'Socialismo e Comunismo in Italia dal 1846 al 1849' *RSR* 1951, pp. 312 - 314.

22. A. Genoino 'Agitazione Operaie e Moti Comunisti nel 1848' in *Saggi Storici sul Principato Citeriore* (Cava, 1936), pp. 60 - 75; L. Cassese 'Contadini e Operai del Salernitano nei Moti

del' 48' in *Scritti di Storia Meridionale* eds. A. Cestaro and P. Laveglia (Salerno, 1970) pp. 191-266.

23. E. Grendi 'Genova nel Quarantotto' *NRS*, XVIII (1964) pp. 333-334.

24. C. Cattaneo 'L'Insurrezione di Milano nel 1848' in *Il 1848 in Italia* ed. D. C. Frigessi (Milan, 1973) pp. 87-90.

25. C. Cattaneo *RSR* (1951) p. 312.

26. E. Grendi *NRS* (1964) pp. 336-337.

27. 转引自 C. Petraccone *Napoli dal' 500 al' 800* (Naples, 1974) p. 24。

28. G. Focca 'Strutture Urbane e Controllo Sociale a Roma nel' 700 e nel Primo Ottocento' in *Città e Controllo Sociale* (Milan, 1982) p. 390.

29. J. Davis (1981) pp. 318-320.

30. 见下文第十一章。

31. C. Petraccone (1974) pp. 239-242.

32. F. Catalano 'Vita Politica e Questione Sociale (1859-1900)' in *Storia di Milano* (1960) Vol. 14, p. 61.

33. M. Caravale and A. Caracciolo (1979) p. 626.

34. A. Forti Messina 'La Disciplina degli Operai in Lombardia dopo la Soppressione delle Corporazioni 1787-1796' in *Società e Storia* (1978) pp. 481-500.

35. G. M. Bravo *Torino Operaio* (1968) pp. 49-55; V. Castronovo 'L'Industria Cotoniera in Piemonte nel Secolo XIX' *AEUI*, 2nd ser., Vol. XI (1965) pp. 222-225.

36. M. Romani *Storia di Milano* (1960) Vol. 14, p. 695.

37. G. M. Bravo (1968); M. Sernini 'Disoccupati e Sospetti: Nota sul Libretto di Lavoro del R. di Sardegna nel 1829' in *Città e Controllo* (Milan, 1982) pp. 205-207.

38. G. M. Bravo (1968) p. 50; F. Ramella *Terra e Telai* (1984) pp. 174-185.

39. G. Fiume *Bande Armate* (1984) pp. 50-51.

40. 参见 G. Focca, M. Betri, A. Forti Messina in *Città e Controllo* (Milan, 1982) and A. Forti Messina 'L'Italia di Fronte al Cholera' (Turin: Einaudi, 1985).

41. G. Focca (Milan, 1982) pp. 391-395; M. Betri 'Il Medico e il Paziente' in *Storia d'Italia* Annali 7 (Turin: Einaudi, 1985) esp. pp. 222-232.

42. G. Gattei 'La Sifilide: Medici e Poliziotti intorno alla "Venere Politica"' in *Storia d'Italia* Annali 7 (Turin: Einaudi, 1985) pp. 741-798; C. Valente 'I Poveri in Sicilia' in *Timore e Carità* (Cremona, 1982) p. 287; A. Cutrera *Storia della Prostituzione in Sicilia* ed. M. Ganci 1971; J. Georgelin *Venice au Siècle des Lumières* (Paris, 1978) p. 726.

43. E. Carrà 'L'Ordine Pubblico a Piacenza: la Prostituzione 1806-1814' *Quaderni di Storia Piacentina*, 3 (1980).

44. S. De Renzi *Topografia e Statistica Medica della Città di Napoli* (Naples, 1845) p. 422.

45. A. Cutrera (1971) pp. 203-207; G. Fiume 'Violenza Femminile nella Sicilia dell'Ottocento: la Criminalità Banale' *Incontri Meridionali* 1983, pp. 7-28; G. Fiume

'Morale Sessuale e Igiene Sociale：il Controllo della Prostituzione nella Sicilia degli Ultimi Borboni' in P. Valente（ed.）*Malattia*, *Terapia e Instituzioni Sanitarie in Sicilia*（Palermo, 1985）pp. 233–259.

46. G. M. Bravo（1968）p. 120；G. Gattei 'La Sifilide：Medicina e Poliziotti intorno alla "Venere Politica" ' in *Storia d'Italia* Annali 7（Einaudi, Turin 1985）pp. 742–798.

47. G. Fiume（1983）p. 25；M. Gambier in G. Cozzi *Stato*, *Società e Giustizia*（1980）pp. 529–576.

48. M. Meriggi *Amministrazione e Classi Sociali nel Lombardo–Veneto 1814–1848*（Milan, 1983）p. 329.

49. E. Grendi *NRS*（1964）pp. 310–326.

50. G. M. Bravo（1968）pp. 18–19.

51. 转引自 R. Romeo *Dal Piemonte Sabaudo all'Italia Liberale*（Bari, 1974）p. 88。

52. M. Romani in *Storia di Milano*（1960）Vol. 14, p. 712.

53. M. Berengo *L'Agricoltura Veneta dalla Caduta della Repubblica all'Unità*（Milan, 1963）；K. R. Greenfield *Economics and Liberalism in the Risorgimento*（Baltimore, 1934）.

54. S. Jacini *La Proprietà Fondiaria*（1857）p. 169.

55. G. Fanelli Firenze（Bari, Laterza, 1981）p. 169；W. Nassau Senior *Journals Kept in France and Italy 1848–1852*（New York, 1973）Vol. 1, pp. 342–343.

56. P. L. Pisetzky 'La Vita e le Vesti dei Milanesi durante la Restaurazione' in *Storia di Milano*（1960）Vol. 14, p. 750.

57. W. Nassau Senior（1973）Vol. 1, pp. 308–309.

58. G. Pescosolido *Terra e Nobiltà：I Borghesi nei Secoli XVIII e XIX*（Rome, 1979）, esp. Ch. IV.

59. W. Nassau Senior（1973）Vol. 1, pp. 312–313.

60. Ibid., p. 342.

61. 转引自 J. Davis（1981）p. 309。

62. L. Bianchini *Storia delle Finanze del Regno di Napoli*（Naples, 1859）p. 493.

63. M. Meriggi（1983）第六章多处。

第五章　复辟后的法律与公共秩序

虽说这些年以来，意大利社会许多地区和阶层经历了剧烈的动荡，但还是有许多其他地区与阶层保持着宁静。在城市中，正如我们所见，集体无序其实是例外，而非常态。虽然一些地区因持续暴乱和毫无法纪而声名狼藉，但其他地区如皮埃蒙特和托斯卡纳因社会和平稳定而闻名。[1]

然而，法律和秩序既与现实有关，也与观念有关。从18世纪晚期开始，人们越来越多地为其眼中法律和秩序的崩溃而发声。这种担忧在大多数社会都很常见，但很少持续不变，在意大利，人们可以听到表达恐惧和不安全感的一种新的、更强硬的语言，在复兴运动时期不断得到强化。

18世纪最后10年爆发的反革命运动及其释放出的民众暴力为这种恐惧找到了新的表达方式。正是这个原因导致温琴佐·科科①指出意大利半岛上存在两大分离而对立的世界：一个文明、理性、开明而进步；另一个则野蛮、无知、迷信和反动。因此，科科放弃了他之前的共和主义思想，强调改革需谨慎。但这种体验并非科科个人独有，遭遇过雅各宾共和灾难性后果的那一代人都紧跟科科，得到教训：第一，群众的愚昧和野蛮构成对进步的主要威胁；第二，只有在足够强大的国家政权基础上，改革才能够平稳推进。[2]

此后，群众反动以及反革命本能造成的恐惧对随后一代代人的自由主义形成了强有力的约束，并且在意大利各邦国的政治历史上以及自由主义政治新党纲的发展过程中都发挥着重要作用。

法国统治与秩序追求

经过前些年的暴力和无政府状态，恢复秩序被证明是法国卫星政府最有

---

① 温琴佐·科科（Vincenzo Cuoco，也作 Vincenzo Coco，1770~1823），意大利历史学家，以其 1799 年那不勒斯革命史而闻名。

效的手段之一，而在国家框架内毫不含糊地致力于维护法律与秩序的拿破仑式改革方案甚至赢得了前雅各宾派的热情支持。[3]

新上台的法国统治者也急于强调其政权以法治为基础。这看似简单的短语却包含了许多不同的东西，其最粗略的形式无非意味着在 10 年动荡之后恢复秩序的法律。法国行政官员也力图强调更宏观的法治观念，将旧制度君主专制的专横性质与革命后的国家进行了含蓄对比，后者的权力至少在理论上由成文法律界定并受其限制。

对新国家法治性质最重要的表达就是著名的 1804 年《民法典》（Code Civil）①。这部新汇编的民法是大革命的主要成就之一，围绕一系列连贯、一致的准则对所有公共、私人以及商业领域的法律进行系统的重新编纂。它的孕育必定需要相当长一段时间，而且只有当拿破仑政权已经具备明确形式的时候，才有可能去除早期各草案中放权与集权、民主与专制的冲突因素。因此，新法典明显带有大革命初期民主诉求中专制决心的印记。不过，这反而增强了新法典的连贯性。根据皇帝的明确命令，1806 年，意大利王国以及法国在意大利的其他卫星国都原样推行了新法典，只有那不勒斯例外。尽管《拿破仑法典》中途也有修改，但它却给此后直到意大利统一之后的民事法律奠定了基础。[4]

《民法典》毫不妥协的性质从其序言就显而易见，它概要裁定，"凡罗马法、公开条例、一般地方习俗以及之前的法律规章立即停止具备法律效力"，[5]一举打破了已经在 18 世纪意大利半岛大部分地区挫败了之前改革尝试的那张由罗马法、封建法、教会法、习惯法组成的复杂网络。尽管《拿破仑法典》貌似新颖，但现有意大利民法就源于罗马法的准则，所以更容易吸收《拿破仑法典》。尽管这些准则若干世纪以来已经遭到严重破坏，但新法典与根深蒂固的传统没有根本分歧，因此，比起其他地方如在德意志的卫星国，它在意大利更易吸收。[6]

然而，也不能盲目夸大《民法典》的影响。尽管《民法典》的许多特点受到了热烈欢迎，但是其他特点却往往被忽略，并且当地的风俗习惯常常得以保留，即使这些情况与新法律的文字以及精神完全相悖，尤为明显地表

---

① 《法国民法典》，即《拿破仑法典》，简称《民法典》，于 1804 年拿破仑执政时期公布实施，拿破仑征服意大利后，被大多数邦国接受。它是第一部资本主义国家的、以资本主义经济制度为基础的民法典。

现这一点的正是《民法典》刻意设计要促成重要政治经济改革的那些实例。

最为明显的例子是拿破仑亲自参与的家庭与继承法的改革创新。此次法律变革旨在策动重大的社会变革，但在实施中不仅激起了公开反对，还面临无声却更有效的抵制。将离婚制度引入意大利时，公开的抵抗尤为明显。

公开的抵抗一部分是愤怒的神职人员的行为，教会从其司法权中获得了巨大的社会影响力和权力，而离婚法很可能会让教会失去其中重要的部分。地主阶级也持顽固的反对态度，拒绝采用新法律。这部分是因为宗教信仰，更多的是物质层面的考虑。离婚必然会让家族策略和联姻的复杂过程面临全新且未知的因素，而家族策略和联姻是一代代保存家族财产的前提条件。既然在这些安排中，姻亲之间仔细计划的互换嫁妆起首要作用，那离婚就可能颠覆保存家族财产所依赖的机制。贵族也从上一世纪国家与教会之间的频繁冲突中学会了如何让一方与另一方对抗对自己最有利，因此，引入离婚机制同样也可能减少其操纵空间，而将决定性权力交给民事当局。[7]

复辟时，离婚条款被迅速废除，其实它们本来已是一纸空文。就离婚案例而言，抵制新法典比较容易，因为这一条款与法典对男性权威的强烈重申相左，后者反映了广泛宣传的皇帝的观点，即女性"在没有得到丈夫允许之前，甚至不应该离开自己的房子"。未经丈夫同意，妇女无权进行财产交易、以自己的名义进行贸易活动或是签署法律文件。另一方面，子女成年即完全独立，而且规定不论男女，所有子女都享有继承权。但是身为一家之主的男性以及得到法律授权处理家族事务的男性专属"家族委员会"，其权力、权威和责任仍然不容置疑。[8]

然而，废除限定继承权的社会和经济影响要大得多，也不那么容易避免。18 世纪下半叶，政府为鼓励财富更加自由地流动，做出了诸多尝试来限制和减少限定继承。但是，在鼓励按照重农主义经济学家所敦促的路线发展自由土地市场的同时，拿破仑取缔限定继承权，以此为手段，摧毁拒绝支持新政权的那部分贵族，同时建立新的贵族阶级取而代之。1806 年，拿破仑将此意图详细告知了自己的长兄约瑟夫，同年，由于那不勒斯的强烈反对，拿破仑同意延迟实施纳入《民法典》的离婚条款以及死亡和出生登记条款，但是坚持应立即实施法典的其他部分：

如果你非要这样调整也行，但法典还是必须生效：它可以巩固你的权力，一旦实施，所有取决于限定继承权的财富都会消失，除了那些你挑选的封臣，不会再有强势的家族。这就是我一直主张《民法典》很有必要并且竭尽全力加以贯彻的原因。[9]

出于同样的原因，拿破仑常常打破自己的规则，将从意大利正统主义分子手中夺来的战利品和教会的财产作为限定继承财产划分给他的追随者，福凯的塔兰托公国就是一例。复辟君主也允许其最亲密的支持者利用限定继承权保护自己的家族遗产，但是这种做法与其政治改革并不矛盾，而且限定继承权再也没有不加区别地扩展至整个贵族和富裕阶层。[10]

正如我们所见，19世纪早期，废除限定继承权是许多先前富裕家庭经济衰败的重要原因之一。在整个19世纪的发展过程中，正是在较为富裕且已受教育阶层中，家庭组织以及亲子关系和夫妻关系发生的变化最为明显。[11]然而，在意大利其他阶层，虽然习俗与新的民事法律背道而驰，却仍然支配着家庭结构和组织。例如，当遗产分割的法律规定与地方习俗不一致时，人们往往对其视而不见，而且法律并没有规定分割遗产时如何处理不同形式的财产（动产和不动产），因此不管怎样都难以实施。所以，长子继承制只需要极少的合法借口就能留存下来，条件是给其他子女留一些现金或是津贴补助。[12]

在法律试图改变家庭成员之间的习惯关系时，也会发生同样的情况。尽管新法律赋予成年儿女独立地位，但是在比耶拉山谷的纺织社区之中，远超法定成年和独立年龄的儿子在自立门户前仍然必须获得父亲的书面"解放"协议，并且这种现象一直维持到19世纪晚期。[13]

在一般情况下，比起作为一种社会革命的工具，法律在巩固现有变革方面更加有效。例如，当涉及为所有权赋予新的精确性和清晰度时，有产阶级就不太抵制新法典体现的创新，会满腔热情地援引新的物权法来对抗旧式的集体权利和混合权利。

毫无疑问，《民法典》过度关注财产问题，但在这点上它与旧制度的民事法律并没有太大区别，只不过它追求目标的方式更系统化，因而更有效。然而，即使是在技术层面，新法律充其量也只是为极其多样而复杂的公共和集体所有权传统提供了一个勉强过得去的解决方案，更不用说由各种不同的所有权所持有的集体使用权了，这种集体使用权在意大利的许多地区一直延续到19世纪。[14]

不过，这并不意味着《民法典》可以仅仅被看作所谓的"新资本主义社会的游戏规则"。[15]虽然法典强化并更加精确地定义了财产权，但它甚至没有为有产阶级提供任何有效保护以防止国家干预，相反，它大大增加了国家干预公共、私人和商业生活领域的权力。《民法典》确立了国家作为法律制定者和管理者的独家垄断地位，以此有效地废除了地主和有产阶级在旧制度下所享有的各种行政职权和特权，而没有回报以新的政治权利。事实上，《民法典》的主要功能是实践中央集权、官僚主义，尤其是专制国家的统治模式。

这一点不仅可以从《民法典》的内容中看出，而且这些年司法改组的方式也能表明这一点。早期罗马法传统让地方法官成为释法者，但是新的民事诉讼法仅将释法权委托给最高上诉法院，而其余的法院和地方法官成为法律的行政人员，最终只有国家才有权解释这些法律。[16]

因此，毫不奇怪，复辟的专制政权没有采取什么行动来改变这种局面。即使是在司法环境相对温和的托斯卡纳，萨尔瓦尼奥利伯爵也在1850年向纳索·西尼尔愤愤不平地抱怨地方法官的卑躬屈膝。他称佛罗伦萨的地方法官不仅年老无能，而且"动辄被开除，因此是政府的奴隶。无论指控多么荒谬，只要政府想给人定罪，那人就一定不会被无罪释放"。[17]

这些年来，意大利到处都能听到人们指责地方法官是政府的走狗，法律也不过是官僚机构的代理，这意味着国家与有产阶级的利益完全不一致。如果其共同利益更多，就更有理由把民事法律解读为新社会秩序的基础。然而，在大部分复辟时期里，半岛上政治冲突的主要来源之一就是精英阶级与国家政权之间的持续对立，因此，在19世纪40年代，引进法治系统以及有效保障公民的自由成为自由主义宪政方案的核心。

相比于《民法典》中所包含的真正革新，拿破仑时期刑法典改革的条理性就差得多。不同于更早的《民法典》，《刑法典》的改革缺少连贯性或者任何前后一致的新组织原则。虽然18世纪晚期，贝卡里亚等人的观点得到了口头支持，即罪刑相适应，要寻求教育和改造而不是恐吓，但将其付诸行动时却半心半意、前后不一。比如，虽然适用死刑的罪行减少，但在某些情况下仍然保留着过去常规的野蛮行径。例如，处决弑杀父母的罪犯时就是这样，也保留了对被判叛国罪者的亲属和同伙的集体丑化。将罪行按照与其相称的合理刑罚等级分类的努力，往往由于所采用的类别含糊不清而受到破坏，因此一种罪行往往适用各种不同的定义，每一种的处罚都不同。[18]

新刑法记载了极高数量的财产犯罪，相应惩罚比人身犯罪更加严厉。但这一点其实并不新鲜，早在 18 世纪晚期的罗马，就有一位观察者讽刺地写道，克莱门特十三世①在位期间，城中发生了 100 多起谋杀案，但因轻微盗窃罪而被处以死刑的概率要比谋杀大得多：

> 出于某种奇怪的原因，针对人身权所犯下的罪行比财产犯罪更能随意得到赦免：杀个人比偷瓶酒更安全——因此，罗马人敢犯谋杀罪却宁愿衣衫褴褛地四处走动也不敢偷盗钱财。[19]

相比于《民法典》的革新性特点，《刑法典》的缺点很少有人注意，人们一般对二者的看法基本相同。当然，从技术上来说，对刑法的任何系统修订难度都要大得多，因为刑法不可能回归到某个前后一致的母体，而罗马法的最初规则却能为重组民事法律提供这样的母体。相比之下，过去的刑法典来自比民法复杂和矛盾得多的源头。[20]

仅从技术层面无法解释为什么刑法是最后且也许是最不全面的帝国法律改革领域。1808 年刑法程序改革比刑法改革早了两年，这个事实在一定程度上显示了改革的相对优先次序，尤其意味着立法者更加关心执法方式，而非法律内容。可以说，最重要的变革涉及刑事法庭与地方法官的管理、组织和约束。就民法而言，法律的内容和实施不可能轻易分开，而就刑法而言，优先考虑的是恢复国家对刑事司法的垄断权力。相比之下，刑法的内容就显得不那么重要，这也可以解释为什么修订后的刑法典时常只是整理旧有的制裁和处罚，让其看起来更连贯。要说有创新，最重要的是更广泛地依赖监狱服刑，但意大利关押已决犯的监狱极少，目前还不清楚这可能导致了怎样的直接后果。

还应记住，民法涉及的是现实问题，即权势阶层的物质、社会、政治权利和特权，而刑法则更广泛地涉及对从属阶级的惩戒。由于在实践中对从属阶级的管理依靠的是更直接和更武力的手段，因此，刑法在任何情况下，即

---

① 克莱门特十三世（Clement XIII，1963～1769），意大利政治家、艺术赞助人，罗马教皇（1758～1769）。

使对其存在的目的而言，其重要性往往也微不足道。

这也是刑法比民法更容易进行抽象哲学实验的原因之一。其中一个著名的例子是 1786 年由彼得罗·莱奥波尔多在托斯卡纳推行的新《刑法典》。这部法典基于贝卡里亚旨在教育并改造罪犯的合理惩罚原则，废除了死刑和大不敬罪，这一点使欧洲大为震惊。而取代死刑的新判决是戴镣铐和单独关押的终身监禁，旨在迫使犯人最终反省并忏悔其罪行，在某些人眼里，这是用精心策划的、长期的痛苦来替代过去虽更暴力但更短暂的野蛮行径。在废除死刑的同时，新《刑法典》确立了刑罚劳役为主要的惩罚手段，而对各种各样的罪行，特别是违反公共和私人道德、针对教会和公共当局的违法行为，量刑会很重。[21]

尽管不应错误忽视 1786 年在托斯卡纳推行的新《刑法典》的真正创新元素，但我们必须将这一法律放在其出台的特定政治背景中看待。从这个意义上说，新法典是主张国家独立于教会的更广泛尝试的一部分。新法典的推出还伴随着一场精心策划的反教皇宣传活动，其高潮是公开焚烧佛罗伦萨宗教裁判所使用的刑具。采用新法典的动机本质上的政治性质还体现在以下事实：1793 年，费迪南多三世为应对其前任改革所引发的民众起义，匆忙恢复了死刑。同样说明问题的是，没有任何建立新监狱或教养院的尝试，也就不可能将贝卡里亚理论核心的改造和矫正原则付诸实践。复辟之后，1786 年的法典得到重新采用，而托斯卡纳一直到 1853 年才废除死刑。因此，尽管在意大利统一时，托斯卡纳是唯一没有死刑的意大利邦国，但这实际上不过是最近才有的创新。[22]

尽管死刑问题受到关注，但是刑法中最重要的改革关乎执行，而非内容。如同 1806 年的《民事诉讼法典》一样，1808 年的《刑事诉讼法典》也对刑事法官和法庭建立了一套严格的纪律，废除了下级刑事法庭举行公开听证会和陪审团审判的权利，授权地方法官个人对刑事罪行进行初步调查，减少从下级法院向高级法院上诉的可能性，也对地方法官个人进行广泛的控制。事实上，改革可能更关注如何规训地方法官，而不是罪犯。[23]

因此，刑法的变化反映了激发民法改革的相同逻辑，其首要目的是确认和巩固国家制定和执行法律的垄断地位。当涉及维持日常秩序时，刑法内容的次要性更为明显。在这种情况下，刑法通常被视为一种需要规避的约束。

无论地方法官本身多么训练有素，刑事法庭和刑事诉讼都被认为极其烦琐，成本高昂，常常会带来不可预知的麻烦，这也是广泛使用特殊警察权力的一个原因。最初设计高级警察的特殊逮捕权和拘留权是为了用于政治危急时刻以及对付政治犯罪嫌疑人。而在拿破仑统治下的托斯卡纳，警察当局理所当然地采取这些手段，借口刑事法庭过于宽松，以及很难有足够证据来对付强盗嫌疑人和其他涉嫌"在农村犯罪、盗牛或盗窃农具和庄稼"的人。高级警察条款不仅用来对付普通罪犯、乞讨人员以及流浪者，而且也逮捕、拘留那些罪行较轻的罪犯如通奸者、丑闻缠身的牧师以及其他违背"公序良俗"的人。当地名人非但没有抗议这些专断权力，还利用其追捕自己的敌人以及惩治下级，而出于更加世俗的原因，例如，儿子拒绝服从自己，父亲也会援引同样的权力。[24]

高级警察制度还有一个好处，就是耗费较少。无论地方法官的薪酬多低，走正式法律流程、维持法庭的运营以及羁押囚犯都很花钱。警察拘留费用更低，因为不需要法庭听证和预防性羁押。在托斯卡纳，政府明确允许在不产生额外费用的前提下扩大这些权力。[25]

受到警察监视（即警告，*ammonizione*）的人可能会被本宅软禁，或者被流放到厄尔巴岛或托斯卡纳群岛其他地方的软禁点，但是无论哪种情况，其费用都由嫌犯自行承担。第三种选择就是将其强行征召入刑罚团，例如厄尔巴岛的"自由营"，因为强制征召人数增加太快，1811年在科西嘉以惩罚"托斯卡纳邪恶臣民"的名义成立了第二团。那些拒绝入伍的人会被移交给帝国征兵官，或者直接送到科西嘉岛上的劳改营。[26]

使用流放地并不是新鲜事。若干世纪以来，威尼斯的已决犯就被流放至赞特岛和科而富岛，那不勒斯的则去亚得里亚海上的特雷米蒂群岛，或者是第勒尼安海上的伊奥利亚群岛。尽管自然在其他方面比较吝啬，但是它却极为慷慨地赋予半岛众多可作为天然囚禁场所的岛屿，并在整个19世纪及以后提供既便宜又安全的监狱替代场所。

在法国统治时期，以警察制度代替刑法的做法并非托斯卡纳独有，尽管其遵守了法治原则，但实际上仍然是旧制度治安保卫实践的延续。民事和军事治安保卫持续重叠也有明显的先例。由于任何形式的集体骚乱都可以被定义为兵变或叛乱，将军队用于维护民事治安显得理所当然。但是，还有一个重要因素就是皇帝在征战中不断要求在半岛以外的地方服现役——这鼓励了发展单独的、更专业化的负责治安的部队。然而，即使是在伦巴第这样一个管理相对良好的地区，宪兵队的规模仍然非常小，地方官员和省级长官仍然主要依靠军事干预。[27]

法国统治者做出了巨大承诺，要实行更好、更合理的治安管理。尽管治安保卫管理比以前更加集权化，但并不清楚是否更加有效。不过，旧制度下警察队伍的乱象至少有所减少，当然在这方面存在很大的改善空间。

18 世纪的那不勒斯就是个实例，城中法庭超过 39 个，每个都有自己的警卫和代理人，而在意大利南部农村和西西里，封建贵族的武装随从往往是皇家法庭雇员的公开对手。在 18 世纪的威尼托，个别法庭、公职人员以及封建领主也常常雇用警察（*sbirri*）。这些警察收入微薄，几乎没有纪律和组织，依靠腐败及勒索管控对象过活，结果在哪里都是民众怨恨、蔑视又恐惧的主要目标。在 18 世纪末的罗马，约 700 名警察负责维护这个人口超 10 万的城市的秩序，一位观察家在 1783 年毫不迟疑地把警察与罪犯进行详细比较：

> 再也没有谁比罗马宪兵更像强盗了，警察不过是有执照的强盗，受托与那些没有特权的强盗作战。[28]

法国统治者大力创建更加有效且高效的民事警察部队，比如 1806 年，在那不勒斯被占领后的几个小时之内，其治安管理系统就被彻底改组。城市被划分为不同的警区，每个居民区配有一名警察长、两名巡官以及一队宪兵。拿破仑的前盟友、科西嘉老乡彼得罗·萨利切蒂（Pietro Salicetti）受命负责全市的治安管理，尽管他才华出众，但变化可能明显而非有效。那不勒斯的帝国代办德奥比松一再通知巴黎，对警察缺乏适当的控制是新政权的一大弱点。德奥比松认为，把责任下放给那不勒斯的劳伦扎纳公爵将警察置于秘密保皇派的控制之下，而无论是内政部还是警察局对其代理人都没有真正的控制力：

> 全世界都知道，下层警察来自最不道德、最腐败并且最唯利是图的阶层。[29]

德奥比松的工作就是充当皇帝的眼线，以及抹黑缪拉，但这次他的结论并不夸张。首都外各省的情况糟糕得多。由于有产阶级坚决拒绝加入军队，因此约瑟夫和缪拉都被迫招募贵族的前家仆和卫兵组成各省骑马的宪兵和国民卫队。而当有产阶级被说服加入军队履行职责时，后果将更加不堪设想。例如，在 1806 年的卡拉布里亚，据当局称，省军团公开以赦免强盗和不法之徒做交易，并通过敲诈、盗窃和窝藏致富。[30]

在罗马，德图尔农将军也面临同样的问题，他试图组织骑警宪兵团，以消灭在首都周边山丘上出没的土匪团伙。然而，他的大部分新兵却带着马匹和步枪投靠了强盗，而剩下的人也让将军非常惊讶，他们甚至拒绝追捕已知的强盗头目，更喜欢谈判，而谈判总是以支付现金和大赦而告终。[31]

别处的情形也差不多，也许只有米兰是个例外，这里的意大利王国警察至少受到有产阶级尊重。而建立更有效治安的重大障碍仍然是成本问题。各地都缺乏有效重组治安措施和人员的资金，甚至在伦巴第，事实也证明，不仅重组完全不可能，并且由于工资极低和环境极为恶劣，根本无法招募宪兵。[32]

由于缺乏资金，无法建立更为庞大或效率更高的警察部队，因此只有依赖军队来维护民事治安，同时利用更传统的机构，尤其是教区神职人员。在俗牧师①普遍被证明是法国政权的热情支持者，不过在 1809 年拿破仑绑架教皇庇护七世（Pius Ⅶ）后，二者的关系不可避免地恶化。尽管如此，教会还是通过在重大庆祝活动、公民仪式和帝国胜利仪式上演唱《圣歌》的方式给予了新政权充分的支持，而教区牧师则逐渐被招募为国家行政官员。

在这些新职能中，最不协调的一项，也是最清楚地揭示在半岛上发展新官僚机构所面临困难的一项，就是将关于出生、死亡和婚姻的民事登记任务委托给教区牧师，因为在当地社区中，往往不可能找到其他有文化的成员来承担这项任务。[33]

同时，教区牧师的行政权力也以其他方式得到增强，例如，他们被授权为福利申请和豁免征兵申请背书，由他们发放行为良好、定期参加弥撒等证明，这赋予了他们重要的行政权力，使其成为当局与单个社区或者街区之间强有力的中间人。由于宗教权威体系的消亡以及限制和削弱在俗教友会权力和威望的努力，他们的权力得到了进一步加强。[34]

有时，法国当局会向神职人员提出超出合理预期的要求，比如 1810 年，

---

① secular/parish clergy，也称教区牧师。在世俗社会从事宗教事务，区别于修道院神职人员（monastic/regular clergy）。

德图尔农将军指示阿尼亚尼主教，"派遣健壮的传教士，手拿木制十字架，口诵下地狱受火刑的威胁"制止农村叛乱。庇护七世被监禁后，政府与神职人员的关系变得更加紧张。1811 年，罗马的圣彼得大教堂、圣若望拉特朗大教堂和圣母玛利亚大教堂的神职人员采取了前所未有的举措，拒绝庆祝皇帝的儿子出生。[35]

这些都是意大利拿破仑政权内部衰落的重要征兆，尽管如此，在俗牧师在民政管理中的作用在法国统治期间得到了加强和提高。当然也有例外，特别是在南方，法国土地改革摧毁了意大利南部内陆特有的"教区牧师协会"体系①，这是由在俗有俸圣职资助的教区教会最普遍的形式之一，其教区神职人员早已成为当地社区不可或缺的部分。[36]但是如果说教会作为政治和社会秩序支柱的兴起将成为君主专制复辟的标志之一，那么法国统治之前那些年已经为此奠定了基础。

除此之外，还存在着更深层次的连续性，且尽管政治修辞和意识形态发生了变化，但复辟政府仍然沿袭了法国行政和法律改革所建立的框架，虽然这一点没有得到公开承认。复辟之初，较为反动的国家废除了法国法典。例如，在都灵，约瑟夫·德迈斯特②向维克多·伊曼纽尔一世③建言，"不要引进新的法律，大地正在颤抖"，而索拉洛·德拉玛格丽塔警告国王的继任者，将拿破仑法典奉为神圣的法则会威胁到整个社会秩序，因为这些法则承诺要"将君主制度的种子淹没在引发革命的自由主义精神中"。[37]

然而，没有明显又实际可行的替代方案，由此德拉玛格丽塔提议将此事交由宗教和教会处理：

> 只有宗教才能为社会带来好处，不将宗教作为所有政治事务的前提，就像在变幻莫测的海底建造没有地基的建筑一样，是行不通的。[38]

---

① *chiesa ricettizia*，复数形式为 *chiese ricettizie*，指意大利南部内陆地区（尤其是巴西利卡塔）一个由当地牧师组成的协会，目的是牧灵或集体实践神圣崇拜，共同管理教会财产。约3/4 的南方教区由其管理，属于"世袭"，要求由当地人担任教区牧师，教会所有收入由在俗人员掌握。协会的法人地位于 1867 年被取消。

② 约瑟夫·德迈斯特（Joseph de Maistre，1753~1821），法国外交官，大革命后最重要的法国保守主义思想家。

③ 维克多·伊曼纽尔一世（Victor Emanuel Ⅰ，意大利语为 Vittore Emanuele Ⅰ，译为维托雷·埃马努埃莱一世），撒丁尼亚国王（1802~1821）。

然而，这种宗教激进主义不仅不切实际，而且对甚至最反动统治者的自治也构成了真正的危险。虽说王权与宗教之间的联盟对革命只是一种巧言虚饰的抗衡，但用更实在的措辞来说，它也威胁要让前者服从于后者，并逆转成为18 世纪专制主义改革方案核心的世俗化进程。因此，1837 年对皮埃蒙特民法典的改革以及 1839 年对《刑法典》的修订使它们再次与法国模式接轨，这是放弃复辟政治策略的重要早期迹象，也标志着那些将在接下来的几十年里改造萨沃伊国家的内部变革已经开始。[39]

波旁统治的两西西里王国是复辟后首先颁布完整新法典的国家，且保留了法国法典，尽管没有公开承认。法国的民事和商业法律几乎全部保存了下来，而那不勒斯的刑事法典和程序也严格按照法国模式创建，侵犯财产和宗教的罪行数量增加，并保留了死刑，理由是它具有"惩戒性"功能。那不勒斯和巴勒莫的最高法院对刑事司法进行监督，它们负责保证下级法院正确执法。由于最高法院只关心法律适用错误，对司法不公不感兴趣，因此没有上诉制度。每个省都设立了大刑事法院（Gran Corte Criminale）、大民事法院（Gran Corte Civile）及下级法庭，但是陪审团和巡回法院被废除。[40]

位于金字塔底部的是负责处理较小的民事和刑事案件的区法官，区法官的候选人是较为富裕的地主——他们乐意承担这项有影响力却又极具挑战性的任务。区法官负责仲裁所有的小型合同案件、雇主与雇员之间的工资纠纷问题，以及确保当地贸易商、旅店老板等遵守相关法律法规。在刑事案件中，区法官扮演着"治安法官"的角色，可以直接制裁，从监禁、软禁或"禁闭"到"惩教性流放"，期限最高为五年。没有上诉，但更严重的案件必须提交给刑事法庭。

除了普通的刑事法庭之外，那不勒斯的系统中还有若干常设特别法庭，它对涉及国家安全的所有案件都有管辖权。尽管它们的主要目标是政治反动派，特别是秘密社团成员，但它们的权力扩展到广泛得多的范围，包括制裁"造假币者、非法结社者、公开实施暴力者、越狱者以及定罪后再次犯下同样罪行者"。罪犯受到缺席审判，被判了死刑的话有一个月时间自首，否则将被公开剥夺法律权益，这意味着任何"公共武装力量"成员都可以杀死他而不受惩罚。[41]

此外，还设有特别军事委员会，它们是约瑟夫·波拿巴和缪拉创立的军事法庭的延续。这些委员会在 1815 年恢复，负责"消灭农村地区的所有武装抢劫团伙"，并在1820~1821年革命之后成为常设机构。1826年，成立了一个新的反国家罪最高委员会，有权制裁包括诽谤、做伪证和企图收买证人等罪行。1832年霍乱暴发后，其权力进一步扩大，以应对多个地区的恐慌情绪，而所有"违反检疫法规、走私违禁品、伪造旅行证件以及传播有毒物质的行为"都属于"危害公共健康罪"，判处死刑。[42]

特别法庭和军事法庭给波旁王朝带来了特别的恶名，这不无道理：不过，这些专制主义的外部特征是常态，而不是例外，即使它们像在托斯卡纳那样，披上了更温和、更人道的外衣。在复辟之后的皮埃蒙特，军事法院和军事长官完全掌控着民事治安，在伦巴第和威尼托，1848~1849年革命之后引入了军事法院，并在接下来的十年里继续发挥作用，对各种与政治无关的刑事犯罪实行军事审判和即决处决。[43]

在复辟时期，意大利各国的治安仍然依赖各种普遍不足的力量。虽然这一时期确实迈出了组建更专业化警察部队的第一步，但各种民兵、城乡警卫包围着他们，数量也超过他们。复辟时期出现了各种各样的尝试，试图建立兼具治安和政治职能的平民民兵。在这里，意识形态和利己主义巧妙地重叠在一起，而那不勒斯的卡诺萨亲王是平民民兵最直言不讳的支持者之一，也是反动意识形态的领军人物，甚至在波旁王朝回到本土之前，卡诺萨就在西西里岛组织了一个名为"卡尔代拉伊"（*Calderai*）的保皇派秘密组织，以打击自由主义的"烧炭党"（*Carbonari*），但他极端的政治观点令奥地利外交部长梅特涅高度怀疑他，在1815年坚持要让他从那不勒斯解职。

1820~1821年革命之后，梅特涅被召回那不勒斯领导清洗运动，再次设法摆脱了卡诺萨。但是，1830年教皇国和艾米利亚发生革命和造反之后，莫代纳公爵交给卡诺萨一项任务，即从莫代纳的地主及其佃农中组建一支民兵队伍。而后，红衣主教贝尔内蒂将卡诺莎召至罗马，他在此建立了类似的佃农民兵组织巡逻马尔凯和公使馆。这支效忠派的民兵队伍被称为百人队（*Centurioni*），10年后结束时人数多达75000人，被重新命名为教廷志愿军（*Volontari Pontefici*）。[44]

拥护正统王朝的卡诺萨民兵是实践极端复辟思想的尝试，巧妙符合他愤世嫉俗但敏锐的俏皮话："没有人民，就没法发动革命。"然而，卡诺萨的民兵组织就像许多其他反动民粹主义的实验一样，被证明是一把双刃剑。这些民兵在教皇国造成混乱，先被逐步纳入罗马教皇军队，随后在1847年解散，其负责的治安管理活动由 19 世纪 30 年代成立的教皇神枪团和教皇宪兵接管。[45]

平民民兵之所以能吸引复辟统治者们，当然是因为他们的存在避免了危险的选项：在地主阶级中组建志愿军。地主阶级组成志愿军的情况虽然存在，但是受到严格控制，排除了那些有政治嫌疑的人。尽管复辟政府惴惴不安，但是有产阶级其实普遍极不情愿履行这些义务，宁愿推出替代者。1848年的革命赋予了公民卫队和地方民兵新的至关重要的地位，将其置于相互敌对的温和派和激进派斗争的中心。在南方，国民警卫队在镇压农民起义中发挥了关键作用，革命失败后，波旁政权利用民愤，组建了带有强烈反自由主义和平民色彩的新"城市民兵"。保皇派的"城市民兵"自己又成为 1860年支持自由主义的地主的首批攻击目标之一，后者试图解散"城市民兵"，并将除了政治上同情自己的地主以外的所有人排除在国民警卫队之外，这常常导致南方的小规模冲突。[46]

除了民兵，还有大量不同的公共警卫组织和私人警卫组织。海关当局和税务当局招募自己的警卫，市政当局也是如此，而在意大利半岛的许多地区，私人庄园由武装警卫巡查和保护。当然不能说统一之前的意大利各国治安力量不足，但这些各式各样的治安人员数量激增又缺乏组织，其权力和管辖范围混乱，说明他们并不非常有效。

1848 年之前，专业警察队伍的发展缓慢且曲折。其中一个早期的例子是根据 1814 年 7 月 14 日王室法令成立的皮埃蒙特宪兵组织，不过是仿照早期法国宪兵组建。他们受托负责农村治安，特别是限制流浪行为，之后他们在成立于不同时期的陆军部和警察部来回穿梭，但这些部门都没有维持多久。直到 1847 年，军民联合指挥系统才建立。[47]

其他邦国也组建了类似的军事警察部队，如教皇神枪团和那不勒斯宪兵队，而直到 1848 年动荡之后，政府才开始更加明确地认识这类正规警察部队的功能和组织。1852～1854 年，皮埃蒙特在引进新的《公共安全条例》后对民事治安系统进行了重大重组，并于 1859 年对条例进行修订并扩展。类似的变化在各地陆续上演。1849 年 10 月和 1853 年 6 月，托斯卡纳引进了新的警察组织机构和法规，1854 年莫代纳公国的治安警务进行了重组，而早在 1853 年 3 月，罗马也进行了同样的工作。

这些变化不仅涉及治安警务的实践方面，而且体现了一种新的、更广泛的警察职能概念。至少在意图上，他们试图摆脱一种旧的思维方式，即警察的职能为调解矛盾和执行能确保公平治理的法规，而转向新的思维方式，赋予预防犯罪和保护社会秩序更高、更明确的优先地位。用革命后罗马成立的调查委员会的话来说，警察应该是"国家永远清醒的眼睛"。[48]

重点从控制转移到预防和镇压反映了革命年代的影响，但这些年中，若干不同国家试图重组治安警务也是为了安抚有产阶级。甚至在革命之前，许多地主就对私人财产缺乏有效保护表达了越来越多的担忧。1848年之后对治安警务的实践和范围进行了改革，意在对正统派国家的敌人发出警告，而或许最重要的是，向整个地主阶级发出信号：正统派统治者从根本上致力于既保护私人财产，又打击革命释放出来的无政府主义势力。然而事实证明，这一次，秩序法则只是让精英阶级服从专制政府的暂时基础。

虽然优先考虑恢复秩序在政治上产生了一定影响，但是在实践中，这些创新是否有很大效果却值得怀疑。因为对警察与人民的日常关系仍然知之甚少，因此难以将其与该世纪早些时候的治安警务实践进行对比。可以肯定的是，政府不仅将警察作为恢复秩序的手段，同时也将其作为调解利益冲突的工具，并且警察并不总是站在强者一边。

19世纪30年代早期，罗马附近若干大庄园爆发罢工，这个时候就是警察发挥调停作用的一个例子。秩序一恢复，指挥官便毫不犹豫地发布公告，骚乱由大庄园里雇用劳工的人造成，因为他们没有提供适当的食宿。罗马的民政长官和现场宪兵愿意倾听工人的主张，这意味着公共秩序问题被视为更广义的社会和谐与互惠的问题，而对工人的同情则表明，当局常常愿意要求地主及其代理人重视自己应尽的义务。[49]南方也发生了类似事件，虽然警察当局始终坚持在听取争斗各方意见之前，必须结束实实在在的骚乱，但无论是民政人员还是军事指挥官都能认识到地主的贪婪以及强取豪夺往往是造成农村紧张和动荡的主要原因。[50]

19世纪上半叶人民与刑法接触的方式也被历史学家忽视，但最近一项对19世纪50年代早期萨勒诺的犯罪研究表明，刑事法庭审理的大多数指控是"严重盗窃"，因为较小的盗窃案件由区法官处理。量刑由罪行的"加重因素"决定，一般都很重：因为入室盗窃而"加重"的轻微盗窃罪的平均刑期为6年。谋杀罪的标准刑期是25年戴镣铐监禁，如果能证明犯人是受到挑衅，那么刑期将减半。在教堂偷窃会被判终身监禁，但意外谋杀或过失杀人只判处 7 个月监禁。另一方面，在极少数情况下，如果妇女被判杀婴罪，处罚相对较轻，大约是两年监禁。然而，亵渎神明者却有可能会被判处6 年监禁。

不出意料，在萨勒诺法庭上被定罪的大多数人是仆人或雇员，雇主在此可以进行具体指控并指认被告。但也有证据表明穷人会主动控诉那些对他们造成伤害的人，在农村法庭上，穷人经常会参与有关伤害的诉讼，受伤的原因包括盗窃、强奸未遂以及诱奸，而农村牧师也常被控鸡奸。[51]

尽管证据非常零碎，但是萨勒诺的发现与其他地区、其他时期的发现极为一致。例如，在 18 世纪后期的威尼斯，当地穷人随意利用刑事法院，在这里，对性侵的救济再次成为刑事诉讼的一个常见原因。这些案件受害方（大多为女孩或妇女）的名誉在很大程度上取决于她们在社区或邻里的地位，因此法院的诉讼程序与大众习俗以及社区意见密切协调。最近对 19 世纪早期巴勒莫女性犯罪的一项研究得出了类似结论，与其他地区的证据一起表明，在大多数情况下，以社区为基础的规范和期望与更为正式的刑法制度结合紧密。[52]

刑法和警察只是更广泛的公共秩序计划中最机械的部分，各复辟邦国的统治者虽然口气不同，却都坚信只有恢复服从、顺从和家长式的道德义务等古老的社会价值观，才能纠正革命所造成的政治和社会的无政府状态。然而，事实证明这将是一个非常矛盾的办法，尤其是因为它赋予教会突出的政治和社会职能。在皮埃蒙特和莫代纳大公国以外，复辟并没有让神职人员原先的管辖权得到恢复。比如，在那不勒斯，波旁王朝并不愿意让 18 世纪以梵蒂冈为代价取得的利益付诸东流，1819 年的政教协定让神职人员几乎丧失了所有民政事务管辖权，不仅是离婚和通奸，就连异端邪说也被归为刑事犯罪，而非宗教罪行。[53]

在伦巴第和威尼托，复辟的前提也同样明确，就是希望重建一个行会式和家长式的社会秩序，但 1814 年后维也纳与罗马的紧张关系严重威胁到了这一社会等级结构的达成。[54]但是，同样的紧张关系可能也加强了伦巴第和威尼托教区神职人员的社会影响力，使他们看起来减少了对民事当局的依赖。

在 19 世纪晚些时候将成为意大利天主教中心的伦巴第和威尼托那些地区，在俗教士与农村居民之间尤为紧密的联系早在 19 世纪初就引起了关注。

例如，斯特凡诺·亚奇尼称，"较其他文明国家而言"，伦巴第农民的道德标准"下降得少"。他还表示，这里的非婚生子率在欧洲最低，伦巴第农民以及家人最诚实而可敬。而亚奇尼将这一切都归功于神职人员的良性影响：

> 这里的牧师不仅是主持圣坛活动的神父，而且还是农民所有农业和土地事务的长期顾问。

由于这些牧师本身从农民之中招募而来，因此与人民联系非常密切，与大众习俗以及态度高度一致。虽然这时常引起改革派和进步派高级教士的反感，但也意味着这里的牧师比意大利其他任何地区的牧师都更深刻地融入了当地社区的生活。[55]

另一方面，在托斯卡纳，牧师常被看作地主的代理人和眼线，这就促成了托斯卡纳佃农著名的反教权主义运动。[56]民众的反教权主义在罗马涅也根深蒂固，但这里更多是因为该地区在 1860 年前屈从于教权管理和罗马统治。在南方，教区神职人员也被当作地主的爪牙，特别是在法国改革摧毁了深入农村社区经济与生活的"教区牧师协会"体系之后。教区牧师、副主教、大教堂教士以及修道士往往也是地方性派系斗争的领军人物，这些斗争也导致了南部社区内部的分裂。[57]

然而，把教区牧师与教民们的关系一概而论的做法一直有风险，因为即使是在单个地区，情况也会极大不同。无论牧师是否受到自己教民的爱戴，始于拿破仑时期的神职人员的行政权扩张在复辟之后还在继续。意识形态和权宜之计再次精确融合，拓宽神职人员的教育者和管理者职能的尝试是缩减公共管理规模与成本的必然结果。官僚机构无论如何都靠不住，因为它被看作是能够弥合财富和社会地位差距的那些行会式纽带的对立面，这种思想意识与削减公共开支的更紧迫的物质压力精确吻合。

重新强调私人慈善的价值和义务也是同一逻辑的一部分，有钱有权的人被敦促做慈善工作和慈善遗赠，这不仅仅是出于基督徒的职责，也是缩小危险而巨大的贫富差距的一种手段。

宗教团体受到鼓励要拓展其慈善职能，这时常成为其生存的条件。但是，私人慈善遗赠也强势复苏。例如，在 1820～1859 年的米兰，通过私人遗赠和捐款建立了 117 个慈善基金会，还有 34 处专职机构为孤女提供嫁妆、为残疾人士提供庇护所、为在特定区域和行业工作的人提供帮助。现存的宗教慈善机构、学校和医院也继续收到富裕的"牧师、主教、前修道士以及有钱的资产阶级"定期慷慨的捐赠。[58]

米兰的私人慈善遗赠规模可能反映在同一时期的其他各大城市，显示家长式及行会式社会纽带在意大利城市持续强势的另一方面。因为慈善基金会极少针对所有人，而是专门资助特定地区的居民或特定职业群体，因此上述纽带更加牢固。就像英格兰的狄更斯时代一样，慈善机构也为中产阶级提供重要的就业渠道，因此成为当地施恩和发挥政治影响的关键工具。然而，这些机构的行政管理费用在收入中占了很高比例，加上活动范围极其狭窄，这就解释了为什么私人慈善机构无法对更广泛的城市贫困问题产生任何明显的影响。

事实证明，希望私营部门的主动行为能够减轻行政负担的想法不切实际，而减少公共开支并维持一个更普遍的家长式和企业式思维方式框架的那些尝试，与所处的政治和社会现实又极其冲突，根本无法成功。经济和社会变革不可避免地带来进一步的行政压力和负担，尤其因为世界变革极为迅速，王朝的生存成本不断加大。在以经济实力为基础的全新国际权力层次体系的背景下，复辟的停滞政策开始让意大利统治者面临降至从属地位和遭到政治漠视的威胁。

走向自由主义秩序

无论上述说法是否令人愉快，许多有产阶级和专业阶级人士开始得出类似结论，并且 19 世纪 30~40 年代再度见证了人们对经济增长和社会变革提出的问题的兴趣。意大利发生的争论说明，尽管国家工业发展相对落后，但社会和经济变革的迹象仍然令人不安。

人们意识到意大利各邦国需要效仿其他地方的发展模式，因此经济发展问题展示出一定的紧迫性，但同时，人们又担忧，意大利许多地区普遍存在的社会矛盾可能会造成社会灾难。一旦接受了变革势在必行，问题就变成如何抑制其消极影响，而越来越多的人相信，不作为会招来灾难，这种认知说明贫穷、苦难和社会不满不仅是变革的威胁性力量的征兆，也显示了复辟模式的政治缺陷。这种论点是对支持波旁王朝的正统派国家最具破坏力的控诉，强化了有产阶级和受过教育阶级更直接参与公共事务管理的需求。

这些恐惧让社会调查和人道主义关切的新思潮具有了紧迫性，它们在
1836 年卡米洛·加富尔的一封私人信件中得到了绝佳说明：

> 鉴于目前的社会趋势，慈善也许是可以团结不同阶级的唯一纽带……我
> 们应当预先采取恰当措施，这不仅是出于对行善的热爱和宗教精神，而
> 且也是出于对自我利益的理性考虑：因为如果缺少只有慈善机构才能发
> 挥的影响力，不幸的人就不愿无限期地被动屈从于他们的命运。[59]

加富尔简明地表达了这样一种意识：复辟并没有为破坏老式社会纽带的力量
提供解决方案。即使从保守的观点来看，想当然地认为一个社会能够在迅速
变化的世界里保持静止不动，这种哲学思想一开始就显得错误而危险，毕竟
不可能将意大利与欧洲大陆其他地区正在发生的事情隔绝开来。加富尔
1835 年跟朋友德拉瑞夫反思民主问题时，再度刻画了这种必然性意识：

> 这是好是坏，我真的没法说，但在我看来，这是人类不可避免的
> 未来。[60]

鉴于波旁王朝复辟时期意识形态的民粹主义色彩，自由主义者特别注重
与大众重新建立联系，这一点不足为奇。19 世纪 30 年代接二连三地出现了
利用通俗文学作为传播手段的尝试，其中，通俗历书和农事年鉴最受欢迎。
第一批此类出版物来自佛罗伦萨一个与瑞士出版商维厄瑟有着密切联系的小
组，出版的《维厄瑟选集》成为意大利最重要的早期自由主义期刊之一。
紧接着，1827 年，《农业杂志》出版，主要面向地主和地产管理人员。随
后，1833 年，一份名为《尼波泰·迪塞斯托·卡约·巴切利：历书（历史、
经济、道德）》的出版物出版，版式与传统历书类似，更加通俗易懂，赢得
了更广大的读者。而后其他地区也陆续创办了此类期刊，其中较成功的有
1840 年在米兰推出的伊尼亚奇奥·坎图的《通俗百科全书》，还有 1836～
1841 年由具有自由主义思想的丝绸制造商洛伦佐·瓦莱里奥在都灵创立的
《通俗快报》，后来更名为《家书》继续发行。[61]

这些创刊行动具有强烈的家长式作风，以其独特的方式试图推崇节俭、

谨慎、节制、家庭的神圣不可侵犯以及宗教的神圣性和改善力量等价值观，更不用说自助自立的优良品德。同时也有一些新元素，最值得注意的是强调有用的知识，这反映了一种信念，即可以通过减少无知来消除最严重的苦难，这与人们对增加穷人受教育机会的兴趣日益增长密切相关。人们对已经在欧洲和北美社会实验过的初等教育模式各自的优点展开了热烈的辩论，不过，这些辩论与意大利的现实几乎没有关系，只是暴露出意大利的教育几乎缺位。除了伦巴第每 13 名居民中就有 1 名小学生（对比之下，法国同一时期每 30 名居民中仅有 1 名小学生），意大利小学极少，表现为奥地利统治的各省之外文盲率极高。即使是在伦巴第，也有人频繁投诉小学教育过于专注宗教戒律和抽象知识，不够重视那些将来从事农业或体力劳动时真正用得上的实用科目。[62]

初等教育的缺位是农业经济贫困的后果，也是政治选择的结果。复辟政府认为灾难引发革命，而知识是那些灾难的根本原因之一，因此他们坚决反对几乎任何形式的教育，特别是对于穷人。这种态度在皮埃蒙特国王的著名评论中得到了典型体现，他表示他"谁都不信任，不会读也不会写的人除外"。[63] 类似的观点并非反动派的专利，诗人乌戈·福斯科洛（Ugo Foscolo）的话表达了许多受过教育的阶级成员对大众怀有的恐惧和蔑视：

> 没有理由讨论平民，因为无论是何种形式的政府，平民需要的只是一架犁或其他谋生工具、一名牧师和一个刽子手。得小心让他们处于平静之中，因为往往就是宗教激起他们的情感，但当他们真的动起来时，最终都会演变成盗窃、流血和犯罪。既然他们的力量令其不能自制，所以一旦他们被唤起，就很难令其变弱。[64]

福斯科洛的评论有效地提醒我们，早期改革者怀有深深的恐惧，即使 19 世纪 30~40 年代新的人道主义关怀标志着对未来的展望有了真正改变，人们心中潜在的恐惧仍然存在，当讨论更直接地转向经济增长问题时，这一点变得很明显。

在意大利复辟时期的政治环境之下，这种争论并不容易，而正是在政治环境相对宽松的托斯卡纳，首次出现了有关经济增长利弊的讨论。讨论的主题为托斯卡纳的分成制租约（mezzadria）的未来，直接原因是拿破仑统治结束以来持续、严重的农业衰退以及由著名的佛罗伦萨乔戈菲利学院创建的论坛。大多数人认为分成制租约抑制了农业的发展，因为这种模式使专业化几乎不可能实现，而且还要确保高比例产量用于满足佃户兼生产者的消费需求。对分成制租约不同技术和社会功能的广泛讨论最后得出结论——其经济缺陷远大于其社会优势。虽然说分成制租约剥夺了托斯卡纳地主收取高额租金的机会，但它确实确保了小农阶级温顺、依赖而恭敬，与意大利其他许多地区形成反差的是，托斯卡纳人仍然可以夸耀其乡村和谐而宁静。[65]

托斯卡纳地主们的谨慎可能主要归功于 18 世纪 90 年代的事件，当时因判断失误而实施的改革所造成的后果已经非常明显。虽然分成制租约此后一再被推崇为资本和劳动力和谐合作的典范，不过，更广泛的愿望则是希望找到某种方法，在不破坏现有社会关系的前提下实现经济增长。1839～1847年，在几届意大利科学家大会上也表达了类似态度。讨论和调查涉及的问题广泛，其中有关经济增长和社会变革的问题尤为突出。[66]

尽管意大利还少有新型制造业，但是科学家大会上的公开辩论说明，人们已经意识到欧洲大陆其他地区的工业化进展不可避免地改变了意大利的状况，在不久的将来改变可能会更彻底。在会上，大家以一种真正紧迫和关注的态度探讨了那些更先进的工业化国家正在讨论的问题，如"机器问题"、机械化的社会后果、"社会问题"和贫困的原因以及遏制贫困蔓延所需的措施。

也许正是由于经济发展所造成的破坏性后果远远早于它带来的好处，因此人们将关注点更多地放在了经济变革的社会后果上。但是，19 世纪 40 年代的辩论显示，人们普遍厌恶的工业发展模式越来越多地被看作英国式，即"曼彻斯特模式"。即使是那些认为意大利工业确有未来的人也一再表示前景可怖：赤贫且愤慨的工人将大量集中，任由市场力量摆布，对社会秩序构成严重威胁。这反过来鼓励了这样一种信念，即通过研究其他地区产业发展的消极方面，意大利可能会开创一种不同的工业发展格局，意大利的传统手工业和农民职业可能会与新的机械化力量结合起来。在现有的社会关系和社会秩序范围内找到一种经济和物质发展手段的这种愿望反映了人民的关切，这些关切早期表达在托斯卡纳关于分成制租约的论争中，后来成为所谓"意大利工业化道路"的特征之一。[67]

因此，19 世纪 40 年代的作家和评论家特别关注在身边已经见到的社会腐败症状，其中最可耻、最可怕的是 19 世纪上半叶，被遗弃儿童数量急剧上升。虽然 16 世纪以来，只要母亲将孩子放置在主门上的旋转铁摇篮中，弃婴收养院就会收留这些被匿名遗弃的孩子，然而到了 19 世纪，不论城乡（城市更明显），弃婴数量飞速上升。18 世纪晚期，米兰每年有约 800 名儿童被遗弃：1841~1850 年，弃婴数量增长至每年平均 3300 多名，之后增长更快，仅 1859 年，弃婴收养院就收容了 5146 名婴儿。其他地区的情况也类似。那不勒斯的医生萨尔瓦托雷·德伦齐推算，在 19 世纪 40 年代的那不勒斯，弃婴数量每年约有 2000 名，他断言，这个数字几乎是巴黎的两倍，也远远多于伦敦（当时伦敦的人口数量是那不勒斯的 4 倍）。[68]

同时代的人认为弃婴数量的增长并不仅仅是因为贫困，而且与新工作形式带来的社会变革有关。德伦齐表示，年轻女性在城市车间就业可以逃避以家庭为基础的工作纪律，并且"增加了两性接触和无视荣誉法则的机会"。无论工作是否会导致道德放纵，后来发现，报告的案例中合法出生的孩子占很高比例，这一现象加强了女性就业与弃婴行为之间的联系。1853 年，朱塞佩·萨基表示 1/3 以上的米兰弃婴来自合法婚姻，因为年轻的母亲往往无法放弃工作去照顾婴儿、为其哺乳。到 19 世纪中叶，遗弃孩子以保护脆弱的家庭经济已经成为米兰职场母亲的常规做法。弃婴收养院严重的婴儿死亡率使人们愤慨，德伦齐称，77% 进入安农齐亚塔收养院的弃婴死亡，米兰的圣卡泰丽娜弃婴收养院的主管称，穷人们将救济院看作一个"用公共开支杀光儿童"的地方。[69]

更概括地说，遭遗弃儿童数量增加表明，即使是在已就业的贫困人口中，家庭也明显衰败，这成了反对任何形式工业发展的人手中强有力的武器，也强化了另外一些人的主张：要找到方法实现物质发展，同时又避免产生那些可能颠覆最基本社会制度的可怕后果。然而，对自由放任的自由主义的普遍尊重削弱了这些论点，尽管这些发现激起了愤怒，但是几乎没有采取任何实际措施进行补救。一些先进的企业家的确在自己厂里开设了托儿所和育婴室，这样工人全家可以在一起，而一位来自皮内罗洛的丝绸商米歇尔·布拉沃颇具想象力，他甚至设计出了一种方法，利用托儿所里的摇篮为自己的机械提供动力，这个将正义与实用相结合的装置受到了广泛赞扬。[70]

讨论保护弱者和病患的适当措施不可避免地会涉及贫困和失业带来的

更广泛问题，而在这方面，人道关怀往往让位于更严酷的万灵丹。与一个世纪之前穆拉托里等人提倡的麻木不仁的救济措施相比，隐含的假设几乎没有什么变化，基本原则仍然是断了装病、懒惰、闲散者这些大多数人的念想才是保护值得帮助的穷人的最好方式。例如，1841 年在佛罗伦萨举行的意大利科学家大会热烈讨论了为城市失业人员建立农村劳动力聚居区的提议。[71]

这些问题还与犯罪及其预防问题重叠，在这一时期，整个欧洲和北美都在谈论这些问题。讨论的核心问题是如何创建一个监狱系统，以及惩教性监禁应采取何种形式。大革命和帝国时期的法国以及更近期皮尔[①]改革后的英国都含蓄地用监禁取代了过去更为野蛮的刑法，目的是将"惩罚的承诺"作为一种有效的犯罪威慑力量。然而，理论隐含的东西在实践中并不容易实现，因为在大多数情况下，刑罚惩教机构还有待建立，而流放等其他替代方式的优点还未得到证实。[72]

我们必须记住，监狱正是在这个时期应运而生，在这之前，除了精神病院，几乎没有地方可以长期或永久限制人的行动，而看守所或拘留所主要用于关押等候审判或将被流放至苦役船或刑事定居点的犯人。因此，监狱改革既涉及实际问题，又涉及更广泛的问题——建立何种管理体制来改造罪犯。19 世纪 40 年代，这些问题主要集中于已经在美国建立起来的两种对立模式上，即所谓的奥本体系和费城体系。奥本体系包含夜间单独监禁，之后在白天从事沉默的集体劳动，而费城体系受贵格会启发，是一种完全隔绝犯人的管理体制，期望犯人通过长时间的冥想实现道德改造。[73]

自 18 世纪中叶开始，欧洲对美国这两种对立体系的许多方面进行了各种形式的实验。第一个专门的惩教机构针对青少年罪犯，直到 1762 年米兰建成一座惩教所，才开始尝试把惩教性拘留原则普遍推广到成人罪犯。其他国家也进行了类似实验，包括单独关押、沉默机制以及冥想，莫代纳大公国采用的新制度则受到了穆拉托里思想的强烈影响。这些都是孤立的例子。英国监狱改革者约翰·霍华德在 18 世纪 70 年代周游了威尼斯、佛罗伦萨、利沃诺、罗马、那不勒斯以及米兰，意大利的监狱总体上给他留下了深刻印

---

① 罗伯特·皮尔爵士（Sir Robert Peel, 1788~1850），英国保守党创始人，英国首相（1834~1835，1841~1846）。他认为改造罪犯比严厉惩罚更重要，他的刑法改革减少了 100 种死刑罪名，取消了许多轻罪。1823 年，他说服政治家们通过了《监狱法案》，改善了监狱条件。

象。他的描述显示，新的惩教机构仍然主要留给年轻人，刑期更长的已决犯会被送往苦役船，并被监禁于陆上重刑犯监狱或称巴尼监狱（Bagni）。那不勒斯建于18世纪中叶的济贫院安置了大量囚犯，不过霍华德认为这些犯人的待遇不错。他印象最深的是米兰的惩教所，他的描述显示，这里的300名囚犯大多数是男青年，从事各种工艺和行业，不过所有囚犯都戴着镣铐。同样值得注意的是，虽然根据著名的1786年《刑法典》，托斯卡纳采用了贝卡里亚的总原则，但是从霍华德对佛罗伦萨和利沃诺监狱的描述中，我们却几乎看不出要将托斯卡纳监狱改造成惩教所的认真尝试。[74]

约翰·霍华德笔下意大利监狱的条件与欧洲其他国家相比并非异常恶劣。然而，随着监禁越来越多地被作为惩罚手段，即使算上照惯例用作监禁场所的许多离岸岛屿聚居区，现有设施也绝对不足。建立一个监狱系统且确定系统应该采用的恰当形式成为最紧迫的问题。

在1843年的卢卡科学大会上，伊拉里翁·佩蒂蒂·迪罗雷托伯爵提出了一个雄心勃勃的监狱改革计划。他是皮埃蒙特政府的顾问，该计划在1839年采用新的《皮埃蒙特刑法典》后就已制定。他的提案在很大程度上借鉴了奥本模式，主张建立一种由普通监狱和专门监狱构成的集中化、分层次的结构，并伴有特设的未成年人专门机构以及为品行良好的犯人设立的公开劳动营。在监禁初期，犯人将被单独关押，之后被混合管理，夜间单独监禁，白天则安静地集体劳动。佩蒂蒂摒弃了与之竞争的费城永久单独监禁制度，因为这不仅成本高昂，而且可能对犯人造成心理伤害。[75]

然而，卡洛·卡塔尼奥是费城模式的忠实拥护者，尽管他承认就竞争方案的优势征求医学意见是很正当的做法，但对单独监禁可能造成伤害的观点不屑一提。1840年，他颂扬了费城新开办的樱桃山监狱：

> 取缔断头台和它的所有野蛮仪式；在由寂静支配的单人牢房里，惩罚立刻变得庄严而富有灵性。对于那些扰乱社会的人所采取的最高防御措施不再是动物性的痛苦，而是要影响整个心灵；这种痛苦极具社会性，因为它意味着剥夺那些扰乱社会和平的犯人正常的社交享受。[76]

两大对立系统的优劣之战不限于科学大会，而加富尔对费城模式的支持对1859年《皮埃蒙特刑法典》的最后修订产生了重要影响，不久之后，该法典成为新的《意大利刑法典》的基础。[77]

然而，无论单独监禁制度有怎样的理性优势，要在意大利半岛上陈旧拥挤的大量刑事机构中实现这样的计划存在巨大的实际障碍。巴勒莫的乌恰尔多内监狱重组项目因缺乏资金和训练有素的人员而失败，充分说明了这些问题。但是，考虑到实际的障碍，在很大程度上，已发生的变革在许多方面比那些还未发生的更重要，因为它们表明某些统治者至少希望世人看到他们在多大程度上回应了有产阶级的要求。在皮埃蒙特，奥内利亚和亚历山德里亚建成了新的监狱，而在托斯卡纳，监狱法规于1849年进行了彻底改革，佛罗伦萨的古老斯廷凯监狱终于关闭，沃尔泰拉的古城堡中建成了新的单间式监狱，利沃诺和费拉约港的巴尼监狱得到重建以便容纳长期服苦役的已决犯，圣吉米尼亚诺也开设了一座新的女子监狱。[78]

监狱条件最为恶劣的是奥地利各省，那里于1822年在帕多瓦和威尼斯新开了两个臭名昭著的劳改所。根据贝尔特拉尼·斯卡利亚的描述，已决犯被广泛用于医学实验，不过这种现象在其他地区可能也存在。1852年出台的新法规带来了一些改善，至少对那些被判处最严厉监禁的罪犯降低了管理强度，在这之前，这些犯人被关在单人牢房，腿和胳膊都绑着铁链，脖子上套着金属项圈，每两天提供一次面包、水和肉。

然而，正如统一时期意大利的监狱状况所显示的，这些改革的实际效果并不明显。尽管波旁政治犯的监禁条件令威廉·格拉德斯通惊惧，令其在公开声讨时挑出那不勒斯监狱予以特别谴责，但是，贝尔特拉尼·斯卡利亚在19世纪晚些时候的调查显示，其他许多国家的情况时常更糟。与18世纪的霍华德一样，斯卡利亚也声称，直到19世纪30年代，教皇监狱一直系统地使用酷刑。[79]

关于监狱改革和惩教处罚的对立哲学的辩论在许多方面都脱离了意大利的实际状况。然而，这些辩论也表明了观念上的重要转变，超越了犯罪和惩罚的技术细节。人们迫切希望采取措施，使"惩罚的承诺"具有新的确定性和必然性，这进一步反映出很多承认半岛需要改良和变革的人深埋心底的共同恐惧和不安。提出不同替代方案的措辞也反映出意大利人增长了见识，尽管卡塔内奥对医生参与罪犯管理嗤之以鼻，但重要的是，医生参与了这两大竞争性监狱模式利弊的辩论，这也意味着新职业的重要性日益提升，特别是技术和医学科学。意大利和欧洲其他地方关于病人，尤其是精神病人临床治疗恰当性的许多讨论被卷入了关于监禁的辩论中，一个领域的经验就这样毫不费力地流入了另一个领域。[80]

但是，对更安全、更有效监狱的要求，就像对更多警力、更好治安的要求一样，也表明了许多有产阶级和专业阶层的政治不满。当社会紧张和混乱的明显征兆出现时，需要采用更有效和更具制度性的解决方案，这种要求反映出人们对摇摇欲坠、机能不全的复辟国家政权抵御灾难的能力失去了信心。在那些对社会贫困和动荡程度深感震惊的人当中，这种恐惧加强了他们的信念，即如果要避免革命的威胁，就需要更强大、更有效的制度。1848～1849 年发生的事件强化了这些观点，同时也驱散了在 19 世纪 40 年代相对宽容气候中影响了讨论的许多人道主义关怀。纵使在当时，并不乏更严酷的万灵丹，但在 1848 年之后，看待政治变革的前景和意大利紧迫社会问题的解决方案的角度都更为严酷、更不动感情。

注　释

1. R. Sarti *Long Live the Strong*：*A History of Rural Society in the Apennine Mountains*（Amherst，1985）pp. 1-26.

2. V. Cuoco *Saggio Storico sulla Rivoluzione Napoletana del 1799*, ed. P. Villani（Bari, 1980）.

3. Candeloro *Storia dell'Italia Moderna*（1956）Vol. 1, pp. 294-295；M. G. Broers Oxford D. Phil Thesis（1986）.

4. C. Ghisalberti *Unità Nazionale e Unificazione Giuridica in Italia*（Bari, 1979），Ch. 5；M. Taruffo *La Giustizia Civile in Italia dal' 700 a Oggi*（Bologna, 1980），Ch. 2；G. Landi 'L'Influenza della Legislazione Napoleonica sugli Organi di Giustizia Amministrativa ... degli Stati Italiani' in *Napoleone e l'Italia*（Accad. Naz dei Lincei, No. 179, Rome, 1973），pp. 155-173.

5. C. Ghisalberti（1979）p. 136.

6. Ibid., pp. 132-136.

7. B. Croce 'Il Divorzio nelle Provincie Napoletane fra 1809-1815'（Naples, 1891）；P. Ungari *Storia del Diritto della Famiglia in Italia*（Bologna, 1974），pp. 85-107.

8. 转引自 M. Bellomo *La Condizione Giuridica della Donna in Italia*（Milan, 1970）p. 86。

9. P. Ungari（1974）p. 103.

10. 见上文第四章。

11. M. Barbagli *Sotto lo Stesso Tetto*：*Mutamenti della Famiglia in Italia dal XV al XX Secolo*（Bologna, 1984）pp. 514-515.

12. P. Ungari（1974）pp. 92–96.

13. F. Ramella *Terra e Telai*（1984）p. 85.

14. P. Grossi *An Alternative to Private Property*（1981）Ch. 7.

15. A. J. Arnaud *Les Origines Doctrinales du Code Civil Français*（Paris，1969）.

16. C. Ghisalberti（1979）p. 150；G. Landi（1973）.

17. Nassau Senior（1973）Vol. I，p. 342.

18. E. Amari‘Difetti e Riforme delle Statistiche de’Delitti e delle Pene’*Giornale di Statistica*（1838）Vol. 3，p. 301；G. Wright *Between the Guillotine and Liberty：Two Centuries of the Crime Question in France*（Oxford，1983）Ch. 2；A. Wills *Crime and Punishment in Revolutionary Paris*（Westpoint，1981）.

19. 转引自 I. Madelin *La Rome de Napoléon*（Paris，1906）p. 66。

20. C. Ghisalberti（1979）p. 126.

21. F. Venturi‘Cesare Beccaria and Legal Reform in Italy’in *Italy and the Enlightenment* ed. S. J. Woolf（London，1972）；C. Calisse *History of Italian Law*（London，1928）pp. 472–473.

22. C. Calisse（1928）p. 472；关于英国监狱改革家约翰·霍华德在 18 世纪末对托斯卡纳监狱有损形象的描述的讨论参见 D. Melossi and M. Pavarini *The Prison and the Factory：Origins of the Penitentiary System*（London，1981）pp. 74–76。

23. A. Esmein *History of Continental Criminal Procedure*（1913/1968）；C. Ghisalberti（1979）p. 129；B. Ingham *Political Crime in Europe：A Comparative Study of France，Germany and England*（Los Angeles，1979）pp. 68–70.

24. J.-P. Fillipini‘Difesa dell’Impero o Difesa della Società? Le Misure di“Haute Police”nella Toscana Napoleonica’*RISN* XVII 1980，p. 23；J. -P. Fillipini‘Ralliement et Opposition des Notables Toscanes à l’Empire Française’in *AISMC* XXIII－XXIV，1971－1972，pp. 332–354.

25. J.-P. Fillipini（1980）p. 18.

26. J.-P. Fillipini（1980）pp. 16–17.

27. L. Antonielli（1982）pp. 193–222，pp. 437–455.

28. 转引自 L. Madelin（1906）p. 67，也参见 S. Hughes‘Fear and Loathing in Bologna and Rome：The Papal Police in Perspective’*Past & Present Colloquium on Police and Policing*（Oxford，1984）。关于那不勒斯，参见：M. Schipa *Il Regno di Napoli al Tempo di Carlo di Borbone*（Milan，1923）Vol. 1，p. 52；F. Scolpis *Storia della Legislazione Italiana*（Turin，1863），Vol. 3，pp. 558–563。关于西西里，参见 G. Fiume（1984）。关于威尼托，参见 M. Berengo（1985）pp. 119–121；J. Georgelin（1979）。与法国的比较，参见：Cameron *Crime and Repression in the Auvergne and Guienne，1720–1790*（Cambridge，1981）；Hufton *The Poor in Eighteenth Century France*（Oxford，1974）。

29. AMAE，Paris；Corr. Politique（Naples）B. 132 D'Aubusson to Champagny（20. 7. 1808）。对那不勒斯治安管理系统重组的讨论参见 J. A. Davis‘Naples during the French

"Decennio"：An Unsolved Problem?' in *MEFR* (1987)。

30. ASN Min Int, (Inventario 2) f. 2243 (Intendente of Calabria Citra to Miot, 10. 11. 1806).

31. L. Madelin (Paris, 1906) p. 465.

32. L. Antonielli (1982) p. 445; M. Berengo 'Le Origini del Lombardo-Veneto' *RSI* 1971 LXXXIII, p. 536.

33. L. Antonielli (1982) pp. 502-504.

34. O. Chadwick *The Papacy and the European Revolutions* (1981) pp. 517-523; M. Miele 'Il Clero nel Regno di Napoli 1806-1815' *QS* 37 (1978) pp. 284-313.

35. L. Madelin (1906) p. 466; O. Chadwick (1981) p. 514.

36. G. De Rosa *Chiesa e Religione Popolare nel Mezzogiorno* (Bari, 1978), p. 58.

37. 转引自 P. Ungari *L'Età del Codice Civile* (Milan, 1967), p. 45。

38. 转引自 F. Leoni *Storia della Controrivoluzione in Italia 1789 - 1854* (Naples, 1975) pp. 251-253。

39. C. Ghisalberti (1979) pp. 230-234.

40. G. Landi *Istituzioni di Diritto Pubblico del Regno delle Due Sicilie 1815 - 1861* (Milan, 2 vols, 1977).

41. G. Landi (1977) p. 873; A. Scirocco 'Amministrazione della Giustizia e Poteri di Polizia Prima e Dopo l'Unità' *Atti del 52 Congresso Naz. dell'Instit. per la Storia del Risorgimento* (Rome, 1984).

42. G. Landi (1977), Vol. 2, p. 855; G. Fiume (1984).

43. R. Romeo *Dal Piemonte Sabauda all'Italia Liberale* (Bari, 1974) pp. 55-56; 关于奥地利军事法庭，参见 P. Brunello (1981) pp. 214-216。

44. F. Leoni (1975) p. 209; W. Maturi *Il Principe di Canosa* (Florence, 1944).

45. Caravale and Caracciolo (1978) p. 631.

46. F. Barra 'Il Brigantaggio in Campania' in *ASPN*, ser. 3, XXI, 1983 pp. 69-143.

47. ACSR：Carte Crispi：B. 78 (Memo on PS, 27. 4. 1887).

48. G. Santoncini *Ordine Pubblico e Polizia nella Crisi dello Stato Pontificio 1845-1850* (Milan, 1981) pp. 8-10, 25-29.

49. C. M. Travaglini (1984) p. 59.

50. G. Valente 'Le Condizioni e i Moti dei Contadini in Sila nel' 48' *RSR* 1951 pp. 689-690.

51. M. Greco 'Aspetti della Criminalità Commune a Salerno e Provincia 1849-1852' in *Città e Controllo* (Milan, 1982) p. 108.

52. G. Fiume 'Violenza Femminile nella Sicilia dell' Ottocento：la Criminalità Banale'*Incontri Meridionali* 1983, pp. 7-28; F. M. Casarin 'La Repressione dei Vagabondi alla Fine del XVII Secolo：il Caso della Repubblica di Venezia', *Società et Storia* Vol. 8 (1982); M. Gambier (1980).

53. O. Chadwick (1981) p. 539.

54. M. Meriggi (1983) pp. 207-214; F. Leoni (1975) p. 147.

55. S. Jacini（1875）pp. 93-101：C. Ravizzi *Un Curato di Campagna*：*Schizzi morali*（1852）；M. Barbagli *Sotto lo Stesso Tetto*（1984）p. 63.

56. 比较 F. McArdle（1978）；R. Sarti *Long Live the Strong*（1985）第 2 章。

57. G. De Rosa *Chiesa e Religione Popolare nel Mezzogiorno*（Bari，1978）pp. 56-90；G. Landi（1977）Vol. 2，p. 817.

58. G. S. Bascape in *Storia di Milano*（1960）Vol. 14，pp. 825-827。关于医院的相关问题，参见 Frascani 'Ospedali，Malati e Medici dal Risorgimento all' Età Giolittiana'in *Storia d'Italia* Annali 7（Turin，Einaudi，1985）pp. 299-334.

59. Cavour 写给 J. J. Selli，转引自 R. Romeo *Dal Piemonte Sabaudo*（1974）p. 86。

60. 转引自 R. Romeo *Cavour e Il Suo Tempo* Vol. 1，（1971）p. 518。

61. *I Periodici Popolari del Risorgimento*（ed.）B. Jovine（Turin，1959）Vol. 1 pp. XV-LIX；G. M. Bravo（1968）p. 268；K. R. Greenfield *Economics and Liberalism in the Risorgimento*（Baltimore，1934），从 240 页开始。

62. G. Serristori（1833），转引自 G. C. Marino *La Formazione dello Spirito Borghese in Italia*（Florence，1974）p. 295。

63. Carlo Felice，转引自 R. Romeo *Dal Piemonte Sabaudo*（1974）p. 34。

64. 转引自 F. Leoni（1975）p. 44。

65. C. Pazzagli *L'Agricoltura Toscana nella Prima Metà dell'* 800（Florence，1973）；A. Lyttelton 'Landowners，Peasants and the Limits of Liberalism' in J. Davis（ed.）*Gramsci and Italy's Passive Revolution*（London，1979）pp. 111-112.

66. G. C. Marino（1974）.

67. V. Hunecke *Classe Operaia e Rivoluzione Industriale a Milano 1859-1892*（Bologna，1982）pp. 37-38；N. Badaloni 'La Cultura' in *Storia d'Italia* Vol. 3，pp. 895-948.

68. S. De Renzi *Topografia e Statistica Medica della Città di Napoli*（Naples，1845）p. 443；F. Della Peruta 'Infanzia e Famiglia nella Prima Metà dell'800 *SS* 1979（XX）pp. 473-491；L. Dodi Osnaghi in *Timore e Carità*（Cremona，1982）p. 430.

69. L. Dodi Osnaghi（1982）pp. 430-433；Hunecke（1982）pp. 136-138；De Renzi（1845）p. 435.

70. F. Della Peruta *SS*（1979）p. 488.

71. G. C. Marino（1974）p. 225.

72. D. Melossi and M. Pavarini *The Prison and the Factory*：*Origins of the Penitentiary System*（London，1981）Ch. 2；R. Villa 'Scienza Medica e Criminalità nell'Italia Unità'*Storia d'Italia* Annali 7（Turin，Einaudi. 1985）pp. 1143-1168.

73. Melossi and Pavarini（1981）pp. 73-76.

74. J. Howard *The State of the Prison*s（1778）ed. K. Ruck（Everyman，London，1929）pp. 898-901；M. Beltrani Scalia *Sul Governo e Sulla Riforma delle Carceri in Italia. Saggio Storico e Teorico*（Turin，1867）p. 420.

75. D. Melossi（1981）pp. 92-93.

76. C. Cattaneo 'Delle Carceri' June 1840 in *Scritti Politici* ed. M. Boneschi（Florence，1874）Vol. 1，p. 306.

77. D. Melossi（1981）p. 85.

78. Ibid.，p. 87；Beltrani Scalia（1867）pp. 443-446；关于巴勒莫，参见 P. Catalanotto 'Il Carcere Patogeno：Malattie e Repressione nella Palermo del Primo Ottocento' in *Malattie，Terapie ed Istituzioni Sanitarie in Sicilia* ed. C. Valente（Palermo，1905）pp. 215-231。

79. D. Melossi（1981）p. 89；Beltrani Scalia（1867）p. 446.

80. 关于医学专业和医学科学的发展，参见 M. Betri 'Il Medico e il Paziente' and F. De Peri 'Il Medico e il Folle' in *Storia d'Italia* Annali 7（Turin，Einaudi，1985）pp. 209-238，pp. 1060-1144.

第二篇　新秩序的建立

第六章　从革命到内战：
自由秩序的形成

　　1859 年后形成的独立意大利国家出现的明显非自由主义特征往往被归因于实现独立与统一所面临的内外威胁。这些威胁当然不可低估。加富尔与拿破仑三世①秘密结盟攻打奥地利，让 1860 年春天前加富尔通过外交手段扩大的这个北部国家面临奥地利的反攻和法国的憎恨，而在 1860 年 5 月，加里波第南征以挑战加富尔在北方的地理上和政治上皆保守的协议，由此产生的内部斗争更加危险。

　　尽管加里波第先后在西西里和意大利南部大陆取得意想不到的胜利，但 1860 年 9 月那不勒斯陷落以后，重获政治主动权的却是加富尔，因为充满风险的进攻教皇国的行动引来一支皮埃蒙特军队部署在加里波第前往罗马的路线上，迫使这位南方解放者选择是向国王交出指挥权还是甘冒内战风险。但是，加里波第的激进挑战已经使政治扩张进程远远挣脱了加富尔设想的有限范围，同时也重新点燃了农村群众的强烈不满，尤其是在南部地区。¹

　　在 19 世纪余下的时间里，统治这个新国家的制度在独立战争期间和随后在南方各省旷日持久的内战期间形成了明确的形态，而这个新国家政权试图将内战伪装成"匪患"。然而，尽管这些军事警报必然在决定新国家制度的性质方面发挥作用，但国家的行政和意识形态框架更多的是在过去 10 年中得到充分准备，其带有的 1848 年和 1849 年革命的印记不亚于国家大统一留下的伤疤。

---

　　①　拿破仑三世（Napoleon Ⅲ，1808~1873），通称路易·波拿巴，全名夏尔-路易-拿破仑·波拿巴（Charles-Louis-Napoleon Bonaparte），法兰西第二共和国唯一总统（1848~1851），法兰西第二帝国唯一皇帝（1852~1870）。

自由主义国家的建立：1848 年后的皮埃蒙特

1849 年后，皮埃蒙特仍然是半岛上唯一实行君主立宪制的国家，它的宪法和行政机构只做了些许的改动就转移至 1860 年形成的新王国，此后直至第一次世界大战之后都没什么变化。但从一开始，皮埃蒙特的宪政就具有非常鲜明的特点，对整个半岛未来的政治和体制产生了重大影响。

19 世纪中期，撒丁王国至少在两个方面不同于意大利半岛其他君主国。其一，也是最重要的一点，地理环境赋予了皮埃蒙特一定程度的外交自由，这是意大利其他任何邦国都无法享有的；其二，萨沃伊家族的王朝利益开始与更进步的皮埃蒙特精英层的利益更加紧密地结合。

到 19 世纪 30 年代晚期，王室才渐渐不情不愿地承认，如果没有更好的行政管理，经济无法扩张，王朝的野心将无法持续。方案极其简单：王朝扩张需要一支更好、更强大的军队，这样的军队需更丰富的资源，反过来又把经济增长与合理的官僚行政作为新的优先事项。所有渴望自治或者仅仅想要生存的欧洲国家都面临这种困境，然而它却让复辟政府的保守前提站不住脚。迫于无奈，政府不得不逐渐放弃这些前提，这是由于统治者既无意放权，也没有兴趣依靠经济增长实现更为广泛的社会变革。因此，王朝的野心与自由派的愿望趋同但从未完全融合，皮埃蒙特精英与王室的关系仍紧张且不稳定。

变革的第一个迹象出现在 19 世纪 30 年代末行政改革浪潮中，包括修订王国法典以及颁布新法以彻底废除封建土地使用权与集体使用权，并完成地方行政重组。[2]但是改革迟疑不决、捉摸不定，直到 1848 年革命让王室与皮埃蒙特精英都面临不可避免的选择。

1848 年，皮埃蒙特第三个与众不同的特点变得明显起来，这是皮埃蒙特的精英们对革命所带来的机遇和危险的敏锐和务实的理解。1848 年 1 月，加富尔强烈主张在宪法上做出让步，其动机既不是民主理想主义，也非政治机会主义，而是反映了一种更深刻、更浑然一体的政治哲学。他确信，在保持国家政治结构不变的情况下进行改革，只会引发"骚动、叛乱，然后可能是屠杀，最后进入无政府状态"，而宪法可能"将秩序、权威以及稳定的要素结合在一起"。[3]

秩序、权威和稳定形成了三位一体的自由主义革命前提，也阐明了革命的目的和目标。宪法就是一种尝试，进行一场社会革命先发制人，将精英阶层与王室的利益更加紧密地捆绑在一起，以此使国家更加稳固，预先防止更广泛的社会革命的威胁。宪法通过赋予富人民事保障以及政治代表权，拉近了王室与精英阶层的利益关系，并允诺缓解以前从上层削弱国家的紧张关系。

正是沿着这些虽从未和谐但趋同的道路，皮埃蒙特精英阶级和王室摸索着走向政治妥协，这标志着半岛上独裁政体向名人政体的第一次有效过渡。但是，为了实现这种表面上最小的改革，用斯特凡诺·亚奇尼的话说，"甚至连保守派都被迫成了革命者"。[4] 又是加富尔准确而简明地表达了这种预防性革命策略背后的动机和恐惧：

> 让我们害怕的不是共和国或是民主的理念，而是让许多人充满恐惧的共产主义幽灵。[5]

1848 年，一场沿着皮埃蒙特温和派路线进行的预防性革命显示了广泛得多的吸引力，革命的经验也大大增强了这种吸引力。例如在威尼托，马宁的共和制更多地归功于圣马可共和国寡头政治传统，而非 1789 年的革命，而贵族革命的许多大众支持者并不理解这一点——这是一个让领导者们持续头疼的问题。随着社会冲突在大陆城乡蔓延，革命的许多早期支持者很快就对奥地利获胜的前景感到日益宽慰。[6] 类似的思想转变在半岛上其他地方也很明显，在托斯卡纳，临时政府成员、共和派人圭拉奇将最初把他抬上权力宝座的利沃诺民众骚乱描述为"社会主义和共产主义的产物"。[7]

只有 1849 年初成立的罗马共和国认真引入了改革，尝试让革命包含真正的社会内容，但共和国从一开始就面临严重外部危机，使得系统实施这一方案困难重重。[8] 即使是在罗马，对待社会改革的态度依然模糊，共和国的领导者极力撇清他们的共和主义与社会激进主义之间的关系：

> 罗马人的性格、习俗以及特殊需要就是这样——1849 年 7 月，三执政巨头指示他们的大使向法国政府报告——能够为我们共和国政府的温和保守性质提供更广泛的保证：所谓红色或社会共和主义者的乌托邦思想

在我们中间完全没有价值。[9]

随着法国军队压境，这些观点必然染上了政治需要的色彩，但这并不能解释为什么就在同月驳回了一项在共和国宪法中增加强制性社会福利条款的提案，理由是这会"鼓励懒惰和不道德，从而间接建立某种形式的'社会主义'"。[10]

马克思声称共产主义幽灵正在欧洲徘徊，这在 1848 年和 1849 年的意大利半岛并不夸张。席卷意大利的剧烈社会动荡给有产阶级在思想上留下了不可磨灭的印记，也暴露了作为激进纲领核心的民粹主义言辞的空洞无效。

然而，这些担忧也为温和主义者提供了核心而最有效的支撑，随后 10 年，他们将围绕这些支撑建立自己的政治纲领。这份纲领的核心有两个假设：其一，物质进步是解决民众日益恶化状况的唯一方法；其二，这种进步只能在一个强大的行政国家范围内才能安全实现。

自由派渴望的经济革命首先需要行政革命。但是 19 世纪 50 年代，加富尔和他的拥护者在皮埃蒙特实行经济和行政双重革命的经历显示，即使是温和的革命，也会遭遇巨大障碍。1848 年的宪法为君主制和参议院保留了极其广泛的权力，这对于皮埃蒙特政权的更广泛转型虽然极为重要，但说到底只是一个起点。每一个相继的步骤都必须与王室、神职人员和同样反动的官僚机构做斗争。然而，无论宪法赋予议会的权力有多少缺点，它仍然是自由主义革命的关键跳板，尤其是议会对民事预算的控制标志着一场决定性的政治胜利，赋予了制宪议会实权。[11]

1850 年实施商业关税，尤其是 1853 年取消了针对外国进口粮食的保护性关税，虽然这是企业家与食利者地主斗争的重大胜利，但 19 世纪 50 年代加富尔尝试的革命远远不止单纯引入自由贸易。[12] 即使从经济方面来看，皮埃蒙特的商业复兴需要的也不仅仅是自由放任的经济政策。国家干预采取了对银行风险投资提供担保的间接形式，对于道路建设、阿尔卑斯隧道建设、运河开凿、铁路和灌溉工程的投资而言，这是不可或缺的。正是这一点帮助吸引了外国资本，没有它们就很难实现经济增长。但 1848 年和 1849 年与奥地利的两次战争已经欠下巨额债务，新的外国贷款又加大了偿还利息的沉重负担，对改革方案造成了重大的财政限制。[13]

财政资源匮乏使改革于 19 世纪 50 年代中期陷入困境。在此之前，加富尔及其支持者试图通过不稳定的议会追随者以及更加直接的行政措施来实施其方案。这意味着按照自己的风格重塑官僚机构，第一个重要步骤就是1851年的《西卡尔迪法》，该法取缔了神职人员以前享有的民事管辖权，为皮埃蒙特的世俗官僚政权奠定了基础。这不可避免地使自由主义者与神职人员以及坚定支持原政权且普遍反动的地方法官之间爆发了公开冲突。

当上诉法院高级法官科斯塔·德拉托雷伯爵公然违抗政府的教会政策时，他遭到了免职，其他人也有类似遭遇。尽管清洗地方法院势在必行，但对于自由主义政府而言，这是一个微妙的问题，因为它直接违反了司法的独立性。1848年，激进派代表开除反动法官的要求就因此被驳回。不过，尽管保留了法官所应享有的职务保障且不得被调往他处的权利，但司法部部长惩戒权力的加强和扩大在事实上逐渐削弱了这种保障。当拉塔齐①正式确定司法部部长有权招募、任命以及提拔所有法官，从而确保政府可以完全控制其职业生涯时，这一权力达到了顶点。

部长有权"根据工作需要"随意调动法官，这进一步破坏了法官长期任职和不调动原则：法官1860年之前可能被调到某个偏远的撒丁岛巡回法庭，1860年之后被调到荒凉的西西里岛或卡拉布里亚等不适合居住的地方，这很难激励地方法官做不受政府欢迎的人。[14] 1859年建立的公共部长办公厅是约束地方法官权力的更有力的一个新机构。公共部长代表着行政部门，和省长一样没有长期任职的保障，但有权对初级地方法官和"审判法官"行使广泛的纪律处分权。[15]

对皮埃蒙特地方法院的清洗削弱了一股重要的反动力量，但这是以牺牲司法自治为代价的，极大地增强了政府干预司法行政的权力。国家官僚机构的改革也呈现类似趋势。1853年3月23日，加富尔通过立法，以严格的等级制度重组了公共行政部门，从国家部门开始，等级逐级下降，这一制度直到19世纪末及其以后都一直有效，改动很小。虽然官僚机构规模小，但高级别公务员完全从与新立宪国家的政治家具有相同社会背景的人群中招募，这种社会和意识形态的紧密同质使其成为实行自上而下行政改革的理想工具。[16]

挑选政府在地方行政部门的代表同样受到重视，这里的关键人物是省长。其地方行政的权力范围非常广泛，几乎延伸到公共生活的各个方面，而作为

---

① 乌尔巴诺·拉塔齐（Urbano Rattazzi，1808~1873），意大利政治家，曾任教育部长、司法部部长、内政部部长和总理。

国家政权的代理人，他们有权在各种公共机构中得到代表。省长的职责不仅是维护日常秩序，而且要确保地方精英不会试图阻挠政府立法的实施。[17]

行政改革的目标也明显体现在高度重视教育且强制推行标准的学校课程上。教育领域是神职人员的传统大本营之一，控制教育的战役是为了努力减少神职人员在此领域的影响力，而学校教育也被视作传播和推进作为自由主义革命基础的价值观的最有效途径之一。直到 1859 年，这场战役才取得胜利，同年的《卡萨蒂法》决定了意大利国家接下来半个世纪的教育体系。与官僚主义制度的改革一样，新的教育体系力图强调统一性和集权性，不仅对学校的课程，而且对从小学到大学的所有教师实行严格控制。[18]

自上而下实施行政改革的尝试在一定程度上反映了皮埃蒙特自由主义者的政治弱点，他们在政治上仍遭激进和反动的对手包围。在这种情况下，官僚干预提供了一种比议会更直接、更有效的变革工具，在面对君主主义和反动力量的持续抵抗时，议会立法只有在改革者也掌控了官僚机构的情况下才可能有效。此外，官僚机构也为自由主义者提供了宝贵的政治支持和庇护来源，纳索·西尼尔就发现了这一点，他被告知，国家烟草专卖局没有采取任何措施减少过多的行政人员，因为雇员都是政府的忠实支持者。[19]对公职人员的严格管制在 19 世纪 50 年代的皮埃蒙特就已明显可见，此后依旧是新国家的一个重要特征。

然而，这场自上而下的行政改革并不单纯是由 19 世纪 50 年代皮埃蒙特各方政治力量所形成的特殊平衡决定的，如果进步在于将理性应用于人类事务，那么只有"能干但坚定、不怕十字路口的碰撞、不惧沙龙的嘲笑的领导人"才应该被赋予解释理性这个艰巨而危险的任务。在实践中，这意味着"从不寻求迎合大众激情、勇敢而开明的人"。[20]自由主义这种毫不掩饰的精英主义甚至寡头政治的烙印，恰如其分地反映了统一前皮埃蒙特地区进步精英在数量上的劣势，也反映了他们政治观点中特有的期望与恐惧的微妙的相互作用。这些都是坚定但又受到围攻的少数派的观点，因此他们关心的是用无尽的制衡来防备宪法赋予的自由和政治代表权的原则。

如果置于更广阔的背景，这些态度既非不典型也非不寻常，但是进步精英在数量上的劣势使得同一时期其他欧洲代议制政体所采用的策略在皮埃蒙特更加困难、更不可靠。因此，尽管形成了被称作"联姻"（connubio）的跨党派议会多数，尽管部署了官僚机构作为改革的主要工具，结果却不可能完成自由主义革命，直到 1859 年和 1860 年的战争为政府提供了新的、罕见的权力。[21]

1855 年改革者的政治弱点和相对孤立状况凸显，那时的财政需求以及意识形态迫使他们尝试获取教会和修道院的财产，从而引发与教会和王室的公开冲突，使自由主义革命的未来岌岌可危。将教会土地国有化的企图遭遇反对，有可能使改革计划停滞不前，皮埃蒙特内部对改革的强烈抵制就是19 世纪 50 年代中期加富尔突然转向外交的一个原因。毫无疑问，这种策略非常巧妙，因为民族主义事业为温和派提供了与伦巴第及中部邦国广大有产精英直接交流的机会，而领土扩张的前景也许是能够让王室甘心牺牲教会这个传统盟友的唯一诱饵。

这些问题已经远远超出了当前的话题，但仍与我们的主题直接相关。凭借 1859 年皮埃蒙特和法国对奥地利宣战之后政府获得的紧急状态授权，10年行政改革才得以完成。新国家几乎所有主要行政机构都建立在紧急状态授权的条款下，其中包括成为新国家教育系统基础的《卡萨蒂法》、确立地方法院和公共部长办公厅的拉塔齐法令、重组公益慈善事业的法律，以及新刑法准则和治安法规。这些重大立法创新随后只经过议会最粗略的讨论，在许多情况下几乎毫无改变，一直沿用到 20 世纪。

自由主义革命由一小群信念坚定的革命精英自上而下完成，在革命过程中必然带有不可磨灭的专制思考方法的印记。在统一后的动荡岁月里，这些特征越发显著，但它们本身并不是意大利剧烈的分娩阵痛的结果。无论爱国主义和理想主义起着怎样的作用，这些特点都增加了加富尔方案的吸引力。这也解释了为什么某些精英派在 1849 年联合起来支持正统君主政体以恢复社会秩序，现在却随时准备转而效忠皮埃蒙特国家政权。[22] 像托斯卡纳的里卡索利和艾米利亚的明格蒂这样极端保守的人物能够加入革命队伍，是因为皮埃蒙特君主立宪制毫不含糊地支持与法律和秩序相结合的进步。

10 年加富尔改革期间皮埃蒙特的政治发展让人很难说新独立国家的非自由主义特征仅仅是随后紧急状况的结果。就连加富尔的外交政策也密切反映了指导其国内改革的政治标准。例如，皮埃蒙特与法国秘密结盟就是实事求是地承认它无法单独击败奥地利，就如 1848 年大众相信的那样，而这样结盟就不必招募志愿者，因为那可能会有风险，会导致民众更广泛参与。对奥战争中，政府与加里波第和他的志愿军保持着一定距离，民主派与激进派受到密切监视，为了吞并中部公国与托斯卡纳而发起的谈判完全通过贵族精英进行。[23]

南部大陆内战

然而，加里波第的千人志愿军超乎预期，成功加速了南方波旁王朝的瓦解，让加富尔的战略面临失败，并再次激起了主导1849年革命最后阶段的温和派与激进派的冲突。起初，加富尔被迫外交与阴谋双管齐下，但他未能组织起那不勒斯中等规模的造反，未能抢在加里波第之前在大陆推进，唯一的选择就是进行更直接的军事对抗。因此，加富尔决定入侵教皇国，防止加里波第进攻罗马。如果加里波第达成目标，成功解放罗马，无疑会给拿破仑三世提供渴望已久的借口进行干预。但是，当这个复兴运动的伟大统领面临抉择，是交出指挥权还是甘冒内战风险时，他选择了前者。然而，民主主义者拒绝承认加富尔的胜利是决定性的，他们试图利用南方日益加剧的动荡来检验这场胜利。由此，南方成为决定新国家政治命运的战场。

1861年加富尔英年早逝后，接管新国家的政客竭尽所能地对南方的骚乱轻描淡写，将其看作罗马导演的反革命正统主义阴谋所挑起的纯粹"匪患"，不屑一提。事实上，尽管淡化统一导致的内部动荡程度对新国家的国际稳定和声誉至关重要，但南方危机的严重性无法掩盖，因为它有可能促使温和革命的两个公开敌人结成同盟：一方是毫不妥协的"黑衣"神职人员，另一方是民主派和"红衫军"。

如果说大力支持加里波第远征显示了激进反对加富尔1860年协议的强大力量，那么毫无疑问，从政治角度来说，与教会公开不和是温和派为革命承受的最具破坏性的不利后果之一。19世纪50年代中期，教会的反对可能有中断改革计划的危险，而后，政府与教会的关系逐渐恶化。在政治上，最为严重的后果是意大利自由派无法复制欧洲其他以农业为主、具有类似形式代议制的政府探索过的策略，也不能像拿破仑三世和俾斯麦①那样将农民的保守主义转换为普选基础。这极大地加剧了新国家的政治精英的孤立，令在

---

① 奥托·冯·俾斯麦（Otto von Bismarck，1815~1898），普鲁士首相（1862~1890），德意志帝国缔造者和首任宰相（1871~1890），人称"铁血宰相"。

选举制度中建立有效制衡的尝试越发不可靠。更直接的是，1860 年，南部波旁王朝君主制的覆没为强大的正统派反抗力量提供了潜在理由，这可能给梵蒂冈恢复影响力的机会，甚至推翻脆弱的新世俗国家。[24]

坚信南方动乱的幕后推手就是红色的革命和"黑衣"神职人员对革命的回应这两股力量，这种想法从一开始就决定了都灵政府对南部大陆实施的政策。1860 年 11 月一废除了加里波第的独裁统治，加富尔就命令那不勒斯第一任副省长法里尼："首先在那不勒斯建立秩序，再考虑击败国王。"[25] 他认为，比起消灭波旁王朝的残余军队，应该先摧毁民主派。

对民主派和神职人员的颠覆活动的恐惧为在南方地区采取武断和特殊的措施提供了正当理由，即使这种恐惧不仅被夸大了，而且常常搞错了对象。罗马的正统派团体企图利用南方动乱，却极不成功，他们指望农民如同1799 年一样起来造反、恢复君主制，结果也令人失望。南方民主派的实力也远低于都灵政客愿意相信的水平，例如，1862 年夏天，加里波第再次远征，试图解放罗马，他遭遇到非常不同于先前千人志愿军远征的反应。加里波第在西西里召集起一支队伍后，再次跨越墨西拿附近海峡，然而两年前曾经集合在这个解放者身边的南方上流人士如今却冷漠远离。加里波第的小部队被皮埃蒙特部队赶入阿斯普罗蒙特山区，这位伟大的英雄本人也在小规模战斗中负伤，因此，第二次进军罗马提前结束。[26]

加里波第1862 年的远征缺乏支持，与此形成鲜明对比的是两年前的事件，以及 1860 年秋天开始支配着南部大陆的暴力和动乱，当时北方一系列正统派的暴动预示了 1861 年夏更普遍的暴乱。这是因为起作用的还有其他因素，既不符合官方的匪患说辞，也不符合民主革命者和宗教反动派结成联盟的幻觉。一个因素是南方民众持续的绝望与孤注一掷，另一个因素是南方精英的阴郁不满。

正如许多同时代人指出的，与统一后骚乱形成鲜明对比的是 1860 年夏，彼时南方上流社会团结起来支持加里波第，在波旁王朝正在瓦解的几个月内成功维持了秩序，尽管是通过国民警卫队随意且时常残暴的军事行动实现的。然而，在独立后的骚乱中，上层人士非但全然没有尝试维持秩序，自己反而成了暴力的煽动者和目标。

1860 年，南方部分上流社会人士尽管各怀心思，还是团结起来支持革命，但当这未能加强自己的力量时，他们很快心生不满。原因不难找到，例如，1860 年秋加里波第志愿军遭到粗暴解散，这种方式令许多上流人士心生嫌隙。这是一场政治清洗，并且，由于志愿军被怀疑是危险激进分子，大多数被禁止在皮埃蒙特军队任军官，而这些职位却随意给予前波旁的正规军。同样的政治标准决定了 1860 年秋天和初冬时期，对已经构成南方精英私人民兵的国民警卫队以及地方行政部门的一再清洗。民事部门，特别是新设立的省长办公厅的高级职位，几乎全部给了北方人，而 1861 年 1 月开始了对南部地方法院的清洗。清洗行动依据的信息必然不足且往往带有政治偏见，而皮埃蒙特当局在南方继续选择依赖前波旁王朝支持者，从而进一步疏远和分裂了上层人士。[27]

这些举措意味着对曾经最积极支持统一的那些南方精英的极其不信任，由此加剧了南方日益增长的政治紧张与混乱。虽然这种紧张主要表现为农民起义和盗抢行为，但毫无疑问，分裂并心怀不满的南方精英在其中扮演着重要角色。

贾科莫·拉乔皮（Giacomo Raccioppi）是巴西利卡塔事件的目击者，那里在 1861~1864 年是动乱的中心，他简要地总结了法律与秩序崩溃的根源，声称：

> 革命改变了社会的重心，也改变了不同社会群体和家庭的公信力与地位。随着重心的转移，整个社会体系都陷入混乱。[28]

拉乔皮试图解释为什么巴西利卡塔会成为一些最为暴力的骚乱的战场，再次促使人们关注精英在其中所扮演的角色：

> 巴西利卡塔曾是整个王国最被遗忘、最荒废的省份，当然也是最远离波旁宫廷的思想和忧烦的地方。但革命之后，到处都是胜利者派系和失败者派系……而失败的派系很快决定效忠先前并不存在的波旁王朝事业。[29]

加剧南方危机的是比出没都灵各部委走廊的假想靶子更为真实、直接的力量。但是，如果说南部大陆的无序状态提供了机会，让南方精英能够夺回地方行政控制权，并展开自己的宿怨仇杀，那么紧急状态也提供了同样重要的机会，用武力将刚刚在北方完成的自上而下的革命扩展到南方。

从 1860 年秋叛乱的最早迹象来看，政府提前使用了不久将在更大范围采取的措施。边境各省的军事指挥官要求批准实行"戒严状态"，这在撒丁岛已经实施两次。尽管该要求未得到满足，但是恰尔迪尼将军给莫利塞的总督发布了如下命令："立即宣布，所有携带武器的农民将会被枪决，只有身着制服的士兵才能免于一死。"即使没有得到紧急状态法批准，驻扎在莫利塞的桑格罗堡和伊塞尼亚地区的军队也执行了大规模处决，德拉罗卡将军后来在回忆录里几乎是漫不经心地写道：

> 叛军太多，处决非常频繁。事实上，我从都灵接到指令要节制使用行刑队，只射杀首领。[30]

皮埃蒙特当局应对危机的套路就是实施大规模处决、派更多骑兵巡逻以及调用更多军队。潘塔莱奥尼在 1861 年被委派去南部进行实况调查，他在给内政部明格蒂的报告中强调了这些危机处理模式，"别抱幻想。这是一个只能以武力和武力威胁来控制的国度。军队，军队，更多军队"。[31] 1861 ~ 1864 年期间，这种现象达到高潮。意大利近 2/3 的军队参与南部镇压土匪的战役，这使得北部明乔河畔地区防御阵地的人手严重不足。[32] 虽然正式戒严状态只在 1862 年的阿斯普罗蒙特战役期间实行，因为当时政府担心加里波第会在南方激起全面叛乱，但是在这个时期大部分时间里，南部大陆即使不是在法律上，也是在实际上处于军事统治下。

与这种积极的军事反应相比，为新制度争取支持的政治举措则显得无力且矛盾。1861 年 1 月，当局试图实施 19 世纪初颁布的法令，分割前封建土地和公共土地，但事实上几乎没有什么作为。所完成的微不足道的事情非但没有平息，反而加剧了当地的敌对情绪，而命令征用宗教法人土地的 1855 年皮埃蒙特立法在 1861 年扩展到南方，激起了正式神职人员的集体抵制。[33]

像利博里奥·罗马诺这类的南方名流特别清楚这种局势的危险性，他敦促实施公共工程和土地分配计划以安抚民众的不满情绪，同时采取措施加强国民警卫队伍，使其成为更有效的反叛乱力量。但这已经是一个极为敏感的政治问题，南方保守派担心罗马诺的真正目的是重新武装民主派，因此他的上述提案立刻遭到了保守派的反驳。提案事实上被断送，他本人也由此背上了污名，被认为是一名危险的克莫拉组织成员。7 月被任命为副总督的恰尔迪尼将军也试图将国民警卫队转变为镇压农村骚乱的有效力量，但他很快成为由西尔维奥·斯帕文塔领导的南方保守派政客的牺牲品，后者污蔑他同情共和派，1861 年 10 月恰尔迪尼被免职。在此期间，恰尔迪尼的策略被证明是有效的，例如，在特拉莫，由一位名叫特里波蒂的前民主派人士、加里波第军队士兵领导的国民警卫队自豪地宣称一周击毙了 526 名反叛的"乡巴佬"。[34]

1861 年夏天，南部各省成为叛乱的战场，即使是在这些长期动荡的地区，这些叛乱也算是激烈无比，痛苦与绝望交织。无论国家统一改变了什么，农村贫困民众的目标和不满没有改变。无论这些群众是加入了在内陆甚至靠近泰拉迪拉沃诺首府和萨勒诺地区活动的强盗团伙，还是仅仅为他们提供庇护所，南方农民再一次绝望发声，要求得到自己那份被剥夺的土地和权利。

这些抗议声浪在新因素的刺激下越发高涨。1860~1861 年的严冬是一个因素，皮埃蒙特引进自由贸易法规造成的商业衰退是另一个因素。但是对于强盗团伙来说，最有效的招募方式是征兵：仅在巴西利卡塔，就有 2697 人被征召入伍，据估计，其中有 2000 人即刻开了小差，上山为寇。[35]

强盗团伙头目，如克罗科、宁科·南科、塞拉瓦莱以及米歇尔·卡鲁索，很快在整个欧洲臭名昭著，团伙成员有时多达几百人。虽然大型强盗团伙意味着大规模的动乱，但有这种规模的强盗团伙是例外，大多数不超过 20 人。许多妇女也跟随丈夫成为强盗，另外一些则是由于自己的作为，成为臭名远扬的强盗。

在情况最严重的时候，如 1861 年夏天，仅仅在巴西利卡塔就发现了 39 个强盗团伙。[36] 但是，这些可以识别的强盗团伙进行的活动还有更广阔的背景：粮食和税收骚乱、占领土地、袭击公共机关及官员、偷牛、报复性劫掠财产和牲畜、精心策划的谋杀和绑架等。这些骚乱背后的社会不满情绪具有自发性和局部化特征，明显体现在那些企图将动乱转化为自身政治利益者的失败尝试中。

正统主义者希望这些暴动发展成为又一支成功帮助国王复位的农民"圣费德军"，对名为伯耶斯的加泰罗尼亚雇佣兵寄予了厚望，他被从罗马派来领导克罗科（真名卡尔米内·多纳泰洛，Carmine Donatello）的队伍。伯耶斯具有出色的反革命资历以及作战经验，他曾参与在西班牙拥护卡洛斯争取王位的战争。他于 1861 年 10 月在巴西利卡塔的根据地成功联络上了克罗科及其手下。

这不是克罗科第一次接触出于政治原因企图利用南方动乱的人。他自己的强盗生涯始于拉格佩索尔地区的叛乱，始于狂热的正统派多里亚家族的庄园。然而，起义很快从拉格佩索尔蔓延到整个巴西利卡塔，无论正统派的地主在叛乱开始时扮演了何种角色，他们很快对后续发展失去了掌控。伯耶斯也不成功。克罗科及其同伙基本没有听从伯耶斯命令的意思，至少部分是因为他们知道自己的长处在于利用游击战术骚扰皮埃蒙特人的分队和当地的国民警卫队，而伯耶斯则梦想着更雄心勃勃的战役。[37]

南方精英不同群体之间错综复杂的争斗，以及农村穷人深深的不满情绪助长了混乱的延续。但是，历届政府持续不断地试图利用南方混乱局面推进行政和政治革命，将南方大部分精英排除在权力之外，产生了极为类似的效果。

危险之处在于，这给了军队过大的权力，1861 年秋，拉马尔莫拉将军接替恰尔迪尼担任南方军事指挥官时，这一点就变得很明显。由于"规范化"行动废除了副手职位，授予拉马尔莫拉极其广泛的权力，他毫不犹豫地将民主派而非土匪视为主要敌人。

1861~1862 年那个冬天，那不勒斯举行要求解放罗马的示威游行后，对民主派活动的思虑增加了。这引发了一场关于自由集会和结社权的重大政治危机，而新总理里卡索利以违反宪法为由拒绝镇压共和及民主社团，被迫辞职。继任者拉塔齐立即在 1862 年春天对南方政府进行了更系统的清洗，替换了大量省长和市长，并对南方司法机关进行新一轮认真彻底的审查，结果80 名地方法官被强制退休，1862 年 4~5 月又有 23 名法官被调往不同巡回法院。同时，关于逃兵的新法律增加了军事指挥官的管辖权，规定凡涉嫌协助或教唆逃兵的人都应接受军事审判。[38]

夏天，当加里波第企图从西西里开始第二次远征时，危机达到高潮。8月 3 日，国王维克多·伊曼纽尔二世[①]公开声明自己与此次远征无关。而一星期之后，政府授权拉马尔莫拉激活戒严状态。南部大陆和西西里地区宣布戒严之后，拉塔齐迅速采取行动，取缔民主团体，关闭同情加里波第和马志

① 维克多·伊曼纽尔二世（Victor Emanuel Ⅱ，意大利语为 Vittore Emanuele Ⅱ，译为维托雷·埃马努埃莱二世，1820~1878），撒丁尼亚国王（1849~1861），意大利统一后的首任国王（1861~1878）。

尼的报社。[39]政府要求拉马尔莫拉利用紧急状态，逮捕所有已知的克莫拉成员，最好都在同一晚进行。然而，这位将军并不需要什么鼓励，在那不勒斯将三个民主派代表莫迪尼、卡尔维诺、法布里齐抓获之后，他热忱地给都灵发报："已经逮捕了这些代表。我要枪决他们吗？"[40]

加里波第的远征军在阿斯普罗蒙特战败之后很久，戒严状态都仍然有效，军方利用紧急权力对民事部门、省长、市长、地方议员以及国民警卫队分遣队进行了又一波清洗。恐怖与猜疑的氛围笼罩，有件事很能证明这点：在戒严状态已经结束后，在卡拉布里亚的卡斯特罗维拉里镇，有两名国民警卫队成员仅因被怀疑污损维克多·伊曼纽尔的半身石膏像就遭到了处决，而在其他地方，大规模处决起义农民的行动也始终不减。[41]

在政治方面，戒严状态已经逾矩。即使是在南方，也很少有人反对军方普遍用来对付土匪和农民的手段，但是像戒严这样将军事权力进一步扩大、几乎无限扩大的做法甚至引起了南方精英中较保守群体的强烈反对。从他们的角度来看，这有可能将他们完全排挤出民事管理部门。许多民主派人士也没有对农民所遭遇的恐怖表示太多关注，他们通常将匪患看作阻挡解放罗马步伐的反动阴谋。但是他们对紧急状态权力范围的愤慨导致其抗议与保守派不谋而合。[42]政府对阿斯普罗蒙特事件的处理使得拉塔齐政府在 12 月下台，法里尼和明格蒂所领导的新政府与有影响力的南方保守派结成了尤为密切的联盟。例如，其主要代表之一西尔维奥·斯帕文塔进入内政部时，警方控制政治嫌疑人的整个机构正在恢复。但是，斯帕文塔迫切希望摧毁激进分子和强盗团伙的同时，也关心重振民事当局的权力，尤其是地主的权力。当拉马尔莫拉质疑政府是否有能力"坚决对抗'红衫军'的阴谋和无耻"而不愿交出军事指挥权时，这场斗争的本质暴露无遗。[43]

阿斯普罗蒙特带来了军队、南方保守派和相对弱小的南方激进分子三方的权力斗争，而持续的农村骚乱成为这场三角斗争的背景。下一阶段始于 1862 年 12 月 16 日讨论南方局势的秘密议会会议，最终会议决定成立匪患调查委员会。尽管拉马尔莫拉加以阻挠，拒绝让委员们与除他以外的任何军官交谈，但 1863 年 6 月，委员会还是向议会提交了报告，建议在南方实行紧急立法。虽然承认赤贫加剧了匪患（"在福贾，农民们不得不吃连狗都不会碰的面包"），但该报告总结道，当务之急是"通过以儆效尤的恐惧震慑"、即决处决和草草审判来保障社会秩序，条件是这些措施须服从某种正式控制，且只是权宜之计。[44]

早在 1862 年，南方律师佩·曼奇尼就已提出了南方紧急状态法案。该法案意在恢复波旁王朝的民事和军事省级军政府，它们曾广泛行使权力，逮捕和即决处决疑似强盗、法外之徒及其亲属和疑似同伙。法案以 1821 年革命后颁布的法令为蓝本制定。

从技术上讲，使用特别法庭会引发极其棘手的难题，因为宪法明令禁止特别法庭，而承认其存在的必要性也会让政府在国际上颇为尴尬。然而实际上，《刑法典》已经为应对匪患提供了充足的条款。第 162 条规定，参加"以改变或者摧毁现行政府形式为目的的武装团体"是犯罪，而第 246 条和第 247 条规定团伙作恶和密谋造反为非法。此外，刑事法庭可以对因叛乱和拦路抢劫而故意杀人的罪犯处以死刑。[45]

然而，利用刑法打击匪患带来了重大的政治不便，因为政府并不愿意承认匪患有"社会原因"，反而坚持认为这主要是反动政治阴谋的产物。但对政治犯罪没有死刑条款，更糟糕的是，新的《皮埃蒙特刑法典》规定，政治犯罪必须在巡回法院和陪审团审判。从政治层面来讲，这极不可取，因为这涉及陪审团审判，也因为这意味着将行政司法权赋予被怀疑是正统主义反动派的南方地方法官。

1863 年 8 月采用的紧急措施提供了解决方案，名为《皮卡法》，随后于1864 年 2 月修订，更名为《镇压匪患法》，实施至 1865 年底。从表面上看，动用紧急权力的原因在于 1863 年夏天重新爆发的匪患，但当时许多人坚信这纯粹是借口。虽然最后的主要团伙之一由米歇尔·卡鲁索领头，已经走投无路，在 1863 年 12 月被帕拉维奇尼将军摧毁，但在那之后，又执行了两年紧急措施。[46]

紧急状态法本身并没有带来重大创新，只是让已经实施的措施合法化。1862~1863 年，军事当局一直对疑似强盗团伙支持者，尤其是农民团体，进行非法打击报复。这就需要广泛沿用前波旁警察的手段，包括"出于公众安全的原因"拘留犯罪嫌疑人、对流浪者和无业游民实施软禁和流放。自实施戒严状态以来，那些被含糊描述为克莫拉组织成员的人也很可能被拘留，而军方还恢复了波旁警察的另一项名为"防范危险"的措施，规定如果警方认为罪犯获释后会对公共安全构成威胁的话，可以无限期延长其刑期。[47]

《皮卡法》使这些程序得到了法律承认，甚至证明有理由更广泛地使用这些程序来对付涉嫌支持强盗团伙的人，不过，《皮卡法》也让民政当局对这些措施的应用有了发言权。虽然民政当局人士和某些地主现在被吸收到各省委员会任职，但地方法官和刑事法庭事实上被排除在外。

军方热切欢迎正式认可这些专制权力，却几乎不理会新法庭。例如，8 月 21 日，德拉罗维尔将军授权高级军官必要时建立特设法庭，他的指令实际上无视了根据《皮卡法》建立的 8 个"战争法庭"。议会立法中没有这方面的规定，结果，《皮卡法》引入的唯一"正式"约束在实践中被立即丢弃。[48]

帕拉维奇尼将军发给军官们印制好的"指示"也很好地说明了军事指挥官的方法。将军告诉他们，对土匪的主要支持来自土匪与农村社区的团结，而因为不可能找到证据，法庭在打击这种恶行时毫无用处：

> 在本省，犯罪是盗窃的同义词，是穷人对富人的战争。这是我们正在对付的盗匪具有的非同寻常的特点，这立刻告诉我们哪些人可能成为他们的保护者（共犯）——他们必须在农村居民处寻求庇护所，因此我们必须将这些人看作他们的主要保护者和协助者，此外我们还必须把盗匪的所有亲属都看作其天然盟友，因为盗匪就是跟亲戚们共享盗窃、绑架和谋杀所获的赃物，因此必须对盗匪亲属进行严厉的军事打击。

他还详细说明了应该采取的具体方法。见到"猪倌、羊倌"就应逮捕，有嫌疑就囚禁：

> 只有当农村人开始明白军队在不断骚扰自己，而骑兵巡逻队也可以提供保护时，他们才会开始配合消灭罪犯。

无论是否有《皮卡法》，农村居民都有可能因涉嫌犯罪、证件有问题或其他原因遭即决逮捕。当地方法官不满军事指挥官的自命不凡，抱怨这些程序不合法的时候，司法部一直拒绝采取行动，甚至警告地方法官不得妨碍军队的出色工作。[49]

如果某些议会代表先前认为《皮卡法》会给正在南方实施的野蛮镇压披上法律约束的表象，那么他们的幻想破灭了。唯一的变化是，现在指导镇压行动的不仅有士兵，而且还有保守派名人。毫无疑问，这最终引发了真正可怕的群体仇杀，南方社区获胜派别屠杀了大量对手。例如，仅在巴西利卡塔，在《皮卡法》实施之后的半年，就有 2400 多人因为涉嫌窝藏盗匪或给其提供物资被捕。据估计，在整个南方地区，公共安全委员会 1863 年下半年逮捕了逾 12000 人，并开始将有"共犯"嫌疑的人大规模驱逐至厄尔巴岛和托斯卡纳群岛上的监狱。[50]

尽管人们普遍认为真正的共犯是有钱有势的人，但这些人既未受影响也不可撼动。预防性逮捕的受害者大部分是农民，也有许多"政治"受害者，而且必要时政府仍然可以动用针对克莫拉成员的特别法律来对付后者。真正的盗匪保护人落入特别法庭之手的情况非常罕见，尽管人们普遍承认有权有势的人参与了土匪行动。拉乔皮毫不避讳地说道，最富有的土地和牲畜所有人出于恐惧或者政治上的权宜之计而成为盗匪的银行家。许多军事指挥官也很清楚，匪患往往与争夺公共管理和地方权力的激烈内讧有关。正如一名皇家宪兵军官描述：

> 这些内部斗争削弱了这些社区的文明阶层，使其陷入瘫痪，其处处追求的目标就是个人泄恨、争吵和团伙仇杀。[51]

共谋和纵容网络的进一步证据再次表明了南方精英的分裂本质，证据来自被捕的土匪，他们没有掩饰自己被强大但未披露姓名的煽动者背叛的感觉：

> "这就是我们的命运！"一位强盗头目在军事法庭中高喊，"先生们是这罪恶勾当的根源，但付出代价的是我们。可尽管如此，这又有什么关系呢，因为那就是我们出生的原因。"[52]

在统一后的最初几年里，南方局势的复杂性恰恰在于不同斗争叠加的相互作用。危机的一个因素在于这个新国家政权企图强加其意志，自上而下实施行政改革，并摧毁政治对手。南方农民的悲惨绝望构成另一因素。随着各种斗争矛盾交织在一起，盗匪们成为这场战争的士兵，而这场战争的领导人没有名字，双方的立场也故意模糊不清。《皮卡法》在匪患已过了顶峰之后引入，有效的时间远远超出这个时段，它武装了获胜的派系，使之有能力大量消灭对手。[53]

西西里与自由主义国家

在统一后最初这些年里，南方社会处于复杂的政治和社会斗争中，新国家政权面临的生存威胁不可低估，当务之急是尽快隐藏并清除内部异议的证据。对公共秩序的威胁被新国家的统治者用作一种政治工具以从上至下强制推行其革命，但这种威胁也被南方精英中更有权势的群体利用，效果如出一辙。新国家的政府与西西里精英之间的斗争也面临着同样的境况，这些斗争主要也在法律与秩序基础之上进行。

尽管精英的不满在西西里岛上与南部大陆上有着许多相似之处，但是也存在重要差别。1860 年，不同于南部大陆的精英，西西里精英利用加里波第远征完成了自己的夺权。在勃朗特地区发生反叛后的几个月里，地主及受其庇护的人成功恢复了秩序。对波旁王朝的同情在岛上几乎没有任何意义，而无论西西里精英们在内部如何敌对，他们对新政权的敌对态度显示出更多的政治团结。[54]

从 1860 年冬到 1861 年春，西西里民众的不满情绪加剧，令人忧虑，其中一个主要原因是对加里波第轻率的土地改革承诺的预期落空。同时皮埃蒙特开始实行自由贸易法，这也加剧了不满，使得巴勒莫和墨西拿的商业经济陷入危机，并造成严重失业。当局惊慌地发现，城市手工业者越来越支持马志尼共和派团体，里卡索利则以惊恐的语气报告说，即使是公职人员也不能指望他们投票支持政府。[55]

岛上动荡日益严峻的最明显征兆是普通犯罪惊人地增长，特别是抢劫、绑架和谋杀。1862 年，巴勒莫省一个月内就发生了 39 起谋杀案、50 起农村盗窃案、31 起城市盗窃案以及 22 起公路劫案，到 1862 年底，谋杀案总数达 145 起，其中大多数是"世仇"或者说团伙仇杀所致。1860 年的事件动摇了地主先前的严格控制，其另一征兆是抢劫数量增加。传统上，西西里土地关系的特殊性几乎没有给独立抢劫留下什么余地，但到 1864 年 5 月，强盗团伙甚至侵入巴勒莫的郊区，而绑架和勒索案件数量激增，引起了当局高度警惕。作为回应，政府又一次重组波旁王朝时期的军队，于 1863 年更名为"马队民兵"。[56]

征兵在增加犯罪和混乱中也发挥了重要作用。1863 年，戈沃内将军被授权采用一切必要军事手段完成岛上的征兵配额。在夏季，整个西西里内陆展开了一场系统的战役以强制执行征兵法，动用了 20 个步兵团来恐吓农村社区，迫使他们完成征兵委员会的配额，并且透露那些逃避兵役的年轻人的下落。戈沃内的人使用了极其残酷的招数，军队经常在仲夏时节切断供水后包围居民区，只要有人想突破警戒线就会被射杀。这些行动导致了许多广为人知的暴行。在卡卡莫，试图藏匿自己十几岁儿子的一位母亲被刺刀捅死，而在别处，一家又一家人被活活烧死，怀孕的母亲遭逮捕并被杀害。同样的方法用在一个又一个村庄，尽管后来事实证明，征兵名单错得荒谬（16225 个条目中有 8000 个错误，其中包括妇女、儿童以及死者）。正是 1863 年 12 月，愤怒的西西里议会代表在关于南方紧急状态的议会辩论中揭露了这些事件，才导致加里波第和奥雷利奥·萨菲被迫从议院辞职。[57]

与大陆上一样，正是精英阶层的不满对政府构成了最大威胁。和南部大陆一样，西西里的不满情绪也在增长，因为历届政府都企图挑战精英阶级的权力，将其排除在高级行政职务之外，并且削弱诸如地方法院这样的机构，这些机构是旧秩序的堡垒。

然而，精英阶层对此的反应不是公开的敌对，并且，因为不存在重要的亲波旁派系，就没有空间形成大陆那样的政治匪患。甚至在 1866 年的巴勒莫起义中，精英也并没有公开发挥自己的作用。对于新国家政权来说，这场起义无疑是最激烈的挑战之一，且因涉及一个大城市而尤其危险，不像南部大陆上，抵抗几乎全在农村。这场叛乱持续一周，在海军和陆军全面登陆、占领之后才镇压下来。

虽然精英们没有在巴勒莫的这"七天半"中公开领头，但他们拒绝采取任何约束行动的做法就是一种不祥之兆，相当于公开支持。叛乱得到默许进行了下去，值得注意的是，城市暴徒的施暴行为是高度选择性的：公共建筑和办公场所被洗劫，但是几乎没有涉及私人住宅或宫殿。只有年轻的贵族迪鲁迪尼侯爵尝试恢复秩序，得到了政府奖赏，被授予省长之职。[58]

迪鲁迪尼之后的策略反映出他对起义背景的理解，这只有西西里统治阶级成员才有可能了解。该省的区长们收到指示，要"奉承地主……因为只有他们才能够施加影响力，只有他们才能够帮助我们实现期许的目标"。迪鲁迪尼向西西里西部的所有地主发出呼吁，地主们"凭借自己的社会地位、广泛的受庇护人圈子，以及对人民的道德权威，可以参与恢复秩序的工作：不要说让政府自生自灭，而是说与我一起，维护我们的权利和财产不受侵犯"[59]。

迪鲁迪尼清楚知道，西西里公共秩序问题的解决最终取决于精英阶层。然而，只要西西里和南方精英仍然心怀不满，在政治上遭到排斥，那么，犯罪、公共骚乱甚至革命和造反都会继续成为非常现实的危险。只有新国家的统治者同意将有效的权力留在精英们手上时，才能找到解决方案，而直到1876年议会革命由左翼取代了北方占主导地位的右翼后，这种情况才出现在西西里。

南方和西西里危机的关键问题在于这两个地区农业精英的自治权，以及他们坚持按照自己的条件，而不是听从外界摆布参加自由主义革命的决心。在地区分裂势力与新国家中央集权本能之间的冲突中，失败的是看起来强大的中央集权。因此，加富尔"自上而下革命"的前提从一开始便受到严重损害。

在斗争过程中，温和革命派的做法和价值观得到巩固加强，但这些不是国家统一这个环境下的产物。事实上，它们帮助在南方挑起了强烈的分裂主义反应，造成了存在于法律和秩序崩溃背后的与地方精英之间的裂痕。但是，在这些斗争环境下，历届政府及其代理人既没有重视法治，也没有倡导宪法自由，而这些本该是自由主义革命的基石。事实上，新意大利的创造者们经常暴露出一种不体面的轻率，急于摆脱法律和宪法的束缚，甚至利用最脆弱的借口来为悬置公民自由和民法辩护。

注　释

1. D. Mack Smith *Cavour* (London, 1985)；D. Mack Smith *Cavour and Garibaldi: A Study in Political Conflict* (London, 1985).

2. R. Romeo *Dal Piemonte Sabaudo all'Italia Liberale* (1974), pp. 48-106；R. Romeo *Cavour e Il Suo Tempo* Vol. 2 (1)；A. Caracciolo *Stato e Società Civile. Problemi dell'Unificazione Italiana* (Turin, 1960) pp. 19-27.

3. R. Romeo (1974), p. 106.

4. 转引自 G. Astuti *L'Unificazione Amministrativa del Regno d'Italia* (Naples, 1966) p. 8。

5. R. Romeo (1974) p. 120.

6. A. Bernadello 'La Paura del Comunismo e dei Tumulti Popolari a Venezia e nelle Provincie Venete' *NRS* liv 1970, p. 113.

7. S. F. Romano *Le Classi Sociali in Italia: Dal Medioevo all'Età Contemporanea* (Turin, 1965) p. 166.

8. M. Caravale and A. Caracciolo *Lo Stato Ponteficio*（1978）p. 315.

9. F. Catalano 'Socialismo e Comunismo in Italia dal 1846 al 1865' *RSR*, 1951, p. 315.

10. S. F. Romano（1965）p. 167.

11. A. Caracciolo（1960）p. 109.

12. R. Romeo（1974）p. 157.

13. R. Cameron 'French Finance and Italian Unity. The Cavourian Decade' *AHR*, lxii, 1956–1957.

14. M. D'Addio *Politica a Magistratura 1848–1876*（Milan, 1966）pp. 30–37.

15. Ibid. , pp. 45–47.

16. A. Caracciolo（1960）pp. 118–127；S. Cassese 'L'Amministrazzione Centrale' in S. Cassese （ed.）*Storia della Società Italiana dall'Unità a Oggi*（Turin, 1984）Vol. IX pp. 10；C. Mozzarelli and S. Nespor in ibid. pp. 161–164.

17. E. Ragionieri 'La Storia Politica e Sociale' in *Storia d'Italia*（Turin, Einaudi）Vol. 4 （3）p. 1688.

18. A. Caracciolo（1960）pp. 54 – 62；M. Barbagli *Educating for Unemployment: Politics, Labour Markets and School System-Italy 1859–1873*（Columbia Univ. Press, 1982）pp. 40– 65；G. Vigo 'Il Maestro Elementare Italiano nell'Ottocento: Condizioni Economiche e Status Sociale' *NRS* LXI 1977 pp. 45–84.

19. W. Nassau Senior *Journals*（1973）Vol. 1（Nov. 1850）p. 298.

20. R. Romeo *Cavour e Il Suo Tempo* Vol. 1, p. 537.

21. M. D'Addio（1966）p. 41.

22. L. Lotti, Introduction to G. C. Marino *L'Opposizione Mafiosa*（1870–1882）. *Baroni e Mafia Contro Lo Stato Liberale*（Palermo, 1964）p. 15.

23. R. Grew *A Sterner Plan for Italian Unity*（Princeton, 1963）；D. Mack Smith *Cavour* Ch. 19.

24. F. Molfese *Storia del Brigantaggio dopo l'Unità*（Milan, 1966）pp. 22–24.

25. Ibid. , p. 22.

26. 西西里的英国商人生动地反映了态度的转变，参见 R. Trevelyan *Princes Under the Volcano*（London, 1973）p. 193。

27. F. Molfese（1966）pp. 31–45；A. Scirocco *Il Mezzogiorno nella Crisi dell'Unificazione 1860– 1861*（Naples, 1981）；A. Scirocco *Il Mezzogiorno nella Società Italiana*（Naples, 1979）；A. Scirocco 'Il Brigantaggio Meridionale Post-Unitario nella Storiografia dell'Ultimo Ventennio' *ASPN*, ser. 3, XXI, 1983, pp. 20–25。关于国民警卫队扮演的关键性角色，参见 R. Colapietra 'Il Brigantaggio Post-Unitario in Abruzzo, Molise e Capitanata' in *ASPN* ibid. pp. 287–303。

28. G. Raccioppi *Storia dei Moti di Basilacata nel 1860*（Bari, 1909）p. 272.

29. Ibid. , p. 263.

30. F. Molfese（1966）pp. 55–56.

31. 转引自 R. Romanelli *L'Italia 1861–1900*（Bologna, 1979）p. 31。

32. F. Molfese（1966）pp. 181-182；L. Tuccari 'I Principali Aspetti Tecnico-Operativi della Lotta contro il Brigantaggio' *ASPN* 1983 pp. 333-346.

33. F. Molfese（1966）p. 64-65，123；A. Scirocco *Governo e Paese nel Mezzogiorno 1960-1961*（Milan，1963），从第 32 页开始。

34. F. Molfese（1966）pp. 94-104；A. Scirocco（1979）Ch. 6.

35. G. Raccioppi（1909）p. 286.

36. Ibid.，p. 299.

37. F. Molfese（1966）pp. 76-9；T. Pedio 'Reazione e Brigantaggio in Basilicata 1860-1861' in *ASPN*（1983）p. 283.

38. R. Martucci *Emergenza e Tutela dell'Ordine Pubblico nell'Italia Liberale*（Bologna. 1980）p. 19；A. Scirocco（1979）pp. 53-55.

39. A. Scirocco，Ibid.，p. 80.

40. R. Martucci（1980）p. 39.

41. Ibid.，p. 51.

42. A. Scirocco（1979）pp. 122-123.

43. F. Molfese（1966）pp. 226-227.

44. Ibid.，p. 218；R. Martucci（1980）pp. 87-100.

45. Ibid.，pp. 59-65.

46. Ibid.，pp. 78-79；A. Scirocco（1979）p. 123；F. Molfese（1966）pp. 261-267.

47. R. Martucci（1980）p. 59.

48. Ibid.，pp. 134-135.

49. Ibid.，pp. 196-200.

50. G. Raccioppi（1909）p. 308；F. Molfese（1966）p. 291.

51. 转引自 A. Scirocco（1979）p. 143；参见 G. Raccioppi（1909）p. 300。

52. F. Molfese（1966）p. 24；F. Gaudioso 'Indagine sul Brigantaggio nella Calabria Cosentina 1860-1865' *ASPN*，XXI，1983，pp. 180-193.

53. A. Scirocco（1979）p. 143.

54. F. Renda 'Garibaldi e la Questione Contadina in Sicilia nel 1860' in *Garibaldi e il Socialismo* eds G. Cingari and R. Battaglia（Bari，1984）pp. 31-54.

55. G. Cerrito 'Lo Spirito Pubblico a Messina dal 1860 al 1862' *ASM*，LIV，V，1953-1954，99-139.

56. U. Fragalà *La Condizione dell'Ordine Pubblico nella Sicilia Post-Unitario*（Palermo，1981）p. 18.

57. R. Martucci（1980）p. 147.

58. G. C. Marino *L'Opposizione Mafiosa（1870-1882）: Baroni e Mafia Contro lo Stato Liberale*（Palermo，1964）pp. 48-52；D. Mack Smith *Modern Sicily*（1968）Ch. 49.

59. G. C. Marino p. 47.

第七章 自由主义意大利的政治分歧和社会动荡

到 1866 年底，南方危机得到了控制，收复威尼斯缓解了较为极端的民主主义者带来的政治危机，不过次年，又一次试图解放罗马的行动以失败告终。至少在立法方面，新的国家在 1865 年得到巩固，当时议会几乎没有修改就接受了 1859 年紧急权力状态下引进的法律和行政管理机构。[1] 加富尔认为国家独立、建立强大统一的政权就能结束社会动荡和无序，但他的愿望并没有实现。接下来的几十年里，新国家的发展面临社会动乱和新形式政治对立的不断挑战，也正是在这一背景下，新秩序力图确立自己的地位。

新秩序面临的政治挑战在一定程度上是自由主义革命直接导致的结果，而潜在的社会抗议和骚乱潮流更多的是因为这样一个事实：半个多世纪以来有多股力量一直在改造和扰乱意大利的经济和社会结构，而国家统一增强了这些力量。

统一后那些年的抗议和无序

1861 年，西西里和南部地区唐突推行皮埃蒙特的自由贸易立法，这是随后社会动荡的一个主要因素，而突然取消波旁王朝设立的高额保护关税，给贸易和商业带来立竿见影的破坏性打击，也几乎摧毁现有工业。最明显的受害者是那不勒斯的国营造船和工程企业，1862 年，彼得拉萨厂和前国有兵工厂试图解雇大批工人，引发了罢工，军队的镇压造成了大量流血事件。农村的家庭工业也受到严重影响，虽然起初这并没有引起多少关注，但自由贸易对整个半岛农村工业和家庭工业的影响会在接下来的几十年里对农村的加速贫穷化起到重要作用。[2]

然而，城市工匠和手工业遭受的损害更为明显，所导致的不满促进了明显赞同民主主义的工人协会快速扩展。1861年和1862年，这种现象引起了墨西拿和那不勒斯当局的高度警惕，而当类似的情况在佛罗伦萨等更多北部城市发生时，担忧更甚。在这种背景下，城市的面包骚乱、争取工资的罢工以及抗议示威频频发生，为反对新国家的激进分子和神职人员提供了诱人的机会，同时给当局敲响了永久的警钟。[3]

这些年，在北部其他城市也发生了暴力抗议活动，原因也是先前的特权被剥夺，再加上皮埃蒙特关税和税收的影响，导致食品价格急剧上涨。前都会城市丧失了前宫廷创造的需求，又面临工业制成品的新竞争，情况更严重。1864年，迁都佛罗伦萨的决定引起了都灵的大规模骚乱，大量人员死亡导致明格蒂政府垮台。1861年，米兰取消了对城市食品价格的常规控制，也引发了暴力骚乱，尤其是在工人居住的郊区，最终遭武力镇压。[4]

在艾米利亚地区，博洛尼亚①被吞并之后也发生了长期的暴力骚乱，当局把这归因于神秘的被叫作塞滕布里尼（Settembrini）的秘密组织的活动。据称，这个组织起源于1848年革命期间，并被认为在光天化日下犯下2000多起谋杀案。政府并没有被这些夸张的数字吓住，他们还确信，犯罪集团和政治利益集团之间存在着同盟关系。警察在报告里把塞滕布里尼描述为有组织的诈骗和敲诈勒索者，曾经间或（如1848年）受雇于某些资产阶级群体，参加反抗罗马教皇的战斗。在博洛尼亚被吞并后不稳定的政治气候中，人们很容易认为塞滕布里尼被利用，"某些重要贵族家庭为保护自己、家人以及财产而向这个败类支付保护费，他们也许是出于政治因素，为了煽动民众骚乱，与某些最大胆的头目召开夜间会议"。[5]

意大利的城市在统一后没有摆脱经济困境，但是农村地区更强烈地感受到物价上涨和更为广泛的经济变革压力，本已风雨飘摇的自耕农场面临毁灭。1854年，皮埃蒙特北部比耶拉的纺织社区发生了大规模面包暴动，1864年，该地再次成为这个新国家历史上首次大罢工浪潮的中心。尽管当局出手干预，维护雇主利益，但织工们坚持到底，他们的要求总体上成功得到满足。[6]

---

① 博洛尼亚（Bologna），意大利北部艾米利亚-罗马涅大区首府。1506~1797年属于教皇国，1797~1814年被法国控制，1849~1860年由奥地利人驻守，1860年加入新成立的意大利王国。

　　然而，对于那些单纯依靠农业劳动为生的人来说，形势更加严峻。面对物价上涨以及新税开征，开始出现第一批离开北部伦巴第平原和阿尔卑斯山谷贫困农田的永久移民大浪潮。早在 1869 年，人们就担忧皮埃蒙特和伦巴第北部地区移民趋于"过度"，会减少劳动力供应，可能造成农业工资上涨。缺乏产业的农村地区影响最为严重。比耶拉的羊毛织工奋力维护其农业与制造业的混合经济，瓦尔泰利纳地区的小型自耕农场很快成为商业专业化、价格上涨以及新税种的受害者，加入了第一批北方移民大军，前往南美洲边境开辟新的小麦地。[7]

　　桑蚕生产的传播帮助保护了米兰平原上游地区的小型分成制农场，不过代价颇为沉重。桑树种植面积扩大使得自给农作物的面积减小，同时，将玉米作为主食加速了糙皮病的扩散，让这里成为意大利农村最贫困的地区之一。在明乔河东部威尼托的平原，情况也一样艰苦，除了物价上涨直接致贫之外，不断上涨的农产品价格为一些大型土地开垦项目提供了新动力，让许多农村社区受到赤贫的威胁。

　　在整个波河三角洲平原，地主和农民为争夺林地和沼泽展开了一场恶战。农民试图维护传统权利，地主回应以一场声势浩大的战役来根除所谓的"农村盗窃"。当他们自己无法执行财产权时，便求助于国家和宪兵。在此，土地所有者的胜利也导致了第一批真正的无产阶级移民，威尼托地区的无地农民和劳工在牧师的帮助下出发去了巴西圣保罗州，取代那里咖啡种植园的前黑奴。[8]

　　虽然征兵制度在国家统一前就存在于许多北方邦国，但北方对征兵的憎恨不亚于南方，而且征兵对岌岌可危的农民经济构成的威胁也不弱于南方，因为年轻男性的劳动力不可替代。然而，导致农村民众不满的最大因素是税务，新国家被迫接受的那些妥协的本质，表现得最明显的地方莫过于沿用一种严重歧视农村和农村人口的财政制度。在地主利益集团的压力下，19 世纪 60 年代，新国家实行以土地税为基础的财政制度，小型农场的负担比大庄园更重，而农村人口首当其冲，承担了对大多数生活必需品征收的间接消费税。

　　因此，1868 年重新启用令人憎恶的谷物税（*macinato*）的决议极其令人激愤。统一前的大多数邦国都有这种税，农民把粮食运到磨坊时交税。1860年它的废除标志着许多地区迎来了新时代，但是尽管爱国者们在解放的兴奋日子里用"意大利万岁，打倒谷物税"的呐喊向当地人致意，但事实证明，废除谷物税仅仅是昙花一现。[9]

从表面上来看，原因在于 1866 年意大利对抗奥地利引发了令人绝望的金融危机，但这只是部分事实，决议将附加税的负担放在间接税上，而且还是对小农生产者影响最大的间接税，这反映出地主在新议会中的优势地位。这些地主拒绝让政府征收更高的土地所有权税，迫使政府退回到间接税，而政府一直担心引发城市动乱，因此特意扭曲了税收形式，令其不利于农村。[10]

1869 年 1 月，这项新税种生效，引发了整个半岛的暴乱和示威游行。最严重的暴乱发生在罗马涅，特别是在靠近博洛尼亚的农村地区。1 月 6 日，约 4000 名来自邻近居留点的农民聚集到佩尔西切托的圣乔瓦尼村。陪同的有一些牧师，还有乘坐马车的邻近地区地主，政府认为这就是示威活动反革命性质的证据。作为回应，政府宣布进入紧急状态，并派遣了一个神枪旅驱散示威者。军队不分青红皂白就对抗议者开火，5 名抗议者当场死亡。逮捕了 200 人，包括 2 名地主、42 名自耕农及人数差不多的雇农，还有石匠、街头搬运工、木匠和手艺学徒，这表明示威活动吸引了广泛行业的支持。[11]

参加 1869 年佩尔西切托圣乔瓦尼村游行示威的人来自各行各业，这样广泛的职业背景也许比示威者所谓的支持反革命的态度更应该引起警惕。1870 年罗马解放缓解了新国家的教权主义对手带来的政治威胁，但具有讽刺意味的是，尽管法兰西帝国倒台使得意大利王国获得了新首都，但它也带来了一个新的甚至更可怕的威胁。不仅帝国让位于共和国，就连"共和国"这个意大利保守派的传统烦恼也遭到了短暂但更为极端的 1871 年巴黎公社的挑战，巴黎公社显然再度唤醒了整个半岛担心红色革命马上会发生的恐惧。[12]

共和派人

在刚统一的那些年头，马志尼和加里波第的铁杆拥护者被新国家的统治者视为主要的"红色"威胁。不过，尽管马志尼的计划带来了政治危险，包括它对君主制的敌意，以及强调只要意大利仍处于外国统治下，统一就没有完成，但是，马志尼的社会理论几乎没有激进或威胁性的内容。

尽管 1860 年后开始成倍增加的工人协会相当支持马志尼的共和主义，但是马志尼并未关注这些协会的工匠和城市工人的不满背后存在的物质方面的委屈。从 1848 年起，他就一直孜孜不倦地谴责法国社会主义所犯的错误，不遗余力地强调物质上的委屈是次要问题：

> 为罗马进行的抗议运动，以及必须为威尼斯做出的牺牲，无论牺牲多么巨大：意大利工人们，这些是责任。一旦意大利成为一个民族国家，那时，也只有那时，才有可能解决你们的道德、智力以及经济改善方面的重要问题，而实现手段将是教育、选举和信贷。[13]

马志尼一如既往强调的是优先拯救国家和实现阶级团结与合作，与此一脉相承的是，他后来谴责巴黎公社是"对上帝、理性和财产的否定"。[14]

尽管如此，在统一后的经济困难和政治挫败气氛中，城市中产阶级中的许多阶层以及工人协会都以饱满的热情接受了马志尼的共和主义。共和主义的政治吸引力非常广泛，就像大约同一时期的西班牙一样，共和主义可以为许多不同的不满情绪提供表达工具。它首先是不满者的政治，有着明显的民主脉络，这一点可以从它在工人协会中得到的广泛支持中看出来，但它同时也可以为失意的联邦主义和分裂主义者提供一个平台，尽管马志尼对他们深恶痛绝。共和主义强烈的反建制和"反叛"色彩对部分中产阶级产生了广泛的吸引力，他们深感自己莫名其妙地被排除在国家统一的利益之外。出于类似原因，共和主义也得到了像佛罗伦萨和那不勒斯这些前首都的工匠们的强烈支持，他们因为丧失了原先的地位，自尊心受损程度和经济受损程度一样严重。反教权主义时常是另一因素，在一些传统上反教权主义的地区，例如罗马涅和南托斯卡纳，它为共和派提供了强大的支持力量。民族主义、反体制抗议、充满敌意的反教权主义联合在一起，加之对跨阶级合作价值的特别强调，使得共和主义成为一个能够包容许多迥然不同的不满和怨恨、模糊得恰到好处但几乎无所不包的笼统方案。[15]

尽管共和主义的支持度上升，但是马志尼自身的影响力却在下降，而加里波第在意大利民主派和激进派中的地位持续上升。相比于马志尼，加里波第的政治思想折中而独特，却具有本能的人道主义奉献精神，这在很大程度上归功于他对世俗论和共济会的支持。阿斯普罗蒙特事件和门塔纳战役巩固了他作为反教权主义和民主反对派的名义领袖的地位，而1871年加里波第对法兰西共和国的支持与马志尼日益激烈的对社会主义罪恶的痛斥形成了鲜明对比。[16]

然而，加里波第只能提供象征性的领导，从更实际的角度来讲，民主运动实际上仍然处于分裂和群龙无首的状态。在众议院，极少数人仍然信奉早期的民主原则，然而他们的观点却一直得不到重视，尽管像朱塞佩·法拉利和阿戈斯蒂诺·贝尔塔尼这样的人真诚地同情群众的状况，但他们与新国家中未获选举权的大多数人几乎没有接触。

1861年，意大利工人协会第一次全国代表大会在佛罗伦萨召开时，大约一半的人已经追随马志尼，并且接受他的《论人的责任》宣言作为自己的政治纲领。然而，其他许多人拥护温和派名流提出的不那么政治化的方案，这些名流认识到这些协会为传递阶级间团结和顺从的原则提供了重要工具，并非常成功地建立了自身的影响力。[17]导致马志尼的影响力逐年下降的不仅是温和派的强大存在，理性主义和世俗主义思想在意大利稳步扩散，加上新实证主义科学方法的影响，构成了另一源头的挑战，使马志尼的神秘主义对许多激进分子来说日益不合时宜。[18]

无政府主义者

在这样的知识背景下，19世纪70年代早期，无政府主义思想和协会迅速扩散。意大利许多地区都热情欢迎"国际工人协会"计划，巴枯宁对此并不感到惊讶，1865~1866年整个冬天他都待在那不勒斯，坚信农村群众的反叛将使意大利成为无政府主义革命的理想舞台。事实证明，相较于农民，中产阶级对巴枯宁的思想更加接受，其主要推动力来源于1871年的巴黎公社。在接下来几年中，国际工人协会在意大利迅速增加，第一个由安德烈亚·科斯塔于1871年在罗马涅的圣·阿尔比诺地区创建。国际工人协会第一次大会于1872年在里米尼举行，结果马克思的反对者取得了显著胜利。

无政府主义的威胁很快困扰到政府官员，思想自由、持无神论的革命者很快成为对国家和社会主要威胁的象征。这种恐慌感被佛罗伦萨的日报《民族报》准确描述出来，它于1871年5月对读者发出警告："社会主义、共产主义以及最高深政治派系的所有狂热正公开威胁着社会。"[19]

19世纪70年代的意大利无政府主义者被描述为没有军队的将军，但这过于瞧不起他们了。[20]意大利无政府主义从一开始就成分复杂，聚拢了许多不大可能的同路人，其领导者大多数来自特权和有产阶级，和其他地区一样，自由意志论思想具有很强的智力吸引力。[21]但是，无政府主义计划吸引的追随者远远超出像卡菲耶罗这样的冒险主义者和理想主义者，并且在中产阶级以及城市手工业者和其他工人群体中得到了更广泛的支持。

正如在稍晚一些的西班牙，无政府主义理想很容易与现存的许多政治传统相融合。至少起初，许多共济会分会对自由意志论思想抱有同情，不过当局过度忧虑，过分夸大了共济会参与国际主义在意大利传播的状况。[22]无政府主义也很容易与激进的共和主义融合，尽管二者经常发生剧烈冲突，即便是在共存的时候，也极少全无争斗。但是，无政府主义在与共和主义非常相似的土壤上蓬勃发展，并在分裂主义情绪高涨的地方，特别是反教权主义强化了分裂主义的地方，生出了强大的根系。

这种现象在罗马涅最为明显，因为在这里，教皇统治的经历已经在中产阶级和手工业者中留下了深厚的反教权主义传统，这为意大利最强大、最持久的无政府主义运动之一奠定了基础。[23]然而，意大利其他地区自发采用无政府主义方案的事实显示，无政府主义思想可以毫不费力地与其他许多现有政治传统相融合。例如，托斯卡纳的无政府主义追随者不比罗马涅少。在19世纪60年代，佛罗伦萨的工人协会和互助会一直在马志尼派与温和派领导下，但在1871年迁都之后，他们日益好战。1872年，"工人联合会"（*Fascia Operaio*）组织形成，在佛罗伦萨外的农村地区和城里都赢得了追随者，宣传口号是："我们是工人阶级，我们想要工作；我们是生产者，我们想要享有自己的劳动成果。"[24]同年8月，在里米尼召开的首次无政府主义大会上，许多佛罗伦萨工人联合会成员支持巴枯宁的路线。

与罗马涅大区一样，佛罗伦萨的无政府主义反映了根深蒂固的反教权主义思想，以及迁都罗马后佛罗伦萨手工业者的强烈不满。而托斯卡纳大区的无政府主义也在马萨-卡拉拉省的大理石采石场这一截然不同的社会学环境中牢固建立起来。1872年，采石场工人举行了自由主义意大利首批真正的大规模罢工活动之一，工人和雇主之间频频发生的激烈暴力冲突在很大程度上促使无政府主义思想很快在采石工人和切割师中流行起来。强大的社区纽带和复杂的技能与地位等级制度曾经让工人能在这个技术要求高、危险度高的职业中控制劳动力供应，这些纽带和制度也增加了无政府主义方案的吸引力。[25]

响应无政府主义计划的除了技术工人，还有一些老牌企业。例如在罗马，建筑工人和挖土筑路工人蜂拥进城市来建设配得上新国家的首都，无政府主义正是在他们中找到了最强大的追随者。1870 年后的几十年里，新首都引人注目的扩张催生了这一时期最令人惊叹、最具灾难性的投机浪潮之一，而罗马建筑工人因为好战而落下了最难对付的名声。

工人们被安置在城市周边肮脏的新棚户区里，可能导致建筑项目下马或粮食价格上涨的任何商业和股市变化都很容易伤害到他们。如果说这种不稳定是工人们好战的因素之一，那么无政府主义方案也有独特的迫切性，因为城里大多数建筑工人和挖土筑路工人都是周围农村被撵走的农民，他们认为教皇政权崩溃之后，政府大规模征用教堂和公共土地是他们生活悲惨的原因。对于这些一文不名且依赖他人的移民而言，"财产权是偷窃"的概念可能更像一个事实而非一种启示。19 世纪 80 年代末期，银行倒闭使得首都经济陷入停滞状态时，罗马已经成为意大利无政府主义的主要根据地之一。[26]

在其他地区，无政府主义开始失去往日的光辉。安德烈亚·科斯塔相信，谷物税骚乱表明波河河谷下段的艾米利亚-罗马涅大区各省的革命时机已经成熟，但计划于 1874 年发动的博洛尼亚暴乱灾难性地失败，完全消除了科斯塔的这种信念。[27]无政府主义者的希望随后转向南方，那里也有大量的追随者。到 1872 年，那不勒斯有了意大利最大的无政府主义联合会，其次是西西里岛夏卡镇、曼图亚、锡耶纳、拉文纳、博洛尼亚、佛罗伦萨、里米尼、伊莫拉以及罗马。尽管博洛尼亚暴动之后，政府进行了大规模镇压，但 1876 年仍有 76 个无政府主义分部，这时规模较大的是巴勒莫、特拉帕尼、夏卡以及阿格里真托等排在榜首的西西里各分部，而西西里的领袖萨尔瓦托雷·因杰涅罗斯也像科斯塔、卡菲耶罗以及马拉泰斯塔这样的全国领袖一样受到尊重。事实上，科斯塔就是在 1874 年访问阿格里真托市的时候被警察逮捕的。[28]

1873~1874 年那个冬天，对无政府主义在南方蔓延的恐慌达到顶峰，当局坚信革命国际主义者、拥护正统波旁王朝者以及黑手党正在形成邪恶联盟。当地精英对此火上浇油，因为这种对公共秩序的新威胁使得他们又有了一个理由要求当局给予他们更大的权力。[29]

尽管当局和无政府主义领袖争相夸大南方无政府主义者的实力，但事实上它高度折中，与同一时期作为分离派的安达卢西亚无政府主义有着许多共同特点。1876 年，当马拉泰斯塔呼吁意大利实行积极的革命政策时，西西里的领导队伍表示强烈反对，提醒他注意西西里人民群众毫无准备，指出了若干问题，其中就有农民"仍然过多地受地主控制"。[30]

如科斯塔一样，西西里人并没有参与 1877 年 4 月在贝内文托和卡塞塔诺的未遂暴动。之后，西西里的无政府主义方案的支持度逐渐下降，内政部长获悉，其成员数已经下降至 127 人，而总资金只有 400 里拉。如同安德烈亚·科斯塔一样，因杰涅罗斯和其他南方无政府主义者很快就回到合法社会主义的阵营。[31]

对无政府主义的宣传往往夸大和扭曲了其追随者的规模，同时也掩盖了事实：即使是在最同情无政府主义的地区，也有其他强大的对手在争取群众的政治忠诚。要到 19 世纪 90 年代，合法社会主义才会成为其中最重要的竞争者。虽然安德烈亚·科斯塔早在 1881 年就表明自己放弃无政府主义，选择了社会主义和合法政治斗争，那时，他在拉文纳创建了革命社会主义党，并在 1882 年选举之后成为议会中第一位社会主义代表。科斯塔的影响力主要是在当地，不过遍布该地区的农场劳工合作社巩固了他的政治基础。[32]

在罗马涅其他地区，直到 19 世纪 80 年代末期，共和派都是最强大的反对力量，并得到了城市手工业者和专业阶层的支持。只有米兰在为 1882 年竞选成立"工人党"（*Partito Operaio*）的行动中见证了自治工人政党的建立。这是 19 世纪 80 年代意大利唯一一次尝试采用以阶级为基础的方案，并挑战作为复兴运动共和主义重要组成部分的阶级间合作传统。[33]

在 19 世纪 90 年代的危机出现之前，共和派一直是最强大的政治反对派团体，而其力量恰恰来源于那些遭到社会主义者和无政府主义者最强烈抨击的阶级间合作原则。例如，在罗马涅和托斯卡纳南部各省，共和主义仍然有着广泛的吸引力，尤其是在较小的农村乡镇，那里的小地主、富裕自耕农、城市工匠和店主以及永远心怀不满的地方专业阶层都发泄着对光鲜时髦的城市里高级资产阶级的孤傲自大和排外主义的憎恨，因为他们通常认为政府和公共管理机构任由这些人使唤。[34] 简而言之，共和主义继续以其民粹主义和爱国主义色彩，为反建制提供了一个很好的理由，而且因为它对社会改革几乎没有具体的表述，而是选择以屠戮巨头、惩罚暴君以及羞辱牧师为重点，因而尤其有效。

占领罗马完成了共和方案的一大目标，尽管1871年之后，共和主义者对君主立宪制已不再构成威胁，但他们仍然常常是当局忧虑与尴尬的源头。共和派的反教权主义对正致力于修复教会与国家决裂造成的最严重损害的那些政府来说是一个持续的麻烦，而当意大利在1882年谈判成功，加入三国联盟，至少在形式上成为奥地利哈布斯堡王朝的伙伴和盟友时，共和派的民族主义给政府带来了更大的难堪。

达维德·拉扎雷蒂

尽管这些不同的政治平台逐步扩大，但在1870年之后的几十年里，群众的不满仍然不容易被引导到政治运动中，民众抗议继续以更直接和自发的形式来表达。其中最为著名也可能是最特殊的例子是19世纪60年代后期在托斯卡纳南部地区围绕着达维德·拉扎雷蒂（Davide Lazzaretti）发展壮大的基督再临运动。

拉扎雷蒂是来自阿尔奇多索市的一名车夫，他所在的村庄坐落在阿米亚塔山的斜坡上，这座山占据了托斯卡纳南部的天际线，在它以外，山脉让路给格罗塞托平原和向南朝拉齐奥延伸、疟疾肆虐的马莱玛平原。阿尔奇多索市是这一地区主要的商业和行政中心，该地区靠近教皇国边境，其经济生活以山坡上小型自给农业、牧羊、林业为主，同时拥有位于圣菲奥拉村附近的重要汞矿。

拉扎雷蒂1860年在皮埃蒙特军队服役，1868年经历了某种形式的宗教危机，之后开始在阿米亚塔地区游历，宣讲道德改革的必要性，并宣称梦中某些"天神"指示他组织一次朝圣之旅，前往附近已经有一些隐士居住点的拉布罗山。由于靠近教皇国边境，再加上对反革命企图的恐惧，拉扎雷蒂的传教活动引起了当局的注意。尽管他1868年成功获得庇护九世接见，却没有受到重视。拉扎雷蒂在梵蒂冈的冷遇下，重新回到拉布罗山，进行了一系列的禁食和苦修，在当地名声大噪。

那个拉布罗山的居住点用了各种各样的名字，成为拉扎雷蒂追随者的聚集中心。到1870年，有80个家庭在此定居，核心是以前就在拉布罗山周围居住的隐士。加入和协助开展社区活动的主要是小地主，佃农或无地劳工少见。该地区本来极少有后者存在，而规模较小的独立农场主群体在政治革命中已经遭受了相当大的损失，因为政治革命带来了更重的税收以及对进入高山牧场和森林伐木的更严格的限制。出于这些原因，他们可能特别愿意接受拉扎雷蒂的福音和神秘布道，因为他们不像佃农，不那么容易把自己的不幸与更直接的人类作用联系起来。[35]

官方对这个末世基督再临异教的反应我们目前仍然有很多不清楚的地方，从一开始，拉扎雷蒂运动的政治含义就高度含混不清。例如，1873年，在拉布罗山沿线拉齐奥的萨比纳地区建立了一个社区，拉扎雷蒂来到这个小镇后，警察立即以流浪、欺诈和阴谋罪逮捕并控告了他，然而，在佩鲁贾巡回法庭审判之时，为他辩护的人地位极高，是后来的司法部部长曼奇尼。[36]这说明神职人员对拉扎雷蒂运动的攻击已经引起了反教权自由主义者的注意，他们试图从这一事件中获取政治资本。1875年出现了一次更坚定的政治操纵尝试，法国正统派律师莱昂·迪瓦夏邀请拉扎雷蒂到里昂访问，打算将他用于某种形式的反动教权主义阴谋。[37]

1878年，拉扎雷蒂回到拉布罗山，并宣称自己是伟大的君主、基督、领袖和法官，当他向罗马传达同样的信息时，梵蒂冈以公开谴责他的思想和追随者作为回应。同年8月8日，拉扎雷蒂带领追随者从拉布罗山下来，以和平游行纪念基督复临开始，但在队伍进入阿尔奇多索时，拉扎雷蒂被一名狙击兵枪杀，他的追随者随之散去。

几乎没有证据可以解释当局为什么会这样做。这个做法肯定获得了官方批准，因为阿尔奇多索公共安全主管后来被授予了英勇勋章，但是枪杀拉扎雷蒂的原因尚不清楚。一些当地官员指控拉扎雷蒂宣扬犯罪的社会主义思想，有削弱社会和政治体制的危险，但是这显然是盲目夸大。拉扎雷蒂的追随者数量较少，且手无寸铁，更为重要的是，没有迹象表明附近圣菲奥拉汞矿的大量工人对这个邪教有任何兴趣。[38]

更有可能的是，拉扎雷蒂的死方便地拔除了一颗眼中钉，他的存在暴露了当局的弱点，同时也怂恿在脆弱的边境地区实施政治阴谋和外部操纵。拉扎雷蒂对待罗马和教会含糊不清的态度意味着消灭这一异端教派给意大利政府提供了与梵蒂冈和解的姿态，且还有额外好处：不会冒犯任何主要的政治感情。

劳工动乱

达维德·拉扎雷蒂去世当年，意大利议会对劳资纠纷进行了首次公共调查。过去几年，罢工次数和频率稳步增长，好些伴有大量暴力行为。例如，1872 年，针对食品价格上涨的抗议活动导致整个意大利北部举行要求提高工资待遇和缩短工作时间的示威活动，都灵和米兰首次出现了"全面停工"的尝试。在都灵，罢工运动持续了 8 天多，直至政府迫使工人们返回工作岗位。而在米兰，泥瓦匠首先掀起罢工浪潮，之后 30 多个类别的工人相继加入。据估计，2685 名工人参与了大约 300 起停工，233 名工人被判处一个月以内的监禁，另外 192 名被判处 6 个月至 4 年不等的监禁。其他城市也发生了类似纠纷，1873 年，热那亚郊区桑皮埃尔达雷纳的安萨尔多造船厂的工人们因为雇主试图削减工资而罢工 6 周。[39]

作为 1878 年议会调查直接起因的那场纠纷涉及的并非城市工人，而是皮埃蒙特北部比耶拉地区的羊毛织工。1864 年，比耶拉山谷地区就已成为重大劳资冲突的场所，之后，雇主放弃推行新的工作规定和计件工资率。1877 年，这些利害攸关的问题同样出现在雇主和织工之间的一场重大实力较量中。

纠纷的核心在于雇主决心打破羊毛织工对劳动力市场的控制权，而这个控制权又植根于羊毛织工社区内部残存的一种特殊类型家庭经济和社区团结模式。羊毛织工家庭所拥有的小块土地给予了他们一定程度的独立性，父权传统更是加强了这种独立性。纺织户户主的权力主要依赖于"继承的铁网"，他们对子女的严格管控力最终取决于手中的遗产和嫁妆分配权。这种物质上的限制得到了社会习俗和价值观的支持，因此，纺织家庭子女失去的自由就是社区集体力量的来源，让织工能够保持对工作过程的控制，并在与雇主的交易中拥有强大的议价能力。[40]

由于这些身处偏远地区的织工们可以保持对劳动力供应的控制权，因此 19 世纪早期的纺织机械化加强而非破坏了这种社会传统。织工的女儿在机械化纺纱厂工作，她们的报酬则用来补贴家用，而织布仍然是男性的专门领域，无论是在工厂，还是在织工家里，都是男性操作手工织布机。

1877 年，雇主们集体在纺织厂实行新规，尝试依靠从区外引进工人以打破织工垄断。这是几十年抗争的倒数第二轮，尽管力量明显不平衡，但雇主再次成为输家。纺织社区非常团结。雇主召来军队封厂，但供养军队和将织工从区外引进阿尔卑斯山谷的费用使得封厂并不合算，雇主们不得不让步。

尽管罢工以谈判解决而告终，但从长远来看，这对织工来说是一场有名无实的胜利，因为雇主改变了策略，开始安装机械织布机。从商业角度来看，这项投资不合理，但其明显目的是要打破织工对劳动力市场的控制权，这迅速摧毁了当地社区。19世纪80年代，比耶拉地区许多织工加入了不断壮大的被驱逐者行列，越过大西洋，追求更好的新生活，这些移民去了新泽西的丝绸织造厂。[41]

农业危机

19世纪70年代末期不仅是皮埃蒙特北部家庭羊毛产业，同时也是整个意大利经济发展的重要转折点。那时，新出现的美国竞争导致整个欧洲的农产品价格大幅下跌，意大利农业经济即将遭遇灾难的征兆变成了实实在在的严重危机。虽然意大利农业经济的每一部分都受到威胁，但最强大的阶层很快就会从关税保护中找到安全保障，而此前由于市场繁荣而激增的小型农场却成为价格下跌不堪一击的受害者。从西西里和撒丁岛到皮埃蒙特和弗留利的阿尔卑斯山谷，小型自耕农场都在为了生存而挣扎，但它们的失败显而易见——越来越多的自耕农因为交不起税惨遭驱逐，被迫移民。

随着危机的恶化，议会于1876年成立了农业状况调查委员会，由斯特凡诺·亚奇尼领导。委员们逐省报告了情况，他们的发现到现在仍然是19世纪末期意大利社会和经济史必不可少的文献之一，不过当时在很大程度上遭到忽视。

这种情况部分是因为这些报告在1882～1885年发布时，其重要性已经被各种重大事件盖过。19世纪80年代早期，农产品价格比前10年下降得更厉害，可能毁灭农业经济中最脆弱甚至更强大的群体。亚奇尼坚持认为自由贸易是意大利农业改良与现代化的唯一途径，但是20年前经济自由主义最热心的支持者——地主在这些现实情况下已经不大支持这种理论。这种态度转变加大了保护的需求，并导致了1877年放弃自由贸易，转而支持高额农业关税和工业关税。[42]

虽说亚奇尼的调查在政治上与时代脱节，但确实赤裸裸地暴露了土地所有权结构的脆弱性，这种结构由微型农场的泛滥造成，其后果是"农业生产低水平与农场主和土地所有人数量过多形成鲜明对比"。500 万名农场主被登记为"土地所有人"，大多数财产规模极小，1873～1881 年，16831 个农场由于拖欠往往少得可怜的税款而被没收，其中大多是丘陵和山区农场，那里是微型财产最集中的地方。[43]

就像 19 世纪 60 年代的自由贸易一样，70 年代和 80 年代农产品价格下降的影响力在各个地区并不相同。例如，与市场经济的相对隔离缓冲了危机对托斯卡纳、翁布里亚和艾米利亚南部部分地区分成制农业的影响，不过地主很可能会想方设法提高他们自己在产出中占有的份额，从而减轻价格下跌对自己的不利影响。[44] 然而，那些依赖单一经济作物的小农尤其脆弱。例如，皮埃蒙特库内奥地区和阿普利亚的葡萄园就是这样的例子。葡萄园引来了大量投机性投资，因为葡萄根瘤蚜使得法国葡萄酒生产出现暂时崩溃。[45] 意大利统一之后出售教堂和公共土地形成的小型自耕农场也同样脆弱，那些在按揭贷款以及税收负担下艰难前行的农场，在农产品价格开始下降之时就毫无抵抗能力。19 世纪 80 年代，随着西拉高地的自耕农成为从南部大陆迁移出的先驱，卡拉布里亚内陆地区的农村居民点开始被大规模抛弃，到 19 世纪末，移民的比例达到了惊人的水平。[46]

意大利南部大陆和西西里后来居上，在跨大西洋大规模移民中占据可悲的首位，毫无疑问，这造就了新国家最大的一支被抛弃者大军，然而南部并不是第一个受到影响的地区。第一批农村移民往往是来自北方的小自耕农，甚至还算富裕，被南美洲新麦田的发展前景所吸引，从而移民。真正的穷人要以这种方式逃避自己的命运难度总是大得多，除非有人为他们提供经济援助。19 世纪 80 年代，威尼斯农民在牧师协助下移居圣保罗州，成为意大利农村真正无产阶级移民的首批实例。[47] 19 世纪 90 年代及之后，南部移民的无产阶级特征更加明显，主要目的地是北美大西洋海岸不断扩张的城市。但是，随着运输成本逐步下降，生活无望而选择移民成为可能，这也使得更古老且已被接受、更本地化的季节性移民延伸到更广阔的地域。意大利南部地区和西西里地区跨大西洋的迁移大多数仍然是暂时性的，最贫困的底层民众仍然极少能够做此选择。[48]

波河流域和曼图亚罢工

移民是应对农业危机的一种方式，但意大利乡村在 19 世纪 80 年代再次成为动荡与混乱的主要战场并不奇怪。尽管农业危机带来的悲惨和痛苦几乎无处不在，但动乱地区最终比较有限，主要集中在波河流域，原因未必是这一地区的经济衰退比其他地方更为严重，而是波河流域特殊的经济和社会性质意味着许多不同的社会和经济群体同时受到了威胁。

主要农产品价格暴跌清楚地揭示了经济危机的背景，1880～1886 年，粮食价格下降了 43%，其中玉米价格下降 41%，大米价格下降 30.9%。地主应对危机的方式是解雇工人、提高佃农的租金，从而引发了连锁反应，很快就吞没了整个波河地区。例如，在西方，诺瓦拉和亚历山德里亚之间的皮埃蒙特平原原本是稻田，地主们转而发展畜牧业，并且，随着水稻经济的崩溃，雇主还大幅削减工人工资。稻田工作的季节性让工人难以抵抗，但收割和打谷的妇女组织了多次罢工。骚乱蔓延到伦巴第区的其他农场工人和农民群体，除了这些劳工，许多小型自耕农也被夹在两种矛盾的力量之间。他们也要求地主减租，同时试图通过在收获季节减少雇工来节省开支。[49]

这让更多的雇工和临时工丢掉了饭碗，部分人在蚕茧收获季罢工，试图进行抵抗。更大的地主也深陷持续发酵的麻烦之中，他们不仅拒绝降低租金，还要求租户立即清偿未归还的贷款和债务。在 1880 年后那些年绝望的情况下，强制立即偿还债务的尝试打破了长期以来公认的惯例，让大批小佃农面临破产威胁。[50]

结果，一再被奉为农业秩序基石的小佃农被动员起来，19 世纪 80 年代中期，他们在从米兰到科莫、布里安萨、洛米里纳，以及沿波河流域向东蔓延的骚乱中发挥了主导作用。骚乱汇集了技术工人与非技术工人的不满，包括临时工、农场佣人、自耕农以及许多城市工人，他们日益绝望地呼吁保障工作、提高工资以及减轻合同义务。[51] 1884 年和 1885 年，在明乔河、曼图亚和波河流域左岸之间的地区，大规模洪涝灾害让农村人口的生活雪上加霜，骚乱在此达到顶峰。曼图亚抗议活动汇聚了极不相同的工农类别，让当局大为惊恐，并导致了惯常的恐惧，害怕骚乱是革命阴谋的结果。尽管官方说辞有危言耸听的成分，但显然该地区不同群体的农民和无地劳动者的组织化程度相当高。

效仿 1882 年在拉文纳创建的雇农合作社，该地区也创立了其他许多合作社和互助协会。许多村庄的临时雇工成立了合作社，投标公共工程合同，在议会中得到了科斯塔和其他激进分子的大力支持。从 19 世纪 70 年代末开始，天主教神职人员也鼓励在自耕农中成立农村合作社和互助协会，并创建了第一家农村信贷银行。

农村合作社和互助协会的政治色彩非常多样，但 1882 年普选改革大大提高了其重要性，这一改革将地方选举甚至全国选举中的投票权扩大到北方许多自耕农。例如，在拉文纳，科斯塔对地方行政的管控植根于劳工合作社，其他人也试图效仿。

曼图亚也是如此，它是 1884 年和 1885 年动乱的中心。在这里，选举改革鼓励了某些激进名人组织农民协会以结束邻近贵族一直以来对地方行政的垄断。1884 年，地主和曾经的加里波第追随者欧金尼奥·萨尔托里第一个试图从下曼图亚区的自耕农互助会建立农民协会，在后来对他煽动内战指控的庭审中，他告诉威尼斯巡回法庭，他的目的是帮助农民重新谈判租约条款：

> 如今，我们农民的处境远远不如 1886 年。那些日子，农村地区没有糙皮病，而对现在这些人来说，意大利政府仅仅意味着"贵族先生的政府"。因此，地主有义务减轻穷人的痛苦……两万农民遭受着饥饿和糙皮病的折磨，而地主们只在收获季节来曼图亚收取租金，然后就拿着这些收益去罗马、巴黎或伦敦消费。[52]

然而，农民实际上不像萨尔托里预期的那样容易操纵，他很快受到另一位拥有大量地产的激进分子的挑战，这是马志尼的前军官，名叫弗朗切斯科·西利普兰迪，他在同一地区组织了意大利农民总协会。贵族们进行了反击，阿里瓦贝内伯爵和达尔科伯爵组成了地主协会，目的是组织抵制农民的要求。他们的行为加剧了农民的愤怒，农民的抗议又引来政府派遣骑兵和宪兵镇压，以恢复秩序。[53]

这只是个开头，在接下来 50 年，波河流域还发生了诸多此类斗争。就像在南部地区的许多动乱事件一样，曼图亚骚乱显示了精英的不和如何助长了民粹主义对下层阶级的吸引力，即便操纵大众不满情绪的尝试很少成功。事实上，精英内部的分裂时常提供机会，使大众的抗议形式更加独立，而1884年和1885年的事件说明，尽管合作与互助协会仍然多以宗教和慈善形式出现，却为集体行动提供了重要基础。最重要的是，正是1882年的选举改革赋予了合作社与互助协会新的政治意义，不过19世纪80年代不同职业群体之间以及农民和无地劳工之间的团结仅仅是昙花一现，很快便让位于更严重的分裂。[54]

对于当局而言，农村合作社和农民自救会的存在不过是革命意图的证据，当发现1882年成立于米兰的工人党特使也与上米兰平原的农民组织有联系时，这些担忧显然有了合理性。工人党也是1882年选举改革的产物，是为了让奥斯瓦尔多·尼奥基·维亚尼作为工人候选人参与议会选举而临时成立的。工人党经过改革，1885年开始在米兰不同领域的工人中积极组织"抵抗联盟"。工人党很清楚米兰周围的农村地区为雇主提供了源源不断的剩余劳动力，因此试图与城市附近的农村社区建立联系。结果，"农民和雇农联盟"在帕维亚成立，发动了持续时间最长的罢工之一，并同意归于工人党旗下。但这些活动也导致工人党因为煽动叛乱而被禁，使当局更加相信农村罢工和抗议是一场精心策划、系统的阴谋的一部分。[55]

统一之后持续几十年的一系列抗议和政治挑战表明，虽说新的国家结束了以前削弱秩序结构的政治不稳定状态，但其政策为变革注入了新的力量，这些变革正在给意大利各阶层带来更多困难和绝望。加上农业危机的影响，这导致大部分农村人口的状况严重恶化。移民现象是反映这些趋势的重要指标，移民群体也构成自由主义国家庞大的放逐者大军之一。许多其他阶层农村人口的状况也好不到哪里去，随着农业危机的加深，经济衰退转移回城市，也带回了失业和不确定性。面对这些挑战，自由主义国家开始产生一种受围心态，即感觉周围都是敌人因而必须自卫。不论采取怎样专制和心狠手辣的手段，这些挑战都暴露了新国家的行政弱点，以及更深层次的政治矛盾。

注　释

1. A. Aquarone *L'Unificazione Legislativa e i Codici del* 1865（Milan，1965）.

2. A. Scirocco（1979）p. 70.

3. E. Conti *Le Origini del Socialismo a Firenze* 1860-80（Rome，1956）pp. 17-30.

4. 关于米兰，见 F. Catalano in *Storia di Milano*（1960）Vol. 15，pp. 60-62；关于都灵，见
　　V. Castronovo *Piemonte*（Storia delle Regioni）（Turin，Einaudi，1977）p. 49。

5. ASN：Min. Int. Gabinetto：B4 f8（RRCC 1861）.

6. F. Ramella *Terra e Telai*（1982）Chs. 1，6，7.

7. E. Sori *L'Emigrazione Italiana dall'Unità alla Seconda Guerra Mondiale*（Bologna，1979）
　　Ch. 3；L. Cafagna（ed.）*Il Nord nella Storia d'Italia*（Bari，1962）pp. 52-70.

8. F. Bozzini *Il Furto Campestre：una Forma di Lotta di Masse*（Bari，1977）.

9. R. Zangheri 'I Moti del Macinato nel Bolognese' in R. Zangheri *Agricoltura e Contadini nella
　　Storia d'Italia*（Milan，1955）p. 191.

10. V. Castronovo 'Storia Economica dall'Unità a Oggi'in *Storia d'Italia*（Turin，Einaudi，
　　1973）Vol. 4，pp. 22 - 25；R. Faucci *Finanza，Amministrazione e Pensiero Economico*
　　（Turin，1975）pp. 10-15，41-51.

11. R. Zangheri（1955）p. 229ff.

12. F. Chabod *Storia della Politica Estera Italiana dal 1870 al 1896*（Bari，1962）
　　pp. 412-449.

13. 1862 年 2 月，转引自 E. Conti（Rome，1956）p. 35；也见 F. Della Peruta 'Il Pensiero
　　Sociale di Mazzini' *NRS* XLVIII，1964，pp. 51-75。

14. E. Conti（1956）p. 101.

15. Ibid.；G. Spadolini *I Repubblicani Dopo l'Unità*（Florence，1963）.

16. 见 *Garibaldi e il Socialismo* ed. G. Cingari（1984）第二、第三部分。

17. E. Conti（1956）；D. Ivone 'Società Operaie di Mutuo Soccorso nelle Città Meridionali nella
　　Seconda Metà dell'Ottocento'in *Città e Controllo*（Milan，1982）pp. 185-202.

18. P. Scoppola 'Laicismo e Anticlericalismo' and G. Verucci 'Anticlericalismo，Libero Pensiero
　　e Ateismo nel Movimento Operaio e Socialista Italiano 1861-1878' *in Chiesa e Religione in
　　Italia dopo l'Unità*（Milan，1973）esp. pp. 195-197.

19. 转引自 E. Conti（1956）p. 49。

20. R. Del *Carria Proletari Senza Rivoluzione：Storia delle Classi Subalterne Italiane dal 1860 al
　　1950*（Milan，1970），Vol. 1，p. 155.

21. 见 R. Baccheili 的小说 *Il Diavolo a Pontelungo*（Milan. 1957）中的虚构形象。

22. J. -P. Viallet 'Anatomie d'une Obédience Maconique：le Grand-Orient d'Italie 1870 -

1890'MEFR (1978) p. 189; Adrian Lyttelton ' An Old Church and a New State: Italian Anti-Clericalism 1870-1915' *European Studies Review*, April 1983 (13), pp. 225-249.

23. L. Lotti *I Repubblicani in Romagna del 1894 al 1915* (Faenza, 1957) pp. 38-39; L. Gestri *Capitalismo e Classe Operaia in Provincia di Massa Carrara: Dall'Unità d'Italia all'Età Giolittiana* (Florence, 1976) pp. 122ff.

24. E. Conti (1956) pp. 136-139.

25. L. Gestri (1976) p. 75ff.

26. L. Cafagna 'Anarchismo e Socialismo a Roma negli Anni della "Febbre Edilizia" e della Crisi 1882-1891' *MO* 1952 pp. 731ff; A. Caracciolo *Roma Capitale: Dal Risorgimento alla Crisi dello Stato Liberale* (Milan, 1956) pp. 236ff.

27. R. Zangheri 'Andrea Costa e le Lotte Contadine del Suo Tempo' in R. Zangheri *Agricultura e Contadini* (1955) pp. 242-280.

28. C. G. Marino (1964) p. 87.

29. Ibid. , p. 87.

30. 关于西班牙无政府主义，见 T. Kaplan *Anarchists of Andalusia* 1868-1903 (Princeton, 1977)。

31. C. G. Marino (1964) p. 173.

32. R. Zangheri (1955) p. 258.

33. V. Hunecke *Classe Operaia e Rivoluzione Industriale a Milano* (Bologna, 1982) pp. 436ff.

34. M. Ruffini 'Repubblicani e Socialisti nell Maremma Grossetana 1890-1913' *MOS* a. iv, 3 1981 pp. 247-260.

35. A. Moscaro *Davide Lazzaretti: il Messia dell'Amiata* (Rome, 1978); E. J. Hobsbawm *Primitive Rebels* (1959) Ch. 4.

36. R. Moscato (1978) pp. 119-123.

37. Ibid., p. 65.

38. Ibid., pp. 73, 100.

39. V. Foa 'Sindacato e Lotte Sociali' in *Storia d'Italia* (Turin, Einaudi, 1975). Vol. 5 (2) pp. 1783 - 1824; C. L. and R. Tilly *The Rebellious Century* 1830 - 1930 (Harvard, 1975) Ch. 3.

40. F. Ramella *Terra e Telai* (1982) Chs. 3, 4.

41. Ibid., pp. 268-273.

42. V. Castronovo in *Storia d'Italia* (Turin, Einaudi, 1973) Vol. 4, pp. 101-110; L. De Rosa *La Rivoluzione Industriale in Italia* (Bari, 1980) pp. 25-41; F. Coppa 'The Italian Tariff and the Conflict between Agriculture and Industry' *JEcH*. XX. 1970.

43. *Atti Dell'Inchiesta Agraria* Vol. XV, p. 28; A. Caracciolo *L'Inchiesta Agraria Jacini* (Turin, 1958).

44. G. Mori 'La Mezzadria Toscana alla Fine del XIX sec' *MO* 1955 pp. 483-493; C. Pazzagli *Per la Storia dell'Agricoltura Toscana nei Secoli XIX e XX* (Turin, 1979).

45. V. Castronovo *Piemonte* (1977) p. 106; F. De Felice *L'Agricoltura in Terra di Bari dal 1880 al 1914* (Milan, 1971) Ch. 2.

46. G. Cingari *Storia della Calabria* (Bari, 1982) pp. 104–106; P. Arlacchi *Mafia, Peasants and Great Estates: Society in Traditional Calabria* (Cambridge, 1983) Ch. 1.

47. J. Gould *JEEH* 1980 p. 76; E. Sori *L'Emigrazione Italiana dell'Unità alla Seconda Guerra Mondiale* (Bologna, 1979) pp. 22–28.

48. J. Gould *JEEH* 1980 pp. 83 – 108; R. M. Bell *Fate and Honor, Family and Village* (Chicago, 1979) pp. 178–209.

49. A. Nascimbene 'Il Movimento Contadino in Lombardia dalla "Boia" al 1890' *NRS* LXII 1978 p. 572.

50. Ibid. , pp. 582–584.

51. G. Carocci *Agostino Depretis e la Politica Interna Italiana dal 1876 al 1887* (Turin, 1956).

52. *La Boje! Processo dei Contadini Mantovani alla Corte d'Assize di Venezia* ed. R. Salvadori (Rome, 1962).

53. Ibid. , pp. 52–53.

54. A. Lyttelton 'Landlords, Peasants and the Limits of Liberalism' in J. A. Davis (ed.) *Gramsci and Italy's Passive Revolution* (London, 1979); A. Cardoza *Agrarian Elites and Italian Fascism* (Princeton, 1982); A. Kelikian *Town and Country under Fascism* (Oxford, 1986) Ch. 1.

55. V. Hunecke (1982) p. 156; A. Nascimbene, *NRS*, 1978, p. 597.

第八章　1860~1890年自由主义意大利的警察与人民

法律与自由秩序

指导意大利自由派政府的司法行政和治安工作的法律于1859~1865年制定，一直使用至第一次世界大战，几乎没有修订，主要根据1859年战争期间赋予皮埃蒙特政府的紧急权力条款制定。新的《民法典》经过最简短的议会审查之后，于1865年发布，这部新法典以1837年的萨沃伊法典为基础，并且由皮埃蒙特和伦巴第法学家所组成的特别委员会依据拿破仑三世的《法国民法典》更新。刑法更难规范化，1859年版的皮埃蒙特刑法通过1863年法令延伸至除托斯卡纳以外其他被吞并的邦国，且效力仍然是临时性的，直到1889年才由扎纳尔代利（Zanardelli）引入修订法典，但这也同样不过是皮埃蒙特法典的修订版，相比于意大利统一之前许多其他邦国法律，皮埃蒙特刑法因太过苛刻而遭到广泛批评，其唯一的重大让步是在死刑问题上，为了不违背《托斯卡纳法典》而废除了死刑。《刑事诉讼法典》则直接取自皮埃蒙特，修订更为频繁，而1859年的《皮埃蒙特公共安全条例》在统一后立即扩展到所有吞并的领土，此后不断修订和增加内容。[1]

新王国法律法规的矛盾和含糊不清一部分源于其编制时的条件与仓促。例如，意大利在统一民法方面比新德意志帝国快得多。虽然仓促可能是各种权利和保障之间矛盾频生的原因之一，它们在宪法或一套法律规定中得到认可，却在其他规定中得不到承认，但是，我们有理由相信，这种状况也是深思熟虑的制衡制度的组成部分，这是皮埃蒙特宪政的更广泛特征。因此，宪法保障的许多普遍自由要么违反刑法，要么违反治安条例，而后者则禁止各种各样并不违反刑法的行为。自由派政府在存在期间没有认真采取措施解决这些矛盾，这强化了这样一种印象，即这些矛盾为一种有意识的目的服务，而自由主义意大利的法律一边不情愿地给人民自由，一边则故意撤销这些自由或者酌情处理。

这并不意味着自由主义意大利的法律法规和执法方式必然与同一时期主要的欧洲国家相去甚远。在回应对其具体方法和措施的批评时，意大利部长们极少不知所措，他们提供了有说服力的外国先例。即使是在《意大利公共安全条例》下行使的最为严酷的权力也很难超过《强制法》所规定的爱尔兰武装警察所拥有的权力，而同一条例赋予的任意逮捕和拘留权与维多利亚时代英国的《流浪法》有相似之处，[2] 庄严载入意大利法律条款的优先权也没有任何特别之处。1865 年，司法部部长向议会提交了新的《民法典》，并且自豪地宣称"只需扫视一下这部法典，就会知道它主要关注的是财产"，[3] 而这是大多数 19 世纪中期的欧洲法学家都会支持的。

《刑法典》的内容也反映出类似的关切，将财产保护放在首位也应被视为欧洲普遍模式的一部分。法典中有 21 条单独条款专门针对盗窃行为，尤其是界定其实施的环境和犯罪者的性质如何"加重"盗窃行为。相较于白天实施的盗窃行为，在夜晚盗窃上锁的建筑或封闭的场所刑罚更重，像家庭佣人这样处于受信任地位的人犯了盗窃罪也会从重量刑。围绕单项罪行累积起来的"加重情节"数目可能相当大，就算只是很轻的盗窃罪也可能被判处三至五年监狱服刑。对侵犯人身权利罪的处置通常较宽大，蓄意伤人的最高刑罚是两年单独监禁，而对诈骗等"白领"罪行的处罚非常轻。[4]

监狱和囚犯

自由主义意大利的已决犯背景和定罪原因从欧洲角度来看也并不罕见。1860~1900 年，超过 50% 的定罪刑事案件为盗窃，绝大多数已决犯罪者来自城乡社会最贫困的阶层。[5]

已决犯只占监狱人口的少数，1863 年的《刑事诉讼法典》规定，对所有被控犯有重罪者，以及任何嫌疑人、乞丐、无固定职业或住处而又被控刑事犯罪者强制进行预防性羁押。由预审法官和公共部长来确定嫌疑人是否属于这一极不精准的类别，即使是在指控罪名较轻的情况下，一般也不给那些无固定职业的人员审讯前的临时自由。[6]

预防性羁押的使用程度从以下事实中可以明显看出：1869 年，有超过 184851 名囚犯被还押或候审，其中 93444 人未出庭就被释放或者未经原告陈述案件就被打发走了。然而，大多数囚犯至少在监狱待上了一年才被释放。大规模运用预防性羁押产生的高额成本是 1871 年修订《刑事诉讼法典》时试图以传唤代替羁押的原因之一。但与此同时，强制预防性羁押的对象类别进一步扩大，包括任何被控犯有危害国家安全罪、勒索钱财罪以及伙同犯罪的人。[7]

1876 年，《刑事诉讼法典》再次修订，用司法部部长的话来说，目的是使诉讼程序"更加自由，又对那些全心投入系统性、有计划的蔑视社会活动的人保持应有的严厉"。他没有明说的目标就是无政府主义者，但预防性羁押的期限更加严苛，当被告是"失业者和嫌疑人"时，甚至对轻罪都自由裁量，而对所有重罪则强制执行。同时引入了一项新的且范围极广的刑事犯罪罪名，即"针对公共当局任何代表的侮辱或暴行"。直到 1913 年，刑事诉讼程序才有所变化。[8]

由于监狱人口具有波动性，其中大多数在候审，很难弄清楚知道到底有多少人被拘留。不过，1876 年问世的《统计年鉴》第一卷确实表现出了不同寻常的坦率，它记载道：

> 我们不幸面临一个痛心且极为屈辱的事实，就我们的监狱人口而言，意大利被迫公开承认，其在此领域可悲的领先地位是任何其他欧洲国家都从未与之匹敌的……（监狱人口）形成了可耻的大军，且每年都有超过 20 万人从自由状态进入我们的司法监狱，稳定地更新这支大军。[9]

意大利这支由囚犯组成的"可耻的大军"是否真的在国际上占有"可悲的领先地位"，考虑到统计数据的问题，这几乎不可能证明。1875 年被羁押意大利监狱的 20 万人中，大多数囚犯要么是候审，要么是短期服刑，更接近长期服刑已决犯人数的"年终数字"仅为 53000 人。经计算，这个"年终数字"要比 1863 年高 85%，而这一时期的总人口从 2460 万人增长至 2740 万人，涨幅只有 11%。[10]

1876 年以后，数据统计更加不透明。"从自由状态入狱"的人数不再公布，但是，最近的一项估计显示，这些人数在 1881~1891 年保持在每年 25 万人左右，在接下来的 10 年中上升至每年 257000 人，有些人甚至说更高。[11] 另一方面，"年终数字"沿抛物线从 1875 年的 53000 人上升至 1879 年的 80792 人，然后在 1889 年回落到 67772 人。但是这些数据的可靠性很不确定，此后要比较就更困难，因为 1889 年新《刑法典》减少了预防性羁押条款，同时增加了收监人数以及人均服刑时间。[12]

更早公布的数据对自由主义意大利监狱犯人的社会背景也有所显示。1875 年，58% 的服刑人员来自农村地区，大多数人年龄为 20~30 岁，主要来自前罗马城邦国家、那不勒斯各省、西西里和撒丁岛。其中，70% 的人登记为完全文盲，只有 27% 的人拥有基本的阅读和写作技能，不到 1% 的人接受过小学以上教育。此后就没有公布过罪犯的职业背景信息。[13]

尽管统计上存在不确定性，但毋庸置疑的是，囚犯和已决犯是新国家中最不幸的被抛弃者，意大利 1876 所刑事惩戒机构的状况让最铁石心肠的观察者也充满恐惧和厌恶。1864 年，当局对从统一前各邦国继承下来的各种监狱和教养院进行了重组。每个辖区都指定了一所中央监狱和一些地方监狱来关押候审的囚犯，还有 9 个重罪监狱和 21 个终身刑监狱，用来关押那些被判处"一段时间或终身苦役"的人。几乎所有已决犯都要被派去劳作，但是"在我们这里，劳动没有别的目的，只是为了使犯人战胜自身懒惰的自然倾向，并让缺乏谋生手段而犯罪的他们获得谋生手段"。[14]

在重罪监狱和已决犯监狱中，已决犯在 1901 年前都是成对地用铁链锁住，关在巨大的开放式房间内，狱警依靠蛮力和腐败来维持秩序。纪律通过等级和特权制度强制执行，尽管鞭打制度在 19 世纪早些时候就已经被取缔，但是已决犯仍然会遭遇各种各样的惩罚。杀人事件经常发生，狱警们时刻配有鞭子、卡宾枪和棍棒，可以自由使用。他们并不稳固的权力也因腐败和纵容在已决犯中发展残酷的等级制度而得到巩固。由于营养不良、卫生条件差且过度拥挤，疾病成为一大问题。[15]

尽管 19 世纪 40 年代和 50 年代，人们已经就对立的重罪监狱制度的优点进行了热烈辩论，国家统一之后人们再次呼吁改革，却无济于事。在都灵、萨萨里和佩鲁贾，旧式的监狱被改造为重罪监狱，提供更多单间牢房，但是并未实现在各主要上诉法院建立新重罪监狱的宏伟计划。和往常一样，主要障碍还是在经济上。用于容纳、供给和看守这一庞大监狱人口的预算完全不足。强迫地方当局建设新监狱的尝试遭遇无限拖延。以米兰为例，直到19 世纪 80 年代末，这座城市的破旧监狱才被一座建在从前圣维托雷修道院的新监狱取代。[16] 地方当局一般有更迫切的资源需求，如新的市剧院和火车站，而国家同样拖沓且一贯无视 1863 年《刑事诉讼法典》的规定，不肯承担义务，在各大省级城市中建立用于关押重犯的单人牢房。[17]

1889 年，扎纳尔代利制定的新《刑法典》规定了更严厉、更长的刑期。1891 年，克里斯皮（Crispi）又推出了新的监狱条例，但这些几乎完全是监狱内部纪律规定。虽然新条例还规定了着装、卫生、外表、行为义务，甚至涵盖了监狱生活和日常生活的每一方面，但并没有试图进行更广泛的改革。经过投票表决用于建造新监狱的资金很快就被挪作他用，结果在 19 世纪 90年代，用于监狱和囚犯的开支大幅下降，而内政部却为此辩护道：

> 目前国家的经济条件迫使许多阶层的正直之士做出如此巨大的牺牲，那么，对于不得不严格进行法律制裁的这部分可悲人口，如果最终显示我们无法改善其条件，我们也无须对此自责。[18]

成本始终是对扩增监禁囚犯人数最实际的限制，也迫使监狱为维持自身的运转而出力。无数计划被提出，有些甚至已付诸实施，包括试图分包监狱服务甚至整个机构，但后来的结果表明，这些做法既不成功也不经济。[19]

警察与《公共安全条例》

在进入初级法院（更不用说有陪审团的巡回法庭）审理之前的监禁和召开听证会的高昂成本也促使《公共安全条例》赋予警察的权力得到运用并扩大。两种主要的警察权力是警告和软禁。这两种权力都得到了广泛应用，新政权继续沿用并推进了统一前用治安措施替代刑法的惯例。如果经济是一种诱因，那么另一种诱因就是与清晰精确的刑法和《刑事诉讼法典》术语相比，《公共安全条例》使用了含糊的术语，事实上更易运用，同时提供了规避刑法中固有的限制、约束和保障的手段。

《公共安全条例》源自皮埃蒙特实施的条例，依据后者，1848 年第一次将治安工作完全置于民事行政管辖下。1848 年的《皮内利法》（Pinelli

Law）规定执行治安条例的责任由省行政长官（后为省长）、每个市镇的市长和被称为警察局长的新治安法官共同承担。1852年，皮埃蒙特的主要城镇都任命了新的警察局长，巩固了这一系统。《皮内利法》规定警察局长与其顾问需有法律学位，负责日常的社会治安以及犯罪预防。各地宪兵虽然独立，但要按照他们的指示行事，而与司法调查有关的警方调查由每个区的皇家检察官负责。

警察局长行使的权力极为广泛，这意味着19世纪50年代的治安还没有完全摆脱对这个术语的旧式理解。警察局长的职责在于就法律问题向警方提供意见，协助民事法官，确保遵守《公共卫生条例》，保护公民权利，以及市长不在时处理火灾和其他民事紧急情况，照顾被遗弃的儿童，甚至"探索不太富裕阶层的需求，并且研究改善普通公民生活状况的方法"。[20] 1854年，这些本就繁重的职责又进一步扩大，包括对人口超两万的城镇所有居民进行登记，以及对所有"剧院、地下娱乐以及公共场所的开放和关闭时间"进行监督且颁发许可证。[21]

危险和可疑阶层受到更为广泛的控制，1852年修订的《公共安全条例》赋予了警察局长对"游手好闲者、旅行推销员、公寓管理员、农村盗窃者、滥用放牧权者以及所有涉嫌此类罪行的人"进行警告的权力，责成这些人"向警方自首"，换句话说，就是具保。

警察局长权力的稳步扩张也以牺牲民事当局，特别是市长和地方议员的利益为代价。1854年和1859年修订《公共安全条例》时，对嫌疑人的类别进行了扩充，并让"警方监视"更为严厉，而1859年取消了警察局长对个人实施治安处罚必须与市长和地方当局先行协商的规定，改由最初级的民事法官批准。[22] 1865年，嫌疑人类别再次扩大至"所有涉嫌或被公众指控侵犯财产和个人权利者，试图以武力从他人的诚实收入和勤劳中勒索钱财者……窝藏犯罪分子者，克莫拉组织成员或黑手党成员，走私犯或匕首帮成员……"[23]

流浪乞讨人员受到双重控制。1859年的《刑法典》不仅推出了一系列治安措施，并且将"游手好闲"定义为"没有手艺、专业或职业，但身强体壮，没有其他生活来源"，而流浪意味着"没有固定住所，或没有生活手段、手艺，或者不断从一个地方旅行到另一个地方，假装从事一种职业或当算命师或通灵师"。公开乞讨还是一种刑事犯罪，自1862年起，地方当局必须依法修建贫民院。在没有贫民院的地方，警方可以向真正的乞丐发放许可证，这些乞丐必须"在脖子上佩戴标示牌，并且禁止在夜间行乞，禁止露出伤口、溃疡或其他肢体残缺，禁止说绝望的话或做绝望的姿态，禁止携带粗棍子或其他任何武器"。[24]

虽然警告需要得到初级法官的许可，但是警察警告流浪者和游手好闲者无须事先告知初级法官，而被告也没有辩护权。一旦受到初级法官的警告，流浪者必须在固定期限内找到工作和住处，否则将被视为藐视法庭，并可能被监禁。在农村长期就业不足的情况下，这些条件无法满足，而且，不管怎样，宵禁规则让受到警告的人无法在黄昏和黎明之间离开自己的住所和会见其他嫌疑人，这也会造成他们难以工作。造成恶性循环的是，获释的囚犯受到同样的制约，任何越轨行为都会导致其立即被送回羁押。[25]

流浪者与乞讨者还受制于其他治安措施，如旅行许可证（ *foglio di via* ）。这在某些方面与英国的"假释许可证"相似，被发放了旅行许可证的失业人员或无业游民被强制按照固定路线在规定时间内返回其原籍村镇，违者处以监禁。但与英国制度不同的是，这种路条并不提供途中免费食宿的权利。[26]

虽说这些措施本身并不一定超过该时期许多其他欧洲国家警察行使的控制边缘和流动人口的权力，但它们在意大利使用得尤其广泛，曝光度异乎寻常。造成这种情况的一个原因是将极其广泛的管理任务委托给规模相当小且装备极其不良的一支警察部队，因此，相对高调的警察干预在一定程度上反映了新国家的物质和官僚主义缺陷。

对贫困和失业人口的福利供给不足也让这些管制更加扎眼。新国家的福利政策和体制沿袭自统一之前的皮埃蒙特，几乎没有改变。即使是在统一之前，皮埃蒙特的政策也比意大利其他许多邦国要逊色得多，与相邻的伦巴第相比更是如此。在伦巴第，奥地利当局认识到需要以公益慈善作为核心，辅之以私人捐赠。然而，在皮埃蒙特，国家的角色严格限制在监督私人慈善机构，并以最低限度的直接干预为基础，例如，要求地方当局修建济贫院。1855 年取消宗教团体时，政府并未尝试创建一套世俗福利体系，而是允许从事慈善工作的宗教团体继续存在，条件是其账目必须接受公共审计。[27]

据估计，1861 年有 18000 个注册慈善机构，总资产达 11.1 亿里拉。规范慈善机构活动的 1862 年法律并没有试图协调慈善供给，公共干预也仍然仅限于对机构的账目进行公共审计以及禁止神职人员管理平信徒慈善机构。政府并没有对慈善基金会的活动给予控制，希望鼓励更多私人捐赠。[28]

因此，尽管慈善机构供养了某些类别的贫困人口和伤残人士，但是并没有试图为穷人和病人提供更普遍的服务。1876 年，调查委员会指出许多慈善机构的经营方式不光彩，没有账目，其"管理"开支一般占其收入的40%。英国作家杰西·怀特·马里奥（Jessie White Mario）在对那不勒斯的研究中写道：

> 世界上找不出第二个国家拥有如此多的医院、救济院、避难处、当铺以及慈善基金会，也不会有第二个国家有如此庞大的收益。但真正的穷人、残疾人、老人以及病人却不是受益者，慈善机构的管理者严格遵循福音传道者的箴言——"凡有的，还要加给他；没有的，连他所有的也要夺过来。"[29]

如果新国家的慈善机构的主要受益者确实是机构管理者和员工，这就使他们在地方恩惠和政治中扮演了重要的、有时是关键的角色。F. S. 尼蒂（Nitti）写道：

> 在那不勒斯，过去和现在都说获胜的党是领导慈善机构的党。

南方也不例外，1882 年，人们发现，一位米兰激进派议会代表的儿子的大学学费是用一个城市慈善机构的资金支付的。[30]

直到 1890 年，克里斯皮通过立法来增加市政当局的权力，在一定程度上使规划成为可能，自由派政府才有了改革福利制度的重大尝试。克里斯皮在对修订后的救济分配流程进行说明的时候，强调公共福利"首先是一个公共治安问题"。[31] 在统一之后几十年的主要经济形势下，农村大规模失业加上城镇就业水平极低，这种态度意味着警察是调节劳动力市场的一个重要工具，事实上，政府经常为此采用治安手段。在农村地区，警方时常大规模使用警告权力以控制失业人口，制止其向城市移民。例如，仅 1877 年警方就在维罗纳省发出了 14231 份警告。[32] 在经济衰退时期的城市，警告被看作遣返失业人员回乡的一种特别有效的手段。在 1864 年的米兰，警察自豪地向媒体报告，他们对流浪者和无业游民进行了系统的"突袭"，其中有 400 人受到警告。一项估算表明，19 世纪 70 年代后期，米兰一年有 3000～4500 人受到警告，而整个意大利一年可能多达 10 万人。[33]

在这些情况下用警察来管控劳动力流动将警察置于这些年意大利最具争议、最暴力的社会冲突领域。意大利警方采取的专制措施之所以特别容易招致批评，另一个重要原因是这些措施也被用来对付政治嫌疑人和反对者。结果，有产阶级和受过教育的阶层发现自己可能受到针对穷人的措施影响，而此前制定这些措施几乎没有引起其兴趣或批评。

把政治对手认定为颠覆分子和犯罪者的倾向从新国家成立之初就很明显，而且在内战后的南方继续存在。1865 年的《公共安全条例》将警告和拘留的实施对象扩大到极其宽泛且界定不清的政治嫌疑人和犯罪嫌疑人，而 1871 年巴黎公社激起的无政府主义威胁及恐惧为制定更广泛的治安措施对付政治犯罪嫌疑人提供了进一步的理由。

软禁

意在打击政治犯罪嫌疑人的措施的社会影响范围更为广泛，令其受到公开批评和谴责，主要靶子是软禁或强制居住措施。该措施在 1863 年首次得到《皮卡法》正式认可，而事实上早在统一之前，它就已经被警察队伍以各种名义（收容或者流放）广泛使用。在所有这些情形中，警察被授权在指定地方实施软禁和宵禁，这些地方往往离犯罪嫌疑人的惯常住所很远，而警察与地方法官先行商讨的要求并不准确。1865 年的《公共安全条例》赋予了省长对"游手好闲者、流浪者以及违反特别的警察监视条款……的其他人"采取强制居住措施的权力，还事实上用软禁代替了正式监禁。1866 年，实施对象包括那些"涉嫌密谋要恢复统一前的秩序或破坏意大利统一及其自由制度的人"，各省建立了紧急军政府实施这些措施。[34]

1874 年夏天在罗马涅发动的无政府主义起义未遂后，通过了紧急状态法，所采用的主要工具是软禁，而南方再次暴发的动乱导致大规模采用软禁来对付"黑手党"和克莫拉组织成员。[35]软禁很快成为标准的治安工具，与警告结合，形成一个全面的拘留系统，仍然与刑法及其诉讼程序分开，游离在外。

　　因此，在 19 世纪 80 年代，软禁被转化为既没有称谓也没有任何法律地位的刑事定居点制度。这是有意的，因为 1871 年修订后的《刑事诉讼法典》以软禁代替了对许多轻微刑事犯罪者的预防性羁押，并对再犯者和触犯警告条款者强制执行软禁，同时，拘留的最长期限也从两年增加至五年。结果是发展出一套独立的即决警察司法和拘留系统，因为软禁是针对触犯治安处罚条款但不涉及刑事犯罪者提供一种长期拘留形式。[36]

　　关于受到软禁处罚的人数，很难得到可靠信息，而官方数据则故意误导。已公布数据表明，截至 1889 年，每年被软禁的人数约为 2000 人。[37] 但是这大大低于实际值。1877 年内政部调查显示，仅西西里海岸附近的岛屿上就有 4593 人被处以"强制性居家"。巴勒莫省长在此调查报告中对被以这种方式拘留者的性质做了一些说明，他声称这些拘留者：

> 因心理气质对公众安全构成威胁，要么是通过犯罪的恶意，要么是间接地因为他们经常被无罪释放。[38]

被拘留者的原籍（那不勒斯、巴勒莫、阿格里真托、拉文纳、罗马）显示，他们是在 1874 年的无政府主义起义未遂后被围捕的，同时列出了每个地方群体带来的具体威胁，以及将他们继续拘留的原因。据称，那不勒斯人"几乎都是克莫拉组织成员，并因为克莫拉组织的强大复兴而严重堕落，需要最有力的镇压措施对付该组织的复兴"。那些拉文纳省的人不能释放，"因为那里近期再次爆发了严重的骚乱，且有强大组织的犯罪团伙实施残暴而血腥的谋杀"。罗马来的人也不能释放，但更多的是"出于政治而不是公共安全的原因，还为了确保那里许多外国游客的人身和财产安全，以及维护首都作为人人安全的和平城市的声誉"。[39]

　　此后 10 年里，刑事定居点的规模和数量不断增加，软禁不过是一种委婉的说法。阿西纳拉岛、蓬扎岛、文托泰内岛、乌斯蒂卡岛、利帕里岛、蓝佩杜萨岛、法维尼亚诺、潘泰莱里亚都有流放地，而这些囚犯没有被任何法庭宣判有罪。10 年后，刑事定居点人满为患，政府就在亚得里亚海的特雷米蒂群岛新建了定居点。1883 年，维护强制定居点的费用达 50 万里拉，而到 19 世纪 80 年代末，随着这些措施的进一步推广，费用翻倍。[40]

　　这是另一个例子，说明新政权很容易适应旧制度的治安管理方式。而

1889 年之后，软禁方式得到更广泛的运用，不仅是因为经济衰退引发了无秩序状态，更直接的原因是扎纳尔代利的新《刑法典》。按照类似英国假释制度的条款，政府将那些因 1889 年新法典实施而被减刑的囚犯从监狱释放，但条件是他们得在刑事定居点受到软禁，最长可达 5 年。[41]

这些措施，再加上 1894 年 7 月克里斯皮推行的紧急权力所引发的一系列引人注目的事件，使得治安拘留制度濒临崩溃。紧急状态法授权警察对"所有被判犯有危害公共秩序罪或使用爆炸物质的危险人员，以及所有明确表示意图进行破坏社会秩序罪行者"处以软禁。这导致大肆逮捕疑似无政府主义者、社会主义者和其他潜在颠覆者，从而造成刑事定居点人员大量增加。[42]

尽管克里斯皮的紧急措施在意大利社会富裕以及受过教育的阶层中激起了愤怒的抗议，但在紧急状态下，绝大多数受到软禁的人仍然主要来自传统意义上的"危险阶级"。到 1894 年末，西西里群岛上有超过 5000 名被拘留者，仅乌斯蒂卡岛就有 1300 人，其中只有 170 人被真正认定为无政府主义者，15 人被描述为社会主义者，421 人为克莫拉组织成员，121 人为黑手党成员。然而，克里斯皮被告知，大多数被拘留的人早前被捕是因为他们是：

> 游手好闲者、流浪汉、乞丐，许多来自意大利北部，他们的状况是习惯性酗酒的结果；大多数上了年纪，监禁环境令其变得低能。

在 1894 年作为政治犯罪嫌疑人被拘留的人中，绝大多数是农民、农场工人、工匠、搬运工、木匠、泥瓦匠、鞋匠或印刷工人，而总共 665 人中只有 2 名律师、2 名小学教师、1 名医生、3 名学生、10 名私人雇员和 2 名财产所有人。[43]

尽管软禁在政治上臭名昭著，但是刑事定居点被拘留者的职业背景表明软禁已成为标准治安工具。这一系统却因过度扩张而面临崩溃的危险。到 1893 年，被拘留者的关押成本已经达到 100 万里拉，预计下一年此花费还将增长 25%。面对这些问题，克里斯皮委托监狱总干事贝尔特拉尼·斯卡利亚对此进行调查，而斯卡利亚的调查结论毫不通融：

> 没有任何折中办法：要么将软禁转变为具有适当法律基础的制度，要么彻底废除。就目前状态而言，这种解决方法比它试图消灭的邪恶更为

糟糕。[44]

既然刑事定居点游离于正式的监狱系统之外，那么斯卡利亚对这一系统的批判可能存在职业的嫉妒成分，但是他的报告提供了明确的证据，表明软禁方式的运用大大超过预期，已经不再经济。这可能是鼓励以后执政者谨慎使用这些措施的最重要因素，然而这些刑事定居点保留了下来，围绕这些措施的法律界限也仍然含糊不清。

城市治安

如果说警告和软禁是警察权力的重要武器，那么它们并不是唯一的武器。那些统一前的政府管理下需要许可和调节的一系列活动和职业基本上没变或有所增加。其中，特定的行业和职业如街头小贩、旅店老板、印刷厂老板以及公寓业主都需要警察颁发许可证，并且要定期更新。

这些许可证和法规的主要目的是创收，同时也进一步管控了城市的边缘和流动人口，这些人的存在仍然会引起有时几近荒谬的担忧和恐惧。德普雷蒂斯（Depretis）成为总理之前，曾痛斥这样一个事实：

我们城市公共广场和街道上凌乱充斥着新一代人，他们以卖火柴、油画、印刷品以及其他类似缺乏价值的东西为借口，企图过一种懒惰、流浪的生活。[45]

许可证还有其他功能，并且构成了一个严密的审查机制，尽管有宪法保障言论自由。印刷厂需要得到警方的许可证，只有证实自己"行为良好"才能得到更新的许可证。此外，警察还负责批准所有公共表演，还要确保戏剧演出不得冒犯"公共道德、宗教、国家、家庭"，不得包含任何对国王或王室成员的不敬。那些愚蠢到酒后痛斥国王的人可能会面临严重的指控。[46]

警方监控也延伸至所有公共庆祝活动和公众集会。小酒馆和客栈仍然受到长期关注，被密切观察和监视，同时，社区节日、地方圣徒庆典以及狂欢节都需要得到警察的事先许可，并且警察会严格巡逻。由于当局将这些民间文化和社交表演视为教育和道德文化"落后"的不体面标志，警察到场不仅旨在维护法律和秩序，也要传播自由主义革命的价值观。[47]警察尤其热衷保证民间宗教节日不为牧师们攻击国家提供机会，这经常会造成民事当局和教会之间的紧张关系。尽管存在这些分歧，当展示的自发民间宗教狂热不符合 19 世纪晚期天主教某些方面更严厉和理性的倾向时，神职人员并不比警察更赞同这种行为。[48]

1865 年的治安条例规定，所有旅行者必须获得警察的旅行许可证，不过罗马的最高上诉法院在 1877 年裁定，仅仅以个人不能立即提供身份证明为由执行逮捕是违宪。1889 年，规定进行了更改，只有那些"疑似罪犯"的人才有义务证明自己的身份。[49]

特殊的职业群体也受到警察的控制。虽然 1865 年的《公共安全条例》已取缔了全体工人必须携带工作手册的规定，但许多雇主仍然坚持要求他们的工人保留记录了具体出勤和表现情况的手册，以此作为雇用条件，这使得那些被解雇的人再就业的机会非常渺茫。同时，雇主有义务向当地警方报告所有雇员的最新登记名单，以及他们的年龄、居住地址及表现。[50]

警察也负责执行公共卫生法规，不过新的国家立法中盛行的自由放任政策使得大多数领域中公共权力的介入极其无力。霍乱反复暴发，肺结核和白喉等新的城市疾病蔓延，带来了大量改善城市清洁的新法规和新尝试，包括限制接触牲畜，将牛类和食品市场移至城市外围地区以及重新安排墓地。

卖淫

统一之前很久，妓女就受到了日益密切的监管，这也是尝试扩大治安规模和范围的重要例证。最严厉的法规是统一前不久皮埃蒙特推行的，新政府沿用了这些法规，建立了全国性的持牌妓院和注册妓女制度。

皮埃蒙特法规规定，所有 16 岁以上的公共妓女都必须登记，妓女和公共妓院必须拥有许可证，天黑之后严禁在公共场所拉客，并且必须定期接受医疗检查。患病者一旦被发现就会被关入特地指定的梅毒收容所。这些规定赋予警察极其广泛的权力，特别是在妓女的定义仍然非常不精确的情况下。宵禁之后，任何女人都有可能被警察拦下，如果被怀疑是妓女而拘留，就将被迫接受警方外科医生的体检。仅仅因为失去贞操就可能使一个女孩被注册为妓女并被送往持牌妓院，除非有人证明她的清白。[51]如果说"体面"阶层的女性不太需要担忧，那么，工人阶级女性面临的危险却严重得多，尤其是在像米兰这样快速扩张的城市，贫穷阶层中的同居现象非常普遍。[52]

对持牌妓院的妓女进行注册登记旨在控制性病，但在实践中，这些法规却让许多女性困在一个无法逃脱的职业中。注册妓女失去了获取任何身份证明材料的权利，只有自己的执照或者叫工作手册，上面记载了她们的体检记录以及对其品行的总体概述，而且必须由她们支付一笔费用后由警察签署。已经登记的妓女若是想要改行，需要向警方支付三个月的保证金，证明自己有能力养活自己。如果不继续支付这些费用，这个前妓女就有可能被当作流浪者而受到警告和监禁，或者被迫回到妓院。[53]

这些法规受到一系列不同政治立场的抨击，当 1870 年扩展至罗马时，教皇斥责其为"配不上任何文明国家的持牌人肉贸易"。然而，1864～1868 年《传染病法》在英国实施之后的国际游说活动吸引了一些意大利激进分子的注意，安娜·玛利亚·莫佐尼（Anna Maria Mozzoni）、杰西·怀特·马里奥、乔治娜·莎菲（Georgina Saffi）、马尔维娜·弗兰克（Malvina Franck），以及克劳福德（Craufurd）姐妹在推动意大利废除卖淫法规运动中发挥了重要作用。[54]

安娜·玛利亚·莫佐尼和杰西·怀特曾帮助收集了伦巴第妇女状况的资料，用于阿戈斯蒂诺·贝尔塔尼（Agostino Bertani）对农村贫困人口的私人调查，这些人的状况被亚奇尼官方委员会报告排除在外。杰西·怀特在对那不勒斯贫困人口的非凡研究中，也强调卖淫如何与城市穷人的普遍贫困和生活不稳定密不可分。她表示，在这种生存条件下，"在最卑微阶层中，卖淫和其他工作没什么两样"。据她估计，除了城市中注册的 3000 名妓女外，至少另有 6000 名妓女，其中许多人卖淫是为了暂时逃离饥荒。但她表示，这些法规的后果将让妓女受到克莫拉犯罪利益集团的关注，也容易受到腐败警察的剥削，这些警察丝毫没有随着新政权的到来而改变自己的行为方式：

他们继续逮捕、威胁和殴打，继续释放那些愿意付钱的人。[55]

尽管废除卖淫法规运动得到越来越多的支持，意大利并没有效仿法国在 1882 年解除对卖淫的管制，不过还是成立了一个调查委员会，由阿戈斯蒂诺·贝尔塔尼主导，他在前一年对现有立法进行了严厉抨击。虽然委员会提倡废除这些法规，但是直到克里斯皮取代德普雷蒂斯成为政府首脑之后才采取行动。

1889 年，克里斯皮向议会提出了修订后的法规，以愤慨的口吻将现有的法规描述为：

> 没有名字的真正的耻辱……其中最难以形容的罪恶由警察犯下，他们经常利用 1860 年的条例逼迫处女登记为有执照的妓女。他们强迫健康纯贞的女孩进入这些机构，有些还不到 11 岁，她们离开的时候就被登记为妓女。警察有意或无意地与一些浪荡子勾结，这些浪荡子在占了贫穷少女便宜后，为了摆脱这个麻烦，就匿名向警方告发这个贫穷的可怜虫是妓女……过分的热忱、愚蠢或者腐败导致警察与男女皮条客、妓院老板以及梅毒收容所管理人鬼混在一起。[56]

尽管克里斯皮对现存法规进行了毫不留情的谴责，但是他的新法规却仍然让改革者深感幻灭。持牌妓院和梅毒收容所已经关闭，但是妓女仍然由警察酌情登记，并发放执照。政府允许负担得起的人自费进行私人医学检查，但是那些负担不起的人仍然需要去警方外科医生处。两年后，乔瓦尼·尼科泰拉（Giovanni Nicotera）对新法规中的许多条款进行了修订，重新实行利用警察的自由裁量权对涉嫌卖淫的个人进行强制检查，从而实际上回到了过去的滥用职权行为。[57]

与法国、英国和比利时一样，取消监管的重要原因不仅是它给国家带来道义上的谴责，而且越来越多的证据表明它不起作用。或者，更准确地说，这种登记制度加重了秘密卖淫现象，而后者被看作性病稳步增加的主要原因之一。G. 塔梅奥（Tammeo）1890 年发表的对意大利卖淫现象的首个重要研究有力地支持了这些结论。为劝说秘密卖淫者寻求治疗，以前对妓女进行常规检查的警方卫生室转变为提供医疗咨询和治疗的诊疗所。[58]

尽管有效的治疗方法还未出现，但医疗意见重要性的日益增加以及对医药治疗的重视标志着改变，不再像过去那样把监禁作为唯一选择。尽管方针表面上改变了，但是新法规仍然留给警察极为广泛、易于滥用的自由裁量权。关注性病的危险继续与漠视糙皮症、伤寒以及疟疾形成对比，而后者显然是意大利社会中最致命的疾病，致病因素也很清楚。[59]解决这些疾病的方法就是改善城市和农村穷人的生活条件，但是需要的改革和投资难以实现。性病更容易被看作社会治安问题，尽管一个事实让这背后的不可信、党派性的逻辑显得更加荒谬：遭受野蛮而无效控制的只有妓女，从来没有嫖客。但在这个方面，意大利无非遵循了已经在欧洲其他地区根深蒂固的模式。

宪兵

　　修订卖淫法规的一个原因是它们被警察滥用，而另一个原因在于它们大大增加了委派给警察队伍的职责，这些队伍普遍装备不良、未经培训且组织混乱。然而，没有什么比被委以治安以及各种行政和官僚职能的那些机构的性质更能说明新国家的干预意图与供其支配的手段之间的巨大差距。总体而言，警察队伍人数不少，但这是因为非专业陆军分队常常被用于民事治安。然而，标准的日常治安工作被委托给了小得多的更不称职的群体，指望他们执行的任务范围之广令人绝望，加剧了他们的缺陷。

　　1887 年，克里斯皮试图彻底重组民事治安系统。内政部收集的数据显示，当时意大利的执法部队总共有 47049 人，其中 24626 人为皇家宪兵，只有 4505 人属于主要的民事警察部队即公共安全卫队。另外 9434 名市政卫队成员和 8484 名森林卫队成员由地方政府组织并发薪水。总费用估计为每年 36182541 里拉，其中大部分（2070 万里拉）用于宪兵队的开支。在公共总支出中，超过 2% 用于社会治安，与之相比，约 20% 用于其他陆军和海军开支，8% 用于教育，而用于其他形式社会福利的不足 0.4%。[60]

　　尽管宪兵队成立于 1815 年，但直到 1860 年才在皮埃蒙特建立了一支民事警察部队——公共安全卫队。理论上，这两支部队分别负责农村和城市治安，宪兵是由作战部和警察局长联合指挥，公共安全卫队则从属于内政部。

　　将宪兵组织转变为国家的准军事部队非常困难，也没有全部完成。即使是在独立战争和解放南方战争时期，当局对由有产阶级组成的国民卫队也持高度怀疑态度，通常设法尽快用正规的宪兵组织来取代他们。在南方，解散国民卫队和省宪兵队的努力在削减南方精英势力上常常起到核心作用。在西西里，控制治安系统的斗争持续了更长时间，再次成为维护政府在岛上权威的斗争的关键因素。

　　除了南部，对皮埃蒙特部队的怨恨在其他地方也同样明显。例如，1860

年，托斯卡纳总督向都灵抱怨宪兵队的行为：

> 许多人都只是孩子，刚刚入伍，没受过什么教育，也没有什么军事经验。其中若干人品德败坏，玩忽职守，在城里大摇大摆、装模作样，全然不维护尽责所必需的军人的威严形象。[61]

除了对现有本地警察部队的区域主义猜忌和愤恨，招募新兵也被证明很困难，19 世纪 70 年代和 80 年代，增加人手的频繁尝试总是失败。此外，工资低、服役条件差是重要因素，因为宪兵的最低服役年限为 5 年，而骑兵为 4 年，步兵为 3 年。农业危机缓解但未真正解决这些问题。1881~1887 年，军队增加了 2000 人，但仍然远低于 24626 人的编制，其中只有 3518 人有坐骑。由于宪兵的主要任务是在农村巡逻，因此骑兵数量短缺被看作一个重大障碍是可以理解的。[62]

军队

1889 年，克里斯皮试图将重组和加强宪兵队作为一项紧急任务，却没有成功，主要障碍是缺乏资源，这意味着实际上唯一能够减轻宪兵负担的方式是委派更多的职责给公共安全卫队和军队。国家统一以来，军队被用作城市和农村治安的标准工具。主要城市都设有大型军事驻地，这些驻地理所当然是为了在发生内乱时协助警察而部署的。当局担心示威和游行会变得难以控制，就随意利用骑兵中队予以驱散。

尽管不像在城市那样公开，但在农村骚乱地区部署军队经常导致暴力和杀戮。19 世纪 80 年代的内政部文件充斥着关于此类事件的描述，这些事件的结果都是民事当局完全免除了军队的责任。例如，1889 年，在罗马涅一个名叫孔塞利切的小镇，一场水稻女工罢工遭到宪兵和常规步兵联合部队驱散，他们开了枪，致使 3 名示威女工身亡。1894 年，拉文纳附近一个中止的道路建设工程项目上忍饥挨饿的工人与来自克拉斯村和圣维塔莱村的水稻工会师，向城市游行，要求得到面包和工作。省长对这个"手持大棒的超千人群体"感到恐慌，将当地军队指挥官招来协助。城门周围安排了步兵分队，部署了一队骑兵去阻截示威者，而另一队骑兵则调到侧翼，用马刀劈砍那些成功地继续行进的示威者。省长高兴地报告说这些战术取得了圆满成功。[63]

紧急情况下，在国家统一之后的几十年中，历届政府也会理所当然地暂停公民自由，并实施军事管制。自由派在执政期间，10次在不同场合调用军事法。这种做法更早时候在皮埃蒙特确立，政府在那里于1849年将热那亚设为戒严状态，并于1852年在撒丁岛采取了同样措施。国家统一之后，西西里和坎帕尼亚大区于1862年宣布戒严，1866年巴勒莫戒严，1894年再次在西西里和卢尼贾纳（位于马萨-卡拉拉）戒严。在军事占领米兰之前的1898年骚乱中，那不勒斯、佛罗伦萨和利沃诺也宣布了军事法。

其他欧洲国家在战时或重大内乱时也采用了类似的紧急措施。但意大利的情形不同于法国等，此类措施的合法性从未受到民事法庭的质疑。宪法没有提及这些权力，但明确禁止设立特别法庭，并规定不得剥夺任何公民的法律保护。但是，1894年，当这两点在众议院被提出以抗议政府的非法行为时，有人却宣称，与宣战权一样，在国家处于紧急状态时宣布戒严是王室特权的一部分。尽管这种论点无疑将所有宪法保障都置于危险之中，但是，即使是在该世纪最后几年的紧张气氛中，最高法院即罗马上诉法院也拒绝对政府搁置民法程序的权利提出异议。[64]

虽说在内部动乱时刻，自由主义意大利频繁求助于戒严，但将军队作为正常的民事治安工具绝不罕见，尤其这样意味着可以将民事治安部队的建立保持在经济合算的最低限度。然而，其缺点非常明显，在19世纪90年代的紧急形势下更是暴露无遗。在城市骚乱中动用军队往往缺乏策略，可能引发进一步混乱，还可能带来令人难堪的宣传。例如，外国观察者在1898年目睹巴瓦·贝卡里斯（Bava Beccaris）将军和他的军队驻扎在意大利一个主要商业和工业城市的大教堂广场上，几乎无法对意大利这个国家产生好印象。

这些广泛的民事治安职能导致一系列后果，军队内部越来越多的人加以反对。如同1871年之后的法国，意大利军队的组织在很大程度上取决于国家内部安全的需要。除了像阿尔卑斯山地步兵这样的专业军团外，其他团会在不少于两个省份招募新兵，然后在第三省驻军，并经常调动，这是为了避免军队与当地人结成联盟。法里尼明确了这背后的逻辑，告诫参议院如果是按省份招募的，那么，"罗马涅团6个月之内就已发通告起义了"。[65]

更专业的军事单位的形成带来了新一代军官，他们受过更广泛的技术训练，认识到军队内部安全职能造成的扭曲。例如，佩卢（Pelloux）将军热衷军事改革，尤其主张削减军队中高度复杂的官僚结构和头重脚轻的行政部门，他在 1896 年告诉议会：

> 军队应该存在，但主要是为维持社会秩序，结果却完全受制于公安机关。[66]

减少军队的治安职能，就需要建立一支规模更大、更有效的民事警察队伍，但是，这反过来会造成严重的财政负担。尽管时人强烈关注法律和秩序，然而，一个事实很能说明新政府面临的物质资源制约：即使是在 19 世纪 90 年代初紧急状态期间，克里斯皮加强宪兵部队的计划仍然没有实现，事实上，这支队伍在人员和资金方面都有所减少。[67]

1893 年，西西里岛与撒丁岛同时发生的动乱意味着两个岛上的宪兵分队都需要增援，但大陆地区指挥官警告，只有关闭 200 多个农村站点才能解决这个问题。整个半岛的省长们悲痛抗议，阻止了这一切的发生，然而，到 1896 年，900 个农村站点只有 4 名骑兵驻守，另外 30 个则只有 3 名。[68] 尽管大批部队被派往西西里，但是岛上几乎没有坐骑，各站点间也没有电报通信。1893 年和 1894 年骚乱蔓延期间，政府拥有的物质资源非常有限，这可能部分解释了他们为何恐惧，为何随时准备动用紧急权力和戒严，而宪兵物质匮乏的状态表明自由派政府的高压统治雄心并不总是与其物质资源相匹配。

公共安全卫队

改革公共安全卫队的尝试遇到了同样严重的阻碍。1888 年，克里斯皮提出应当在不同的治安部队之间建立更明确有效的分工，尤其提出公共安全卫队应当全面负责城市治安，以使宪兵队腾出手来履行其作为农村治安部队的本来职能。这项政策得到宪兵指挥官的大力支持，他写道：

> 我愿意承认，如今，许多问题和困难让皇家宪兵在大城市的行动已不再被认为完全有效，因为需要整日穿着制服，因为除了公共安全职责本身

外还被指名提供各种各样的其他服务，这些服务使他们无法更密切地了解当地环境及其居民，事实上，还有很多其他原因。[69]

宪兵想要摆脱这些责任的迫切性清晰地反映在公共安全卫队摆脱军队同僚的渴望中，但这又导致了同样微妙的公共安全卫队与市政卫队之间的关系问题。这里同样没有明确的分界线，而在 1887 年，内政部认为有必要对情况进行澄清：

> 特别是在较大城市，两个警务机构的存在是造成重大和严重不便的原因——两个机构彼此完全独立，拥有不同的纪律和等级制度，一个负责公共安全，另一个负责执行地方和市政法规。[70]

尽管多次尝试合并这两股力量，但事实证明这不切合实际，罗马省省长对之前的失败做出了部分解释：

> 公共安全卫队反感执行当地的地方法，而市政卫队断然拒绝与公共安全卫队一起服务，因为此举具有危险性，还容易让公众仇恨他们。[71]

米兰省省长也同意，公众对公共安全卫队的憎恨导致其几乎不可能与市政警察合作，而市长也警告说，由于"本市普遍厌恶卫队承担警察职责"，不要试图将这两个部门合并起来。[72]

这里，市民的忠诚度利害攸关，且市政精英对通过扩大内政部控制的警察部队扩展政府权力的任何企图都持怀疑态度。但毋庸置疑的是民众对公共安全卫队的强烈敌视，这一事实在官方函件中经常被明确陈述，被认为是难以招募新兵的主要原因。例如，佛罗伦萨省省长在 1884 年向内政部提交的半年报告中指出：

> 工人阶级，甚至是乡下人对公共武装力量的代理人（包括皇家宪兵队）的憎恨极其强烈，其原因不必详细描述，因为它们反映出人民的道德水平在不断下降，但其结果是很难吸引新兵。

报告接着表明，佛罗伦萨的公共安全武装比其 30 名军官和 120 名士兵的编制少了 20 人，新兵都来自"农业工人阶层，而且大部分是孤儿……除非能在招聘中采用更严格筛选的标准，特别是在智力方面，在那之前，不能指望情况有任何改善"。[73]

米兰也同样处于这种情况，米兰的警察局长指出，在当地招募公共安全卫队的要求不可能满足：

> 这是完全不可能的，因为众所周知，公共安全卫队必须在有可能找到志愿者的地方招募，而意大利北方各省（即米兰、都灵、热那亚和博洛尼亚省）从未提供过分遣队。[74]

1889 年，一位名为伊达·卡尔卡诺的珠宝商在米兰被谋杀，引发了全国强烈抗议犯罪率不断上升和警察工作效率低下，内政部对意大利第二大城市的治安工作进行了调查，这次调查独特详细地描述了所采用的技术和可用资源的显著不足。

在答复部长的询问时，省长报告说米兰犯罪率急剧上升是由于失业人数迅速增加，据估计已超过 50000 人。为改变这种状况，省长命令警察局长给所有失业人士发放回乡许可证（路条），但这项任务显然让公共安全卫队不堪重负。他形容这些卫兵"年龄的压力毁掉了其干事或执行治安法官指示的能力"。省长还抱怨地方法官不配合，致使警察不能按照自己愿望自由地行使警告权。[75]

省长在接下来的报告中指出，只有 200 名公安人员在一个拥有近 50 万名居民（其中 8 万名是工人）的城市中维持治安。他声称，相比之下，巴黎有 9000 名宪兵维持治安，而伦敦有近 14000 名治安官。由于宪兵身着制服，易被察觉，因此并不能提供有效帮助。此外，由于警方无力支付线人酬金，线人系统正在崩溃。[76]

警察局长描绘了一幅同样阴郁的画面，尽管他报告的前提是坚持他亲自采取的强有力行动，以确保手下"不会跟有能力却不工作的懒汉、流浪者和乞丐休战，同时不懈、顽强、持续追捕城市中的众多通缉犯"。[77]可是当他 3 个月前抵达米兰的时候，声称自己发现警察总部二科和中心办公室没有任何形式的系统记录，文书职员只有 5 人，其中一人负责整个城市的警方档案。有个部门负责人已经 70 多岁，而在城市的许多人口稠密地区，负责多达 8000 名居民治安的是不到 13 名公共安全卫兵，其中一些人还负责办公室工作以及其他工作。[78]

米兰警察在 19 世纪末的状况表明，克里斯皮在世纪初对公共安全部门组织进行的改革并没有立即产生效果。为了应对 1894～1895 年城市紧张局势的危险升级，公共安全部门的预算拨款已增至 1050 万里拉，军官队伍也遭到了严重清洗。其意图非常明确：

> 淘汰身体状况不佳、智力不足以及有不良个人行为的大部分老员工后，将有可能让当今时代所需要的更年轻、受过更好教育、精力更充沛的人来振兴公共安全服务。

结果，85 位高级官员退役，另外 80 位因为"公认不称职"而被解雇。但额外资金都用于提高工资，因此队伍规模没有什么变化，不过国家定员提高了，至少在纸面上达到了 5000 人。[79]

这些变化先于 19 与 20 世纪之交焦利蒂对民事治安进行的彻底重组。尽管有 19 世纪 90 年代的改革尝试，但有证据表明，直到 19 世纪末，自由主义意大利的警力仍然不足，装备不良，无法执行分配给他们的多重任务。这也许可以解释为什么他们往往使用残酷和专制的方法，这几乎是对缺失更加系统化、官僚化治安形式的补偿。虽说这是阻碍自由主义"自上而下革命"的那些官僚主义弱点的又一实例，但警察的日常活动也揭示了 19 世纪 90 年代克里斯皮的战略将在更宏大层面展示的东西。正是在当局试图以最专制和严厉的方式行事时，国家政权才最有可能暴露其无能和不称职。尽管如此，公共治安力量正式机构的缺陷还表明，高压统治在维护公共秩序中的作用可能比许多同时代人选择相信的要小得多。

注　释

1. A. Aquarone *L'Unificazione Legislativa e I Codici del 1986* (Milan, 1965); G. Neppi Modena 'Legislazione Penale' in *Storia d'Italia*: *Il Mondo Contemporaneo* eds F. Levi, U. Levra and N. Tranfaglia (Florence, 1978).

2. D. Philips 'A New Engine of Power and Authority: the Institution of Law Enforcement in

England 1780-1830' and V. A. C. Gattrell 'The Decline of Theft and Violence in Victorian and Edwardian England' in V. A. C. Gattrell, B. Lenman and G. Parker (eds.) *Crime and the Law: The Social History of Crime in Western Europe since 1500* (London, 1980).

3. A. Aquarone (1965) p. 39.

4. G. Neppi Modena 'Carceri e Società Civile' in *Storia d'Italia* (Turin; Einaudi, 1973) Vol. 5 (2), p. 1919.

5. Ibid.

6. G. Amato *Individuo e Autorità nella Disciplina della Libertà Personale* (Milan, 1967); G. Amato 'La Libertà Personale' in P. Barile (ed.) *La Pubblica Sicurezza* (Milan, 1967) Vol. 2, pp. 88-89.

7. G. Amato in P. Barile (ed.) (1967) p. 92.

8. Ibid., pp. 96-99.

9. *Annuario Statistico* (Rome, 1875) p. 53.

10. Ibid.

11. *Sommario delle Statistiche Storiche dell'Italia 1861-1965* (Rome, 1968), p. 57；比较 G. Neppi Modena 'Carcere e Società Civile' (1973) p. 1929。

12. G. Neppi Modena Ibid., p. 1921.

13. *Annuario Statistico* (Rome, 1876) p. 61.

14. *Prisons and Reformatories at Home and Abroad* ed. E. Pears (Transactions of the International Penitentiary Congress, July 1872) (Maidstone, 1912); report by Signor F. Cardon, Director-General of Italian Prisons, pp. 151-167; M. Beltrani Scalia *Sul Governo e sulla Riforma delle Carceri in Italia* (Turin, 1867).

15. F. Cardon's report and G. Neppi Modena 'Carcere' (1973) p. 1913.

16. E. Grottanelli 'La Politica dell'Amministrazione Communale di Milano' in *Città e Controllo* (Milan, 1982) pp. 163-181.

17. G. Neppi Modena 'Carcere' (1973) p. 1913.

18. Ibid., p. 1926.

19. 见 *Annuario Statistico* 中的年度数据。

20. ASCR: Carte Crispi: B. 78/13.

21. Ibid.；1854 年 7 月 8 日备忘录。

22. G. Amato in Barile (ed.) (1967) pp. 116-117.

23. Ibid., pp. 115-117.

24. Ibid.; P. Barile Ibid., p. 12.

25. Ibid., Amato pp. 117-118.

26. M. Galizia 'La Libertà di Circolazione e Soggiorno' in ibid., pp. 490-493；我要感谢 Barbara Weinberger 在这一点和英国警察实践的其他方面给我的建议。

27. M. Piccialuti Caprioli 'Il Sistema di Beneficenza Pubblica nel Piemonte Pre-Unitario' in *Città e Controllo* (Milan, 1982) p. 483.

28. A. Cherubini *Storia della Previdenza Sociale* (Rome, 1977) pp. 38-41.

29. J. W. Mario *La Miseria di Napoli* (Florence, 1877) p. 207; P. Villari 'La Riforma della Beneficenza' (May, 1980) in *Scritti sulla Questione Sociali in Italia* (Florence, 1902) p. 364.

30. F. S. Nitti 'Poor Relief in Italy' (The Economic Review 1892) in *Opere di F. S. Nitti* Vol. 1, p. 233; V. Hunecke (1982) p. 307.

31. ACSR: Min GG: AAPP; B. 92, f. 1475; Min. Interor 给 Min. GG 的备忘录，关于 "不适合工作的穷人" ('indigenti inabili al lavoro') 6.11.1891; 也见 A. Cherubini (1977) pp. 41-44。

32. F. Bozzini *Il furto campestre. . .* pp. 81-82.

33. V. Hunecke (1982) pp. 297-298.

34. G. Amato in P. Barile (ed.) (1967) p. 121.

35. C. G. Marino *L'Opposizione Mafiosa* (1964) pp. 78-81.

36. G. Amato in P. Barile (ed.) (1967) p. 121.

37. *Annuario Statistico* (1892) p. 308.

38. ASCR: Carte Crispi: B. 37 (31.12.1877).

39. Ibid., 20.11.1887.

40. Ibid.: B. 40/4.

41. Ibid., Doc. 7 PS law 30 June 1889.

42. Ibid., Law 19 July 1894, No. 316.

43. Ibid.: B. 40/6 'Documentazione sull' Applicazione della Legge del 19.7.1890; 也见 A. Boldetti 'Le Repressione in Italia: il Caso del 1894' *RSC*, 4, 1977, pp. 481-515。

44. ASCR: Carte Crispi: 40/1 (14.5.1895).

45. 转引自 M. Galizia in P. Barile (ed.) (1967) p. 514。

46. Ibid., p. 19; The Prefects reports are in ACSR, Min. Degli Interni; Rapporti Semetrali dei Prefetti 1882-1890.

47. 比较 R. D. Storch 'The Policeman as Domestic Missionary' *JSH* 1976。

48. A. Gambasin *Parocci e Contadini nel Veneto alla Fine dell'Ottocento* (Rome, 1973) p. 56ff; A. Lazzarini *Vita Sociale e Religiosa nel Padovano agli Inizi del Novecento* (Rome, 1978) p. 115ff; S. Lanaro *Società e Ideologie nel Veneto Rurale* (*1866-1898*) (Rome, 1976); C. Ginsborg 'Folklore, Magia, Religione' *Storia d'Italia* (Turin, Einaudi, 1974) Vol. 1, pp. 668-669.

49. M. Galizia in P. Barile (ed.) (1967) pp. 490-493.

50. V. Hunecke (1980) pp. 353-355.

51. M. Galizia (1967) p. 521; R. Macrelli *L'Indegna Sciavitù: Anna Maria Mozzoni e La Lotta Contro La Prostituzione di Stato* (Rome, 1974) p. 10; G. Gattei 'La Sifilide: Medici e Poliziotti intorno alla "Venere Politica" ' in *Storia d'Italia* Annali 7 *Malattia e Medicina* ed. F. Della Peruta (Turin, Einaudi, 1985) pp. 741-798; R. Villa 'Sul Processo di

Criminalizzazione della Prostituzione nell'Ottocento' in *MOS* 1981 pp. 269-87 及本书第五章。

52. V. Hunecke（1980）pp. 136-138.

53. R. Macrelli（1974）pp. 10, 78；G. Gattei（1985）pp. 755-757.

54. 关于英国和法国废除有关卖淫的法律的运动，参见：P. McHugh *Prostitution and Victorian Social Reform*（London, 1980）；F. Finnegan *Poverty and Prostitution : A Study of Victorian Prostitution in York*（London, 1979）；J. Harsin *Policing Prostitution in Paris*（New York, 1984）；R. J. Evans 'Policing Prostitution in Imperial Germany' pp. 70, 1975；S. de Schaepdrijver 'Regulated Prostitution in Brussels 1844-1877' in *IAHCC*J Newsletter Nov. 1986 pp. 70-89。本章完成以后，又有新文献 M. Gibson *Prostitution and the State in Italy 1860-1915*（New Jersey, 1986）出版。

55. J. W. Mario *La Miseria in Napoli*（Florence, 1877）pp. 48, 184.

56. M. Galizia in P. Barile（ed.）（1967）p. 521.

57. R. Macrelli（1974）p. 243；G. Gattei（1985）p. 765.

58. G. Gattei（1985）pp. 766-769.

59. P. Corti 'Malaria e Societa Contadina nel Mezzogiorno' in *Storia d'Italia* Annali 7, pp. 635-769；A. De Bernardi 'Pellagra, Stato e Scienza Medica', ibid. , pp. 618-708；L. Faccini 'Tifo, Pensiero Medico e Infrastrutture Igieniche nell'Italia Liberale' in ibid. , 703-737.

60. ACSR：Carte Crispi：78/2；关于公共支出，见 E. Luzzatti and R. Portesi 'La Spesa Publica' in S. Cassese（ed.）*L'Amministrazione Centrale*（1984）pp. 209-211 and R. Romanelli（1979）pp. 448-449。

61. ACSR：Min Int：1860 4/8.

62. Ibid. ：Carte Crispi：78/4.

63. Ibid. ：423/1.

64. L. Violante 'La Repressione del Dissenso Politico nell'Italia Liberale：Stato d'Assedio e Giustizia Militare' *RSC*, 5, 11976, pp. 481-524.

65. G. Rochat 'L'Esercito Italiano negli Ultimi Cento Anni' *Storia d'Italia*（Turin, Einaudi, 1973）Vol. 5（2）, p. 1873.

66. Ibid. , p. 1874；see also L. Pelloux *Quelques Souvenirs de Ma Vie* ed. G. Manacorda Rome 1967, pp. XI-LVII.

67. ACSR：Carte Crispi：596/vii/1 Report on the state of the RRCC by Ge. Traffini（dated 7. 11. 1895）.

68. Ibid.

69. Ibid. ：79/2.

70. Ibid. ：78/6.

71. Ibid. ：78/12.

72. Ibid. ：236/24.

73. ACSR：Rapporti dei Prefetti：Firenze January 1884.

74. Ibid.：Carte Crispi：236 23/24.

75. Ibid.：236/1.

76. Ibid.：236/9.

77. Ibid.：236/6 Nov. 1890.

78. Ibid.：236/3.

79. Ibid.：694/6；也见 S. Hughes 'The Theory and Practice of *ozio* in Italian Policing：Bologna and Beyond'，*Criminal Justice History* 1985（5），pp. 85-103。

第九章　法律的守护者

虽然维持自由主义意大利秩序的军队分裂、组织混乱、人员不足，但其在地方法院中的确拥有强大的盟友。与自由主义政权其他主要机构的共同之处在于，司法机构的性质和结构也是加富尔执政十年中在皮埃蒙特确立的，并在统一过程中得到了巩固。

地方法官和新秩序

19 世纪 50 年代，地方法院的反动倾向成为皮埃蒙特自由派的主要障碍，而反复清洗和对地方法官个人实行越来越严格的控制严重损害了法院独立性，模糊了行政部门的权力与法律守护者权力之间的正式区别。国家统一后，南方内战为使用类似方法来对付前波旁王朝的地方法院提供了新的借口。[1]

评论家敏捷而恰当地指出，这严重损害了自由主义革命的基本原则，他们从截然不同的政治立场对司法机构的从属性提出了批评。最直言不讳的批评者之一是无政府主义者弗朗切斯科·萨韦里奥·梅利诺，在 19 世纪最后几年里，他声称自由派政府将地方法官变成了士兵。然而，更早时期就已有权威人士，甚至当权派如马尔科·明盖蒂（Marco Minghetti）以及一些高级地方法官提出类似的指控。[2]

1848 年的皮埃蒙特宪法只承认两项权力——行政权和立法权。司法没有被定义为一种权力，仅仅被看作一道"命令"，而司法权"来自国王，也是由他所委任的法官予以实施"。[3]这是 1848 年宪法中众多妥协的典型例子，因为国王拒绝放弃对地方法官的控制权，而自由派并不急于增加现有保守的、多半反动的法官的集体职权。

政府对地方法官个人的掌控权依赖于整个司法机关的内部等级秩序以及司法部部长对地方法官个人职业生涯和晋升前景的决定权。1859年，拉塔齐紧急法令的颁布强化了这些控制，并且增加了新的公共部长职位，除了履行皇家检察官的职责外，公共部长还对地方法官行使广泛的纪律处分权。[4]

统一前的意大利司法系统中并未设立类似的职务，当1859年的法令在1865年得到议会批准时，公共部长这个职位成为司法系统缺乏自主权的象征，受到了强烈抨击。安吉洛·布罗费里奥（Angelo Brofferio）对这项职务进行了描述：

> 这是能够存在的最可憎的压迫工具，这种压迫不只是司法的，同时也是政治、行政和社会的。公共部长受司法部部长指挥，结果其不仅职位高于执法的地方法官，而且还无休止地申斥这些法官：这个头衔附带部长的职务和地位，其持有者接受部长命令和指示，又按照部长的希望支配地方法官。[5]

虽然政府对司法行政部门进行了清洗且具有广泛的干预权，但地方法院的统一绝非易事。各地区法官都有属于自己的文化、传统和集体身份。在关于死刑的长期争斗中，区域社团主义扮演了重要的角色，捍卫《托斯卡纳刑法典》不过是用来严厉指责《皮埃蒙特法典》不足的托词。虽然1865年《皮萨内利法典》的通过表明民事法律的统一进程相对较快，但区域忠诚的力量也很明显，统一前的最高法院得到保留，还设立了5个相互独立但各自权力从未界定清楚的上诉法院。下级的民事和刑事法庭的现有分布仍然保留，从而继续维持一种与人口分布并无多少关系的随意结构。[6]

地方法官中的区域社团主义力量为政府通过间接手段收紧内部控制提供了进一步借口。例如，上诉法院自己管辖范围之内的纪律处分权力被剥夺并移交给了司法部部长。通过向各省皇家检察官传达指示，以及通过公共部长的活动，司法部也能够向地方法官下达直接指示和命令并直接干预司法行政。例如，米兰刑事法庭在1869年宣判一群共和派示威者无罪后，所有法官一周内就被调离。[7]

对法官个人职业和晋升前景的控制最终成为政府手中最直接有效的权力。国家统一后，地方法院的迅速扩张意味着法官薪水很低，晋升前景更糟。一名前皇家检察官对那些考虑从事律师职业的人发出警告并生动地描述了这些情形,其传记在世纪之交后不久出版。他写道,新任地方法官必须达到以下要求:

> 在外省居住要达 15 年之久,让人几乎无法忍受。在达到法官或助理检察官级别之前至少有六七次调职,一名初级巡回法庭法官可能希望在此之后再过五六年就成为一名辅助法官,然后允许自己偶尔奢侈地在餐馆里吃一顿饭或穿几件新衬衫,但事实是在他穿上正式的法官长袍之前还要 8~10 年时间。[8]

在这个法律系毕业生与文盲几乎同样多得不成比例的社会中,对法官职业的需求远超供给,[9] 而进入这个拥挤不堪、报酬过低行业的压力,有力地说明新国家中受过良好教育的精英们持续面临就业不足的问题。

这也不可避免地增加了政府控制职业前景的权力:政治忠诚是最主要的招募标准,由司法部部长在不公开竞聘空缺的情况下做出任命。因此,司法系统成为政治庇护的重要部门,规模迅速扩大。尽管意大利法院数量只及法国一半,但其法官数量与法国相当,1856~1864 年费用增加了 50%。此外,增加了相当可观的辅助和管理职位,同一时期,隶属法院的传达员、书记员、门卫和搬运工的人数从 3000 人增加到 6000 人。[10]

毋庸置疑,许多高级地方法官与民事当局合作的愿望有时过于热切,1865 年巴勒莫省皇家检察官就如何最有效地使用警察逮捕权主动向城里的省长提出建议,其尤为热情的措辞就说明了这一点。除了《公共安全条例》中提到的那些人,检察官指出,还可以合法逮捕正在实施犯罪行为的任何人,他还向省长保证,甚至逮捕被认为“马上就要犯罪”的人员都合法。他提醒省长,既然“拉帮结派”是一种犯罪行为,那可以且应该“随时完全合法地”逮捕凡被怀疑属于某一帮派,或曾经加入过帮派团伙的人。具体涉及警告的使用问题时,检察官建议这不仅应该用于刑法第 435、第 436 和第 437 条定义的流浪者,也应用于所有只是被定义为“嫌疑犯”的人,他补充道:“这给警察当局实施合法逮捕提供了尽可能广泛的范围。”

检察官还提醒省长对犯罪嫌疑人实行警告的额外好处,这迫使他们每天向警察报告,通知警察其居住地变化的情况,并接受入户搜查。检察官认为，如果发现被警告的对象家里有不明的"木材、玉米或水果"，或"携带犯罪武器或身着伪装"，又或者只是与任何犯罪行为有关联，就有更多机会施加额外制裁。最后，检察官表示，特赦提供了另一张"极其庞大且全面的法网"，因为特赦的条件很少得到充分遵守，其结果是被赦人可以被任意逮捕。即使正确遵守了特赦条款，被赦人仍然要受到"最长达6年的特别监视"，在此期间，他们随时可能受到怀疑而被捕。[11]

然而，尽管有与警察当局合作的意愿以及控制地方法官的广泛权力，这些并不一定总是奏效，这一点在被称为"*pretori*"① 的初级地方法官身上表现得尤为明显。

初级地方法官

初级地方法官工作量巨大，据估计，他们审理并判决70%的民事和刑事案件。他们行使民事和刑事管辖权，有权审判涉及货物价值低于1500里拉的民事和商业案件，负责初步调查所有刑事犯罪，并能够对最高可判处3个月监禁的刑事犯罪做出判决。所有其他刑事案件均提交刑事法庭。初级地方法官还负责同意实施"治安处罚"，特别是警察或治安法官提出的"警告"要求。[12]

然而，初级地方法官的工资低得离谱，几乎没有任何职业前景，也不享有任何的任期保障。加埃塔诺·莫斯卡（Gaetano Mosca）表示，这样的结果就是：

> 初级地方法官完全受制于行政当局，特别是省长，他们可以随心所欲地处置初级地方法官。在这种背景下谈论地方法官的独立性只会是苦涩的讽刺，因为通常一名普通的公共安全官员或者宪兵中士就能让他们听命。[13]

正是让初级地方法官极易受到上层压力的这些弱点也使其受到许多其他更密切因素的影响，特别是来自地方政治中有权有势者的影响。初级地方法

①　*pretori* 是 *pretore* 的复数，指资历最浅、级别最低的地方法官。也见第八章。

官往往是等级链中最薄弱的一环，因此，地方法官整体在事实上往往并非铁板一块。

来自意大利各地省长的报告不断投诉初级地方法官没有与警方充分合作。由于地方警察部门的表现和活力主要是根据他们实施警告的数量来判断，因此这些投诉往往带有团体间相互指责的色彩。它们也常常是混乱和无能的结果，因为目不识丁的公共安全卫兵似乎连遵守最基本的法定程序都有很大困难，而初级地方法官则乐于以技术理由驳回警方提出的案件。法律本身存在的矛盾对这种情况毫无帮助，例如，当1872年扩大违反警告条件的处罚时，产生了意想不到的结果，把这种违法置于初级地方法官的权限之外。而含糊不清的法庭裁决造成了进一步的混乱，例如，都灵上诉法院裁定，对流浪乞讨人员施以警告需要先得到初级地方法官的认可，但是其他的嫌疑人则不用。[14]

西西里岛的法律管理

意大利多数地区的警察与初级地方法官之间都存在不和，但是西西里岛的情况尤为严重。1876年议会调查中关于司法的部分详细显示了初级地方法官的关键作用及其极端脆弱性。这项调查由巴勒莫上诉法院的检察官进行，报告开篇就强调初级地方法官被迫在几乎不可能的条件下工作，这些条件本身就是造成混乱的主要原因。

> 在巴勒莫省，民事和刑事案件案源丰富，由于委托人支付的报酬很丰厚，任何新获得资格的律师只要具备一点智慧和才能，就能很快比初级地方法官甚至法庭法官或检察官过上好得多的生活，因此只有技术最差以及无法从事法律方面私人职业的人才会费神申请初级地方法官的职位。[15]

初级地方法官并"不熟悉法律，也没有时间去研究它"，而他们的报告也不是"法律文献的文学或语法范例"。高级法官不断提出要求，不是要求提供信息就是指示他们进行调查并盘问证人，他们应接不暇，而警方对他们的要求也毫不逊色。法院书记员和传达员"普遍受到传统克莫拉组织影响"，往往隐瞒信息，使调查变得冗长且经常没有结果。

即使是向刑事法庭提出的较为严重的指控，皇家检察官们也往往没有做好准备，结果是被移交回初级地方法官重新改写。巴勒莫上诉法院那位检察官还指责警方过分热心，不必要地增添初级地方法官的工作：

> 若发生犯罪事件，警方总是逮捕任意嫌疑人，发送激动万分的电报给内政部宣告自己的胜利，但之后就不再表现出更多兴趣，而预审法官这边也懒得与其协商以获得进一步的资料或证据。

缺乏证据导致高驳回率和高移交率，而这位检察官认为这种情况可耻又浪费：

> 预防性逮捕应该严格地保留给惯犯、已知的罪犯以及任何可能收买证人和逃避司法审判的人，不应当适用于没有前科的人，特别是妇女和儿童，监狱对他们来说是堕落的学校。这种不惜任何代价进行逮捕的狂热破坏了政治经济和司法。事实上，这种做法让成百上千的人离开农业、畜牧业和其他行业，迫使其亲属承担昂贵的律师和检察官费用，给家庭和整个社会都带来了普遍的不安。

报告结论是，虽然巴勒莫省的司法确有许多不足之处，那也不能怪初级地方法官：

> 我不想找借口，但必须说，初级地方法官值得同情——他们发觉自己孤独又没有任何支持，周围都是悲惨的人，与其接触，自己就会变得丑恶和放纵。

他们还经常面临人身危险，1877 年，阿尔卡莫和卡尼卡蒂的两位初级地方法官在判了一位同胞警告后都被枪杀。另一方面，他们的报酬极其微薄，平均年薪为 1000 里拉，勉强超过警察的工资。"初级地方法官的现状如此糟糕，工作前景如此悲惨"，因此，30 个空缺的职位没有人申请也就不足为奇了。1874 年和 1875 年，该省初级地方法官处理的民事案件分别为

23033 起和 20768 起，1875 年的刑事案件 17296 起，涉案人数为 22343 人。这些案件中被驳回的有 3798 起，最终定罪的有 12264 起，其中 8964 起的相关责任人被处以"治安处罚"，余下的在监狱服刑。

相比之下，省属 8 个刑事法庭只审理了 5098 起案件，近一半案件的指控对象最终被判无罪，"因为这些指控主要是基于单纯的怀疑、模糊的猜测和高度模棱两可的暗示。由于很少有确凿的证据，甚至连确切的间接证据都没有，即使是面对最臭名昭著、最邪恶的人，那些时刻注意遵循法律适当严谨性的法官常常也只能判其无罪"。

在西西里西部的其他地方，情况更糟。在卡尔塔尼塞塔，人们把初级地方法官描述为"无能、不积极、搞派性和腐败的人，是造成重大公共丑闻和道德败坏的原因。他们的经济状况一贯很糟糕"。警告权使用不严格且徇私舞弊，一位初级地方法官被发现出售无罪判决，而对其庇护人的敌人大规模处以警告："他被带到巡回法庭接受审判，但无罪释放，出于对司法机构的尊重，相关理由还是不说为妙。"

阿格里真托省的情况同样糟糕。负责 1876 年议会调查的那位检察官表示，"需要改变初级地方法官的经济状况，怎么坚持这点都不够。你得亲眼看看他们的日子是多么难熬，特别是那些有家室的人，他们值得同情"。而全省的法官、代理检察官及三级检察官的境况也只是稍好而已。在刑事案件里，中产阶级从来没有被定罪，尤其是"当被告据说与黑手党有关联时"。地方法官的普遍心态是"应该拯救生者而非为死者考虑"（'*Si deve salvare il vivo anziché pensare al morto*'）。1871～1874 年，阿格里真托省初级地方法官发出了 1300 个警告，几乎都是针对穷人的。

这名检察官还指出：

> 那些被"警告"的人，无论多么贫穷，几乎个个都在体面和尊贵阶层有保护者，后者会立即就此案件向初级地方法官和皇家检察官投诉，以自己的名誉发誓被告是一个优秀的人、一个诚实的公民等。

那些既贫穷又不受保护的人在陪审团审判中同样容易受到伤害：

> 在陪审团审判的情况下，一个没保护人、没钱、与黑手党没有关联的可

> 怜鬼不会得到法律的宽恕……富裕阶层或是与黑手党有关联的人则大不
> 相同。对于这些人而言，无论触犯多么严重的法律，都可以无罪释放。

这名检察官做了个对比来说明这一点，一个著名的黑手党成员"仅仅因为
一位诚实的妇人拒绝了他的色情求爱，就在他的果园里野蛮地杀害了她"，
他被处以 8 年监禁，而次日同一法院又宣判"一个被控武装抢劫一个半里
拉的穷鬼 20 年强制劳役"。[16]

为初级地方法官的辩护表明，即使只是为了集体团结，地方法院并不总
是接受省长和警察提出的申诉，也不总是服从内政部长的命令。例如，1878
年，克里斯皮要求立即解雇帕尔蒂尼科的副初级地方法官，因为他解除了前
任对该地区一些"大坏蛋"的警告和软禁，最终，司法部部长只是将违法
法官停职，调查了这些指控，但是拒绝辞退他。[17]

地方法官和民事当局

同样是在那些年，倒霉的初级地方法官还处在撒丁岛强推国家权力的斗
争前线，也时常夹在地方法院和内政部的利益冲突之中。1877 年 6 月，奥
齐耶里一名初级地方法官的行为引起了一场典型的风暴，因为他拒绝对萨萨
里省长和当地宪兵司令告发的那个人实施警告。继省长申诉之后，内政部长
向司法部部长抗议：

> 我必须指出这位初级地方法官不适合负责这个地区，而且缺乏必要的能
> 力。因此，为了公共安全（撒丁岛的公共安全状况远非健康），我必须
> 坚持将他立即调走，换个更具公民勇气的人取而代之。[18]

部长卷入这件小事充分表现出司法被干预的程度。后来得知，案件的起因是
初级地方法官拒绝"警告"一位名为凯萨的富有地主，这名地主已经多次在
上诉法庭被无罪释放。法官坚持这名男子受到恶意指控。凯萨原是一名宪兵，
曾被裁决谋杀罪不成立，"之后他一直从事自己的事务，赢得了大家尊重，当
上了镇议员和警察局长顾问"。然而，他与市长发生了争执，不能忍受屈辱，
袭击并打伤了市长，因此市长谋求警察和省长的帮助，对他打击报复。

这是典型的地方宿怨，双方都寻求上层的支持和保护。省长支持受伤的市长，而卡利亚里的检察官则对初级地方法官给予支持，并坚持，"他本来就应当保持完全谨慎、公正，这些绝不能与司法程序分离"，这是正确的做法。尽管有检察官的支持，但是司法部部长在这个案子中应允了内政部长的要求，适时将惹了麻烦的初级地方法官调职。[19]

西西里岛和撒丁岛这样的地区的法律和秩序问题导致特殊的政治敏感性，不可避免地使法律守护者和执法者的关系经常紧张而矛盾。然而，这些矛盾不仅发生在南方，如果民事当局认为地方法官没有充分支持自己反复灌输公共秩序原则的努力，普遍会急于对其进行批评。

1885 年 12 月，曼图亚省结束了这一年的大规模骚乱，外界急切等待威尼斯巡回法庭对曼图亚的罢工者进行审判，威尼斯省长愤怒地告发他眼里威尼斯法官的偏袒行为：

> 很明显，一段时间以来，在涉及公安人员的任何案件中，威尼斯法院的法官都对上述人员表现出极大的敌意，几乎不惜一切代价对那些被指控抗拒公安人员的人做出轻得可笑的判决，而且常常直接宣布他们无罪。辩护律师被允许公开冲撞和侮辱公安人员，特别是在辱骂上述人员的案件中。[20]

内政部长如预期那样将控诉转交给司法部部长，却遭到了威尼斯高级检察官轻蔑的强硬驳斥，他坚定地捍卫自己的地方法官同僚：

> 一般被控犯有这些罪行的人受教育程度低，使用下层人士的不恰当语言，习惯性且过度使用酒精饮料，家庭不幸，家中太多女儿以及无用之人时常依赖男人一个人长期辛勤劳作，这会使得此人对整个世界变得蛮横无理，甚至包括对公共安全卫兵。所以他们会理所当然地使用诸如"婊子养的""猪"等词语，这些用语一直挂在粗俗之人的嘴边，妇女甚至儿童也在使用，以致常常可以听到一位母亲称呼孩子、妻子称呼丈夫"狗娘养的"，而没有任何冒犯的意图。[21]

除开讽刺，检察官的言论表明不同的行政部门之间存在着敌对行为，这使得在实践中更难将法院变为仅仅是行政管理的一个分部或警察的一个工具。另一种选择是采取治安措施，完全避免诉诸法庭。但是，治安拘留有限制，不得超期，且无论什么情况，还是需要初级地方法官顺从。

19世纪70年代和80年代，行政官员和地方法官开始越来越关注寻找更可靠的法律工具的问题，这些工具不仅用于惩罚，更重要的是用来防止对社会或国家政权构成威胁的行为。在越来越多的问题上，法律似乎一直在阻挠当局和法院的目标，特别是与结社权有关的问题，这一直是法律界定较为模糊和困惑的领域之一。19世纪60年代和70年代，结社权是政府一再尝试镇压颠覆性政治组织的核心问题，但是在19世纪80年代，在劳资纠纷和罢工的不同背景下，结社权具有了新的意义。

结社权

宪法对结社权只字未提，不过它确实保障了举行集会的权利［会议（*riunioni*）：第32条］，条件是公共集会须事先征得当局同意。[22]出现这种混乱局面，是因为1848年君主制拒绝承认无限制的结社权利，而温和派一旦取得政权，就不急于给政治对手和反对者无条件的自由。1852年，皮埃蒙特国务委员会拒绝对结社自由给予法定保障，结果，实际上只能由当局酌情决定是否允许公共集会和结社。[23]

结社和公共集会的法律首先成为涉及社会政治组织和俱乐部设立权的一大主要问题。曾帮助加富尔在1860年策划兼并北部和中部各邦国的全民协会（National Association）似乎为结社权树立了一个强有力的先例，1861年，由于这个原因，里卡索利拒绝对正在筹集资金对奥地利展开新战争的马志尼派的解放协会（Emancipation Societies）采取行动。1862年的阿斯普罗蒙特危机中，当里卡索利的继任者拉塔齐禁止解放协会的活动时，议会强烈抗议并迫使他最终辞职。

拉塔齐为自己的行为辩护，理由是这些社团威胁"国家安全"，随后的治安条例试图将合法与非法形式的结社和集会更加严格地区分开来。[24]例如，对当局大体认可且人数快速增长的工人协会没有采取行动，但在1865年，对成员受到了警告的"作奸犯科者协会"援用了新的刑事制裁。这在议会中没有引起什么指责，1874年，为打击无政府主义而采取的紧急措施对

"所有涉嫌加入强盗、暗杀分子、克莫拉、黑手党和其他阴谋侵犯人身和财产等组织的人，以及这些人的帮凶、庇护者、所有窝藏者，以及大体上《公共安全条例》第 105 条提及的所有人"实施软禁。[25]

在实践中，结社权仍然是酌定的，合法与否取决于社团或会议的目标。宪法的沉默和刑法的宽容意味着只要这些社团没有公开的政治目的，"体面的"阶级可以随心所欲地组织社团。然而，如果怀疑其有政治目的，如共和社团甚至共济会分会，当局就有权采取行动。另一方面，在不那么体面的阶层中，任何形式的独立协会都可能被定义为非法。

无政府主义者的威胁进一步限制了结社权。1876 年，内政部长尼科泰拉向议会证明镇压国际主义协会和大规模软禁无政府主义嫌疑人是正当的，理由却很奇特：

> 许多意大利国际主义者都是文盲，不能将他们与真正的思想家、科学家和作家混为一谈。[26]

这种对人不对事的论据也得到了司法部门的大力支持，1879 年，罗马上诉法院就推翻了佛罗伦萨上诉法院早先对国际主义协会成员使用"警告"的抗诉，理由仅仅是他们"涉嫌危害国家"。罗马法官主张：

> 积极参与国际主义组织超越了毫无新意的原则领域，进入了行动领域，构成了一种旨在颠覆社会基础的行为。国际主义者并不是嫌疑人的同义词，事实上，甚至在大学教授行列中都可以找到社会主义者，但是如果这名社会主义者还是修鞋匠，就必须查明他的真正意图是不是要对人身和财产进行犯罪。[27]

这些论点为那些声称法律不过是阶级压迫的粗暴工具的人提供了雄辩的证据。但是使用这些极不明智的标准并不能掩盖围绕结社权的法律的不确定性。1878 年，扎纳尔代利和卡伊罗利试图推出更为开明的立法以保障结社权，但一位名为帕萨南特的无政府主义者企图在那不勒斯刺杀国王，使他们的法案付之东流。尽管政府无法在议会中公开否认结社自由，但是坚持政府有权在必要时对颠覆性社团采取行动，援引了极其隐晦的官僚套话：不完全排除预防性行动。[28]

然而，结社权的不确定性并不总是对政府有利。法庭起诉无政府主义者的尝试以尴尬的失败告终，1875 年，尽管司法部预先提醒说警方完全没有证据可以出示，43 名无政府主义者还是在佛罗伦萨被指控"阴谋危害国家安全"，而陪审团驳回了所有政治指控。1876 年，上诉法院推翻了对博洛尼亚谋反者的定罪。陪审团也推翻了对 1878 年马泰塞起义领导人"煽动内战及反对国家力量的武装革命"的指控，而 1879 年 11 月审判弗朗切斯科·纳塔、弗朗切斯科和路易贾·佩齐以及安娜·库利斯乔夫时，对他们都没有定罪。[29]

为了应对这种对政府不利的局面，一种措施是强化对陪审团成员的挑选与甄别。1848 年革命期间皮埃蒙特才开始实施陪审团审判，而且仅限于审判违反新闻法的行为。1859 年，拉塔齐扩大了陪审团法庭，但对陪审员规定了很高的财产资格。另一种做法是移交至外省审判，以获得支持起诉方的陪审团，但是这需要上诉法院许可，非常麻烦。[30]

然而，被控重大罪名者的无罪释放率仍然几乎未被打破，这逐渐助长了使用较轻罪名指控以便定罪的做法。这样一来，起诉方完全避免了陪审团审判，因为案件在刑事法庭审理，而不是巡回法院。例如，1883 年，无政府主义嫌疑人在罗马受审，他们被指控"合谋犯罪"，属于《公共安全条例》的范畴，而不是《刑法》，最终，所有被告被判处三年以上监禁。[31]

1889 年的新《刑法典》也支持了这种策略，将"为犯罪而联手"定为一种犯罪行为。其创新范围的扩大源于其术语的不严谨（"五人或五人以上联手实施违反司法或公共道德或财产的罪行……"），还源于如下事实：表明犯罪意图也属违法，可判处 18 个月监禁，如果此意图因"合谋"而"加重"，监禁时间会加长。[32]

罢工权

虽说这些策略提供了手段去规避法律对集会和结社权规定不清所带来的障碍，但劳资纠纷和罢工在其他同样困难的情况下也构成了类似的挑战。1859 年的《刑法典》没有明令禁止罢工，但是严格限制了合法罢工的条件。第 386 条法令禁止"工人之间无合理理由进行旨在中止或阻碍其提供劳动或增加其劳动成本的任何联合"。第388条将同样的制裁扩大到"没有正当动机进行联合以增加日工资的农业工人"。[33] 然而，由于很少有地方法官会认可"理由正当"，因此情况就非常明显，即便当局一般更愿意依靠公共秩序指控和治安措施而非更麻烦的刑事程序。

当罢工日益频繁，人数上升，上述措施就不那么奏效，当局也越加陷入无法执行预防性措施的僵局中。主要的问题是罢工本身不构成犯罪，而且由于1882年德普雷蒂斯在议会中谴责现行罢工法并要求进行改革，法律问题变得更加复杂：

> 我们的立法者并未禁止工人与实业家集体行使他们的权利，就工资水平或自愿提供和拒绝提供劳动进行辩论，但规定了对因非正当理由结盟进行惩罚的措施。

司法部的律师们也不能给内政部多少安慰，他们告知，单纯的"结盟、抵抗联盟和罢工"行为本身并不违法。[34]

1885年的曼图亚罢工使得政府所面临的问题更加明显，武力镇压骚乱毫不费力，但政府完全不知道下一步该如何正式起诉那些因制造骚乱而被捕的人。

地方法官被要求下令立即关闭曼图亚的农民互助协会和卡萨尔马焦雷的意大利工人总会，并要求他们没收这些协会的文件，"这将产生与镇压相同的效果"。当罢工延伸至罗维戈、帕多瓦、费拉拉、勒佐艾米利亚以及克雷莫纳地区时，政府压力更是持续不断。但各省的高级检察官继续主张，正式起诉罢工者有犯罪意图超出了他们的权限，得等到罢工者受审判并被判犯有被指控预谋的罪行之后。例如，帕尔玛的检察官坚持"不能从成员个人的行动中推断出一个协会的意图"。[35] 1885年夏天政府与高级地方法官的多次交锋表明，镇压机器肯定不是铁板一块，无论其后果可能多么暴虐。地方法官坚持认为预防性行动没有法律依据，这是警察和省长的专门领域。后者则宣称未经检察官授权，他们不能擅自行动。最后，政府接受了司法部的意见，决定不以"触犯刑法第358、第386和第387条的组织抵抗联盟和罢工"罪名正式起诉被捕人员。

他们代之以曼图亚省省长采用的路线。他宣称罢工伴随着"故意损毁公私财物如葡萄树及其他植物的行为，这是大规模进行的，因为骚乱提供了实施私人报复的机会。[36] 结果，被捕者被控以巨量罪行，从"对土地所有者和承租人的货物、动产和土地造成刑事损害"，到"煽动罢工、威胁国家内部安全、以书写和印刷形式公然抨击国家宪政机构、武装合谋以及公开抵抗公共力量"。威尼斯巡回法庭的陪审团对这些指控的印象更多是其豪言壮语，而非逻辑性，因此驳回了所有指控，令政府极为尴尬。[37]

政府内部继续讨论对付迅速扩大的工人运动应当采取的适当行动形式。博洛尼亚的检察官认为，镇压工人协会和社会主义组织是任何"有效、直接和有力的镇压行动"的先决条件，"这是与政府的政治目的密切相关的最为重要的问题"，他的观点受到极为热烈的赞扬。他建议，如果认定具有犯罪意图的结社组织本身就是一种犯罪的工具，这样围绕结社权的麻烦法律问题就能够方便地解决。他总结道，这意味着：

> 任何已经或可能显示对社会秩序的敌意的东西都可被看作犯罪工具，包括会议场所、会议记录、注册簿、标志和徽章。那么，根据《刑法典》第 64 条，下令关闭这些地方就是法定义务……这不仅是法官的权利，实际上也是责任。[38]

检察官科斯塔的建议进一步证明某些地方法官急切想要满足政府的愿望，但在技术层面并未表现得简单明了、万无一失。因此，当局开始探索用其他间接方法对个人集会提出刑事指控，特别是利用新闻法和公共建筑使用条例。这与对付无政府主义者采取的策略基本相同，警察在执行会议规定方面表现出极大的创造力。例如，他们发现虽然私人会议不受警察监督，但是可以辩称，仍然需要一名警官在场以确保没有人发表煽动性言论，并保证会议符合私人会议规定。这个拐弯抹角的逻辑表明无论能够支配的手段有何缺陷、如何无效，地方法官、警察和政府代理人明显的共同意图的本质不容置疑。

1889 年修改后的《刑法典》对结社引入了新的限制，而合法和非法结社的区别仍然极为模糊，最终需要当局酌情定夺。F. S. 梅利诺称，在欧洲，合法与非法之间的分界线没有任何地方比自由主义的意大利更不确定，这并非空洞的高谈阔论。[39] 不过，尽管地方法院高层人员经常通力协作，但证据总体上似乎表明，刑法及其程序作为独裁政府的统治工具并不适合，也不可靠。结果，通过刑事法庭被定罪的人极少，法庭还提供了质疑专横措施的机会，因此，当局不得不通过规避法律来实现其目标。这就是 19 世纪 90 年代危机中，法律的正当辩护程序成为政治反对派重要有效平台的一个原因。

注　释

1. 见上文第六章。

2. F. S. Merlino *Italia Qual'è* (1890) ed. N. Tranfaglia (Milan, 1974) p. 133; V. Pareto *The Ruling Class in Italy Before 1900* ed. S. F. Vanni (New York, 1974) pp. 51-54.

3. E. Ragionieri in *Storia d'Italia* (Turin, Einaudi, 1973) Vol. 4 (3) p. 1701.

4. G. Amato in P. Barile (ed.) (1967) p. 105.

5. 转引自 E. Ragionieri *Storia d'Italia* Vol. 4 (3) p. 1702。

6. E. R. Papa *Magistratura e Politica*: *Origini dell'Associazionismo Democratico nella Magistratura Italiana 1861-1913* (Padua, 1973) p. 21; M. D'Addio (1973) p. 165.

7. M. D'Addio (1973) p. 48.

8. G. Di Via *Memorie di un Procuratore del Re* (1909), 转引自 E. Papa (1973) p. 13。

9. M. Barbagli *Educating for Unemployment* (1982) p. 35.

10. A. Caracciolo (1960) pp. 120-121; M. D'Addio (1973) p. 171.

11. ASCR: Min. Int. (Gabinetto, Atti Diversi 1849-1895); 7/2/6.

12. *Annuario Statistico* (Rome, 1876) pp. 29, 37-38.

13. G. Mosca *Tecnica dei Governi e Governo Parlamentare* (1883) cited in D'Addio (1973) p. 181.

14. ASCR: Min GG (Misc AAPP) B 39/29.

15. Ibid.: Min. Int. (Giunta per l'Inchiesta sulla Sicilia) f. 2, viii/i 1876。下面引用的段落出处相同。

16. Ibid.

17. Ibid.: Carte Crispi: 37/10.

18. Ibid.: Min GG (Misc AAPP) 39/29.

19. Ibid.

20. Ibid.: Min GG (Misc AAPP) 72/641.

21. Ibid.

22. E. Cheli 'Libertà di Associazione e Poteri di Polizia' in P. Barile (ed.) (1967) pp. 275-276.

23. Ibid., p. 279.

24. E. Cheli in P. Barile（ed.）（1967）p. 281.

25. G. Florenzano *Le Leggi Eccezionali e la Pubblica Sicurezza in Italia*（Naples, 1875）p. 9.

26. G. Motzo 'Le Situazioni di Emergenza e di Grave Necessità Pubblica' in P. Barile（ed.）
（1967）p. 577.

27. G. Amato in ibid. , p. 121.

28. Parl. Debates 3 - 11 December 1878：ACSR；Min GG（AAPP）B. 87 - 'Relazione sul
Diritto di Associazione e di Riunione'；也参见 G. Neppi Modena *Sciopero*, *Potere Politico e
Magistratura*, *1870-1922*（Bari, 1969）pp. 6-40。

29. E. Conti（1956）p. 185；R. Casanova and A. Santosuosso *Magistrati*, *Anarchici e Socialisti
alla Fine dell'Ottocento in Italia*（Milan, 1976）pp. 119-123.

30. M. D'Addio（1973）p. 201；L. Violante *RSC*, 1976, pp. 485-486.

31. R. Casanova and A. Santosuosso（1969）pp. 30-31.

32. Ibid., p. 34；也见 F. S. Merlino（ed.）N. Tranfaglia（1974）p. 121。

33. ASCR：Min GG（Misc AAPP）；B. 87, fascic 52 - 'Circolari sulle riunioni'.

34. Ibid.

35. Ibid., 'Relazione sulle Diritto di Associazione'.

36. Ibid., Prefects' Reports：Mantua 16 July 1885.

37. A. Carocci *Agostino Depretis a la Politica Interna Italiana 1876-1887*（1956）；R. Salvadori
（ed.）*La Boje*!（1962）.

38. ASCR：Min GG（Misc AAPP）B. 87, fascic 52.

39. F. S. Merlino（1974）p. 136；关于扎纳尔代利法典及结社权，见 G. Neppi Modena
（1969）, pp. 82-93。

第十章　公共秩序与私人秩序

虽说警察和地方法官在自由主义意大利生活中的突出地位时常揭示新国家的行政弱点，也有许多同时代的人得出了颇为不同的结论。在激进和保守两派的新秩序批评家看来，公共权力更加冷酷且时常暴力的表现进一步证明了新国家的过度抱负及其与意大利社会的隔绝。

对许多人来说，官僚体制是新国家扩张和过度抱负的最切实证据，这也是斯特凡诺·亚奇尼对"法律上的意大利"和"真正意大利"进行著名区分的目标，这组词很快就在当时的政治词汇中扎下了根，刻画了许多人对新政权的中央集权和官僚本能怀有的敌意以及对它所遵循的价值观的敌意。对国家侵入社会生活的非正式和私人领域的关切也传达这样的担忧：古老的家长制和熟人社会的团结正面临着被经济变革和官僚化的双重力量侵蚀的危险。古老的社会哲学强调富人对穷人和弱者的义务，许多人将取而代之的自由主义信条看作自私自利和不择手段地追求个人利益的正当理由。国家中央集权行政机构的扩张被视作侵蚀更古老的、更个人的顺从意识以及社会责任纽带的另一股力量。[1]

不过，"法律上的意大利"与"真正意大利"的对比并不是对当时事实的陈述，而是一种意识形态宣言。可能由于它与更为当代的现代化概念相当吻合，这种对比在最近对自由主义国家潜在弱点的历史阐释中继续占有重要地位。尽管它告诉了我们那时某些同时代人如何看待周遭发生的变化，两个意大利之间的对比仍然仅仅是一种比喻，产生于当时关于新国家的形式与价值观的论战中。

"法律上的意大利"与"真正意大利"之间的对比引发了许多定义上的问题，而且几乎不可能以任何程度的确定性区分出公共和私人领域。在这两个领域之间，许多制度在二者之间维持着不自在的暂时平衡，而像家庭这样明显属于私人领域的制度也被公认对社会整体具有更广泛的重要性。自由主义国家的一个特色就是，在许多情况下，私人关系的自主权受到非常明确的保护，比如家庭的法律地位和角色，或是放大到整个劳动关系领域，国家无权对那些被认为本质上是私人关系的事务进行干预。

公共领域与私人领域的区别引发的不仅是定义问题，还有意义问题。那些最热衷谴责新国家扩张主义目标的人经常使用私人领域这一令人联想的隐喻，仅仅是为了隐藏私人利益和影响，因此故意混淆这两个不相关的概念。指控国家正在破坏和威胁更个人、更稳固社会关系的最直接原因就是官僚集权挑战了统一后许多精英群体渴望的政治权力和独立，特别是在地方和区域层面。这是一个利害攸关的政治问题，首先是定义国家与上层人士之间关系的问题。但由于这被更广泛地投射为国家与公民社会的冲突，以掩盖往往高度特殊和偏祖性利益集团的利害关系，结果，国家和社会关系之间发生的许多真正变化不仅被掩盖，而且被扭曲。

例如，把自由主义国家描绘成一个崭新的、因此在许多方面与意大利社会更基本的制度格格不入的形象，是一种强有力却挑起论战的夸张做法。自由主义意大利的制度大部分已经以这样或那样的形式存在了若干世纪，并且深深扎根在意大利社会。虽然当局与人民之间的关系往往令人不快——看看营岗和小学就知道，但这并不一定意味着得把它们视为异常。穷人和富人一样理所当然地向法院寻求保护，就是一个重要的例子。但同样清楚的是，被拿来与国家的危险且缺乏人情味的力量进行对照的"传统"世界也是虚构的，因为意大利社会受到社会变革和经济变革激进过程的影响已经至少一个世纪。新国家反对者所宣扬的"传统"意大利世界是一个政治目标，而非社会现实。

一个更为不真实的说法是官僚国家对侵蚀社会稳定基础负有很大责任。国家扩大其行政职能的行动通常是对私人领域中家长制关系的失败做出的回应，在这些情况下，往往是地主和工业雇主主动要求国家给予更有效的保护，而当局通常不愿卷入私人事务之中。即使他们愿意，自由主义国家的资源一般也不足以支持官僚集权实现其更雄心勃勃的抱负。也许，对"法律上的意大利"与"真正意大利"的无休止对比最具误导性的影响之一在于它把力量归因于前者。事实上，19世纪最后几十年，新国家政治危机的核心问题之一源自官僚结构的弱点以及缺乏协调性，这使得它更难以回应日益增长的需求，无法通过公共干预加强个人利益。主导 19 世纪最后几年政治问题的核心是国家的弱势而非强大。

官僚体制

官僚体制的物质缺陷意味着国家理论上行使的权力并不总是容易转化为实践。部分原因是统一之后几十年中财政和经济困难困扰着意大利，其中公共行政几乎不可避免地成为牺牲品。在对统一前各邦国的官僚机构进行合并时，起初几乎没有尝试缩减人员，因为政府想避免疏远前邦国的公职人员。在某些情况下，特别是在司法机构的规模方面，扩张相当大。但正如我们所见，这并没有带来更高的职能效率，甚至可能恰恰相反。[2]

此后，从数量上看，官僚机构扩张有限且缓慢。然而，不能错误地低估官僚机构的政治重要性，因为公共和市政职员构成自由主义意大利在其他方面狭隘和排外的"政治阶层"中重要且独立的一部分。公务员，包括初等、中等和高等教育教师在内，在办公室内外都受到严格的纪律制度约束，且历届政府理所当然地希望在选举中得到他们的支持。更概括地说，他们也被视为传播新国家文化和价值观的重要工具，因此政府坚持要求他们在私人生活和公共生活中都遵循严格的行为准则。

这一点在教育方面尤其明显，教育仍然严格按照《卡萨蒂法》的规定集中管理，由教育部控制。新国家中最引人注目的一点是中等教育及高等教育的扩张，尤其是后者，却相对忽视了初等教育。但这是深思熟虑的结果，大学毕业生数量急剧上升被看作新国家传递其价值观和扩大政治支持的重要手段。[3]

这种政策的一个后果是意大利成为西欧大学毕业生和文盲率都最高的国家，但这其中有更多特别的原因，并且教会和国家之间的裂痕意味着很快需要大量的平信徒教师，因为在统一时，几乎 1/3 的中小学教师是牧师。这也是对课程和教师个人态度进行密切控制的另一个原因。

意大利教育体系的特殊性表明，新国家的政府已清楚意识到加强中产阶级对其支持的重要性。公共管理就业为新国家创建了重要的社会基础，并且其作用在于让新兴中产阶级中许多阶层的利益与国家利益相一致。但公共和私营部门所出现的新白领阶层具有更为广泛的意义，特别是对文化统一的发展做出了贡献。例如，这一点明显表现在相对于方言，意大利语的使用人数稳步增加。统一的时候，罗马和托斯卡纳以外的地方几乎不讲意大利语，虽然到 19 世纪末，大多数意大利人仍然只会讲方言，但是意大利语使用者从不到总人口的 1% 上升至 16%。19 世纪末，虽然文盲率仍然很高，但是情况已得到了很大改善，尽管各地程度不同。南方部分地区的文盲数量仍然高达总人口的 70%，而北方已经下降至 30% 左右，这一变化主要归功于城市中产阶级和技术工人阶级。[4]

然而，不应夸大公共就业的政治与社会重要性，哪怕只是因为就业需求远超供给。与当时许多人的看法相反，到 19 世纪末，公共部门的就业人数几乎没有增加，而官僚机构的人数增长仅仅与总人口增长步伐一致。公共和市政职员的人数从 1861 年的 130579 人上升至 1881 年的 170652 人，而在 1860~1890 年，总人口由 2170 万人上升至 2800 万人。[5]

政府主要在更低层次增加了招聘，而 19 世纪 80 年代末期以前，薪资和工作条件都没有什么提升。例如，1870 年前，小学教师的收入还不及体力劳动者，虽然此后这种状况有所改善，但是教师的收入仍然很低，而职业体系按等级划分，静止不变。可以弥补这一点的是，即使是较低层次的教师，职业地位都获得了更多的认可，因此不论物质多么匮乏，就社会地位和体面程度而言，教师确实获得了真正的利益。公务员的情况要好得多，但他们的状况也得等到 19 世纪末才有明显改善，19 世纪 80 年代，"特拉维先生"①〔Monsieur Travet，意大利版的普特尔先生（Mr Pooter）〕的经济状况被归入"全欧洲最不幸的"。[6]

与其说是工资，不如说是相对的工作保障，使得政府雇员被划定为特权团体。然而，无论政府因此获得了怎样的忠诚，都可能被更多有资格但没能就业的中产阶级阶层的不满所抵消。高等教育扩张意味着公共与专业就业需求远远超过供给，到 19 世纪末，这开始引起严重的政治关注，这也是官僚机构在焦利蒂时期迅速扩张的原因之一。例如，据估计，1890 年法学院毕业生的数量（18200 名）是公共部门和私营部门工作岗位总和的两倍。而其他专业的情况也相似，据估计，意大利 1901 年实际就业的只有 24196 名律

①　特拉维先生是 1863 年在皮埃蒙特上演的五幕喜剧《特拉维先生的悲惨世界》（Le miserie d'Monssù Travet）的主角；普特尔先生是英国日记体小说《小人物日记》（The Diary of Nobody）的主角，保守的中产阶级，时常陷入尴尬境地。

师、22168 名医生和 813 名牙科医生，而大学这些专业源源不断地产出远多于此的毕业生。因此，19 世纪末，意大利成为知识分子失业率最高的西欧国家之一，这必然破坏国家给少数人提供就业而获得的安全感。[7]

行政职位的供需差距也许不可避免，这是该时期大多数欧洲社会的共同特征，但是意大利私营部门缺乏其他就业机会，因此情况尤为严重。私营公司、银行业、保险业、商业以及新闻业等领域的白领工作岗位开始增加，但其社会地位不如公共部门的岗位。资源短缺意味着公共服务部门沿袭了许多旧式的做法，例如，多人平均分担一份全职工作、设置编外职位、对公共就业渠道采取各种行会化控制手段等，这些旧做法都是提高行政效率或专业化水平的障碍。

19 世纪 80 年代，这些实际不足引来了公众越来越多的关切。其中一个原因是俾斯麦重组新的德意志帝国树立了榜样，以及放弃自由放任原则，转而实行著名的"国家社会主义"。新一代德国社会和经济作家的理论也引起了意大利社会的广泛关注，但是更直接的压力来自农业危机的爆发，迫切需要政府干预以保护农业，以及一些工业部门。由于认识到意大利未来的军事能力需要密切依靠钢铁和化工行业的发展，工业保护要求越发强烈。这是质疑经济自由主义原则的正当理由，例如，1884 年，意大利第一家综合钢铁厂在特尔尼建成，得到公共担保。此后，商船和军事合同奖金使国家在意大利新冶金、造船、工程和化工行业发展中的作用迅速扩大。[8]

放弃国家作为守夜人的治理模式而选择更积极的干预主义治理必然强调更明智有效的行政管理的必要性。某些变化开始出现，例如，1883 年，第一家统计局成立，而直到 19 世纪 80 年代最后几年，这些发展才呈现更加系统化的形式。最主要的原因是对更专业的公共管理形式的需求与从自由贸易向保护主义转变中涉及的更广泛问题息息相关。

1887 年，当克里斯皮接替德普雷蒂斯担任总理时，很显然，保护主义不单单涉及关税政策变化。事实上，这只不过是一个更广泛、更根本尝试的起点，即按照干预主义路线重塑自由主义国家。在其职业生涯早期，克里斯皮曾就他希望给内政部带来的改变详细阐明了这些更广泛的影响：

内政部不应该再像过去那样是手铐部，而应当成为福利救济和天佑部……仅仅关注工人们在犯多少罪是不够的，我们还必须研究阻止他们犯罪的方法。怎么预防犯罪呢？防止犯罪的方法是做好一切以满足工人的基本需求，同时防止他们做坏事。[9]

这种更加专制和干涉主义的国家愿景在许多方面标志着回到了加富尔式的"自上而下的革命"实践。但克里斯皮的行政革命从未得到贯彻。强化国家及行政机构的企图触犯了广泛的强大利益集团，许多人原本可能支持发展更加协调和集中的行政权力结构，此时也将这些举措视为对自己的威胁。在之后的十年中，这将是政治危机的一个基本问题，因为很明显，尝试按照克里斯皮指出的路线改造国家威胁了精英们的政治自主权，程度丝毫不亚于对工人和政府的政治对手自由的威胁。

精英与国家

国家行政机构的弱点表明意图与现实之间时常存在巨大差距，而主要受益者是精英。在这一点上，新国家深深打上了它诞生的环境的烙印，特别是中央与地方政府之间的关系构成了不断变化和不确定的边界，国家与地方或是区域精英之间的关系就沿着这些边界发生变化。

国家实行中央集权的本能与地方名流尽可能保全自治权的决心之间发生冲突，产生的矛盾首先表现为区域割据与地方认同感。这些斗争在19世纪60年代的政治统一过程中起着至关重要的作用，而且不只在南方。它们揭示了强制力的局限性。没有精英的支持，国家政权就无法生存，而围绕权力与影响力范围的小冲突说明公共与私人领域的界限往往仍然极其模糊。由于地方精英在国家政治中也有代表，情况变得更加复杂，这样不仅扩大了地方的政治舞台，而且在许多情况下，也使国家政治与地方政治的关系更加摇摆不定。[10]

就国家议会政治而言，1860年上台的精英人数较少。1861年，新国家不超过2%的公民拥有投票权，这是自由主义革命独占度的体现，也密切反映了新意大利的社会与经济现实。地主和自由职业者居于政治阶层的主体地位，甚至在19世纪最后几十年，工业利益集团在意大利政治中更加突出后，历届议会仍然保留以农业和专门职业为主的形象。这个体系所代表利益的狭隘性日益暴露，因为如我们所见，国家与教会的冲突排除了一切形式的农村民粹主义实验，这些实验在这一时期其他以农业制度为主的国家中给代议制带来了保守偏向。[11]

相对孤立滋生了政治上的不安定因素，这也是寻求扩大政治制度基础、同时小心翼翼地避免调整现有政治力量平衡的一个动机。1882~1911年，政府进行各种尝试以扩大选举权，将有望加强现有体制的群体纳入其中，每一次都采用了复杂的制衡机制以排除对现有权力结构的挑战。尽管有这些防御措施，但1882年开始的全国选民的变化和1887年地方政府选民的变化确实在很大程度上破坏了名流之前的政治领地，结果，大众政治逐渐的、普遍不受欢迎的入侵加剧了许多精英群体的不安全感。[12]

起初，精英阶层在国家层面的明显不安全感，与其在地方和地区事务上的持续优势形成了对比。地方和市政府构成了决定国家与精英之间变动而复杂关系的中心舞台，因此公共制度和私人施恩往往交织在一起，不可分割。按正式的说法，地方政府是公共领域的一部分，统一时有人主张照英国地方政府的路线进行一定程度的分权，他们的受挫导致地方行政结构高度集中。1859年在紧急权力下引入的皮埃蒙特地方行政立法于1865年3月列入正式法律，理论上只承认最低限度的地方自治。地方选举的财产资格要求很高，市长由皇室任命而非选举，地方议会的行动需得到"省代表团"的批准，而省长为当然的代表团主席。德普雷蒂斯1876年提出的地方政府改革动议从未实行，直到1888年克里斯皮扩大了选民规模，并在居民人数超过10000人的所有城镇实行市长选举，这一制度才得到改变。但与这些让步相对应的是建立了新的"行政委员会"（Administrative Juntas），由省长和另外两位政府提名人员领导，民选当局对其负责。[13]

理论上，地方政府几乎没有自主权，这个例子经常被引用来说明自由主义意大利缺乏真正的民主体制。例如，弗朗切斯科·萨韦里奥·梅利诺将克里斯皮行政委员会描述为"真正的寡头政治，控制着每个省的一切自由和主要利益集团"。但梅利诺主要关心的是无选举权者的自由，政府拥有的广泛权力往往增强和延续而非削弱了地方寡头的力量，而显要人士的权力和影响则更深入地渗透进地方生活的结构和经济。天主教徒被允许参加地方选举，但不能参加全国选举，部分原因正是认可了地方社区和市政事务的半私人性质。[14]

要加强和巩固更为非正式的权力和施恩网络，不一定非得控制地方行政。以罗马为例，1870 年后，这座城市的经济生活控制权牢牢掌握在与梵蒂冈保持着密切政治与财政联系、高度保守的天主教显贵手中。尽管"黑色贵族"未尝试直接控制市政府，但是其在罗马的地方选举联盟中有个强大的政治组织，对市政政治有相当大的影响力。天主教显贵在利用首都快速扩张与改建的投机机会中也发挥了重要作用。例如，有人这样评价博尔盖塞亲王（Prince Borghese）这个罗马天主教的重要成员、拉齐奥平原上的大庄园主：

> 作为天主教徒，他反对当前政府，并毫不掩饰他的抵抗，而作为财产所有人，他庆幸，因为自己的资产增至三倍，而且事业也蒸蒸日上。[15]

但是，首都的政治局势并不具有代表性，在其他主要城市，对市政管理的控制仍然是规模相对小、一般具有浓烈权贵气息的派系小心守卫的领地。由于佛罗伦萨、都灵、米兰、那不勒斯和巴勒莫长时间受强大的市政寡头支配，时任政府不得不妥协。例如在米兰，市贵族的地方认同感和道德优越感无与伦比，随着更古老的伦巴第贵族家庭与制造业新富豪代表通婚，这种优越感更加强烈。米兰的企业家急于获得名望，毫不费力地捡起老牌显贵的礼仪和偏见，毫不质疑就接受了米兰是意大利"道德首都"这个信念。[16]

在托斯卡纳，一小群贵族牢牢控制着佛罗伦萨和其他行省的行政，而1900 年，对那不勒斯政府的公开调查显示，前几十年的市政府成为掠夺、腐败和暴利的宝藏，受大权在握的小派系名士垄断。[17]

尽管政府拥有极其广泛的行政权力，但在与这些强大的市政精英打交道时，通常不得不进行谈判，因此产生用让步和优惠换取政治支持的制度，这被称为进化论政治（trasformismo）的基本要素。精英对政府的支持通过偏袒而非胁迫赢得，尽管一名熟练的省长可能会将地方派系斗争转化为自己的优势，但政府很少处于强势地位，这也解释了为什么当克里斯皮增强省长对地方政府行使的权力时，立即遭到一些最有权势的地方精英的强烈反对。[18]

尽管国家拥有广泛的控制手段，但是地方政府将广泛的权力和官职任命权置于地方精英手中，结果，公共制度与私人施恩往往不可分割地交织在一起。特权与影响力网络的核心在于控制白领就业的主要渠道、市政开支与合同、公益慈善事业，尤其是控制大规模房地产投机时代的城市规划。因此，意大利中产阶级和专业阶层中许多地位较低者的生活似乎被无休止寻找升职机会、寻找能够为他们提供"推荐信"的恩主所主导。

地方精英的权力总是容易受到内部争端的伤害，而 1882 年扩大政治选举权和 1888 年扩大地方政府选举权赋予了普选新的重要性，从而增加了这些风险。具有讽刺意味的是，这些名流企图保护市政和地方政府免受中央政府入侵，却让自己成为 19 世纪末开始出现的政治力量的现成靶子。尽管社会党直到 1896 年才按照英国费边派路线制定了获取地方政府控制权的明确战略，但社会主义最早的成功就在地方政治层面。后来，政治天主教观念也是通过地方政府首次取得了进展。

19 世纪 80 年代，在波河流域下游的乡镇，名流的地方行政垄断权开始动摇。以 1882 年安德烈亚·科斯塔在伊莫拉的选举为榜样，艾米利亚-罗马涅大区的其他地方也尝试建立反对派政治阵地的民众基础。这些民粹主义的呼声往往来自精英阶层内部的反对派，但它们很快就动摇了许多城镇业已确立的精英的垄断地位，这也是 19 世纪 80 年代中期农村骚乱和罢工引起恐慌的一个原因。克里斯皮企图操纵地方选民机制，加重了这一问题，给那些知名人士制造了新的不安全感，他们发现选民范围扩大后更难以控制，而政府代理人获得的新权力进一步减少了他们的回旋余地。显贵对地方行政的垄断被削弱，从而为新的、更有组织的反对形式打开了大门。[19]

19 世纪 80 年代波河流域下游的这些发展是超常的，而意大利其他许多地区要很久以后才出现这样的发展。虽然就时间和强度而言，艾米利亚-罗马涅大区所发生的变化不具有代表性，但是这些变化的确说明分隔地方政治与国家政治的边界并非一成不变，还表明，当大众政治首次现身，开始削弱封闭、自我延续的名人政治世界时，无一例外的都是名人自己向国家及其代理人寻求保护和支持。

私人领域

与拥有警察、法官和省长的国家政权相比，公民社会的轮廓没有那么明确。即使是像家庭这样的制度，也不可能在私人和公共之间做出严格的区分，而且，家庭一方面明确属于私人领域，另一方面对整个社会福祉起着关键作用，几乎没有什么制度可以超越。出于这个原因，家庭被视作意大利生活其他方面价值观和关系的典范。

但由于家庭形式和结构都由公共法律决定，因此家庭也属于公共机构。在世纪之交废除了长子继承权和限定继承权之后，家庭的发展深受民事法律条款的影响，有产阶级的情况尤为突出。立法对穷人的影响可能较小，在意大利农村许多地方，风俗习惯的影响仍然大于法律，而经济条件和缺乏住所可能是影响城市穷人家庭结构的最重要因素。然而，对于中产阶级来说，却发生了受到立法更直接影响的重大变化。限定继承权和长子继承权的废止难以回避，意味着扩大式世代家庭正日益成为一小部分贵族精英的专利。更普遍的是，中产阶级采用更小的、更经济的家庭模式，在这种模式下，夫妻之间、父母与子女之间冷淡、等级分明的关系会显得更加亲密。[20]

不过，法律对家庭及其成员的正式责任与义务有详细规定。如同欧洲其他国家的法律一样，1865年《意大利民法典》（《皮萨内利法典》）用相当大篇幅确认和保护家庭自主权，将家庭视作整个社会物质和道德幸福最终依赖的制度。尽管存在一些显然是自由主义的创新，但是该法典条款实质上还是保守的、等级分明的，体现了父权制思想。21岁以上的子女不再受家长约束，结婚也不再需要父母同意。该法典强调了父母的权利与义务，规定了父母有义务抚养子女，包括女儿和儿子。

该法典的要旨在于重申男性作为户主的权威，这被视为家庭团结幸福的关键。它没有减弱丈夫对妻子的权威，没有离婚的条款，而妇女未经丈夫允许不得进行任何商业和法律交易，不能订立债务或签署票据。妻子必须随夫姓，与其同住，但是不能参与"家族委员会"，这个委员会有法律授权决定如何处置共有家族世袭财产、遗产和嫁妆，直至1942年。[21]

在这个意义上，《皮萨内利法典》明确反映出对待妇女的普遍态度。正如当时一名法学家描述：

> 我们一般坚信，法律不应违背自然规律，而应设法使自己顺应自然，并且，女人的真正理想一直是也将永远是成为男人的完美配偶。[22]

重视保护家族世袭财产完整性和自主性也体现在以下条款中：剥夺通奸和乱伦所生后代的继承权，将通奸定为只限于妇女的罪行，并禁止一切形式的亲子关系诉讼或调查。据称，这种歧视有正当理由，如果不这样做，家族世袭财产将永远面临推定后代的欺诈性或恶意财产主张的风险。有些人认为这更多是借口，是为了让：

> 深谙诱奸把戏的富人享乐和放荡而不受惩罚，特别是以牺牲工人阶级女性为代价，尤其是工厂操作工和家仆。[23]

工农与雇主

虽然法律通过控制家庭内部关系来加强父权等级制度的价值观念、财产保护与继承权，但是在工农和雇主的相互责任和义务方面却保持沉默。这反映了一种观点，即除了指导一般合同关系的规定外，不需要别的规定，或者说，没有别的规定其实是正确的。

因此，雇主与雇员之间的关系比家庭成员之间的关系更完全地被划入私人领域，尽管后者经常被奉为典范。一般来说，雇佣关系力图复制与支配家庭的原则类似的等级和顺从原则，而这一点经常有毫不含糊的家长式语气为其辩护。

然而，不论是地主还是实业家对租户和雇员的道德义务要求都不会掉以轻心。在农业领域，特别是当农民家庭通过承包或分成制承租农场，自己负责管理、耕种时，租户的道德品质就是最重要的参照。在托斯卡纳的分成制租约中，承租人及其家庭的行为都会受到严格约束，全家需要定期参加弥撒，远离酒馆，避免出现不体面或显示不愿工作的行为。按照惯例，家里任何人结婚或离开家庭，租户必须征得土地所有者的同意，这种做法直到第一次世界大战之后才停止。由于分成制农场是根据农民家庭规模进行份额划分的，因此任何家庭结构上的变化都会打乱土地和劳动力之间的平衡。如果一个家庭人口增长太快，可能会被移去另一个农场，或者直接被驱逐，家庭劳动力减少时也一样。但是，无论出于何种技术原因，地主及其代理人行使的权力让他们成为租户生活中许多最私密方面的仲裁者。[24]

在这种情况下，服从和尊重是农民生存策略的一部分。但是佃农及其家人受到的外部控制同时伴有其他习俗和文化控制。在意大利中部实行租佃分成制度的地区，一户家庭通常由多个家庭群体组成，其中不同世代和性别之间的关系受到等级的严格规范。尽管农业萧条后那些年农村社会发生了迅速变化，但意大利中部和北部多个家庭同堂的农户并未消失，且在许多情况下变得更大、更复杂。尽管小型自耕农场的危机引发了大规模移民潮，但是农村人口的增长仍然比城市更快。农村人口持续增长，如在波河平原南部的大部分地区，定居农户数量和规模都有所增长。反过来，这也令地位和福利分层更加复杂，它们区分了不同群体的自耕农场和农户，尤其是加剧了有地者与无地者之间的分裂。

与这种生活方式一起发展的文化和习俗仍然非常活跃。社区谴责一直持续到进入20世纪后很久，违背公认道德，如与社区外的人结婚、解除婚约以及丧偶后再婚，都可能会受到社区谴责，形式从礼节性警告、杂乐之扰到长期当众羞辱。[25]

分成制家庭的行为受到流行习俗和文化的制约，并且必须承担地主强加的义务。但是，重视公共道德意味着教会与国家之间的公开冲突受到许多地主的极大关注。在意大利北部和中部地区，教区牧师一直被视为在农村人口中灌输适当服从和尊重原则的重要手段，并向地主或其代理人报告任何故态复萌的退步行为。然而，当主教准备好声讨新国家是"对神的否定"，当威尼托的教区牧师告诉领受圣餐者国家推行的新民事婚姻蓄意否定婚姻的神圣性质因而比纳妾和同居罪过更大时，这不可避免地引起了人们的恐惧，即农业关系所依赖的顺从结构正处于危险之中。[26]

1875年，伦巴第的科学与文学研究院以农村神职人员的作用为主题，设立了一项论文奖，埃尔科勒·费拉拉（Ercole Ferrara）撰写的获奖文章带有未加修饰的反教权主义色彩，这是复兴运动自由主义的一个标志，但它也清楚地表明了地主的恐惧。

费拉拉坚信，农民像孩子一样，需要精心教育。因此，当务之急是"所有生活在农村的文明人士，无论是医生、议员、教师，特别是牧师"，都要树立正确的榜样，要"向那些对祖国一无所知的人灌输对祖国的热爱，鼓励那些对祖国有敌意的人尊重和服从政府"。但是这种敌意主要是牧师的功劳。他声称，正派的教区牧师不仅难得，而且普遍受教育程度低，敌视一般的平信徒和知识分子，"尤其是研究历史的人"。更糟糕的是，穷人把牧师和不道德与放纵联系在一起，但是，费拉拉警告说，应该惧怕最好的人而不是最差的，因为他们正忙着在农民和农村穷人中组织新的兄弟会和祷告协会：

> 夸张的虔诚就是怪物，煽动各种幻想，使想象力过热，以虚假的骄傲填满心灵，但是却不做任何可以启迪心灵的事，也没有将精神引向真正基督教徒的行为。

尽管如此，费拉拉还是总结道，必须找到某种方式与牧师达成妥协，因为没有宗教，秩序也就无从谈起：

> 马西莫·达泽利奥指出，教皇的罗马摧毁了意大利的宗教，但如果这符合事实，那我也坚信，一个民族国家没有宗教就不会有秩序、不会强大，因此，只有当意大利能够扎根于健全的宗教原则中时，才有可能成为一个真正的民族国家。[27]

同样的观点也被以更务实的方式提出。1876 年皮埃蒙特大区比耶拉省罢工后，一份提交给调查委员会的报告指出，虽然附近的贝加莫省纺织厂数量甚至超过了比耶拉，却丝毫没有受到骚乱影响。贝加莫当地人中罢工的"快乐缺席"并不是由于合同不一样或工作条件更好，而是：

> 部分原因在于工人们完全听天由命，愚昧无知，不觉得有必要改善自己的生活条件，但更主要的原因是他们祖先的信仰在这里保存得相当完好，而且宗教教义引导他们指望来世，他们在下界这里承受的痛苦将得到天国的补偿。他们由神职人员领导和控制，神职人员表示，只要雇主不干预他们的神职，他们完全愿意支持工业企业的等级制度和秩序。[28]

正是基于这种考虑，19 世纪 70~80 年代，威尼托部分农村地区首次尝试在农民中建立消费与营销合作社。创办这些企业的倡议来自教区牧师。尽管这些合作社具有强烈的宗教性质，但是起初还是引起了地主和教会掌权集团的怀疑。然而，这些倡议预示了不久将在 19 世纪 80 年代末成为天主教社会思想的核心信条，而且，维琴察北部的贫困山村和帕多瓦东部平原上赤贫社区的牧师们毫不犹豫地将他们教区居民的困境归咎于新国家的无神论物质主义。虽然他们只敦促人们不遵守那些诸如民事婚姻法之类直接藐视圣礼的法律，但是他们公开斥责新秩序的利己主义和不公正。因此，农民合作社和农村储蓄银行从一开始就有明确的意识形态和物质目的，它们通过提供机会摆脱债务奴役，试图让基督教合作原则与缺席地主的冷漠及其代理人的贪得无厌形成反差。

19 世纪 80 年代中期的麻烦时期，祷告会势力强大的地区没有发生动乱，使得它对于地主和教会都具有新的重要性。甚至在 1891 年教皇利奥十三世（Leo XIII）在通谕《新事物》（*Rerum Novarum*）中提出一个清晰的天主教社会行动计划以前，被称为"国民大会协会"（*Opera dei Congressi*）的天主教平信徒协会对这些发展产生了直接兴趣，1889 年，朱塞佩·托尼奥罗在帕多瓦大学创建了天主教社会研究联盟。对基督教福利原则的支持为 19 世纪 90 年代农村储蓄银行和合作社的发展提供了新的动力，它们成为打击自由主义和社会主义双重意识形态弊端的重要工具，促进了阶级间合作的另类价值观，这些价值观是天主教社团主义的主题。[29]

宗教是革命的最好解药，这一观点同样受到许多实业家的热烈拥护，亚历山德罗·罗西就是有力的捍卫者。罗西是意大利最重要的羊毛生产商，其工厂于 1862 年建于维琴察省以北的斯基奥，1879 年，员工数量由最初的 800 人增长至 5000 多人，成为 19 世纪末意大利最大的工业企业之一。尽管规模并不是最典型的，但是启发斯基奥工厂的理念更广泛地反映在 19 世纪末意大利企业家的思想中。[30]

例如，家庭织布和纺纱的普及程度在维琴察的农村地区不及更西边的皮埃蒙特比耶拉地区，但是，罗西为了让农民发展成为基础的劳动力，将工厂建在了这里。尽管斯基奥专门生产高品质布料，但生产在小型、分散而又精心整合的专业车间进行，而非大型、集中化的工厂。

对劳动力的组织遵循严格的等级制度，极力强调企业的家长制特点。罗西在新斯基奥（Nuovo Schio）建立了样板村，工头、文员和技术工人的住房都由企业提供，还为工人配备了托儿所、幼儿园、诊所和消费者合作社。而在所有活动中，宗教教育和祷告活动具有极高的优先权，企业不放过任何机会强调将雇主和雇员结合在一起的那些社团主义的职责：服从、敬重和责任。[31]

斯基奥工厂集中体现了将先进的工业发展过程都约束在传统价值观和社

会关系范围内的愿望，这成为这一时期意大利企业家思想的一个鲜明特征。同时，斯基奥工厂的家长制结构坚定捍卫雇主的绝对权利。罗西不仅强烈反对 19 世纪 80 年代中期出台的、毫无效果的工厂立法，而且还反对公共机构干预雇主和雇员之间的关系，在他看来，这是绝对的私人关系。他对任何社会立法都不屑一顾，觉得是带有社会主义色彩的反常行为，但他同样敌视自由放任的自由主义。罗西是狂热的贸易保护主义者，他自己的人生哲学深深植根于天主教社团主义之中。他相信，如果雇主是自己房里的主人，他的行为就像他的雇员一样，必须严格由责任和义务构成的相互约束来决定。[32]

工厂内部必须严格遵守详细的规章制度，任何在外面的不当行为都会导致立即被解雇。工人们必须加入在斯基奥设立的祷告协会，"任何人以传播仇恨代替慈善，以做好事为借口煽动邪恶的思想或者以任何方式伤害工人，或发表任何可能产生这种效果的教义"，同样可能被立即解雇。

绝不只有斯基奥工厂坚持奉行虔诚的习俗，这是规范，尤其是在更新和更现代的企业中。在米兰的贝尔塔雷利印刷厂中，牧师每星期六早上会给在印刷机上干活的工人们布道，而蒙扎的利奇厂雇用修女为工人主持礼拜，梵蒂冈的《罗马观察报》高兴地表示，这在伦巴第的许多工厂也是常规做法。[33]

宗教仪式是雇员与雇主关系的一个元素，但这处处被严酷的工厂规章制度强化。1882 年，巴黎劳工交易所在欧洲比较研究中用"极其严厉且专制"来描述这些制度。工人们在就业时，必须出示载有其出勤和品行记录的工作手册，并缴纳一个月工资作为以后行为良好的保证。工人们甚至在没有岗前培训的情况下，也需要承诺最低服务期限，技术工人的服务期限通常高达 6 年或 7 年。工人随时面临立即被解雇的威胁，违反厂规将被处以罚款和停工。此外，工人必须"穿戴整洁得体"地来上班，整个工作日（通常从早上 7 点到晚上 8 点）一般禁止说话，离开时经常要接受搜身以防盗窃。与在斯基奥一样，工厂对工人在厂外的行为也实施严格监管。例如，佛罗伦萨的伽利略铸造厂禁止工人参与"任何不得体行动"，不允许在任何公共或私人场合喝醉，禁止参与赌博或任何其他会使他们成为"企业的耻辱或不配在本企业工作"的不道德娱乐活动。[34]

这些规定在 19 世纪 80 年代成为产业工人不满的重要对象，不过劳动力市场的结构性失衡使他们难以抵制这些规定。但是技术工人（他们更难取代）的不满情绪促使许多企业家更加重视提供福利待遇和慈善设施，试图营造一种更家长式的资方形象。许多雇主发起成立"福利协会"，为员工提供福利，有时甚至提供住房补贴，工人工资包含协会相关扣除额。早在19世纪40年代，理查德陶器厂就建立了这种"福利协会"，但在19世纪80年代，米兰的大多数主要工厂也开始采用这种制度，包括格朗迪纳、艾尔维提卡、德安吉利、普瑞内提、斯蒂格勒的工厂，以及煤气公司、烟厂、巴士公司和博科尼糖果工厂。只有新建的倍耐力厂拒绝跟风，而在19世纪90年代，倍耐力厂出现该市有史以来最激烈的劳资冲突，同行雇主们很快就把这归咎于其没有建立公司福利协会。[35]

采用公司经营的福利协会说明雇主们试图为正遭遇公开挑战的陈旧家长式价值观注入新内容以满足工人对更好条件的需求。但是，想把工厂保留为雇主和工人之间本质上私人、封闭关系的场所，使雇主无人挑战的管辖权不受制约，这种努力正变得越来越困难。19世纪80~90年代，不同地方的产业工人开始创建更广泛的协会和组织形式，以维护集体利益和宣传集体诉求。虽然这些协会通常是地方性的，并以19世纪90年代许多意大利城市建立的劳工商会为中心，但结果是，由于工人们形成了共同利益的新意识，19世纪80~90年代的劳资关系被强制退出了私人领域。为回应多个工厂及部门工人支持的"抵抗联盟"，雇主也开始在特定行业部门内建立更广泛的协会组织，以便制定集体应对措施。许多雇主在面对这些挑战时的反应与地主和市政精英们相似。他们一方面寻求更有效的官方保护以对抗工人的"阴谋"，另一方面又拒绝接受他们自己领地中任何形式公开干预的合法性。[36]

作为调解人的政府

这种立场矛盾吸引了人们的注意，公共当局常常愤愤不平地看着由此产生的冲突升级。他们不愿卷入他们认为属于私人领域的冲突，统一之后不久，维罗纳省宪兵司令就提供了这样一个例子。该省地主抗议农村盗窃行为增加，要求警察采取更有效的行动，这位军官愤怒地驳回了他们的申诉，他生气地表示，地主自己要为盗窃事件增加负主要责任，因为尽管冬季几个月条件极为恶劣，但他们没有为失业者提供工作，而且拒绝承担足够的市政卫兵费用来保卫其田地，加重了这种疏忽。[37]

这些观点不可避免地带有观察者个人的特定视角特征，但也有许多其他人相信，富人没有履行对穷人的义务就是导致社会矛盾的主要原因。若干年后，政府成立了调查委员会着手调查1889年拉文纳附近孔塞利切发生的罢工，这场罢工以三名女性罢工者死亡而告终，调查委员会谴责周边地主行为的用语甚至更为直率和公开。

虽然委员会免除了宪兵对三名女性罢工者死亡的所有责任，但他们的报告尖锐地批评了地主们在罢工之前几个月没有采取行动以缓解农村人口窘迫的生活条件。报告还描述了拉文纳省过去几十年大规模土地开垦工程如何导致谷物种植转变为牲畜饲养和放牧，从而减少了农业劳动力需求。据统计，1871~1889年，该地区的农场工人数量由大约500人上升至8000多人，结果出现长期失业，当农业萧条导致土地开垦工程也被放弃时，附近几乎所有劳工都没有了工作。

委员会赞扬工人们集体投标公共工程的努力，并敦促政府设法促进这类合作企业的发展。但是他们强烈谴责地主的行为，报告还特别指出，1888~1889年，孔塞利切慈善委员会的资金耗尽，理事们却在此前采取了令人震惊的刺激性行为，购买了一台多维尔蒸汽挖掘机，以节约维护道路和清理壕沟的劳动力成本。由于蒸汽机消除了为数不多的工作机会之一，它成为罢工者主要的攻击对象之一也就不足为奇了。

更笼统而言，该报告得出结论，土地所有者一直在阻挠当局为缓解失业者状况所做的努力：

> 在这种情况下，向土地所有者寻求帮助是毫无意义的，因为正是由于他们的行动，农田已经变为牧场，分成制佃农也已经转变为劳工了。为自己工作的自耕农人数很少，目前面临着真正的绝境，因此他们也被迫减少耕作。[38]

官方对孔塞利切和拉文纳事件的反应表明，当雇主与雇员的冲突不能再在私人领域的范围内加以控制时，政府往往会被迫卷入这些冲突之中。如同城市精英和工业雇主一样，地主在无法掌控自己的土地时，会毫不犹豫地求助于国家，而如果政府没有给予他们支持，他们又会立即谴责政府。结果，不论有意还是无意，当局的干预往往有所偏袒。例如，尽管调查委员会对孔塞利切工人的罢工动机表示同情，但无论孰对孰错都会优先考虑恢复秩序和保护财产，罢工中三名抗议妇女付出了生命的代价，而这种伤亡在涉及劳动纠纷的治安工作中越来越频繁。即使政府确实努力与有关各方保持一定的距离，维持秩序以及保护财产的义务也总让政府的干预具有偏袒性质，极大地限制了警察或民事当局作为调解人解决社会利益冲突的能力。这也促使地主夸大任何冲突所带来的危险，因为实际上这可能会迫使政府介入。

孔塞利切事件提供了一个小规模的实例，说明既有社会关系的破灭以哪些方式日益加重政府无力承担的行政和治安负担，同时也表明，在实践中，私人与公共影响领域往往很难清晰区分，因为国家制度往往只用来保护私人利益和财产。事实上，随着雇主与工人之间的关系变得更加紧张，国家制度很容易受到前者的利益操控。

然而，如果断定这些年波河流域下游部分地区的情况可以代表整个意大利，那就大错特错了。在这一地区，先进的技术和咄咄逼人的农业资本主义形式造成了社会矛盾，同样的形式在意大利其他地区很难找到。这个地区在很多方面都不典型，这种状况将持续至 20 世纪开始后很久。尽管如此，这些区域非常明显的事态发展也反映了其他地区的变化，虽然后者速度较慢，社会和经济环境不同。[39]

私人纠纷和公共权力

国家及其制度并不总是以偏袒和敌对的形象出现，尽管国家制度往往是私人利益的工具，但情况并不总是如此。一个非常重要但又被忽视的领域表明国家的基本制度是如何深深植根于意大利日常生活经验的，那就是刑法和刑事法庭的运作。这个主题仍然几乎未有人研究，因此至今难以概括。然而，最近一项关于 19 世纪后期墨西拿省的轻罪研究表明，关于人民与法律之间关系的很多假设都具有误导性。

米斯特雷塔刑事法庭所在地区是墨西拿省最贫穷的农村地区之一。但统一后数十年的犯罪记录显示，出庭的绝不只是那些与警方发生冲突的人。这个地区尽管赤贫，但是犯罪现象却并不特别严重，最常见的犯罪主要是穷人对穷人犯下的小偷小摸和人身侵犯罪。没有证据证明贫穷和压迫导致了针对富人的货物、财产或人身的犯罪，尽管这样的机会很多。相反，米斯特雷塔地区的证据显示，这些状况更易引发穷人之间无休止且时常暴力的冲突，经常以诉讼和法庭听证会的形式告终。[40]

小得可怜的地块的边界纠纷以及涉及食品、种子、小段蜡烛、农具或烹调器具的小偷小摸是诉讼和人身攻击的主要原因。当穷人成为盗窃或攻击的受害者时，会毫不犹豫地求助警方和法院寻求赔偿。在较小的社区范围里，很容易识别出责任人，小偷小摸总是导向人身伤害和攻击。[41]

强奸或暴力诱奸形式的暴力行为也很明显，这引起了关于荣誉准则和性道德以及基于社区的文化规范与国家制度之间关系的问题。在提交给刑事法庭的性侵、伤害和闹事案件中，有很大一部分发生在家庭内部，但这并不妨碍受害方向刑法和警察寻求保护。这些家庭内频繁发生的暴力案件表明，在赤贫的条件下，家庭和亲属关系的纽带远不如人们通常认为的那样牢固。当然，几乎没有证据表明存在牢固的感情纽带，当局经常谴责农村人口那些被认为是可耻滥交的行为。流产、遗弃儿童、通奸和淫乱同居很常见，显然很少或根本没有受到农村社区指责。1882 年的达米亚尼调查用以下措辞描述了穷人生活在肮脏和贫困中的残酷后果：

> 在恶劣的茅舍中，孩子们了解到甚至成年人也最好不知道的事情。在这里，就在自己子孙身旁，成年人履行着动物的生育功能。乱伦和鸡奸的事经常发生，但远非唯一或最严重的后果。[42]

然而，一直难以判断这是否只是观察者的淫亵偏见。当然，毫无疑问，那些权威人士对农村穷人世界的态度是不屑和恐惧，这放大了其他偏见。例如，没有理由认为一名地方法官的评论中有任何不寻常的地方，他称妇女"天性怪异，倾向于煽动道德失范"。

然而，尽管存在这些偏见，但并不妨碍穷人求助法院以寻求让那些造成他们伤害的人赔偿，即使肇事者是他们的近亲。这在一定程度上可能说明穷人们别无选择，那本身就表明以社区为基础的约束和制裁比通常设想的更有效。但是愿意诉诸法庭显示至少存在获得正义的期望。事实上，法院的司法程序揭示了正式的司法制度与社区之间往往存在相互关联。例如，虽然法院可能倾向归咎于涉嫌强奸案中的受害者道德放纵，但如果妇女或女孩的"诚实"或"体面"得到"公众舆论"的支持，那么法院的道德义愤有可能严厉打击罪犯。[43]

　　单单一个省的一个地区的事例不可能具有广泛的代表性，但是其他地区和其他时期也有类似证据，指向相同的方向。正如"法律上的意大利"与"真正意大利"之间的区别夸大了国家的力量、低估了私人利益集团的力量一样，它还忽视了这些世俗而基本的领域，在这里，国家早已成为意大利日常生活中常规和公认的部分。这告诫我们要提防有关国家制度整体危机的任何结论，但强化了本章早些时候讨论的许多证据，这些证据表明，在几十年里，意大利社会出现的许多明显矛盾都源于私人领域，而非公共领域。正是这一点，在日益扩大的社会、经济和生活领域中，产生了日益增长的需求，要求越来越有效的公共干预，而这些要求远远超过了自由主义政府的行政能力和物质资源。

注　释

1. 见下文第十二章。

2. S. Cassese（ed.）*L'Amministrazione Centrale*（1984）pp. 8 - 21；A. Caracciolo *Stato e Società Civile*（1969）；Zanni Rosiello *Gli Apparati Statali dall'Unità al Fascismo*（Bologna, 1976）；G. Galasso 'Le Forme del Potere, Classi, Gerarchie Sociali ' in *Storia d'Italia*（Turin, Einaudi, 1972）Vol. 1, pp. 401 - 599；R. Vivarelli *Il Fallimento del Liberalismo*（Bologna, 1981）.

3. M. Barbagli *Education for Unemployment*（1982）pp. 54-56.

4. P. Macry 'Sulla Storia Sociale dell'Italia Liberale：Per una Ricerca sul Ceto di Frontiera' *QS*（35）1977 pp. 521-550.

5. S. Cassese（1980）p. 10.

6. A. Tarradel, 转引自 G. Melis 'La Cultura e il Mondo degli Impiegati' in S. Cassese（ed.）p. 323；关于教师，参见 G. Vigo 'Il Maestro Elementare Italiano dell'Ottocento' *NRS* 1977 p. 57。

7. M. Barbagli（1982）pp. 15-18.

8. L. De Rosa *La Rivoluzione Industriale in Italia*（Bari, 1980）pp. 4-5；G. Are *Alle Origini dell'Italia Industriale*（Naples, 1974）；A. Cardini *Stato Liberale e Protezionismo in Italia*（1890-1900）（Bologna, 1981）.

9. 转引自 C. Mozzarelli and C. Nespor 'Il Personale e le Strutture Amministrative' in S. Cassese（ed.）（1984）p. 199；也可参见 R. Romanelli 'Francesco Crispi e la Riforma dello Stato nella Svolta del 1887' *QS*（6），1971 pp. 763-834。

10. On regionalism see D. Mack Smith, *Victor Emanuel, Cavour and the Risorgimento* and S. J.

Woolf *A History of Italy 1700-1860* Ch. 16.

11. P. Farneti *Sistema Politico e Società Civile：Saggi di Teoria e Ricerca Politica* （Turin，1971）.

12. R. Romanelli *L'Italia Liberale* （1979）pp. 338-354.

13. E. Ragionieri 'Accentramento ed Autonomie nella Storia dell Italia Unità' in *Politica e Amministrazione nella Storia dell'Italia Unità* ed. G. Turi （1979）pp. 165-174.

14. Ibid. , pp. 174, 183.

15. 转引自 A. Caracciolo *Roma Capitale：Dal Risorgimento alla Crisi dello Stato Liberale* （Rome，1956）p. 145。

16. F. Fonzi *Crispi e lo 'Stato di Milano'* （Milan，1956）；G. Fiocca （ed. ）*Borghesi ed Imprenditori a Milano dall'Unità alla Prima Guerra Mondiale* （Bari，1984）.

17. 关于佛罗伦萨，参见 C. Pinzani *La Crisi Politica di Fine Secolo in Toscana* （Florence，1963）；关于那不勒斯，参见 G. Aliberti 'La Questione di Napoli nell'Età Liberale' in *Storia di Napoli* Vol. X （Naples，1971）和 F. Barbagallo *Stato，Parlamento e Lotte Politico-Sociali nel Mezzogiorno 1900-1914* （Naples，1976）。

18. R. Romanelli *L'Italia Liberale* （1979）pp. 349-354.

19. E. Ragionieri （1977）pp. 117ff 以及上文第七章。

20. M. Barbagli *Sotto lo Stesso Tetto：Mutamenti della Famiglia in Italia dal XV al XX Secolo* （Bologna，1984）；关于城市家庭结构，参见 V. Hunecke *Classe Operaia e Rivoluzione Industriale* （1982）Ch. 3。

21. M. Bellomo *La Condizione Giuridica della Donna in Italia* （Turin，1970）p. 110.

22. C. F. Gabba *Della Condizione Giuridica delle Donne* （Milan，1861）p. 179.

23. 转引自 A. Aquarone （1965）p. 53。

24. 有关分成制粗约的英文详细信息，参见：C. Poni 'The peasant family farm' *JIH* （2）1978；F. McArdle *Altopascio：A Study in rural Tuscan society 1587-1784* （Cambridge，1978）；W. K. Hancock *Ricasoli and the Risorgimento in Tuscany* （London，1926）；J. Davis （ed. ）*Gramsci and Italy's Passive Revolution* （London，1979）中 A. Lyttelton 和 F. Snowden 的论文。

25. M. Barbagli （1984）pp. 100-104, 409-411；F. Ramella *Terra e Telai*… （1982）pp. 228-235；A. Dewerpe *L'Industrie Aux Champs* （Rome，1985）第 3 部分。

26. A. Gambassin *Parocci e Contadini nel Veneto alla Fine dell'Ottocento* （Rome，1973）；S. Lanaro *Società e Ideologia nel Veneto Rurale 1866-1890* （Rome，1976）.

27. E. Ferrara 'Qual'è la Moralità dei Compagnuoli e Come Possa Migliorarsi?' （Milan，1875）。转引自 quoted in L. Cafagna （ed. ）*Il Nord nella Storia d'Italia* （Bari，1962）pp. 91-95.

28. G. Lebrecht 'Per l'Inchiesta Govemativa sugli Scioperi' in *Rivista di Beneficenza Pubblica* 1879。转引自 L. Cafagana ibid. , p. 91。

29. G. Are *I Cattolici e La Questione Sociale in Italia 1894-1904* （Milan，1963）p. 14；S.

Lanaro（1976）pp. 232-250.

30. G. Berta 'Delia Manifattura al Sistema di Fabbrica：Razionalizzazione e Conflitti di Lavoro' in *Storia d'Italia*（Turin，Einaudi，1978）Annali 1，pp. 1082 f；'The Poor，Proto-Industrialization and the Working Class' in S. J. Woolf *The Poor in Western Europe*（1986）pp. 47-74.

31. S. Lanaro（1976）pp. 89 - 93；S. Ciriacono 'L'industria a domicilio nel Veneto dell'Ottocento' in *Trasformazioni Economiche e Sociali nel Veneto fra XIX e XX secolo* ed. A. Lazzarini（1984）p. 586；F. Mancuso 'Schio, Nuovo Schio e Alessandro Rossi' *SU* 1977 pp. 45-98；A. De Werpe *L'Industrie aux Champs*（Rome，1985）p. 346.

32. G. Are 'Alla Ricerca di una Filosofia dell'Industrializzazione' *NRS* LXXXI，1969；G. Baglioni 'L'Ideologia della Borghesia Industriale nell'Italia Liberale（Turin，1974）；V. Hunecke（1982）Ch. 2.

33. S. Merli *Proletariato de Fabbrica e Capitalismo Industriale：Il Caso Italiano 1860 - 1900*（Florence，1976）pp. 159，165.

34. Ibid. , pp. 147，159.

35. V. Hunecke（1982）pp. 432-433.

36. On the development of the Italian labour movement in this period see esp. G. Procacci *La Lotta di Classe in Italia agli Inizi del Secolo XX*（Rome，1970）.

37. F. Bozzini *Il Furto Campestre*（1977）p. 33.

38. ACSR：*Carte Crispi*；B. 118，Ⅵ/1.

39. A Cardoza *Agrarian Elites and Italian Fascism*（Princeton，1982）；A. Kelikian *Town and Country under Fascism*（Oxford，1986），Ch. 1；A. Lyttelton 'Landlords, Peasants and the Limits of Liberalism' in J. Davis（ed.）（1979）.

40. D. Pompeiano, I. Fazio and G. Raffaele *Controllo Sociale e Criminalità*（Milan，1985）.

41. I. Cameron *Crime and Repression in the Auvergne and Guenne 1720 - 1790*（Cambridge，1981）；Y. Castan *Honnêteté et Relations Sociales en Languedoc 1715-1780*（Paris，1974）；N. Castan *Justice et Répression en Languedoc à l'Epoque des Lumières*（Paris，1980）中有与更早时期法国的有趣比较。

42. 达米亚尼调查报告（1885）转引自 D. Pompejano（1985）p. 181。

43. Ibid. , pp. 185-186.

第十一章　犯罪与南方问题：黑手党党徒和克莫拉组织成员

　　法律与秩序成为 19 世纪 70~80 年代迅速扩大的关于统一后意大利社会与政治发展公共辩论的核心问题，但它一直与后来所称的"南方问题"息息相关。事实上，自国家统一开始，将南方的事件简化为犯罪与公共秩序词汇的趋势就已经很明显，当时在南方，不仅农民"土匪"，而且凡是疑似新政权反对者都被诋毁为罪犯。共和派和民主派被随意描述为克莫拉组织成员和有组织犯罪的代理人，而南方敌对政治派别也随时准备用同样的语言来攻击自己的对手。利伯里奥·罗曼诺是最著名的受害者之一，但绝不是唯一的受害者。[1]

　　对犯罪和犯罪行为词汇的政治操纵仍然是"南方问题"的一大特征，大众的偏见和科学的标榜加强了犯罪和南方之间更广泛的联系。切萨雷·隆布罗索及其追随者关于犯罪行为的基因和生物决定因素理论为粗鲁的种族主义偏见披上了科学体面的外衣，这种偏见在统一后影响了北方对南方的多种态度，暗中将所有南方人都打上了种族退化和种族罪犯的烙印。这种观点助长了一种过分简单化的看法，即犯罪是南方各区域社会和经济问题的原因而非后果。[2]

　　与政治一样，文化和科学共同将南方问题的复杂性简化为公共秩序的简单偏见。犯罪构成政治操控和文化歧视（二者是"南方问题"政治的一部分）的一个重要方面，毫无疑问，即使不是在整个南方社会，至少是在南方某些区域以及在南方占主导地位、或许仅仅存在于南方的某些类型的社会关系中，也可以找到特定形式的犯罪。

黑手党

在犯罪形式中，最臭名昭著的就是黑手党，很少有什么比这更能解释迷思、操纵与现实的复杂相互作用。"黑手党"这个词与"克莫拉"这个更古老的词一样，在西西里融入新国家所带来的政治问题与斗争的特定背景下声名狼藉、广为流传，这使得分析黑手党背后的现实变得更加困难。虽然黑手党的存在毋庸置疑，但环境决定了迷思与现实往往密不可分。

"黑手党"是 1876 版《西西里语-意大利语词典》收录的一个新词，这份原始资料也许并不完全客观，将这个词描述为"引入意大利王国的一个皮埃蒙特词语，意思与'克莫拉'相同"。[3] 这个词于 19 世纪 60 年代开始使用，但其臭名昭著的原因是接下来 10 年西西里岛发生的政治危机，当时，迫使西西里精英屈服于国家中央集权的本能的尝试最终导致了公开冲突。这次危机的影响远远超出了西西里，并主导了 1874 年选举，从而导致明格蒂政府下台和 1876 年的"议会革命"，这让南方精英在政府中有了重要发言权，打破了自 19 世纪 60 年代以来皮埃蒙特、伦巴第和艾米利亚显要们的政治垄断。因此，在这些年里，西西里事务处于国家政治的中心，而不是边缘。[4]

1866 年巴勒莫起义之后，历届政府均试图安抚西西里的精英阶层，并以骚乱和犯罪盛行为由，在岛上强制实施更有效的行政集权手段。西西里名流对此日益不满，1874 年，当明格蒂以所谓的无政府主义威胁为由证明在岛上实施紧急状态法的合理性时，这些不满情绪爆发为公开的反抗。[5]

就像在 10 年前意大利南部大陆上一样，政府试图通过将反对派定性为犯罪分子来抹黑他们，正是在这种政治环境下，"黑手党"一词被广泛使用。政治对手或嫌疑人很容易被贴上黑手党的标签，例如，1874 年，政府的代理人很轻易就被说服，相信黑手党、无政府主义者和波旁王朝正统派组成了一个邪恶联盟。巴勒莫省长拉斯波尼伯爵作为政府在岛上的主要代表，没有质疑黑手党的存在，却轻蔑地否认其承担政治或革命作用的可能性：

> 我可以向阁下保证，本省的犯罪分子不会听从他人指示或为了他人利益而冒险从事任何运动，也不会涉足以复兴无产阶级和解放劳动者为目标

的计划。[6]

明格蒂威胁实施紧急状态法，这是对西西里精英权力的直接挑战，他们的反应迅速而坚定。拉斯波尼伯爵辞去了巴勒莫省长一职，之后西西里几乎所有高级官员都相继辞职，而地主们的步调一致得几乎像一个人，他们全部加入了反对派的行列，且得到岛上一些最有权势和最有影响力的人物的支持，包括迪鲁迪尼侯爵、切萨罗公爵和图里西·科隆纳男爵。

面对这样的反对，政府做出了让步，但为时已晚。在 1874 年 9 月的议会选举中，西西里精英首次给予反对党"左翼"大力支持。这是一次关于权力下放和自治的投票，它使波旁王朝正统派、反动教士和保守的自由主义者之间形成了一个强大但异质的权宜联盟。1875 年，明格蒂采取西西里岛议会调查的形式加以反击，其最初目的是通过揭露西西里岛上公共秩序的危急状态来败坏西西里精英的名声，以证明采取更严格行政控制手段的合理性。[7]

在复杂的政治角力中，"黑手党"为在褫夺罪犯公权和剥夺其财产的政治法案中谩骂西西里统治阶级提供了强有力的字眼。1875 年 5 月，新任巴勒莫省省长就西西里犯罪现状向罗马递交了一份详细报告，阐述了黑手党和普通犯罪的重要区别：

不需要追溯其根源，我就能说，本省的社会和道德混乱的罪魁祸首就是一个叫作黑手党的庞大组织……黑手党就是这些主要祸根的起因，因为正是通过这些控制农村地区和乡下村落的武装匪徒，黑手党的力量得到了最凶残的表现，并收获了最大的利益。正是黑手党控制着这些犯罪人员，为他们提供精密的枪支和几乎跟制服一样的服装，教他们像英雄一样自杀，不能落入警察之手……无论在哪里，这些土匪总能得到协助，而政府和警察却到处遭遇沉默和欺诈。除了佃农和田间守卫的共谋（往往由于胁迫而产生），犯罪分子还与城市黑手党有密切联系，后者指导和保证他们的行动，并为他们提供手段和目的。

土匪活动只是困扰西西里岛的更深层罪恶的一个征兆，而且总还有正常的方法加以遏制，但是作为这种邪恶根源的黑手党从未被消灭，每次遭遇失败，都能成功保持活力，并补充犯罪分子的队伍。[8]

黑手党有别于普通犯罪是因为它在某种程度上依赖于岛上最有影响力的社会力量的支持甚至指导，但是议会调查并未追问这种推断，自身还成为政府政治失败的牺牲品。调查结果直到左翼反对派胜利后才公布，调查非但没有利用目无法纪来起诉西西里的名流，而且还得出了一个无关痛痒又引人注目的结论："西西里既不存在政治问题，也不存在社会问题。"[9] 如同意大利南部大陆 10 年前颁布的《皮卡法》一样，议会调查标志着政府让西西里精英屈服于其意志的企图暂时失败。

1876 年的议会调查标志着南方公共秩序政治一个篇章的结束，而冷漠地将西西里精英无罪开释以及做出没有理由担忧岛上的公共秩序的论断，既是出于政治考量，也是由早些时候对大规模犯罪阴谋的指控决定的。官方调查自鸣得意的语气与早期政府代理人收集的信息形成鲜明的对比，调查结果也在两位独立的托斯卡纳观察家莱奥波尔多·弗兰凯蒂和西德尼·松尼诺于次年公布的两项非官方调查中遭到质疑。他们的研究到现在仍然是对 19 世纪西西里政治和经济状况最详细和最敏锐的描述，并且在挑战官方调查的同时，他们也提供了有说服力的证据，表明无论政治操纵存在与否，犯罪和目无法纪都深深植根于该岛的社会和经济结构中。

弗兰凯蒂和松尼诺为我们描绘了一幅残酷而令人信服的画面，贫穷滋生的压迫和残忍在西西里中部和西部大部分地区就是正常生活条件：

> 在西西里乡村无尽的僻静中，真正的主人是那些作恶之人。所有旅行者的生命和财物都掌握在他们手中。他们骑的马不是自己的，手持的卡宾枪和左轮手枪也不是自己买的，他们整日像领主一样游荡于高山河谷之间。他们在某个农场停下时，所有的门都立即为他们打开，所有的农民、庄园管家和农场仆人都冲过去照料他们。在他们选择经过的地方，他们认识每一个人，所有人都认识他们，也没有一个地主不跟他们做交易。

弗兰凯蒂和松尼诺没有把这归咎于西西里社会特有的犯罪特点，而是指向西西里西部存在的某种特殊类型的社会关系。这又让他们得出毫不含糊的结论，即西西里的统治阶级既是犯罪和动乱的原因又是煽动者，他们为了一己私利和政治目的操纵着犯罪和动乱：

统治阶级对巴勒莫和周边地区的公共秩序状况负有主要责任，也是其根本原因。如果西西里的统治阶级愿意，本来要不了三天就可以结束土匪活动。[10]

这两卷报告提供了大量证据，证明黑手党是深深扎根于西西里西部地区和中部地区的政治与社会结构之中的权力形式，说明自 19 世纪更早时期以来，黑手党的经济基础并没有发生太大改变。如我们所见，支撑黑手党的经济活动在 19 世纪很早时候已经很明显，甚至先于"黑手党"这个词的出现。早在 19 世纪 40 年代，波旁王朝就曾试图打破秘密的经济垄断、盗牛行为以及伴随而来的关系网，但结果只是成功地让西西里的精英们团结在一起，他们进行了无声但不屈不挠的抵抗。[11]

统一后增加了新的维度，并大大加强了许多巩固黑手党关系的文化特质。对新成立国家及其外国代理人的普遍敌意（他们的语言对大多数西西里人来说难以理解）加强了植根于本地习俗和文化的防御性团结。因此，黑手党可以被视为西西里生活的传统价值观，这使它成为消除大众文化和精英的政治分裂主义之间分歧的有力工具，并赋予它一种新的、强大的民粹主义特色。

但是，黑手党绝不仅仅是文化现象，也绝不仅仅是某种形式的秘密或犯罪组织。用一位现代人类学家的话说，"黑手党（*mafia*）确实存在，但没有黑手'党'（*the Mafia*）"。它不是一个社团或组织，而是西西里大部分地区盛行的特殊社会关系和经济结构的产物，特别是在西西里岛内陆和西部。

许多更早的观察家也清楚地了解这一点：

这个黑手党没有成文章程，也不是一个秘密社团……它是一种具有不同寻常特征的克莫拉。[12]

西西里政治理论家加埃塔诺·莫斯卡也表达了同样的观点，更为详细地将黑手党描述为：

在某种社会关系背景下的一种特定类型的行为。在西西里，黑手党指代的对象不是会社，而是互相关联、各有特定目标和宗旨的一组小团体。[13]

黑手党最简单的形式是无数被称作"帮"（*cosche*）的小型且相互竞争的群体，这些"帮"是"极其简单但强大、没有任何固定或官僚元素的有机体"。帮的成员和活动都是地方性的，不过往往需要本地之外更强大群体的支持、共谋与庇护以开展活动。由此，这些范围更大的联盟和竞争又形成了更广泛的金字塔式结构，其影响力延伸到范围广泛得多的地区。

帮的成员很少有非常富裕或非常贫穷的人，大多数为"小地主、佃农、田间护卫或是小生意人，特别是主要从事柑橘类水果、家畜及其他农产品买卖的商人"。这些人并不自己开展帮里的活动，而是委托给青少年团伙。对于这些小伙子而言，这份工作具有社会地位，有可能接近权贵圈子，也有希望获得物质财富、有希望发迹，只要一直严格遵守服务条件。[14] 在残酷的贫困环境中，黑手党的活动和关系也许是经济进步与社会流动的唯一渠道，至少为农民子弟提供了一个机会，他们可借此逃离枯燥乏味的苦差，不用挨饿，降低了早逝的可能性。

近期研究准确强调了黑手党活动的企业特征。[15] 由于垄断控制总是会使稀缺资源的价值最大化，西西里的资源稀缺和市场短缺使得垄断和敲诈成为大多数经济活动的基础。利用垄断实现利润最大化也是大庄园经济的逻辑，但之后，这种形式延伸至更广泛的活动领域。

在许多方面，大庄园是对西西里内陆干旱且贫瘠土壤所带来问题的高度理性回应。大庄园经济依赖广泛耕作贫瘠的土地，以便通过大规模生产来弥补可怜的单位收益。由于在任何时候耕种的土地面积都可以根据当时的需求和价格增减，因此大庄园可以灵活应对市场条件的变化，例如，当小麦价格升高时，种植面积便增加，反之，耕地就变回牧场。

与市场的紧密联系表明，大庄园以市场为导向，而不是不合时宜的封建残留。但是，只有通过垄断可用土地和劳动力，才能灵活地面对不断变化的市场。此外，大庄园经济依赖于长期的剩余劳动力，这一点通过对庄园的土地收取短期盘剥性地租来实现。这些租约利用了农村人口对土地的饥渴和贫困，让他们长期处于不安状态，由此确保大量廉价劳动力供应。这种劳动力属于完全人身依附型，农民没有土地保有权，租期从未超过一年。这种不安全感由于债务、义务还有恐惧而加深，因为在庄园巡逻的武装田间护卫构成了地主的私人军队。[16]

大庄园体系就是通过垄断的力量从苦难中创造财富，如此一来，只需要最少的资本投入，便可利用最原始的种植方式维持有利可图的商业化生产。然而，庄园管理的关键人物不是地主（他们一般不在当地），而是投机的庄园管家。他们除了作为地主的代表管理庄园外，同时也以自己的名义承接大额租约。因此，他们是投机中介，与地主不同的是，他们置于风险中的是自己的资本。但与半岛上较发达地区的同行一样，他们指望尽快收回投资于批发租赁的资本。承受主要压力的是农民承租人，而西西里农村的贫困放大了管家们手段的残暴。他们无情地勒索农民，把大庄园地主的麦地租给农民，收取盘剥性地租，而自己则靠饲养家畜以获取主要利润。这必然使他们为了获得和控制该地区稀缺的水资源和牧场而陷入不断的争斗以及大规模偷盗家畜的行为中。因此，庄园管家往往是当地帮中有权有势的人，他们在此接触到其他试图成为西西里西部经济资源掮客的人。

通过这种方式，大庄园经济活动延伸至更广泛的领域，也正是这一点赋予了黑手党独有的特征。大庄园的存在本身并不足以为黑手党的活动和关系提供坚实的基础。意大利的其他地区也存在大庄园，尽管它们与西西里有许多相似之处，但是它们并没有滋生黑手党。例如，在卡拉布里亚，亚奇尼委员会的记者非常惊讶地注意到人民的苦难与大庄园主巨大财富之间的反差，大庄园主除了拥有自己广袤的土地外，还控制着该省每一种经济活动，同时几乎所有小农户的土地都抵押给了他们：

点石成金的米达斯寓言，这种关于富人的痛苦和储蓄的潜在力量的寓言，在卡拉布里亚的深处实现。

以贫困包围的财富为基础的类似权力结构在其他大庄园地区可以找到，也以非常类似的形式存在于西班牙南部由党魁等操纵的腐败地方政治中。[17]

然而，黑手党不仅是大庄园地主所有制，将在大庄园中学来的社会和经济方法广泛扩展是大庄园经济与巴勒莫市经济紧密结合的结果。巴勒莫不仅是西西里西部的主要住宅中心和消费市场，而且在国家统一前后都是岛上最重要的行政和政治中心。

商业机会和政治权力集中于巴勒莫市，与内陆地区的贫瘠贫困形成鲜明对比，为垄断并由此为获取财富和权力提供了新的绝佳机会。城市与内地的整合处于黑手党经济的核心，大规模盗牛是城市与构成黑手党典型基地的大庄园腹地之间在经济上相互依存的第一批例子之一。19 世纪 30 ~ 40 年代，盗牛已经成为一桩大生意，城市的主要消费品——蔬菜、水果和鱼类的贸易也受到类似的垄断控制。

统一也带来了新的机遇。巴勒莫西边肥沃的康卡多罗柑橘园提供了珍贵稀有的利润来源，因为黑手党帮群在生产者和城市市场之间稳固建立了自己的垄断经纪人地位。柑橘园易受破坏，因此黑手党要进行操纵相对容易，这也开启了黑手党对柠檬酸出口贸易的控制，柠檬酸是西西里主要加工和最有价值的出口产品之一。硫黄矿是垄断企业的又一个目标，尽管硫黄贸易已处于严重衰退状态。

但租金和房价没有衰退，它们就像建筑、公共工程合约和投机性银行，为垄断控制提供了一个更大的、更加有利可图的领域。这类较新的活动嫁接了既有的垄断方式，但也有更普通却至关重要的活动。也许最重要的是掌控并垄断城市劳动力市场，黑手党利益集团正是利用了这个特点，成为雇主和雇员之间的中介。对劳动力市场的控制权是庇护网络的核心，这个网络直达城市社会最卑微的阶层，结果，城市中贫困人口的工作和生计对黑手党庇护的依赖程度不亚于大庄园劳工。[18]

相互竞争的帮群控制城市劳动力的过程也揭示了黑手党的潜在活力。黑手党从农村向城市输送的不仅是商品，更重要的是对劳动力的组织和控制手段，这比其他任何东西都更能赋予黑手党非凡的流动性。哪里需要劳动力，黑手党就去哪里，因为黑手党本质上是从大庄园上发展起来的对劳动力的控制和垄断衍生而来的。因此，它不仅是 19 世纪末西西里移民带到美国大西洋彼岸的一种特殊文化，还是一整套基于劳动力供给垄断的社会关系。这些关系因为得到顺从和默许的强大文化支撑而越发稳固。结果，黑手党利益集团能够在与西西里家乡截然不同的社会和经济环境中，成为雇主和西西里工人之间的中介。

西西里的议会民主制和市政选举权的出现提高了这些庇护结构的价值，也赋予了黑手党新的政治影响力。议会和地方选举制的实行让黑手党有新的有利可图的机会充当选举中介人，同时，新国家及其制度的出现也让黑手党成为许多其他领域的中介。只要准备好接受这些调停形式以及这些恩惠附带的义务，陪审团可以买通，兵役可以免除，财政评估也可以变更。[19]

由于西西里中部和西部大部分地方政府中都已经牢固建立了与黑手党的关系，因此黑手党的政治影响力越发强大。黑手党控制了受过教育者所能从事的有限职业，这意味着中产阶级也是黑手党的客户，跟农民和城市工人一样。然而，中产阶级获利更多。据估计，到 19 世纪末，西西里市镇居民的人均财富为 10.5 里拉，对照伦巴第的 37.9 里拉，西西里的地方税是整个意大利最高的，穷人的负担最重。这些税收支持了黑手党利益集团在市镇行政部门中安插白领，表明黑手党是如何深深扎根于西西里大部分地区盛行的权力和财富不平等，并且成为主要社会经济秩序的内在组成部分。[20]

弗兰凯蒂和松尼诺并不是唯一主张黑手党与岛上当时最强大和最有影响力的社会力量之间有着密切联系的人。西西里的一名警官朱塞佩·阿隆吉曾在西西里担任警察，他特别敏锐地描述了黑手党的活动，非常清楚这些活动的衍生物将黑手党与西西里社会最高阶层和利益集团联系起来。与许多早期的观察者一样，他也特别提到较大的地主很少成为盗窃事件的受害者，因为他们有"受庇护人和影响力，这影响力延伸到整个庄园地区，而庄园范围往往不止一个省"。[21]

大地主暗中参与黑手党的关系网，也为挫败历届政府在岛上维护自己权威的尝试发挥了重要作用。例如，1876 年，西西里精英胜利后出现的新合作气氛很快证明是靠不住的。既然武装匪帮现在已经完成了使命，地主就配合新的打击行动以结束抢劫行为和动乱。[22]

1877 年重组的骑马民兵（松尼诺和弗兰凯蒂断言这不过是地主的私人民兵）是新合作气氛的另一征兆。最为腐败的警卫遭到解雇，部队改名为骑警卫队，还任命了新的官员。然而，对警察的控制仍然是一个关键问题，当 1887 年克里斯皮尽最大努力维护政府在岛上的权力时，也再次着手改革并重组骑警。他选择这个目标不太可能是偶然的，因为他本人就来自西西里，对当地社会和政治现实都了如指掌，他的调查很快揭示，过去 10 年的变化只是浮于表面。

克里斯皮收集的调查信息显示，在巴勒莫省有 150 名警卫，指挥官虽然有能力，但他是墨西拿人，不熟悉这里的情况，副指挥官来自米西尔梅里，被描述为"那种不能保证行为良好的官员"，而对 4 个警官的描述中，1 个"良好"，1 个"平庸"，另外 2 个"品行可疑，与知名黑手党成员有密切交往，因此人们普遍认为他们履行职责时缺乏独立性和中立性"。尽管没有任何形式的书面记载，但是在调查的那一年，全省共发生了 104 起武装抢劫案，仅有 5 人被捕；94 起盗牛案，仅有 1 人被捕；232 起谋杀案、1 起谋杀未遂案，仅有 1 人被捕。在调查前 18 个月中，94 名民兵：

> 一直完全没有作用，无法提供工作的证据——不像警卫阿尔巴内塞、贝罗奇和利帕里，至少协助了纳斯卡警官维护巴盖里的庆祝活动的治安——他们得知两名歹徒自首后，甚至没有陪同下士瑟莫里、警卫德西西和格雷皮。这种失职在其他领域也同样明显。[23]

其他地区的情况也同样不如人意。特拉帕尼的指挥官有"一个庞大家庭和极严重的经济问题，因此他的独立性和良好信誉不能不遭到质疑"。该省谋杀率位居意大利第三，但逮捕情况甚至比巴勒莫还糟糕。在阿格里真托，指挥官"品行良好，但势力较弱"。而在卡尔塔尼塞塔，指挥官则：

> 狡猾精明，不仅在该市甚至在全省都具备极大影响力，尤其得益于其广泛的亲属关系以及平民阶级中的众多朋友……然而，他受家庭庞大、收入微薄拖累，难以维持家庭开支以及儿子们的挥霍……因此人们普遍认为他已经并会继续利用职务之便获取非法收益。

他与那名警官都挪用卫队工资，并利用权力"为亲属提供工作"。[24]

尽管有这些披露，而且克里斯皮迫切想提高警方的战斗力，报告还是悲观地总结道：

> 民兵组织成立的时候，治安官行使职权没有规则和法律的约束，收拾坏人的任务往往优先给了那些已经证明自己技能高超的恶人……这个传统与现状完全不相容，且不符合一般宪法规定，然而在 1860 年却证明不可能被消灭，而且这也许永远也不可能被消灭。[25]

西西里的省长们也建议不采取行动，理由是岛上动乱迹象越来越多，任何重组部队或遣散腐败民兵的企图都极其危险。

这一建议在该岛即将进入贸易禁运带来的巨大危机之际被提出。法国以贸易禁运回应意大利 1889 年的新保护性关税，贸易战使西西里的商业经济陷入停滞，在岛上引发的痛苦和绝望成为 1893 年危机爆发的背景，当时农民和城市工匠联盟举行抗议活动，要求更公平的租约与合同，要求工作和面包。

1893 年和 1894 年以"联盟"命名的抗议和游行的最大特点是农民和工匠的声音第一次、也可能是最后一次在岛上近代历史上被独立地听到。这充分说明了 1890 年后商业衰退造成的损害，是过去几十年来漫长经济衰退过程的高潮。

这大大加剧了穷人的贫穷和脆弱性。例如，19 世纪 80 年代所爆发的农业危机造成粮食价格急剧下降，西西里地主和管家效仿大陆同行，将经济负担转嫁到自耕农身上以自救。小型自耕农场受到严重损害，西西里因欠税而被没收的农场数量仅次于撒丁岛，而欠款通常少得可笑。

矛盾的是，没完没了的人口压力导致租金和土地价格持续上涨。1860～1901 年，西西里的人口增长比意大利其他地方都快，这个时期南部大陆由于移民，人口数量实际下降，而西西里则相反，人口增长了 41%。尽管卡塔尼亚和巴勒莫迅速扩张，但是大多数增长都在农村。同时，农村人口的生活状况也急剧恶化。由于前几年自由贸易期间，外国竞争大大削弱了许多传统农村工业，农产品价格的下跌越发具有破坏性。普查数字显示，1861～1901 年，西西里从事家庭产业的女性数量下降了 30%。除这些累积的灾难之外，1889 年意法战争导致西西里剩余的商业活动崩溃，更将灾难变成了绝望。[26]

在这些急剧恶化的形势下，帮群成为地主和农村人口之间至关重要的中介，确保后者承受危机的主要冲击。帕斯夸莱·维拉里表示：

> 黑手党……在农民和地主之间建起一堵墙，并让前者永远保持距离，因为当这二者在公开直接对抗中相遇时，后者的权力将被摧毁。[27]

但这些发展也威胁到西西里社会中更繁荣和强大的群体。这一点首先表现为黑手党的暴力手段不断升级，表明岛上经济长期萎靡不振也引发了精英阶层内部新的摩擦。虽然统一之后黑手党的活动范围扩大了，但在随后几十年的经济环境下，那些活动也不稳定，垄断派别的竞争引发了越来越多的暴力事件。

自由贸易刺激岛上许多地方牺牲放牧的土地以扩展自耕农场，这是相互竞争的帮群间发生冲突的原因之一。大庄园地主也通过削减牧场来增加谷物产量，然而由于土地贫瘠和干旱，这种方式有造成地力枯竭的危险，而可放牧土地的减少更直接的影响是使畜牧业农民面临破产。因此，争夺畜牧业所依赖的放牧地和水源的斗争更加暴力，致使小地主越来越难以保护其家畜，除非能跟帮群达成协议。[28]

在西西里人生活的其他领域，黑手党渗透更晚，敌对团体与帮群之间日益暴力的冲突在农村同样明显。最轰动的例子之一发生在 1893 年，西西里银行前任行长诺塔巴尔托洛侯爵在巴勒莫市附近的火车上被谋杀。暴力升级是一个明显迹象，表明经济危机严重动摇了西西里的精英阶级，并加剧了派系冲突。1893 年，"联盟"大会在大庄园主的堡垒科莱奥内召开，要求改革土地租赁制度，在随后的混乱局面中，黑手党帮群不可避免地陷入了这场骚乱。人们认为黑手党在这里支持一个团体，在那里又支持另一个，有些人甚至愿意相信黑手党是农民抗议背后的力量之一。但这几乎不可能，正如拉斯波尼伯爵在 20 年前就指出的，黑手党不太可能对"解放劳工"有太大兴趣。[29]

由于首次有人提议实施立法改革和分割大庄园，引发的政治危机越发严重。这项提议并不是来自松尼诺这样的理想主义者，而是来自克里斯皮，他比其他意大利主要政治家都更了解西西里的社会现实，且他的提议也得到了某些极具影响力的贵族如迪圣朱利亚诺侯爵的支持，因此，这对岛上许多有权势的利益集团构成的威胁更加严重。

尽管克里斯皮的大庄园改革失败了，但是他的改革倡议表明，西西里精英阶层内部正在发生重大变化，特别是出现了一些不再与大庄园经济挂钩的新的利益阶层，但由于黑手党的利益最终密切依赖于维持现状并维护大庄园主群体，这种内部挑战不可避免地让黑手党具备了额外甚至更宗派性的重要性。有些人迫切要求更有活力的经济发展形式，特别是要求岛上商业经济多样化，但发现现有的大庄园利益集团已经将路堵死。当大庄园主试图动员支持者对付来自同等地位人员的挑战时，黑手党提供了强有力的工具来维护旧秩序。[30]

黑手党暴力猖獗，它是西西里岛社会或经济变革的强大障碍。具有讽刺意味的是，那些最强烈地谴责南方犯罪行为的人往往没有意识到，黑手党是社会保守主义力量之一，经常有人悲叹意大利其他地区缺失了这种力量。

克莫拉组织

尽管黑手党有许多西西里独有的特点，但是其他地区的组织也与其有相似之处。或许最接近的例子是那不勒斯的克莫拉组织，就像"黑手党"一样，"克莫拉"也是统一之后几年被用于政治目的的词语。然而，撇开政治操纵不谈，克莫拉也深深扎根于那不勒斯当时的特定条件，特别是那不勒斯直到19世纪末仍然是意大利最大城市，它长期贫困、就业不足。然而，即使是像帕斯夸莱·维拉里这样见多识广的观察家，也会误将克莫拉仅仅描述为一个犯罪组织：

> 多年来，波旁政府有意维护克莫拉组织，导致其在监狱中快速滋生，并且采用自己的章程和行为规范。该组织完全渗透到普通百姓中，而波旁政府竟然允许其蔓延到军队，以致每个团都有三四人强迫他们的同伴为所有形式的赌博和他们所吃的食物等东西交费。[31]

然而，这种耸人听闻的描述与维拉里在他著名的《南方快报》中更为详细的描绘相矛盾，后者描述了克莫拉组织如何垄断那些存在于南方大都市贫困和绝望之中匮乏的经济和商业资源，借此蓬勃发展。这种逻辑与黑手党的逻辑没有多少差别，通过控制商品或劳动力供应的地方，克莫拉组织就可能壮大起来。报贩、水果商贩、蔬菜商贩或者其产品易受攻击或毁坏的其他任何人都必须支付保护费。城市市场的店主和摆摊商贩必须缴纳摊位费，而据估算，至少有10个不同的克莫拉组织控制着港口和码头上码头工、装卸工和仓库管理员的工作。[32]

杰西·怀特·马里奥证实了这种现象的存在，她还详细地描述了克莫拉如何插手城里几乎所有形式的贸易和就业，对其收费和控制。此外，她介绍了克莫拉吸收新成员的模式以及恶棍无赖的孩子如何在很小的时候就可能成为"克莫拉学徒"：

第一步是偷手帕，之后盗窃摊位上和商店里的食物，将这些赃物交给各自的克莫拉师傅。他们有自己的一套黑话，当警察靠近的时候，他们用黑话来提醒师傅，小小年纪，就知道如何区分友好与敌对的警察。[33]

在狄更斯小说中的伦敦世界和莫里森的杰戈[①]那个更险恶世界中都出现了这些儿童盗贼的身影。而克莫拉所处的亚文化是这一时期许多欧洲城市贫困城区中随处可见的极度贫困和低就业率的产物。

正如黑手党的情况一样，克莫拉与那不勒斯流行文化和价值观的重叠赋予了克莫拉额外的优势，使其得以将犯罪剥削形式伪装成那不勒斯穷人的集体团结和文化规范。跟黑手党一样，克莫拉也提供了维护特定职业和社区群体自主权的一种手段，用以反对以当局为代表、以受人鄙视的警察为表现的外部世界。因此，克莫拉组织很容易渗透进那不勒斯穷人的街道和社区文化。

同时，克莫拉的影响也延伸到了社会等级的更上层。虽说克莫拉的势力集中在码头工人和无技能的城市群体之中，但城市白领的不稳定地位为发展类似的庇护网络和权力体系提供了其他机会。早在统一之前，那不勒斯中产阶级的地位就不稳定，而随着那不勒斯丧失了首都地位，情况变得更加严峻。失业和不充分就业是那不勒斯中产阶级的突出特征，而幸运的就业人员通常需要赡养大量亲属。据统计，到 19 世纪 70 年代末，大多数市政员工将一半以上工资抵押给了放债人。在这种情况下，无论是公共领域或私人领域，就业形势都很严峻，城市管理部门、银行、铁路部门、保险公司和商业企业稀缺的工作都处于严格、小心翼翼的垄断之中，那些没有从父亲传给儿子或从叔叔传给侄子的工作都严格按照"推荐"分配。[34]

这是发展强大而排外的庇护体系的理想构造，因此，在这个意义上，克莫拉只是靠岌岌可危的城市经济而蓬勃发展的垄断和权力结构的一个方面。个人影响力和政治影响力紧密交织，1893 年城市出租车司机进行的一次大

---

① 英国作家狄更斯（Charles Dickens）于 1838 年出版的长篇小说《雾都孤儿》（*Oliver Twist*）以伦敦为背景，揭露了许多当时的社会问题，如救济院、童工，以及帮派吸收青少年参与犯罪等；亚瑟·莫里森（Arthur Morrison）的小说《杰戈的孩子》（*A Child of the Jago*）1896 年出版，讲述了维多利亚时代伦敦东区一个基本正派的男孩 Dicky Perrott 如何在他出生和成长的贫民窟中逐渐堕落。

罢工就明确体现了市政政治与克莫拉利益的相互渗透。

表面上看，这次罢工是为了抗议不久前在法国艾格莫尔特发生的对意大利工人的大屠杀。那不勒斯发生任何罢工都不寻常，因为劳动力主要由工匠、家仆、无技能和不稳定的流氓无产阶级构成。在这些生计高度依赖工作的工人之中，出租车司机乍一看是特别不可能罢工的群体，因为他们形成了带有强大集体纽带的一个相对享有特权的阶层。

罢工过程明显表现出这些集体纽带与克莫拉的利益不可分割。出租车司机的抗议在一定程度上是为了保护自身利益，因为政府决定批准推行的一项新的公共汽车服务威胁到司机们的生计。但雪上加霜的是，投标已经交给了比利时承包商，这不仅得罪了出租车司机，而且也威胁了更强大、更有影响力的地方利益集团。强有力的证据显示，出租车司机的罢工从一开始就是由反对电车轨道合约的政治团体精心策划的。这些团体还试图说服政府投资按城市重建计划提出的投机建筑项目，但未得到部长批准。通过克莫拉的介入，此次罢工掩盖了这些利益集团的偏私性，而精心策划的"民众"抗议则给了他们更多力量。[35]

如同黑手党一样，克莫拉的重要性和力量也随着选举权的扩大而增加，因为选民人数增加，能影响投票的人就又多了好处。黑手党为西西里精英的政治分裂主义披上了一层更广泛的"民众"外衣，而克莫拉有时也可以用民众色彩掩饰那不勒斯市政寡头的派系政治。但是事实证明，在大都市之外，想要建立起精英政治和大众文化之间的桥梁更为困难。在南部大陆的许多外省城镇也存在着类似的垄断和庇护机制，但总的来说，它们没有克莫拉和黑手党那样广泛的民粹主义和文化维度。

加埃塔诺·萨尔韦米尼（Gaetano Salvemini）在一篇著名的文章中阐明了其中的一些原因。他来自阿普利亚，是一位多少有点不正统的社会主义者，就在 19 世纪末前不久，他对自己家乡莫尔费塔进行了生动的政治社会学阐述：

> 50 多年前的小地主许多在物质条件上已经沦为劳工和农民，而那些还未跌落至谷底的人活得最糟糕。他们身负沉重债务，几乎要耗尽剩余所有收入，又无力从事体力劳动，一直寻找永远找不到的工作；他们被收税的人和放高利贷的人吸干，有大堆孩子要接受教育以便也成为失业的

专业人士，在这种情况下，他们努力用上流社会的外表掩盖最悲惨的贫穷。

对于这群求职者来说，他们别无选择，只能依靠地方政府，但要想成功，他们需要有钱有势者的"保护"，只有这些人可以提供必要的"求职介绍信"：

> 结果形成了大地主与农村小资产阶级的联盟，这是整个南方社会公共生活的关键。这两个盟友就像好朋友一样瓜分了待开发地带——大庄园地主拿了国会，由着小资产阶级垄断乡镇议会。[36]

萨尔韦米尼正确指出了国家与地方政治之间密切的相互关系。尽管在那不勒斯或巴勒莫，这样的联盟或许会有丰厚的利润，但在各省的政治环境中，维持广泛恩惠和政治庇护制度的资源有限，地方外快虽少，也遭到充满派系的地方资产阶级同样激烈的争夺，他们没有留下什么空间或资源给民粹分裂主义和地方主义，而这些正是黑手党和克莫拉（程度低于黑手党）大部分力量的来源。

撒丁岛的犯罪状况

撒丁岛没有类似现象，这进一步凸显了精英阶层在黑手党和克莫拉发挥的关键作用。尽管到 19 世纪末，撒丁岛都被认为是意大利犯罪率最高的地区之一，但该岛的犯罪活动仍然等同于抢劫和盗窃，显然缺乏那不勒斯和西西里那样更广泛的政治内涵。[37]

对于皮埃蒙特最古老的殖民地之一，社区动荡和集体犯罪当然并不陌生。1868 年 4 月，当努奥罗市议会试图让当地的公共土地私有化时，撒丁岛也成为统一后明确捍卫"传统生活方式"（*De Su Connotu*）的一场重大民众起义的战场。但是撒丁岛融入新国家的模式与意大利南部大陆和西西里不同，部分原因是其遭受皮埃蒙特殖民的时间长得多，还有部分原因是撒丁岛的精英们扮演了与西西里和南部大陆极为不同的角色。

统一使撒丁岛面临经济剥削，甚至在意大利南部大陆和西西里岛也很少有类似的情况。19 世纪 60 年代开始的铁路建设计划主要委托给外国资本和承包商，以大量伐木和采矿专营权做交换，岛上森林和矿产资源的开发也通常由外国公司进行，而矿山的劳动力主要从大陆和囚犯中招募。工作条件极其恶劣，罢工不断，但都被视作"叛乱"，遭到暴力镇压。[38]

在抵抗岛上的剥削方面，撒丁岛精英们的作用大大弱于西西里岛或南部大陆，只在很久之后才形成了基础更广泛的政治分裂主义。遭受皮埃蒙特奴役的时间更长当然是一个因素，而且，许多撒丁岛贵族家庭早已向北移民到皮埃蒙特。同时，内陆土地持有的集体结构也阻止了土地集中到几个有权势的家族手上，没有像西西里和卡拉布里亚大庄园那样的土地所有权结构，撒丁岛的精英阶级对于维护撒丁岛经济自治权益的兴趣要小得多。[39]

撒丁岛的名流比西西里岛和南部大陆名流的历史短，在统一之后的几十年里缺乏强大的社会和政治影响力。19 世纪末开展的关于撒丁岛犯罪和动乱的议会调查进一步证实，尽管撒丁岛名流对地方行政的利用和垄断与南部大陆在许多方面有相似之处，但是撒丁岛精英们缺乏有效的身份意识或共同利益意识。报告强调了为犯罪和不法行为提供环境的普遍贫困和快速社会变革的趋势，同时也指出了精英的作用：

> ［犯罪］与其说是贫困和落后的结果，不如说是传统生产结构解体的结果。为什么这些犯罪的主角不是来自社会最贫穷阶层，而是社会地位较高阶层，这是原因之一……而且对于他们来说，盗窃家畜、勒索和抢劫为他们提供了实实在在的致富机会。[40]

这个论点很有见地。贫穷当然随处可见，农业危机已经充分显示出岛上的农业经济摇摇欲坠。19 世纪 80 年代，撒丁岛因未缴纳税款而被没收土地和财产的人数在意大利最多，而 82% 被收回租地的人拖欠的税款不到 50 里拉。和西西里岛一样，1889 年与法国的贸易战给已经残废的经济带来又一轮灾难。[41] 这无疑增加了高山地区的压力，加剧了敌对村庄之间的宿怨，从而给偷羊、社区间冲突、流血和仇杀行动带来了新的动力。[42]

报告作者佩斯·塞拉（Pais Serra）对自己的家乡撒丁岛有着深刻的理解。在撒丁岛的案例中，精英们的参与在很大程度上仍然限于畜牧经济和畜牧社区内部的自相残杀。像黑手党的情况一样，山地社区亚文化强烈抵制新政权入侵，但是撒丁岛上特殊的经济和社会结构以及它与皮埃蒙特同样特殊的政治关系意味着几乎无人企图利用亚文化并将其转变为政治分裂主义的工具。撒丁岛的精英们已经被皮埃蒙特贵族同化了太久，无法有效领导人们抵制该岛的经济从属地位。另一方面，民众自发抵制却没有重点。为保护"传统生活方式"而排斥一切外来事物的努力很可能会完全失败，因此，岛内腹地特有的土匪活动、偷羊和社区冲突成为撒丁岛旧集体经济脆弱且日益不稳定的症状。实际上，撒丁岛的犯罪活动也有政治维度，但与西西里和南部大陆的政治犯罪极为不同。

注 释

1. 见上文第六章。

2. 虽然 A. Niceforo 的 *L'Italia Barabara Contemporanea*（Palermo, 1898）出版更晚，但提供了雄辩的例子。

3. G. Mortillaro *Nuovo Dizionario Siciliano-Italiano*，转引自 G. Fiume *Bande Armate*（1984）p. 39。

4. P. Alatri *Lotte Politiche in Sicilia Sotto il Governo della Destra* 1866-1874（Turin, 1954）; G. C. Marino *L'Opposizione Mafiosa 1870-1882*（1964）; G. Procacci *Le Elezioni del 1874 e l'Opposizione Meridionale*（Milan, 1956）; D. Mack Smith *Modern Sicily*（1968）第 13 部分。

5. G. C. Marino（1964）p. 87.

6. Rasponi to Min Int.（22.7.1874），转引，出处同上，pp. 76-77。

7. Ibid., pp. 100-107.

8. Soragni to Min Int.（29 May 1875），转引，出处同上，pp. 117-118。

9. G. C. Marino（1964）p. 153.

10. L. Franchetti and S. Sonnino *La Sicilia nel 1876* ed. E. Cavalieri（Florence, 2 vols, 1925）.

11. 参见 G. Fiume *Bande Armate*（1984）及上文第三章。

12. Tommasi Crudeli，转引自 P. Villari *Scritti sulla Questione Sociale*（Florence, 1902）p. 440。

13. G. Mosca 'Che Cosa è la Mafia?' *GE*（1900）in *Partiti e Sindacati nella Crisi del Regime Parlamentare*（Bari, 1945）pp. 215-253.

14. Ibid., pp. 229-230.

15. A. Blok *The Mafia of a Sicilian Village 1860-1960*（Oxford, 1974）; H. Hess *Mafia*（London, 1973）; J. and P. Schneider *Culture and Political Economy in Western Sicily*（New York, 1976）.

16. 对意大利南部大庄园经济最具洞察力的现代研究来自 M. Rossi Doria［例如 'Struttura e Problemi dell'Agricoltura Meridionale' in M. Rossi Doria *Riforma Agraria e Azione Meridionalista*（Bologna, 1948）］，其中最详细的同时代人描述见 S. Sonnino 'I Contadini

in Sicilia' in Franchetti and Sonnino Vol. 2。英语文献参见：A. Blok（1974），pp. 64-79；
J. and P. Schneider（1976）pp. 58-71；D. Mack Smith 'The Latifundia in Modern Sicilian
History' in *Proceedings of the British Academy*（1965）pp. 87-93。

17. *Giunta per l'Inchiesta Agraria*（Rome，1882）Vol. IX，p. xxvii；关于卡拉布里亚，将
P. Arlacchi *Mafia，Peasants and Great Estates*（Cambridge，1983）123 页及之后页面的一
般性描述与 M. Petrusewicz 'Les Sources de l'Accumulation Primitive dans l'Agriculture
Calabraise au XIXè siècle' *ER*（1979）pp. 17-33 的详细和批判性分析进行比较。关于
西班牙，参见 G. Brenan *The Spanish Labyrinth*（1971 edn）第 6 章和 A. Marvaud *La
Question Sociale en Espagne*（Paris，1910）。

18. Franchetti 和 Sonnino 的论文最全面地描述了黑手党活动的范围，另参见 G. Alongi *La
Maffia nei Suoi Fatti e Nelle Sue Manifestazioni：Studi sulle Classi Pericolose della Sicilia*
（Turin，1886）。

19. G. Alongi（1886）pp. 135-148；S. F. Romano *Storia della Mafia*（Milan，1963）pp. 115-
184；M. Pantaleone *Mafia and Politics*（London，1966）pp. 31-37.

20. P. Villari 'Sicilia e il Socialismo'（1902）in *Scritti sulla Questione Meridionale*（Florence，
1902）p. 67.

21. G. Alongi（1886）p. 116.

22. G. C. Marino（1984）p. 205.

23. ACSR：Carte Crispi，B. 222，fascic. 19.

24. Ibid.，B. 222，fascic. 33.

25. Ibid.，B. 222，fascic. 40.

26. G. Giarrizzo 'La Sicilia nella Crisi Agraria' in *I Fasci Siciliani*（Bari，1975）Vol. 1，
pp. 7-63.

27. P. Villlari（1902）p. 448.

28. G. Giarrizzo（1975）p. 53；Alongi（1886）pp. 115-117.

29. G. Manacorda *Crisi Economica e Lotte Politiche in Italia 1892-1896*（Turin，1968）；
G. Manacorda 'I Fasci e la Classe Dirigente Liberale' *in I Fasci Siciliani*（1975）Vol. 1，
pp. 67-101；F. Renda *I Fasci Siciliani 1892-1894*（Turin，1977）pp. 232-243.

30. G. Manacorda 'Crispi e la Legge Agraria per la Sicilia' in *ASSO* 1972，pp. 9-95；F. Renda
（1977）pp. 232-243；G. Barone 'Ristrutturazione e Crisi del Blocco Agrario' in G. Barone
（ed.）*Potere e Società in Sicilia nella Crisi dello Stato Liberale*（Catania，1977）pp. 14-22.

31. P. Villlari，'Napoli Malcontena'，5 October 1861，在 *Lettere Meridionali*（Florence，1885）
中重新出版。

32. Ibid.

33. Jessie White Mario *La Miseria di Napoli*（Firenze，1877）p. 48.

34. P. Macry 'Borghesia，Città e Stato：Appunti e Impressioni su Napoli 1860-1880' *QS*
Aug. 1984 pp. 340-372.

35. M. Marmo *Il Proletariato Industriale a Napoli nell'Età Liberale 1880-1914*（Naples，1978）

pp. 96-104.

36. G. Salvemini 'Un Comune dell'Italia Meridionale：Molfetta' in *Opere* IV（1963）p. 21.

37. F. Coletti 'Classi Sociali e Delinquenza in Italia 1891-1900：La Delinquenza in Sardegna' *GE*（1911），pp. 611-628.

38. G. Sotgiu *Lotte Sociali e Politiche nella Sardegna Contemporanea*（Cagliari，1974）p. 87.

39. 在这一点上，我要感谢 Stuart Woolf。

40. Sotgiu（1974）pp. 102-103.

41. Pais Serra，转引自 Sotgiu（1974）p. 166。

42. Ibid.，p. 143；也参见 S. Wilson 'Conflict and its Causes in Corsica 1800-1835' *JSH* Jan. 1981，pp. 33-69。

第十二章 "意大利可悲的领先地位"： 犯罪和社会问题

菲利波·图拉蒂（Filippo Turati）在作为新兴意大利社会党领袖而闻名的10年前，发表了题为《犯罪与社会问题》的文章，这一标题生动地捕捉到当时甚至那10年最热门的问题，同时巧妙地颠覆了自由主义复兴运动的口号之一。焦贝蒂（Gioberti）曾预言，统一和独立将恢复意大利国家和人民的国际领先地位。图拉蒂评论到，意大利确实取得了领先地位，但不是焦贝蒂所期望的那样，只是在犯罪这一"悲惨的事情"上，意大利在欧洲国家中取得了"可悲的领先地位"。[1]

在1882年图拉蒂发表文章时，"意大利可悲的领先地位"已经是老生常谈的话题了，他的文章是根据近期若干意大利和欧洲的犯罪率比较研究得出的结论。统计学家梅塞达利亚声称，意大利的暴力犯罪率居欧洲首位，他认为尽管每个地区主要的犯罪类型有所不同，但是所有犯罪都在增加，每年凶杀案超过4000起，伤害和谋杀罪的增长率最高。那不勒斯律师拉法埃莱·加罗法洛的一项类似研究声称，意大利的谋杀案数量比英国高16倍，尽管普遍认为意大利超过40%的犯罪仍未被发现，意大利的监狱人口却高出英国20倍，足以塞满一个大城市。[2]

"可悲的领先地位"到底有无任何实证理由？这个问题可能最好留给未来的实证主义者去解决，但是，图拉蒂的观点很接近现实，认为"统计数据未能准确反映犯罪行为的真实状态，而只是统计上的表达"。[3]由于各国的法律制度、刑法程序、可公诉罪行的定义都不同，更不用说不同的统计汇编方法，因此，开展国际比较研究即使是在最佳情况下也很困难，而且极可能产生误导。一位19世纪80年代的意大利统计学家认为，意大利的犯罪数据只不过反映了个别警察局长的职业抱负。

　　不管怎样，从历史角度来看，这些统计比较的结果都不如它们所反映的关注点有意思。不管意大利是否真算欧洲犯罪最猖獗的社会，这一点被广泛认为是事实，引起的关注确实达到了真正的领先地位，其原因值得更深入探讨。

　　跟现在一样，当时关于法律和秩序的讨论多半包含了各种迥然不同的社会理论、灵丹妙药和偏见，其中许多与犯罪问题几乎或根本没有关系，尤其是在 1878 年之后那些年里，由半岛社会问题引发的更广泛问题被越来越多地用更狭义和更专业的犯罪和犯罪行为术语来描述和讨论，而在农业危机达到顶峰、农村和城市社会动荡加剧的 10 年里，在其他方面几乎都没有达成一致意见的政治作家和社会理论家一致认为，犯罪是意大利社会更深层病态的一个主要而独特的症状。

　　这些相关辩论也发生在意大利有关新实证主义科学、实验方法和进化理论的第一波热潮中，这些理论在许多其他欧洲社会中也引起了类似兴趣。例如，法国在寻找潜在的社会病态方面几乎没有对手，而共和国的反对者是最早利用科学将民主与道德和身体退化联系起来的人之一。欧洲其他国家也在讨论类似的概念和理论，虽然意大利对这些也充满热情，但这些年里，意大利对犯罪的痴迷有相当独特的色彩和根源。[4]

　　尽管切萨雷·隆布罗索的思想和影响很重要，但是意大利社会对犯罪感兴趣的根源更早、更广泛。因此，19 世纪 70 年代末，隆布罗索著作的成功在很大程度上是因为之前已经存在这种更广泛的兴趣。许多不同的关切和考虑在某一时刻聚集在犯罪主题上，从法律与秩序问题本身延伸到更广泛的国家角色和合法性与自由主义革命。

　　教会和国家之间的严重分歧对厘清这些问题的来龙去脉无疑很重要，这从一开始就让犯罪的概念带着某些重大歧义，特别是梵蒂冈公开否认新国家的合法性，这意味着在意大利生活的许多领域，国家法律与教会法公开抵触。但与不妥协的神职人员的公开声讨相比，更为有害的现实是，天主教反对和批评新秩序者将自由主义革命描述为物质主义和利己主义的产物。

　　强调家长式的义务和顺从的相互责任的另一种天主教社会哲学早在 1877 年天主教平信徒"国民大会协会"的贝加莫代表大会上就开始确立。虽然教会总是很谨慎地强调"恺撒的归恺撒"，然而天主教的宣传人员却随意使用一套词汇批判新政权的非法性和不道德性。斯特凡诺·亚奇尼所提出的"法津上的意大利"与"真正意大利"两个概念获得了额外的力量，因为它们不仅对照了新国家的官僚集中制与更敏感的个人家长制势力，而且对照了国家的外来世俗文化与公民社会的天主教价值观和传统。诸如此类的思想将国家的形象确定为亵渎神灵的人工制品和动乱的罪魁祸首。[5]

社会问题

天主教关于社会问题的作品以更具体的形式挑战新国家政权的合法性。天主教作者是"社会问题"最早的主角之一，他们要揭露新国家社会现实的热切与许多激进分子的漠不关心形成了对比，尽管也有一些显著例外。在1871年巴黎公社之后，对民众状况的担忧变得更加紧迫，这使得许多人认为，意大利就是革命的首要对象，这甚至早于巴枯宁在国际获得广泛支持的时候，那时，他们的担忧有变成现实的危险。对新秩序持保守态度的批评家们极其清楚地阐明了社会不公正和动荡所带来的危险，因为他们不需要别人说服就能明白公社是第二帝国的物质主义和利己主义的直接后果，已经击垮法国的无政府主义和革命灾难可能而且将会再次发生在任何错误地引入自由主义无情法律的地方。[6]

非常类似的恐惧说服了上一代人意大利需要进行政治改革。但统一之后，许多人从社会长久的紧张和混乱之中看到了自由主义革命缺点的确凿证据。帕斯夸莱·维拉里简明地表达了他们的恐惧，在公社出现之前很久，他就呼吁出台相应的社会政策和措施，以减轻群众遭受的最深重苦难，降低群众与新国家之间的鸿沟所造成的危险：

> 我们的人民有太多遭受着苦难、压迫和不幸的折磨。正是这种不幸让他们保持平静，但它的存在是我们整个国家巨大的弱点。工业、农业和贸易无法发展……我们光荣的革命还没有时间考虑这些问题。[7]

维拉里相信南北方截然不同的社会经济条件是物质差异威胁到新国家的最危险例子。如果说南方的局势是自由主义革命扶上台的南方资产阶级利己主义的后果，那么维拉里将此看作本质上是作为新国家基础的更广泛价值体系的缺陷，他认为，要拯救这些价值观，最终要靠道德改革。然而，敌人的性质是毋庸置疑的，1878 年《南方快报》再版时，维拉里增加了新的引言，明确地说明了这种危险：

> 当代社会最危险的疾病是社会主义……这不是我们闭上眼睛或者拒绝谈论就可以治愈的。[8]

1878 年新版《南方快报》引起了特别兴趣，也表明两年前左派在议会的胜利给改革的新时代带来了巨大的希望，而且也让社会问题变得更加敏感。南方在左派的胜利中所扮演的角色必然也让"南方问题"获得新的重要性，官方对西西里公共秩序的议会调查以及弗兰凯蒂和松尼诺的私人调查引起的论战强化了这一点。同年，杰西·怀特·马里奥和雷纳托·富奇尼在两篇关于那不勒斯社会状况的详细报道中进一步阐述了这一点。[9]

1877 年，弗兰凯蒂和松尼诺在佛罗伦萨创立了《每周评论》，以在意大利更广泛的背景下阐述和探索首先在南方暴露的社会问题。尽管《每周评论》迅速成为讨论社会问题的主要论坛，并吸引了范围很广的供稿人，但主基调是松尼诺和维拉里的保守改良主义。尽管如此，《每周评论》还是发挥了重要作用，明确提出修正自由放任的自由主义原则的要求，支持制定更负责任的政策以减少社会权利丧失的情况。尽管社会问题为早期调查者提供了挑战新国家道德和政治合法性的有力工具，但同样为仍带有浓厚天主教社团主义色彩的放任自由主义提供了另一种选择。[10]

农业危机初步显现，许多农村地区迁出的移民数量快速增长，与 1876 年比耶拉罢工类似的令许多人震惊的工业暴力事件急剧增加，这些都进一步加深了巴黎公社所引发的恐慌。自由贸易政策致使许多制造企业遭受严重损失，因此，许多企业家在攻击自由贸易经济学的社会和经济后果中起了主导作用，同时还大力倡导创建替代工业模式。

在新国家经济事务中最活跃的人常表示憎恶那种造就了狄更斯笔下焦炭镇（Coketown）这样的制造业大都市的工业发展类型。新国家的财政政策设计师、皮埃蒙特羊毛制造王朝的重要成员昆蒂诺·塞拉（Quintino Sella）在 1870 年罗马被占不久后就明确表现出了这一点，他警告说，新首都不能成为一座工业城市：

罗马工人过度集中，我看是巨大的不便，因为我认为首都是广泛讨论许多问题的地方，也是一个需要汲取智慧和想象力的地方，因此，它不是适合广大工人群众挥洒鲁莽热情的剧院。在我看来，这样的发展就算不是彻头彻尾的危险，至少很不可取。[11]

10年后，朱塞佩·科隆博（Giuseppe Colombo）也表达了类似的愿望，即在没有工人大量、危险集中的情况下实现经济发展。科隆博是经济学家和企业家，但他自豪地宣称，米兰不是也不应成为一个主要的制造中心：

虽然大型工业拥有很多资源，但是它们也面临极大危机，一旦发生危机，就会给相关地区带来严重后果。将大量工人集中在一座城市中数量相对较少的大型工厂里，且从事同类工作，风险很高；相反，从事范围更广、规模更小的生产，把劳动力分散开，更不容易受到那些风险的影响。这些小厂通过居家式作业，让部分工人不用离开家就能创造公共财富，这使得他们不受厂内工作后果的影响，因为那往往会削弱家庭纽带的作用。因此，居家劳动是我们应当鼓励的工业生产形式，实施这种形式有助于创建良好的社会道德系统，营造社会和平，而在此社会和经济革命年代，任何人口众多的大城市都迫切需要道德与和平。[12]

很难找到比此更全面的说法来描述深深植根于"意大利工业化之路"的意识形态，科隆博的观点特别重要，因为他不是一位因循守旧的企业家，他是新生产形式的先驱，特别是在电气行业。然而，很典型的是，他也认为如果在每处家宅都安装一台发动机，电力将成为扩大家庭生产的手段，并且带来一场对既有的社会秩序改变最小并建立社会价值观的技术革命。[13]

　　放任自由主义原则和实践的其他主要批评者如亚历山德罗·罗西也在寻找用企业式家长制纽带来控制技术变革社会后果的替代方案。正如我们所见，这些观点开始围绕保护主义运动发展起来，但远远超出商业关税的技术问题，而是注重实现更为根本的改变，转向创建一个俾斯麦已经在德国开创的干预主义和家长式国家。[14]

　　关于意大利社会问题的辩论从一开始就为审查自由革命的价值和成就提供了重要论坛。关于犯罪问题的辩论也在同一论坛展开，部分原因是犯罪可以说是社会动乱最明显和可衡量的症状。对犯罪问题的讨论也有助于更清楚地确定许多人眼中社会问题的政治层面。例如，表明犯罪率持续上升的证据往往足以让顽固的自由派人士呼吁加大政府干预力度，同时也为那些支持更广泛、更系统的行政干预的人提供了令人信服的论据。犯罪增长必然涉及与激发意大利"社会问题"起因调查的议题相同的问题，并且常常以更直接的形式提出了关于国家政权的合法性和自由主义革命的更广泛问题。无论客观现实如何，当越来越多意大利人开始质疑这个新国家的性质与健康时，犯罪为特别深入探索意大利的所谓病态开辟了道路。

毫不意外，律师和法学家最先提出犯罪增长是新国家社会痼疾的主要症状。关于犯罪的辩论，一名早期杰出主角是博洛尼亚大学法学教授彼得罗·埃莱罗（Pietro Ellero），他被广泛认为是那个时候最杰出的刑事法学家之一。如同维拉里一样，埃莱罗是新秩序的保守派批评者，但是他的语气和风格更具煽动性，这说明在意大利，是保守派首先采用阶级的语言来谴责他们眼里新秩序的物质主义。

犯罪和资产阶级暴政

埃莱罗在 1878 年发表了题目颇具煽动性的文章《资产阶级暴政》（*The Tyranny of the Bourgeoisie*），控诉了自由主义秩序，他在文中坚持认为，社会动荡和混乱与作为新秩序基础的非法行为不可分割。他声称，社会正处于灾难边缘，革命的威胁已切实可见，不只是表现为巴黎公社，还有"1864 年伦敦兴起的新势力，通过奥杰（Odger）、克里默（Cremer）和惠勒（Wheeler）的工作，以国际工人协会的名义"，目的是"将劳动力从资本手中解放出来"。然而，埃莱罗敏捷地承认，工人们组织起来保护自己、改善自身条件的努力是合理的。他提出，责任不在于工人，而在于迫使他们造反的环境，他毫不含糊地把责任归咎于新资产阶级社会的个人主义和物质主义价值观。[15]

作为一名律师，埃莱罗清楚地看到，新国家法律法典最充分、最残酷地体现了这些价值观，他批判复兴运动资产阶级"拒绝承认同时又滥用自己的法律"。他从一个条款到另一个条款，谴责有限的选举权有悖于"所有人平等享有公民权利和政治权利"的宪法承诺，刑法典违反了宪法对个人自由的保障，取缔宗教机构的立法侵犯了财产权。关于集会权，他表示："我想不起有哪一次人民被允许宣泄自己的不满而不被阻止或解散。"[16]

他对财产权的谴责最为强烈，在《民法典》2147 条规定中，有不少于 1742 条专门针对财产权。他将那些保护地主、商人、船主、资本家和投资者的权利和财产的法律与保护工人的法律（后者严重缺失）进行了对比：

> 资产阶级实际上剥夺了他们［工人］甚至在旧行会章程下都享有的权利。资产阶级不仅把财产放在国家和法律的最高地位，并为之牺牲所有其他考虑，而且即使是在自己的法律规定条件下，也一直试图保护强者，抛弃穷人。[17]

即使涉及的民法条款没有歧视穷人，诉讼费用也有效地将他们排除在外。另一方面，《刑法典》无论是在制定还是实践中都充满邪恶性，而刑法的执行以及赋予警方的权力构成了"司法原则的失败"。埃莱罗毫不犹豫地得出结论，就是以经济法学为前提的一场政治革命引发了社会动荡和犯罪，这种法学让公共法律沦为单一的财产权原则。[18]

这些结论不仅来自经验观察，而且植根于刑法学的古典传统。在贝卡里亚和更近期的罗马尼奥西的传统中，古典刑法认为犯罪严格依赖于自由意志，取决于犯罪行为人为其行为负责或不负责的程度。疯子不能被定罪，这是不言自明的，因为如果没有意识到犯罪，就不可能有责任。但这是一个极端的案例，传统的刑事律师一直认为，个人责任可能会受到各种不同情况和因素的影响。

在埃莱罗看来，所有这些情况都可以简化为"一个单一、可怕的怪物：必然性"。

> ……不愿以任何方式将自己与社会主义者的教条扯上关系，但是，我们越是想用司法之剑来维护自己的权利，就越应当本着对司法的尊重，坚持社会只有在首先提供了生存的权利之后，才有惩罚的权利：任何人都不能被迫以上帝的名义让自己饿死，以便让其他人可以坐着镀金马车践踏自己的尸体。[19]

因而，如果一个国家没有采取任何行动"消除或至少减少那些煽动叛乱的外部原因"，没有保障穷人的权利或加强家庭和宗教制度，就丧失了施加刑罚制裁的权利。[20]

这些论点中，再次出现一股深深的天主教神学思想的潜在倾向，教会一直全力支持古典派刑法学家，因为他们强调自由意志的作用。为了抑制不受约束的自由放任的物质主义过度泛滥，埃莱罗诉诸德国的国家社会主义模式，在更技术的层面上，他提出的解决办法类似于维拉里和佛罗伦萨改革者所宣扬的方案，特别是加强对小农财产保护的措施。尚不清楚面对日益严重的农业危机时，要怎么实现这种构想，但不管这些方案的技术优点如何，埃莱罗仍然确信国家干预不单单是道德或司法的必要，而且是化解迫在眉睫的灾难的唯一替代方案：

> 让我们不要拖延，不要等到为时已晚，那时，对自由和人性的每一声呼吁都会淹没在内战更野蛮的嗥叫与不祥的警报声中。[21]

尽管有许多人声称自由主义秩序下的利己主义是引发社会动荡和犯罪的原因，但是很少有人愿意像埃莱罗一样为罪犯开脱。那不勒斯律师帕斯夸莱·图列洛（Pasquale Turiello）1882 年发表了题为《意大利的统治者与被统治者》的文章，他和埃莱罗一样坚信犯罪是这个新国家更深层社会痼疾的最重要征兆，但是这篇文章的目的却大不相同，它意在说明犯罪的原因应当是自由主义革命的性质，更具体而言，是他眼里错误而危险的民主政治迷思。

意大利的道德弱点

图列洛认为犯罪是社会衰败的主要症状："其他国家感染了虚无主义或社会主义，意大利却被犯罪这个可怕弱点所腐化。"如果犯罪是"意大利真正的道德弱点"，图列洛认为原因并不在于贫穷或苦难，而在于"那些唯一能够减弱社会冲突的道德纽带的松弛"。由于公共行政的每一个部门都变成了寻求政治优势和个人利益的战场，整个秩序的框架都被削弱。他认为这个过程在南方尤为明显，在那里，以前的宗教机构、平信徒兄弟会和农村信贷银行都被横扫一空，没有任何东西取而代之：

> 没有修建小学、文法学校、大学来取代它们，也没有人想要培养工人协
> 会，给予它们法律认可或自治权……我们见到层出不穷的私人方案，无
> 一例外都是出于一己私利，而封建派系斗争不过变形为行政和政治庇护
> 主义的现代装束。[22]

图列洛提出，个人主义对集体主义的胜利始于 1860 年，在 1876 年"议
会革命"中得到发展，1882 年的普选改革完成了这一胜利。在每一个阶段，
社会凝聚力都被进一步削弱：

> 随着新风俗、新时尚、新消遣方式的出现，以及出于生活需要或犯罪目
> 的而旅行的习惯的养成，即使是过去存在于诚实的地主与佃户之间的密
> 切的、近乎封建的关系也逐渐衰落。[23]

如果说个人主义削弱了国家政权，那它也削弱了司法行政权。与埃莱罗
不同的是，图列洛认为新国家的法律制度和程序的弱点在于其过于宽松且不
确定。刑事判决太轻，陪审团审判有太多无罪释放，而废除死刑也使得犯罪
失去了一项基本制约：

> 罪犯看见一只不稳定的手挥舞象征正义的剑，知道这把剑永远不会威胁
> 到他的生命，他的想象力就有了很大的发展空间……这些都是导致犯罪
> 增加的社会堕落的间接迹象……新国家有缺陷的意识形态……在意大利
> 产生了一种刑法和政府体制，在面对最厚颜无耻的敌人——罪犯时，既
> 娘娘腔又软弱无力。[24]

埃莱罗宣扬人道、乌托邦式的梦想，即重建一个由独立工匠和自耕农场
组成的世外桃源，而图列洛则提倡更强劲直接的解决方案。他认为只有建立
强大的行会社团才能代表劳工的集体利益，从而有效抑制资产阶级的野心。
但最重要的是，国家必须真正代表集体，那么议会权力必须削弱，君主政权
需要加强，而爱国主义提供了实现民族集体力量的中心。总之，新的行会式

社会机构和帝国主义就是解决办法，图列洛认为对这一点的最终证明在于法兰西第二帝国的经验：

> 法国和意大利哲学家曾经畅想的伟大的国际兄弟情谊正是拿破仑三世试图实现的，但他的努力证明这只是 19 世纪的梦想之一，且日渐衰落。19 世纪的经验已经表明，激烈的经济竞争、民族自豪感的增强和不断进步的军备科学需要更严厉的理想：让古罗马和古希腊每个公民都成为士兵所必备的男子气概，再次在今天大量的新国家中觉醒。[25]

图列洛的论点很好地展示了关于犯罪的辩论如何为阐述社会万灵丹和理论提供了充足的机会，且对于一个律师多得不成比例的阶级来说，这种惯用语一定信手拈来。但是，他主张，社会与犯罪进行无情斗争，没有空间容纳"娘娘腔"的态度，这种观点揭示了深层社会成见的存在，它们在这些辩论中浮现出来。更严厉的理论开始挑战埃莱罗和维拉里等提出的更人性化的解决方案。

犯罪科学：隆布罗索与犯罪人类学

犯罪人类学家的理论和思想是那些严厉理论的重要来源之一，图列洛自己的大部分论述取材于拉法埃莱·加罗法洛的《1878～1880 年意大利犯罪》，这篇文章发表在切萨雷·隆布罗索和恩里科·费里（Enrico Ferri）共同编辑的《精神病学和犯罪人类学档案》（*Archive of Psychiatry and Criminal Anthropology*）上。[26]这本杂志证明隆布罗索的犯罪研究引起了人们的兴趣，尽管其中的许多内容实际上可以追溯到更早以前。1872 年，当构成他著名研究《犯罪人论》（*Delinquent Man*）的那些论文首次发表时，在专家圈子之外没有引起什么兴趣。4 年后，犯罪成为一个主要的公共议题，1878 年大量扩充的新版《犯罪人论》出版，取得了巨大成功。[27]

与大多数参与犯罪辩论的人不同，隆布罗索并不是律师，而是一名训练有素的医生，其工作的独特之处在于，他将犯罪视为一种生物病理学形式。隆布罗索来自维罗纳的犹太人家庭，19 世纪 50 年代曾在帕维亚大学、帕多瓦大学和维也纳大学学习医学，并在帕维亚获得了内科学位，在热那亚获得了外科学位。

他对心理学和解剖学之间联系的兴趣始于维也纳，这后来成为他研究的主要领域之一。这一研究分支在其他地方引起了相当大的关注，尤其是在法国，莫雷尔（B. A. Morel）关于癫痫、精神错乱和犯罪之间联系的研究于1857 年发表在《退化论》（*Treatise on Degeneracy*）中。莫雷尔曾试图确定引起"退化"的神经系统紊乱，而这个模糊却引人联想的术语已经被用来涵盖生理疾病和精神异常。另一位法国临床外科教授保罗·布罗卡（Paul Broca）在1859 年创立巴黎人类学学会，鼓励研究生理特征如何反映精神或神经疾病的存在。他声称精神和神经紊乱往往伴随着颅骨的生理异常，并且相信准确的颅骨测量学可以识别出病人、社会性异常人员以及罪犯的身体特征。莫雷尔遵循布罗卡的研究路径，在1864 年发表的文章《类型的形成》（*On the Formation of Types*）中试图对精神病理的不同类型和形式进行分类。[28]

尽管隆布罗索的研究没有直接受到上述研究的影响，但他也是在基本相同的假设框架下进行研究，且主要依赖实验方法。例如，他最早期的研究项目之一是在糙皮病流行的伦巴第地区探索饮食与克汀病之间的关系。虽然在19 世纪早些时候就有人意识到糙皮病和以玉米为主的饮食之间的联系，但是由于并没有临床证明，伦巴第地主一直质疑这个结论。隆布罗索用详细的临床试验证明尽管那些已经因营养不良、过度劳累以及生活条件不卫生而变得虚弱的人患糙皮病的概率最高，但这种疾病并不是单纯由缺乏维生素引起，原因还有玉米存储时腐烂发酵所引起的中毒。

从理论上说，隆布罗索的结论更有益于采取纠正措施，因为这说明应改善玉米的存储条件，而不是改变人们的饮食习惯，但是此结论还是遭到伦巴第地区地主的强烈抨击。隆布罗索提出的预防性措施很少得到实施，在糙皮病的病因确定很久之后，移民仍然是唯一有效的抗病措施。[29]

1859 年，隆布罗索作为一名外科医生加入了皮埃蒙特军队，1862 年在卡拉布里亚服役。与土匪的接触证实了他的信念，即不应抽象地研究犯罪，而应与罪犯个人及其生理和生物特征相联系。这也为他提供了大量的机会，对被捕的土匪和应征入伍的士兵进行实证研究。1863 年退伍后，他被任命为帕维亚一家疯人院的院长，在那里他可以自由地继续他的实验工作，研究伴随"异化"而来的生理异常。他还为1865 年出版的《意大利医学地图》

以及关于伦巴第北部阿尔卑斯山谷中克汀病和甲状腺肿的环境原因与其他环境病和职业病的一部重要专著进行了实证和统计研究。[30]

隆布罗索对职业病的研究与其对精神错乱和犯罪之间联系的兴趣重叠在一起。两者都使用相同的实验方法，都试图在迥然不同的物质、经济和物理变量范围内确定特定的致病因素。尽管隆布罗索相信身体和心理特征也由其他影响因素决定，但他的根本假设是生物学因素永远最强大。这又构成以下主张的基础，即现代实验医学是唯一精确的人与社会的科学。医学承诺将把道德和责任等无定形的概念简化为有形的、可实证检验的科学现实。这意味着在对人类行为的生物学决定因素进行实证和科学研究的基础上发展一种新的医学社会学，它将使医生成为新的关于社会的科学的首要技术人员，这正是孔德等思想家所向往的。

隆布罗索首批发表的精神病与犯罪研究论著［分别是发表于 1863 年的《天才与疯癫》（*Genius and Madness*）和 1872 年的《关于犯罪人的实验和人类学论著》（*An Experimental and Anthropological Treatise on Delinquent Man*，一般称为《犯罪人论》）并没有引起多少兴趣，但是《犯罪人论》后来成功了。这本书很不容易理解，其中的论证复杂而矛盾，同时附有大量的实验细节、案例研究和奇闻轶事，且每次再版都加以扩充。尽管如此，其中心论点在不同层次上与流行的关于犯罪和社会的辩论直接相关。

隆布罗索坚持认为研究对象应该是罪犯，而不是犯罪。他断然否定了自由意志与犯罪有任何关联的观念，也随之否定了整个刑法古典传统。犯罪并不是一个抽象概念，而是一种社会和人类的现实，它有许多原因和影响因素。社会环境、职业、气候、饮食和生活环境都可能诱发犯罪，只有通过实证研究，才能准确评估特定情况下特定因素的影响，这些因素的影响最终只能在罪犯个人身上发现。

古典学派也承认，环境和经济限制可能削弱个人行使自由意志并因此犯罪的能力，但是隆布罗索却认为，既然所有犯罪都是注定的，自由意志或责任就无关紧要。环境助长了某些形式的犯罪，隆布罗索认为贫困也是促成犯罪的一个因素。然而，隆布罗索坚持犯罪是关于罪犯而非自由意志或责任这样的形而上学的抽象概念，这一主张让他走上了一条完全背离古典学派的道路。

尽管隆布罗索承认外部压力是致使犯罪的因素，但他还是坚持认为犯罪首先是那些成为罪犯的人身上存在的遗传性犯罪倾向的结果。他提出，既然可以用实验证明并非所有贫民都是罪犯，必然存在一种内在冲动使一些人犯罪，而让另一些人默默忍受。他声称，这些内在倾向与道德无关。道德是一个模糊且形而上学的概念，因为它不允许实证分析，因此在隆布罗索看来不存在。犯罪倾向取决于生物学特征，而罪犯跟疯子同样是生物退化的产物。因此，犯罪学家的第一个任务就是仔细检查和描述退化的外部身体性状以确定罪犯的类型，这为重新考虑和重新制定整个惩罚和改造程序提供了基础。

正是在这一点上，隆布罗索的论点被嫁接了达尔文的进化理论，而用来识别罪犯的身体"烙印"（stigmata）被视为人类的原始残存：

> 罪犯既不是疯子，也不是正常生物；他们是具有我们祖先、猴子和食肉动物的某些身体属性的不正常生物……他们是返祖生物。[31]

这也是隆布罗索及其跟随者在意大利看守所和重刑犯监狱里开展的项目，测量已决犯的颅骨，评估结构异常的显著性，计算体毛密度，按面相分类、记录和解密刺青和犯罪黑话。

但建立天生罪犯分类学只是研究项目的一个方面。实证主义科学首先寻求的是实用性，隆布罗索敏捷地从他的结论中得出了实用的建议。由于罪犯是生物退化的产物，所以不可能改过自新。传统刑罚的主要目标是改造和再教育罪犯，而隆布罗索声称罪犯是不可救药的社会威胁，不审就拘禁是社会防卫的必要措施。因此，惩罚应与罪行相当的传统观点必须放弃，取而代之的原则是惩罚应与罪犯相当，与罪犯个人对社会所构成威胁的严重性相当。

但隆布罗索的论点还有一个重要的转折。虽说罪犯是由生理因素决定的，但并不是所有人都一样堕落。事实上，普通罪犯可能会受到天然罪犯的邪恶影响，或者因饥饿和贫困等外部压力而犯罪。隆布罗索认为，在罪犯的类型学中，严格区分习惯性犯罪且生理上退化的罪犯和偶尔犯罪、可能没有任何重大生理缺陷的罪犯极其重要。适合惯犯的处理措施对于可能改过自新的偶发罪犯来说很不恰当。

这使得隆布罗索能够摆出监狱改革拥护者的姿态，并辩称，惯犯和偶犯混杂在一起，必然会导致后者的永久堕落。他还批评了滥用警告的做法，他认为这可能会使穷人通过强制关联变成罪犯。在隆布罗索看来，这些措施代表了刑法和治安工作依据的不科学的原则，并且，《刑法典》未能承认既然罪行是每个罪犯独有，法律也必须采用独特的措施，而不是依赖于广泛适用的方案。为了打击偶然的和受社会影响的犯罪形式，刑法必须在只有犯罪人类学能够提供的实证研究的基础上采取更合理和更进步的措施。这就是为什么隆布罗索对 1889 年扎那尔代利推行的新《刑法典》持强烈的批评态度，他声称该法典完全忽视了他努力宣扬的原则。[32]

但是，惯犯是另一种情况。犯罪者呈现出病态的退化特征，而这种退化的印记在身体上和在精神上一样明显。和疯子一样，"天生的罪犯""胡子稀疏，往往患有小头症，情感冷漠"，但除此之外，他们可能"体毛非常浓密，下颌骨异常宽大，喜欢刺青和使用特殊俚语，并且追求放荡的生活，还会酗酒、性早熟且所有情感关系都不稳定"。[33]

女性不易出现天生退化，但在隆布罗索看来，女性发生退化时会更加暴力、更加危险。男性返祖和退化的类型是成为罪犯，而"女性的自然退化形式是卖淫"。妓女是女性犯罪形式的缩影，因为她与"正常"女性所有基本的特征相反，如文雅、贞洁、母性本能、忠诚等。因此，妓女不仅作为疾病的载体对社会构成了威胁，更糟糕的是，她作为生物退化的载体，对社会和种族构成了更深刻的威胁。[34]

隆布罗索表示，在对待生物性退化的罪犯时，社会不应示弱。他非常认同《皮卡法》这样的做法，因为这是对特定问题采用特定的救济措施。他还认为应当采取更加严厉的刑罚，前提是尊重犯罪人类学家划分的罪犯类型。但他认为最重要的是，必须基于科学方法实施更有效的预防性治安管理方法：

> 我们应当像萨多瓦整顿军队一样改革我们的警察部队，让他们变得更科学、更灵活。[35]

隆布罗索观点的实际效果很容易被夸大。它们的新颖性在很大程度上在于将实证科学新的经验方法应用于一个引起大众广泛兴趣的课题，这使他的理论引起了普通大众和专家的注意。实证主义方法和进化理论的融合构成隆布罗索犯罪学的核心，赋予了他的工作独创性印记，他的理论在意大利之外也引起了兴趣，这反过来又大大提高了他在国内的地位。隆布罗索的理论坚定地立足于前几十年医学的发展，特别是那些在许多方面正引领实验医学发展的精神病学方法。新的科学犯罪学有希望把犯罪从民族耻辱之源转化为展示新意大利科学家的现代性和创造性的平台。[36]

隆布罗索在意大利取得成功还有一个重要的因素，那就是他利用科学对抗天主教教条。亨利·亚当斯曾声称，进化论是"宗教的最佳替代品：一个安全、保守、实用、彻底的普通法之神"，可以说，意大利人恰恰是把隆布罗索的工作当作这样的东西接受的。[37]犯罪人类学家否认自由意志和个人责任与犯罪研究有关，从而挑战了天主教教义，并转而诉诸实证主义科学和实证主义方法所揭示的客观真理。在这个新国家强烈的反教权氛围中，这是一个重要的主张，似乎指出了可能在科学真理基础上建立新的世俗文化。对于那些对天主教教义怀有敌意但又不同意新国家的自由主义的人来说，隆布罗索的科学方法提供了一个诱人的选择。[38]

从更严格的意义来讲，新的犯罪学也为医学行业和从精神病学到催眠学的大量新医学和伪医学专业提供了争取官方认可的宝贵机会。正如在同一时期的欧洲其他国家一样，这是新行业之间划界过程的一部分，而犯罪由生物决定这一主张为更广泛的主张开拓了道路，即只有精神科医生和内科医生才有资格就这些问题发言。隆布罗索不仅呼吁维护治安需要更专业和科学的方法，他还认为犯罪学家应当取代非专业陪审团的位置，并为民事法官提供建议。在当时，这无疑是为意大利许多就业不充分的医科毕业生雪中送炭，不过，在数量更庞大的未充分就业的律师们中间，激起的热情可能少些。要求公共管理更加"科学"，要求合格的"专家"在制定和管理社会政策上发挥更大作用，这本身就显示了19世纪80年代从事新职业的中产阶级数量在稳步扩张，并在更加干预主义行政形式需求日益增长的环境中形成了一股重要的潜流。[39]

虽然隆布罗索的研究带有许多反动色彩，但也可以认为它处于理性和意识形态的中间地带。恩里科·费里特别坚持这一点，他是隆布罗索最有趣、最热情（虽然并非一直条理清晰）的追随者之一。在1883年发表的一篇题为《社会主义与犯罪》的文章中，费里认为，实证主义犯罪人类学应该被视为古典学派和社会主义者夸大的极端思想的替代品。前者仅从个人行为和责任来界定犯罪，而后者将所有犯罪的原因简化为单一的通用原因，即贫穷。费里声称，赫伯特·斯宾塞等建立的新社会学清楚地表明，社会现象既不能被简单地归因于狭隘的个人主义，也不能被简单地归因于笼统的集体主义。和实证主义社会学家一样，犯罪学家也关心如何将共同产生社会事实的心理、生理和物质因素构成的"牢不可破的网络"冲破；他们的任务是在单个案件中权衡犯罪和犯罪行为的各种决定性的外部和个人因素。[40]

费里比隆布罗索更注重环境和社会因素，他提倡所谓的"刑法替代品"，更简单地说就是用社会立法减轻贫困和绝望，因为这是许多普通犯罪的动机。从这个意义上来说，新的犯罪学的确有改良主义的一面，而费里和隆布罗索都在19世纪90年代对社会主义纲领表示支持（后者更短暂），不仅是出于机会主义。费里更是放弃学术律师的辉煌职业生涯进入政界，1887年他在威尼斯巡回法庭上充满热情并且成功地为曼图亚农民辩护而赢得新美名，之后在意大利社会党历史中发挥了重要作用，不过后来因为叛党投靠法西斯主义而蒙上阴影。隆布罗索也于1896年作为社会党候选人参加了都灵市议会。

虽说费里可能强调实证主义犯罪学的实用价值，但他和隆布罗索对更专业、更"科学"的社会管理必要性的强调构成了对自由主义原则更广泛攻击的一部分。费里和隆布罗索都直言不讳地批评新国家统治阶级（尤其是土地控制人）的无能和冷漠。费里在为曼图亚农民辩护时，曾强烈谴责地主不住产权所在地、收取压榨性地租和寄生等对社会造成的破坏性后果，他的措辞呼应了隆布罗索在完成糙皮病成因研究时对伦巴第地主的控诉。

与埃莱罗或图列洛更为根本的道德谴责相比，犯罪学家虽然批判自由主义国家政权的东拼西凑和非专业性，但其批判仍很狭隘且仅仅停留在技术层面。实证主义犯罪学可以作为社会主义者的唯物主义与天主教教义支持的模糊的道德责任理论的替代品，这一事实使其在短期内具有吸引力。但是，就像许多试图占据中间立场的尝试一样，犯罪人类学的主张很快就被证明矛盾得无可救药，毫无中立性可言。

犯罪人类学家断言犯罪是由生物性特征决定的，无疑免除了社会对犯罪存在的责任，并将注意力从犯罪的原因转移到针对那些从内部对社会构成威胁的罪犯类型的打击手段上。这些更为有害的论点越来越多地主导了隆布罗索的研究，而科学理性的面纱往往掩盖了露骨的普遍偏见。例如，妓女是女性堕落的化身、是对妻子和母亲理想形象的颠覆——这个论点仅仅提供了一个例证，说明经验推断如何轻易地让位于主观、充满偏见的断言。[41]更普遍而言，他的工作还为出现在南北对话中日益明显的种族色彩披上了科学体面的外衣。按他的理论，如果犯罪是南方问题的主要症状，表现为奇异多样的形式，从抢劫到更神秘的黑手党和克莫拉犯罪团伙，那这只能是南方人整体的生物和种族劣等性与返祖现象的证据。[42]

但这些只是附带目标，隆布罗索理论的主要目标是从内部定义敌人。他深信社会到处都受到内部的、由生物性特征决定的敌人的威胁：

> 在集体犯罪形式占主导地位的那些国家，伤害和谋杀案比欧洲平均值高出 20 倍，情况已经不正常，形成一种内部战争状态，即使没有公开战争的表象，也包含其所有因素，而且在许多方面甚至更糟，因为它威胁到公民的生命和财产，而这些在现代战争中通常是不受威胁的。[43]

从这些意义上说，社会问题不再是犯罪问题的同义词，而是被其取代，因为在赢得与退化的罪犯和返祖人大军的战争之前，意大利社会的未来在于平衡。

随着时间的流逝，坚信社会正在输掉抗击罪犯之战的看法变得更加明显。1894 年，福尔纳萨里·迪韦尔切（Fornasari di Verce）发表了关于 1873~1890 年意大利犯罪的大量比较研究，这就是他的结论。迪韦尔切在这项对比实验研究中，逐个地区仔细地研究意大利，试图显示所有可以想象的以及许多相当不可思议的影响犯罪的经济、社会、环境、饮食、气候和身体因素的相互关系。尽管研究并没有证实犯罪与物质环境之间确切的关系，但他坚持断言生物特性仍然是根本的决定因素：

> 这些虽然影响很大，但都比不过个人生物特征的影响，后果就是，天生具备犯罪倾向的人稍有机会就必然会犯罪。[44]

可以说，这座实证科学的丰碑更充分地展示了犯罪人类学家的缺点而非优势。与新犯罪学家早期出版物受到的热烈欢迎相比，此时的反应更为挑剔。

隆布罗索犯罪学说的影响力衰退有许多原因，一个重要原因是其提出的建议要求完全重建司法和治安系统，以及彻底改革监狱事务，而这些都极其不切实际。因此，扎纳尔代利1889年推出的修订版《刑法典》几乎没有任何实证主义理论和论据的印记。尽管因为监狱管理局局长贝尔特拉尼·斯卡利亚的个人兴趣，1891年的新《监狱条例》确实带有更强烈的隆布罗索学说的色彩，但是，这些改革只涉及纪律事宜，并且，虽然它们详细而严格地规定了囚犯的日常制度和日常事务，但是远远没有实现隆布罗索主张的结构性改革。[45]

更具破坏性的是，他们未能就犯罪人类学的核心主张进行条理分明或容易理解的科学论证，而其科学方法的草率和前后矛盾很容易成为批评者的目标。个人主张、轶事和民间传说往往与经验证明了的"事实"随意混在一起，而许多中心理论包含重大矛盾。隆布罗索曾经试图用进化论来分析犯罪行为的生物性特征，然而，这就提出了一个难以解释的问题：为什么返祖和生物性退化似乎在蓬勃发展，而没有被淘汰？为了回答这个疑问，隆布罗索利用了"退化"的概念，他认为返祖现象是神经系统的一种接触性传染病形式，但这只是引入了一种完全不同的甚至更令人困惑的解释。

犯罪人类学家的断言在更为实证的方面受到质疑。纳波莱奥内·科拉扬尼（Napoleone Colajanni）曾非常高兴地指出费里的人体测量研究结论充满巨大矛盾，这些研究揭示意大利最"诚实"的地区是皮埃蒙特和伦巴第农村，而这些地区正是糙皮病、甲状腺肿和克汀病的多发地。另一方面，在上述研究中，"犯罪的南方"的居民们则十分健康、身强体壮。科拉扬尼的结论是，犯罪与身体退化之间的关联并没有得到证明。[46]

隆布罗索的学说在其他方面也令人困惑，缺乏说服力，这一点在他涉足政治犯罪时尤为明显，例如，他主张，无政府主义者身心皆不正常，但是其形式与退化的罪犯不同。他提出无政府主义可能是因为过度理想主义而引发的精神错乱，从而将政治信念与犯罪混为一谈。同样的混淆在论"天才与疯癫"的文章中也很明显，文章揭示了隆布罗索的研究如何直接借鉴了"异化"、疯狂和颅相学的研究传统，但对将伟大的头脑与疯狂联系在一起的传统智慧几乎没有贡献，当然也没有建立任何明确的标准来衡量何为"正常"。[47]

资本主义与犯罪：社会主义的替代方案

最终，并不是实证主义者观点内部的支离破碎导致了他们的影响力下降，而是因为随着19世纪90年代危机的爆发，政治气候发生了更广泛的变

化。然而，对隆布罗索学派所依据的方法论和科学谬论最有力的揭露早在
1882 年就已出现在图拉蒂首次发表于米兰工人报纸《民报》上关于"犯罪
与社会问题"的文章中。

图拉蒂开篇就承认，意大利犯罪率在欧洲国家中最高，且犯罪率增长惊
人，速度甚至超出官方统计数据。他表示，这就是为什么国家和地方法院放
弃"刑法的目的是教育和改造"的经典原则，而将法律变成了一种赤裸裸
的镇压工具，将法律的制定委托给"会被我们直接描述为恐怖分子的监狱
学学者、地方法官和社会学家"。要求判更多无期徒刑并废除陪审团审判都
"源于对达尔文生存法则的特殊解释，以证明使用越来越暴力的手段、最野
蛮的方法缉拿罪犯是正当的"，并构成了合法化的一致恐怖行动的一部分。[48]

然而，图拉蒂明确将隆布罗索、费里和加罗法洛排除在这一指控之外，
并指出他们的理论是贝卡里亚派和恐怖主义派的替代方案。图拉蒂凭借熟练
律师的策略，将斯宾塞的进化社会学与种族生存由生物因素决定的反动理论
对立起来，试图将新犯罪学的进步和改革主义元素区分开来。

图拉蒂赞赏地指出，隆布罗索和费里已经认识到犯罪的社会影响因素的
重要性，但他随后用他们自己的实证方法推翻了他们关于心理决定因素和退
化的理论。犯罪人类学家已证明有三类因素会造成犯罪：自然因素，诸如种
族、气候、饮食等；年龄、性别、体质等个体和人类学特征；社会因素。但
是他们未能回答一个最明显的问题：为什么绝大多数罪犯都来自穷人这个单
一社会阶层？

图拉蒂还表明，犯罪人类学家使用的论据可以有截然不同的解释。例
如，费里曾利用法国犯罪统计资料来论证犯罪本能是与生俱来的，因为经济
条件好转后，犯罪并没有下降，而仅仅是被引向不同的方向。费里认为，贫
困率下降，侵犯财产罪相继减少，但是此消彼长，人身攻击和性侵发生率却
上升。但图拉蒂评论道，费里的观点完全忽略了一个事实，那就是犯罪仍然
集中在贫困阶层，他建议将性侵的增加放在马尔萨斯人口原理的背景下看
待，这个原理断定过量的单身汉大多存在于穷人中间，因此穷人甚至不能拥
有富人同样的"获得爱情的途径"。他还驳斥了这样一种说法，即意大利在
过去 10 年的酒类消费量增加揭示了天生的堕落总是会利用改善的生活条件。
相反，他坚持认为酒类消费量增加是贫穷、低工资和纯粹的身体疲劳的结
果，这些因素使意大利工人几乎没有"建设性休闲"的机会。[49]

　　这些驳斥表明了犯罪人类学家在多大程度上试图把犯罪的含义赋予工人阶级生活的几乎每个方面。但图拉蒂承认，对影响犯罪的社会和经济决定性因素进行实证研究是有用的，尽管他批评刑法学家在这个方面做得不够。在恶搞人类学家使用的生物学词汇时，他提出犯罪是"社会结构的必要元素，是某些类型的社会有机体不可避免的疾病"。[50]

　　为了指控犯罪的真正原因是资产阶级社会的不平等和资本主义的剥削本质，图拉蒂求助于古典法理学学派的一位主要倡导者。罗马尼奥西认为，"一个从根本上讲不公正的社会是没有能力执法的"，他还认为，司法从来不是单纯打击流浪者和无业人员以保护财产安全，而是从本质上保障生活和工作的权利。图拉蒂赶紧得出结论说，"资产阶级社会是第一个也是最大的罪人"这一论断不是单纯的社会主义教条，而是得到了19世纪最受尊敬的司法权威之一认可的判断。[51]

　　虽然图拉蒂用古典法理学来主张犯罪的社会特性，但他和实证主义者一道反对犯罪是行使个人自由意志的结果这一观点。同时，他也拒绝了犯罪是客观存在且可定义的假设。他认为，犯罪不是通过罪犯的行为来定义的，而是由社会制定的法律来定义的。由于每个社会对犯罪的定义各不相同，试图将犯罪与一种与生俱来但普遍的责任感联系起来，就像寻找犯罪人类学家所看重的生物类型学一样，是毫无意义的：是社会而不是生物学在区分罪犯和疯子，区分诚实者和不诚实者。[52]

　　有人指责图拉蒂的观点是乌托邦式的，他在捍卫自己观点时，竭尽全力反驳无政府主义者的主张，即国家是一切罪恶的根源，因此是所有犯罪的根源。他警告说，社会主义不会一下子消灭犯罪，他轻蔑地抵制"社会主义会使每一个犯罪污染立即恢复正常这一教条"。[53]

　　"社会不平等而非国家才是犯罪的主要原因"这个谨慎断言代表了意大利社会主义道路的特征，这些年里，意大利社会主义一直试图沿着这条道路建立一种有别于巴枯宁无政府主义和复兴运动激进主义的身份。同样，强调国家在实现向更加公正的社会过渡中将发挥关键作用，坚持社会改革不能与道德改革分离，这些态度也反映了新兴意大利社会主义计划的核心信条。

　　社会问题并不仅是饿肚子的问题：它同时也是教育问题，与更广泛的道德问题密切相关。只要道德的社会前提处于混乱之中，那么"法律面前人人平等"将一直是充满讽刺意义的形而上学口号，一句涂抹在墙上但在个体意识中不可能有意义的口号……社会制度仍然是个人无意识地塑造自己行为的尺度。[54]

在很多方面，图拉蒂1882年的文章条理极为清晰地预言了将在接下来的10年里成为新社会党战略基础的政治假设，而作为他的论点基础的斯宾塞社会进化理论反过来又在塑造这些战略中起到了重要作用。在更接近文章时间的环境中，图拉蒂立场的重要性在于它向人们展示了如何用实证主义方法揭示新犯罪学本质的不科学性，并重申影响犯罪发生的决定性的经济和社会因素的重要性。

不用说，让人明白这一点的不是图拉蒂论据的力量，而是1890年后袭击意大利的经济和政治风暴。实施保护性关税和意法贸易战之后出现的政治危机，使这个新国家在近10年时间里面临着自建国以来最严重、最猛烈的挑战，不可避免地颠覆了19世纪70~80年代讨论犯罪问题的假设框架。那些年里，犯罪问题和社会问题已经不可分割地紧紧交织在一起，因为一个被视为另一个的症状和产物。因此，犯罪为容纳各种完全不同的恐惧与担忧提供了一个方便的口袋。而隆布罗索描绘了恶魔般的生物敌人从内部破坏社会的形象，特别生动地捕捉到了统一后几十年里意大利精英们潜在的担忧和不安全感。

随着19世纪80年代的结束，意大利进入了一个新的政治时代，犯罪不再具有同样的意义，也不再引起同样的关注。其原因并不是法律和秩序从议程上消失了，恰恰相反，是19世纪90年代危机背后的力量开始再次改变政治辩论的背景，并随之改变了对社会现实的看法。

注 释

1. F. Turati *Il Delitto e La Questione Sociale*: *Appunti sulla Questione Penale*（Bologna, 1913）（3rd edn）p. 14.

2. Ibid., p. 14.

3. Ibid., p. 14.

4. R. Nye *The Origins of Crowd Psychology*: *Gustave Le Bon and the Crisis of Mass Democracy in the Third Republic*（London, 1975）; S. J. Gould *The Mismeasurement of Man*（London,

1981）；G. Wright *Between the Guillotine and Liberty*：*Two Centuries of the Crime Problem in France*（*Stanford*, 1985）；R. Harris 'Murder under Hypnosis … Psychiatry in Belle Epoque France' in W. Bynum, R. Porter and M. Shepherd（eds.）*The Anatomy of Madness*（London, 1985）Vol. 2, pp. 197-224；A. Tagliavini 'Aspects of the History of Psychiatry in Italy in the Second Half of the 19th Century' in Bynum, Porter and Shepherd pp. 175-195；F. De Peri 'Il Medico e Il Folle：Istituzione Psichiatrica, Sapere Scientifico e Pensiero Medico fro Otto e Novecento' in *Storia d'Italia*, Annali 7, *Malattia e Medicina* ed. F. Della Peruta（Turin, Einaudi, 1985）pp. 1060-1144.

5. G. De Rosa *Il Movimento Cattolico in Italia*（Bari, 1970）；G. Are *I Cattolici e la Questione Sociale in Italia*（Milan, 1963）.

6. F. Chabod *Storia della Politica Estera Italiana*（Bari, 1962）, pp. 345 - 410；R. Villari *Conservatori e Democratici nell'Italia Liberale*（Bari, 1964）pp. 43-89.

7. P. Villari 'La Scuola e la Questione Sociale in Italia'（1872）in *Scritti sulla Questione Sociale*（1902）p. 50.

8. P. Villari *Lettere Meridonale*（Florence, 1878）, 转引自 E. Ragionieri p. 1716；另参见：A. Asor Rosa 'La Cultura' in *Storia d'Italia*（Turin, Einaudi）Vol. 4, p. 893ff；R. Villari（1964）pp. 43-89。

9. S. Sonnino *I Contadini in Sicilia*（Florence, 1877）；L. Franchetti *La Sicilia nel 1876*（Florence, 1877）；J. White Mario *La Miseria a Napoli*（Florence, 1878）；R. Fucini *Napoli ad Occhio Nudo*（Naples, 1878）.

10. P. Villari（1964）pp. 85-89；S. Lanaro *Nazione e Lavoro*：*Saggio sulla Coltura Borghese in Italia*（1870-1925）（Venice, 1979）pp. 91-154.

11. 转引自 A. Caracciolo *Roma Capitale*（1956）p. 63。

12. 转引自 L. Cafagna *Il Nord nella Storia d'Italia*（1962）p. 48；另参见 G. Colombo *Industria e Politica della Storia d'Italia. Scritti Scelti* ed. G. Lacaita（Milan, 1968）。

13. V. Hunecke（1982）pp. 87-103.

14. A. *Cardini Stato Liberale e Protezionismo in Italia*（*1880-1900*）（Bologna, 1981）；关于亚历山德罗·罗西，参见上文第十章。

15. P. Ellero *La Tirannide Borghese*（1879）ed. V. Accattatis（Milan, 1978）, p. 26.

16. Ibid. , pp. 53-54.

17. Ibid. , p. 55.

18. Ibid. , p. 58.

19. P. Ellero *Opuscoli Criminali*（1871）, ibid. , p. 108.

20. Ibid. , p. 106.

21. *Tirannide Borghese* p. 42；另参见：G. Neppi Modena 'La Legislazione Penale' in *Storia d'Italia* ed. F. Levi, V. Levra and N. Tranfaglia（Florence, 1978）；M. Sbriccoli 'Il Diritto Penale Sociale 1883 - 1912' in *Quaderni Fiorentini per la Storia del Pensiero Giuridica Moderna* 4（1975）pp. 557-642.

22. P. Turiello *Governo e Governati in Italia* (Bologna, 1882) ed. P. Bevilaqua (Turin, 1980) pp. 217, 233.

23. Ibid., p. 199.

24. Ibid., pp. 201-211.

25. Ibid., p. 259.

26. F. A. Allen 'Raffaele Garofalo' in H. Mannheim (ed.) *Pioneers in Criminology* (London, 1960) pp. 255-274.

27. L. Bulferetti Cesare Lombroso (Turin, 1975) p. 237; R. Villa 'Letture Recenti di Lombroso' *SS* 1977, 2, pp. 243-252; R. Villa 'Scienza Medica e Criminalità nell'Italia Unità' in *Storia d'Italia* (Turin, Einaudi, 1985) Annali 7, pp. 1143-1168; M. Wolfgang 'Cesare Lombroso' in H. Mannheim (1960) pp. 168-227.

28. S. J. Gould (1981) p. 83; M. Wolfgang (1960) p. 178.

29. A. Bernardi 'Pellagra, Sviluppo Capitalistico e Disturbo Mentale ...' in *Timore e Carità* (Cremona, 1982) pp. 406-407; G. Porsini 'Agricoltura, Alimentazione e Condizioni Sanitarie: le Prime Ricerche sulla Pellagra in Italia dal 1880 al 1940' *Cahiers Internationaux de l'Histoire Economique e Sociale* n. 3, 1974.

30. C. Lombroso *L'Igiene degli Operai, dei Contadini e dei Soldati* (1869).

31. C. Lombroso *L'Uomo Delinquente in Rapporto all'Antropologia, alla Giurisprudenza ed alle Discipline Carcerarie* ed. G. Lombroso (1924 edn) p. 80.

32. M. Sbriccoli 'Dissenso Politico e Diritto Penale in Italia tra Otto e Novecento' *Quaderni Fiorentini per la Storia del Pensiero Giuridico Moderno* 2, 1973, pp. 647-652.

33. C. Lombroso *L'Uomo Delinquente* p. 80.

34. *Delinquent Woman* G. Ferrero and C. Lombroso, 1893; M Wolfgang in H. Mannheim (ed.) (1960) p. 191; G. Gattei 'La Sifilide' in *Storia D'Italia* Annali 7 (Turin, Einaudi, 1985) pp. 790-798.

35. C. Lombroso *L'Uomo Delinquente* p. 89.

36. L. Bulferetti (1975) pp. 260-264; D. Pick 'The Faces of Anarchy: Lombroso and the Politics of Criminal Science in Post-Unification Italy' *History Workshop* 21, 1986, pp. 60-86; F. De Peri 'Il Medico e Il Folle' (1985); R. Villa (1977).

37. 转引自 R. Nye (1975) p. 40。

38. L. Bulferetti (1975) p. 180.

39. 参见 F. Muniz 'Gli Psichiatri Italiani e l'Imagine della Loro Scienza 1860-1875' in *Tra Sapere e Potere: La Psichiatria Italiana nella Seconda Metà dell'Ottocento* eds. V. Babini, M. Cotti and F. Minuz (Bologna, 1982)。关于医疗行业，另参见 A. Lonni 'Medici, Ciarlatani e Magistrati nell'Italia Liberale' *Storia d'Italia*, Annali 7 (Turin, Einaudi, 1985) pp. 801-843。

40. E. Ferri *Sociologia Criminale* ed. V. Accattatis (Milan, 1979) pp. 81-82.

41. M. Wolfgang (1960) p. 191.

42. A. Niceforo *L'Italia Barabara Contemporanea* (Palermo, 1898).

43. C. Lombroso *L'Uomo Delinquente* p. 142.

44. E. Fornasari di Verce *La Criminalità e le Vicende Economiche d'Italia dal 1873 al 1890* (Turin, 1894) p. xx; but cf. 'La Delinquenza in Italia' in *Rivista di Discipline Carcerarie* xxi, 1891, pp. 2-19.

45. G. Neppi Modena 'Carcere e Società Civile' in *Storia d'Italia* (Turin, Einaudi) Vol. 5, Part 11, pp. 1921-1926.

46. N. Colajanni *Sociologia Criminale* (Catania, 1889); B. Farolfi 'Antropometria Militare e Antropologia della Devianza 1876 - 1908' in *Storia d'Italia*, Annali 7 (Turin, Einaudi, 1985) p. 1187; M. Wolfgang (1960) pp. 192-199.

47. C. Lombroso *Gli Anarchici* (Turin, 1894)；另参见 F. De Peri 'Il Medico e il Folle' (1985)。

48. F. Turati *Il Delitto e la Questione Sociale* (1913) p. 16.

49. Ibid., p. 110.

50. Ibid., p. 47.

51. Ibid., p. 25.

52. Ibid., p. 56.

53. Ibid. , p. 85.

54. Ibid., p. 87；M. Sbriccoli 'Il Diritto Penale Sociale' *QFSPGM* (1975) 精辟分析了图拉蒂的观点。

后 记 19世纪90年代的危机
——存疑判决

19世纪最后10年自由主义国家遭遇的新危机乍看似乎是将本书开头所讲的几乎整整一个世纪前暴力混乱的威胁完整循环了一遍。大范围社会动荡加上大众政治兴起的初步迹象导致了一场史无前例的威权政治实验，威胁到意大利议会制政府的未来。尽管危机的迹象在早些时候就已出现，但法律与秩序的政治新篇章在1894年的头几周才开启，当时克里斯皮宣布戒严令以应对西西里、撒丁岛和卢尼贾纳日益严重的混乱局面。那个夏天出台了紧急立法，暂停政治自由，并禁止与政府敌对的一切形式的政治组织或示威活动。

1896年，意大利殖民军在阿杜瓦惨败，这让克里斯皮的政治生涯蒙羞，但他的继任者迪鲁迪尼侯爵继续以不同的形式推行镇压政治。1898年，迪鲁迪尼政府也受到了质疑，当时，政府极为想当然地认为革命已经控制了意大利主要商业城市米兰，于是下令军队武力占领米兰。眼看着反对党赢得越来越多的支持，接下来的几位总理，首先是佩卢将军，其次是朱塞佩·萨拉科，试图推进类似的镇压政策，带来了严重的宪法危机，并日益依赖议会外治理措施。然而，当危机到达高峰时，形势发生了变化，镇压政治让位于新的安抚政策与共识，标志着"焦利蒂时代"的到来。

造成先前10年紧张局势和冲突的问题是否真的得到了解决，答案不得而知。随着1901年扎纳尔代利和焦利蒂领导的内政部的出现，开始了明显的"新起点"，这个"新起点"的性质成为自由主义意大利历史上和史学中最关键的问题。[1]

这场危机及其结局引发了许多问题，远远超出本书的研究范围，且不仅仅是由于时间上的原因。19世纪90年代，本书关注的社会和政治关系框架再次处于变化之中，这些变化既促成了危机，也受到了危机的影响，而焦利蒂时代的意大利在许多重要方面都与我们在前面各章试图探讨的意大利有很大不同。

最明显的变化是在经济上，1896~1906年，意大利的经济增长速度前所未有，工业基础得到巩固，尽管这一现象仍然集中在米兰、热那亚和都灵形成的地理三角区以内，但工业快速扩张必然引来广泛得多的社会反响。工业发展也伴以大众政治的发展。1892年，社会党成立，并在1900年选举中获得将近25万张选票，虽然之前精英阶层控制了政治舞台，但是天主教政治的发展后续将提供第二种渠道，令大众走上政治舞台。如果说大众政治兴起是意大利快速发展的标志之一，那么大规模移民就算是第二个标志。移民向来是意大利社会的一大特色，在19世纪最后10年，主要发生在南部大陆和西西里岛的新无产阶级移民在质量和数量上都有所不同，不仅对直接涉及的地区，而且对整个意大利都有深远的政治以及社会和经济影响。[2]

虽说19世纪90年代的危机是再次改变意大利社会的新势力的产物，但旧势力也同样存在。事实上，这场危机的许多方面正是植根于为本书提供核心主题的问题：国家和精英各自的角色。尽管这场危机最明显的特征在于民众抗议和不满情绪的爆发，并在1893~1894年和1897~1898年达到顶峰，但与其说这些是引发更深层次政治危机的原因，不如说是其催化剂，这场危机源于历届政府试图应对骚乱带来的新挑战的方式。政府寻求采用更专制的措施来遏制反对派政治的发展，这令人质疑自由主义意大利最基本的特征之一：自统一以来，精英阶层和国家之间建立的微妙的权力分享体系。

正如同时代人很清楚的那样，在这个直接挑战的背后，一直存在着更广泛的保护主义问题及其政治影响。如我们所见，对许多人来说，保护主义不仅意味着放弃自由主义经济学，而且要完全丢弃自由主义关于国家角色和功能的概念。通过威胁将政治权力集中到相对较小的政治和经济利益团体手中，同时从根本上增加国家的权力和职能，保护主义为实现一场深远的政治革命提供了手段。因此，毫不奇怪，这场危机的各种社会和政治分支都围绕着这个问题汇合。

1887年之后放弃自由贸易标志着自由主义意大利的政治和经济生活出现重大转折。农业危机的影响，加上工业化进程进入第二阶段后国际市场结构变化所带来的新威胁，意味着某种形式的保护主义不可避免。意大利实行越来越高的保护性关税是欧洲模式的一部分，按照国际标准，意大利的关税很高，而且适用于某些特定部门如重工业，这也反映出特定利益团体的相对政治影响力，最明显的是重工业、纺织业和大地主。

保护主义缩小了曾通过转型政治不稳定共存的政治利益团体的范围。但是，如果更狭隘的利益团体围绕保护主义形成了一个新的政治轴心，那么这绝不仅仅是工农联盟。关税保护并没有使所有农业部门或工业部门受益。事实上，许多最先进的农业部门，特别是那些依赖高附加值出口的部门很容易受到意大利贸易伙伴采取的报复性措施的打击，而像工程行业这种重要的产业分支仍然没有得到保护。因此，保护主义将某些强大的工业和农业利益团体与国家更紧密地联系起来，却将其他利益团体排除在外。自国家统一以来，政治利益和经济利益的冲突已经分裂和削弱了意大利精英，而保护主义政治非但没有减少这种冲突，反而带来了新的矛盾和分裂。[3]

这些将成为随后危机的核心问题。如果说保护主义导致了一场重大的政治危机，那么它同时也使得生活水平一落千丈，形成危机最初的苗头。正如同一时期的许多其他欧洲国家一样，农业和工业保护主义的结合加剧了经济增长过程中既有的结构失衡。例如，意大利新关税推行了一种普遍给劳动力和穷人带来巨大压力的价格和工资结构。工资是意大利制造商为数不多的可控生产要素之一，意大利新工业部门要维持竞争力，就必须维持低工资水平，再加上小麦关税让食品价格居高不下，这就是导致劳资关系日益恶劣的原因。

工资低而粮食价格持续走高，受此双重打击的不仅是产业工人，因而抗议和不满尤为强烈。贸易报复摧毁了以出口为导向的农村工业，佃农因粮食价格上涨而获得的好处被资本货物、租金和自身消费需求成本的飞涨所抵消。这些压力随后又因投机性投资的崩溃而加剧，这些投资曾在 19 世纪 80 年代推动了房地产和城市开发的热潮，导致 1887 年后出现了大范围的商业衰退，银行相继倒闭。1889 年，意大利再次提高关税，由此引发与法国的贸易战，意大利的许多商业机构实际上陷入停滞，而经济衰退又因商业周期的下行而加深。

在这种情况下，粮食暴动、罢工和示威的频率与强度上升不足为奇。1893 年夏秋两季，种种迹象表明危机即将到来。自上一年开始，焦利蒂担任总理，他表示希望在不干预的情况下摆脱危机，但是随着恢复秩序的呼声增大，且罗马一家大银行倒闭牵连到他，他的地位开始动摇。

克里斯皮回归总理职位，在 1894 年的前几个星期，和解政治让位于镇压。西西里、撒丁岛和卢尼贾纳宣布戒严。面对公众对这些侵犯公民自由行为的抗议，克里斯皮开始更广泛地打击政治反对派。机会来自一系列无政府主义者的炸弹袭击事件，加上一名意大利无政府主义者 1894 年 6 月在里昂暗杀法兰西共和国总统，而克里斯皮本人在罗马也只是侥幸逃脱了类似袭击。同年 7 月，紧急状态法出台，表面上是为了能够随意逮捕涉嫌无政府主义者，但实际上是中止了政治自由。同年 10 月，社会党遭取缔，其领导人被捕，同时，政府对顽固的神职人员也采取了类似措施。

年初在西西里和撒丁岛的野蛮军事镇压最初引发的抗议出乎意料地少，许多社会主义者更倾向于撇清自己，与看起来是另一次且可能反动的扎克雷农民起义撇清关系。那些支持无政府主义的采石工人得到的同情也并没有明显更多，在这个意义上，操纵对公共秩序的威胁是有效的。在较为保守的群体中，恐慌感很强，帕斯夸莱·维拉里很快就确定了敌人：

> 一个新的幽灵出现在地平线上，那便是社会主义的幽灵，它突然在西西里来到我们中间，这是今天以前我们做梦都想不到的。[4]

其他人更倾向于指责天主教极端分子，他们被认为煽动了农民暴动，而克里斯皮把网撒得更宽，暗示法国才是真正的颠覆动因。

但是，当镇压措施部署得更广泛时，法律与秩序的护身符很快失效。克里斯皮政府利用权力旨在扼杀的不仅是已确定的政治破坏分子，而且实际上包括所有政治反对派，因此许多人都相信政府的做法是为了摧毁大众政治。社会主义者和激进分子被疏远，其中许多人以前支持克里斯皮。然而，并非只有他们反对政府实行日益独裁的措施。虽然克里斯皮的措施挑战了大众政治的合法性，但也疏远了许多有势力的精英阶层。

"〔克罗齐问〕意大利向克里斯皮要求什么？除了所谓的能量之外没有别的。"然而，这种能量主要用于将国家转变为有计划的治理和行政管理的有效工具，恢复秩序的命令也必须被置于克里斯皮第一个任期开始的政治和行政革命背景下来看待。这是经济保护主义的政治对应体，而在克里斯皮对西西里骚乱所造成问题的处理方式中，立即显现出连续性的因素。他的方案不是镇压（尽管他并不排斥镇压），而是镇压与激进改革的结合体。在这二者中，改革被证明在政治上对克里斯皮更危险，但是他坚信如果不对大庄园经济实施改革，岛上就不会有持久的社会和平。他支持通过立法来分割大庄园，这使南方的地主特别是西西里人团结起来，他们团结一致以确保这些提案永远不会成为立法。他们的反对清楚地表明，许多精英阶层成员希望限制国家的作用，仅限于代表他们并在他们的要求下进行干预。[5]

意大利其他地方的名流显贵也表达了对克里斯皮干预主义政策的反对。在托斯卡纳，佛罗伦萨贵族阶级大力支持克里斯皮积极的法律和秩序政策，但对政府日益增长的权力持怀疑态度。然而，最强烈的反对意见来自米兰，它后来因为其商业利益团体的影响力得到认可而被称为"米兰国"。在这里，不满主要源于保护主义措施损害了米兰的商业却没有保护其工业。同时，米兰坚决反对政府代价高昂的殖民冒险，这些冒险要求高税收，并进一步限制了消费品工业所主要依赖的国内市场的发展。[6]

这种不满表明保护主义在很大程度上造成了新的行业分裂和冲突，而不是团结意大利的工业和商业利益团体。毕竟，支持关税保护的许多重要人士也强烈反对任何增加国家行政权力的做法。在反对克里斯皮经济策略和殖民野心的同时，也有人反对他扩大国家权力和遏制大众政党发展的企图。为了推动反对政治颠覆的运动，克里斯皮下令修改选民登记表，并对顽固的镇议会施加行政处罚。对这些名流来说，危险在于，那些旨在将他们从大众政治的威胁中拯救出来的措施，也可能削弱他们自己的权力。因此，人们公然抨击剥夺政治权利和自由的企图，在他们抗议和反对的同时，精英阶层内部也在进行着更无言但具有深刻破坏性的抵抗。这就是1896年克里斯皮被丢下独自承担阿杜瓦灾难的原因之一，他不但被赶下台，而且还遭抛弃，名誉扫地。

迪鲁迪尼是克里斯皮的完美衬托。作为西西里大庄园地主的代表，他总体上更主张维护精英的政治垄断和自治。他的政策是继续推行政治镇压来维护名流显贵的政治垄断地位以对抗大众政治的威胁，而又不寻求牺牲某些贵族利益以用其他方式扩大国家权力，并放弃一切利用改革这个幌子的行径。

镇压和改革的双重模式让位于更简单的独裁镇压。但经证明这种方式也行不通，这是一个明显迹象，意味着意大利社会正经历着广泛变化。尽管在政治上遭到大量阻碍和制约，议会反对派团体在选举中得到的支持度还是不断上升，如果说这是镇压政治破产的切实证据，那么它也为危机下一次升级提供了起点。

1897年夏天，在新的民众骚乱和抗议的背景下，激进派和社会主义者取得了新的选举成功。原因不再是商业衰退，因为意大利经济已经开始了一段前所未有的扩张时期。在这种情况下，不满情绪更直接源于粮食歉收，表现为粮食暴乱，这意味着低工资水平为意大利工人阶级内部原本迥然不同的阶层提供了团结的强大源泉。[7]

反对面包价格的抗议活动也找到了一个政治目标，因为保护主义带来了多种影响，其中就包括证明了食品价格受政治影响的程度不亚于自然因素。对更廉价面包的需求与更广泛的反保护主义融合，第二年春天，抗议活动持续并加剧，那时，西班牙与美国争夺古巴的战争打乱了大西洋贸易，并切断了谷物进口。4月，大多数主要城市爆发示威活动；5月，食品暴乱得到米兰罢工的支持，政府决定展示武力。巴瓦·贝卡里斯将军占领城市，在随后的战斗中，至少80名示威者遇难，450多人受伤。在战斗中，一座被认为是革命阴谋中心的卡普钦修道院遭到轰炸，但事实证明，那里面除了僧侣之外没有别人。伤亡人员中只有两名公共武装力量成员：一名警察在部队向示威人群开火时出现在错误的地方，还有一名士兵的死亡情况没有查明。[8]

对这种结果最宽容的解释是政府慌乱，失去了理智。但更有可能的是，迪鲁迪尼试图打出克里斯皮在1894年使用过的那张牌，利用所谓的对公共秩序的威胁来证明对反对派实施更极端的镇压措施是合理的。但是这一次，这招伎俩并没有奏效，各种派别的政治团体纷纷谴责政府。纳波莱奥内·科拉扬尼轻蔑地表示政府将"肚子的抗议"变成了一场革命，仅仅是为了证明新的镇压措施是"正直的反应"。保守派的批评也很严厉，他们认为，对于帕斯夸莱·维拉里讥讽的"从未存在却发生过，只是因为人们认为它已经发生了的一场革命"，政府的反应无能且过度。[9]

法律和秩序在1898年未能发挥其例行的魔力，表明政治舞台已经发生了变化。事实证明，镇压政治远未达到目的，而是适得其反。它不仅败坏了政府在欧洲人民心中的信誉，更糟的是，这些镇压活动还加强了那些本欲摧毁的势力。以最不足信的指控肆意逮捕社会主义者、激进分子和神职人员嫌疑人增加了反对派同盟的力量并扩大了其范围。而当军事法庭对米兰"五月事件"后被捕的人判处总计超过3000年的监禁时，整个意大利发生的抗议和示威活动为大众政治的发展提供了一个前所未有的平台。[10]

镇压的做法取得了与俾斯麦早先在德国摧毁社会主义时非常相似的结果。在意大利，镇压让大众政治不仅有了话语权，而且赢得了名望。而在社会处于危机的这些年里，左翼派别在选举中取得稳步进展，证明旧政治精英的垄断地位已经被动摇。在这种变化了的政治环境中，迪鲁迪尼试图用处理自家西西里庄园里不服从者的方式来对付政治反对派不可能成功。

然而，大众政治的日益强大只是镇压政治失败的原因之一。1890年政府缺乏来自精英阶层的支持表明，增加国家权力的企图暴露了自由主义意大利基本的政治模糊性之一。政府只能通过改变中央与地方之间的权力平衡才能变得更强大有效，但是这威胁到许多地方显要的自治权，同时意味着缩小与政府一致的利益相关者的范围。保护主义进一步缩小了能够通过更广泛的"转型主义"共识政治来影响政府的利益团体的范围，迫使相当一部分精英加入了异质却强大的势力，团结在反保护主义阵营中。

保护主义没有通过围绕实业家和地主利益建立新的政治轴心来解决精英阶层内部的分歧，反而加剧了意大利统治阶级的不团结。在这种情况下，任何加强国家及其干预权力的尝试都很可能失败，因为它引出了谁能从这种发展中受益的问题。这是任何加强行政机关权力的企图的主要障碍，也正因如此，类似悉尼·松尼诺在1897年著名文章中呼吁"回归宪法"的提议几乎没有得到支持。此外，松尼诺提议修订1848年宪法，通过采用一种类似威廉二世时期德国的内阁政府制来增加君主的权力。[11]然而，即使是在这些年意大利紧张的政治气氛中，这样的提议也几乎没有成功的机会，因为它们未能解释加强了的行政部门将代表哪些利益相关者。尽管历届政府反应过度，但几乎没有迹象表明，意大利的精英们准备放弃自己的特殊利益，或者为了加强国家而放弃自己的权力。

因此，由于政治原因，很难超越迪鲁迪尼主要依靠国家现有权力的专制镇压。反对派的支持度持续上升，使得自由主义国家的专制做法暴露在公众监督和政治谴责的聚光灯下。往届政府许多措施的合法性已经招致越来越多的挑战，当前政府更多地使用议会外的治理形式，但几乎没有迹象表明精英阶层或军队内部对更专制的解决方案有多少支持。

另一方面，反对保护主义的运动为各种政治倾向提供了一个交汇点，具有这些政治倾向者包括老派自由贸易的自由主义者、激进分子、社会主义者甚至无政府主义者。对保护主义的敌意使反对进口关税、反对国家作用和功能扩张、反对国内高税率、反对土地所有者的政治权力和反对殖民冒险的人团结在一起，并将这些不同寻常的同行者置于一个共同的政治平台上。

谴责政府的扩张主义和干涉主义野心在反对保护主义运动中占据显著位置，这并不令人惊讶。在这一点上，无政府主义者弗朗切斯科·萨韦里奥·梅利诺几乎可以与自由贸易主义者维尔弗雷多·帕雷托携手并肩。对梅利诺来说，滥用权力反映了意大利阶级统治的现实，而帕雷托也认为，意大利政治制度的根本缺陷之一在于：

国家职能的巨大延伸使公民的个人主动性和经济独立性几乎化为乌有。[12]

尽管这可能准确描述了经验趋势甚至政治意图，但也是对现实的明显且论战式的歪曲。19 世纪 90 年代的危机更清楚地说明了自由主义国家的弱点而非优势，这些弱点无法通过政府的专横措施和更大的警察权力来掩盖。这场危机还表明，不管自由主义国家在物质上有什么缺陷，它更根本的弱点是政治性的，而不是物质性的。克里斯皮及其追随者的专制解决方案的失败，再次确认了私人和部门利益高于公共利益。这仍将是有效增加国家权力的一个主要障碍，尽管它也是其他改革的强大障碍。

如果说自由主义国家更深层次的模糊性源于政治，那么 19 世纪 90 年代的危机也暴露了其职能上的弱点。在这场危机中，政府的行动一次又一次地暴露了前几章所讨论的那些实际的和行政的缺陷。就像早期试图扩大政府行政职能、提升其效率的尝试一样，19 世纪 90 年代试图展示力量的尝试让自由主义国家的官僚机构和治安机构不堪重负，并在非常公开的舞台上展示了这些弱点。国家的无能危害了许多人，同时也为政府的反对者提供了宝贵的政治武器。捍卫公民自由和法律的正当程序尤其为反对派提供了一个基本的、极其有效的纲领，这为本来五花八门的反保护主义联盟提供了力量和凝聚力。

正如我们所见，意大利国家的控制权非常强大。这些权力本身是否独一无二，其他自由主义和宪政制度在这一时期是否没有滥用法律的正当程序，我们仍然不清楚。在同一时期，欧洲许多其他国家也存在这样或那样类似的警察权力，而即使是在那些最高声宣称司法中立性和独立性的国家，其司法是否中立和独立现在看来也尚无定论。

尽管如此，19 世纪 90 年代，意大利动用国家权力干预司法、搁置正当法律程序以及在必要时规避法律程序限制的做法仍达到了前所未有的高度。尽管政府史无前例地使用了戒严、任意逮捕和拘留等手段，中止了公共集会和结社权、罢工和示威权以及普遍的言论和新闻自由，可结果是加强而不是削弱了法治。由于过度使用这些措施，矛盾出现在法律规定的保障与国家及其代理人在紧急情况下以及常规条件下所采取的专断措施之间，暴露在愤怒的公众讨论中。[13]

因此，在这场政治危机中，捍卫正当法律程序以对抗国家的专断本能成为一个明确而核心的问题，而国家采取的许多措施明摆着非法，为反对派提供了为数不多却最有影响力的几张牌之一。在 1894 年 10 月社会党遭取缔后不久，"捍卫自由联盟"（Defence of Liberty League）在米兰成立，其方案在很大程度上被激进派抢了先，后者早在 1890 年就为即将召开的议会起草了一份宣言，将捍卫公民自由作为首要的优先任务之一。但是，新的镇压措施掩盖了共和派人、激进分子和社会主义者之间的深刻分歧，并至少暂时为他们提供了一个共同纲领。抗议侵犯公民自由的活动为社会主义者谋取了名望，突出了社会主义政治的遵纪守法，明确了与其他政治压迫对象共同的不满，同时也与自由主义的反保护主义者建立了共识，后者将法律的滥用和误用看作妄自扩张国家权力的又一个例子。

捍卫公民利益的行动为建立一个基础广泛的反对派联盟奠定了基础，并且非常适合图拉蒂的改良社会主义。他的政治主张建立在这样一个前提下：这场危机部分是意大利资产阶级革命不完全性的产物，部分是它的反映。君主、军队和大庄园主寡头集团仍然垄断权力，他们试图将大众排除在政治之外的同时，拒绝与新兴的、更有活力的中产阶级分享权力。他们声称，这种做法是合理的，有利于与先进中产阶级一起努力推动意大利的资本主义革命，从而为随后的无产阶级革命创造社会和政治条件。但事实是，在公共秩序遭到危机的状况下，才第一次出现了一份极简主义方案来对抗大多数人的不妥协的革命纲领。[14]

毫不意外的是，图拉蒂改良主义政策的批评者是捍卫公民自由运动中最直言不讳的反对者之一。例如，无政府主义者弗朗切斯科·萨韦里奥·梅利诺指出，既然国家已经将法律作为自己的工具，那么要求尊重法治是徒劳的。同时，图拉蒂的政策也遭到社会主义运动内部的攻击，安东尼奥·拉布里奥拉（Antonio Labriola）就轻蔑地将其与德国社民党通过法律改革来推行社会主义的尝试相提并论，将其斥为"白痴的乌托邦"。[15]

然而，我们很难不得出这样的结论：在19世纪90年代的情况下，捍卫公民自由和要求国家尊重本国法律确实提供了超越不同反对派团体之间和团体内部分歧的一份极其有效的纲领。它还为大众政治提供了接触更广泛受众的首要手段，就是在全国各地组织会议和抗议活动，为政府镇压的受害者以及被拘受审者辩护。维护正当法律程序也有助于创造一种气氛，让政府难以规避法律。事实上，1900年春，当最高上诉法院裁定佩卢将军在前一年议会休会后通过法令推出的新紧急立法为非法时，这两者就发生了直接冲突。[16]

因此，法律最终仍然是一把双刃剑，政府可能利用它达到自己的目的，但它也可能同样容易地被用来对付政府，因为法律也为当局想迫害的人提供了重要的机遇和保障。但是，如果说19世纪90年代的危机为法治带来了新的力量，并促成了随后10年更强调宪政政治和法治政府，那么它也构成了一个竞技场，在此，妥协和休战比彻底的胜利更显而易见。焦利蒂的和解和共识政治取代了过去10年的专制主义实验，重申了宪政的价值和法律的正当程序，但是这并没有伴随着对早期滥用权力的任何改革。事实上，19世纪90年代处于政治风暴中心的专断措施依然存在，尽管此后它们往往以不那么张扬的方式部署。尽管1901年以后普遍有了更大的自由意识，但政治和公民自由仍然取决于当局的自由裁量权，没有采取任何步骤来消除宪法中围绕它们的含糊不清之处。[17]

这是一个重要的例子，说明19世纪90年代的危机似乎最终只是改变了政府的形式而非实质，影响了意大利国家的外观而非结构。鉴于此，焦利蒂适应大众政治新力量的尝试不能被视为新的起点，而应被视为回归早期"转型主义"的实践。镇压政治让位于共识和妥协政治，除了放弃公开镇压，这也意味着改变了克里斯皮构建积极国家的愿景。结果，在许多情况下，公共部门与私营部门已确立的界限仍然保持不变，在某些情况下，后者甚至有所扩大。而国家在劳资纠纷中保持中立的声明（在这一点确实得到遵守的情况下），至少提供了一个例子，表明在某种意义上，私人领域的范围扩大了。

这也遵循了危机的政治逻辑，克里斯皮的镇压和改革方式让位于迪鲁迪尼、佩卢和萨拉科都无法实现的简单镇压政治。焦利蒂便陷入这种僵局之中，他承认名流显贵的社会和政治自治权不能动，还试图给予群众性政党代表类似特权。在新的政治和经济背景下，那些旧的界限是否能够维持，在这里是无法回答的问题。但是，由于大众政治的现实意味着再也无法重新见到显贵们那个封闭的政治世界，当精英们感到越来越不安全时，试图重申意大利公共和私人生活领域之间的旧界限显然存在危险。焦利蒂的方案很冒险，可能会保留和放大国家的弱点，尽管国家外表强大。最重要的是，这是一种僵化的模式，在这种模式下，任何重大的结构性改革都不得列入政治议程，因为改革会威胁到调和对立面所依据的前提基础。

虽然焦利蒂的实验在创新的外表下可以说还带有过去的深刻印记，但还有其他迹象表明，过去的一些担忧和关注开始改变。其中一个有趣的迹象是犯罪词汇的显著变化，19 世纪结束时的危机已经将法律与秩序问题由抽象的推测转化为一个紧迫的政治问题，10 年前意大利"可悲的领先地位"调查中所涉及的关注点现在被不同的社会恐惧和关注点所取代。

结果，法律与秩序变成了更明确的政治性问题，颠覆的词汇开始取代犯罪词汇。例如，1894 年和 1898 年的骚乱被看作是无政府主义者、革命者、教会反革命分子甚至是外国势力的杰作。内部的敌人发生了微妙的变化，曾经出没隆布罗索梦境的生物退化者的威胁也淹没在了大众政治现实带来的新恐惧之中。

此外，隆布罗索的担忧也因为其他原因变得不那么重要，其中一个就是移民。面对许多农村地区人口的急剧减少，社会的关注点由对内部无政府状态和骚乱的恐惧转向了对意大利正在失去最重要和最具生产力的人口阶层的担忧。阿杜瓦的灾难不可避免地加剧了这种担忧，这场灾难暴露了这个新国家的军事弱点。由于大屠杀是由一支非欧洲军队造成，这种屈辱感更加强烈，再加上移民所引起的恐惧，使意大利更加迫切地需要强大起来。

就像 18 世纪一样，科学很快就认可了这些成见。但是犯罪人类学家的时代正在过去，新一代将注意力转向了遗传学家和人口统计学家，其理论更加符合国家的新氛围和新环境。新一代科学家将目光集中在意大利未来的实力和生产力上，他们开始为无产阶级平反昭雪，清洗隆布罗索与其同事给无产阶级打上的退化烙印，无产阶级不再是滋生内部敌人的危险温床，而开始被描绘成未来的主要希望。人口统计学家认为，无产阶级的意大利是欧洲最富有阳刚之气和活力的国家之一，因此无论意大利在新的国际竞争环境和帝国主义的威胁下缺乏什么物质资源，都可以用丰富的人力资源来弥补。人口统计学家声称，意大利无产阶级的活力不仅超过了所有欧洲国家的竞争对手，而且与意大利资产阶级更虚弱和软弱的特征相比，意大利无产阶级的阳刚之气和生命力也要强出许多。在这种情况下，最重要的是意识到并释放意大利社会的这些先天优势。[18]

尽管内部敌人的属性和身份已经消失，不过关于内部敌人的概念并没有消失。但是，越是坚持将意大利人彼此联系在一起并将他们与他人区别开来的种族特性，越是必然认为早期的生物退化学说毫无意义，甚至令人不适。阿尔弗雷多·尼切福罗（Alfredo Niceforo）将犯罪人类学家的早期理论转换成种族主义术语的尝试尤其有意思。[19]然而，如果说这些理论和思想与上一个10年更为内省的氛围形成对比，那么它们也将我们带入了一个本研究以外复兴的民族主义、重构的社团主义理论和帝国主义的新世界。然而，它们是最后的例证，说明对无序状态的认识不仅受到社会现实的影响，而且受到普遍的政治和文化偏见的影响。因此，在法律与秩序的政治中，一个章节的结束必然是另一个篇章的开始。

注　释

1. 关于这场危机的详细英语描述，参见：D. Mack Smith *Italy：A Modern History*（Ann Arbor, 1969）；C. Seton-Watson *Italy from Liberalism to Fascism*（London, 1967）；M. Clark *Modern Italy* 1871-1982（London, 1984）。

2. 另参见 L. Cafagna 'Italy 1830-1914' in *Fontana Economic History of Europe* ed. C. Cipolla Vol. 4（1）1973；关于新移民，参见 J. D. Gould 'European Inter-Continental Emigration 1815-1914' *JEEH* 1979, 8（3）, pp. 593-679；Ibid., 1980, 9（1）pp. 41-112。

3. M. Clark（1984）Ch. 5；F. J. Coppa 'The Italian Tariff and the Conflict between Agriculture and Industry' *JEcH* 1970, p. xx；V. Castronovo 'Storia Economica' in *Storia d'Italia*（Turin, Einaudi, 1973）Vol. 4, pp. 101-120；L. De Rosa *La Rivoluzione Industriale in Italia*（Bari, 1980）pp. 17-36。关于保护主义政治，尤其参见 R. Vivarelli *Il Fallimento dello Stato Liberale*（Bologna, 1981）。

4. 转引自 G. Manacorda *Crisi Economica e Lotta Politica in Italia 1892-1898*（Turin, 1968）

p. 106；关于紧急立法，参见 L. Violante 'La Ripressione del Dissenso Politico nell'Italia Liberale: Stato d'Assedio e Giustizia Militare' *RSC*, 1976,（5）, pp. 520-521。

5. B. Croce *A History of Italy 1871-1915*（Oxford, 1929）p. 166；G. Manacorda 'Crispi e la Legge Agraria per la Sicilia' *ASSO*, 1972,（9）pp. 9-95；F. Renda *I Fasci Siciliani 1882-1889*（Turin, 1977）pp. 207-325.

6. R. Romanelli *L'Italia Liberale 1861-1900*（1979）pp. 344-349；C. Pinzani *La Crisi Politica di Fine Secolo in Toscana*（Florence, 1963）pp. 15-25；F. Fonzi *Crispi e lo Stato di Milano*（Milan, 1965）.

7. U. Levra *Il Colpo di Stato della Borghesia: La Crisi Politica della Fine del Secolo in Italia（1896-1900）*（Milan, 1975）.

8. 同上，第 2 部分，第 1 章；英语文献参见：L. Tilly 'I Fatti di Maggio: the Working Class of Milan and the Rebellion of 1898' in R. Bezucha *Modern European Social History*（Lexington, 1972）pp. 124 - 160；L. Tilly *The Working Class of Milan 1881 - 1911*（University of Toronto, 1974）。

9. N. Colajanni *L'Italia nel 1898. Tumulti e Reazioni*（Milan, 1898）p. 21；P. Villari 'I Tumulti di Milano, Maggio 1898' in *Scritti sulla Questione Sociale* p. 199.

10. L. Villari 'I Fatti di Milano del 1898: la Testimonianza di Eugenio Viollier' *SS*（8）, 1967；U. Levra（1975）pp. 157-161.

11. S. Sonnino 'Torniamo allo Statuto' *Nuova Antologia* Jan. 1987.

12. V. Pareto 'The Parliamentary Regime in Italy' *Political Science Quarterly*（1893）, in V. Pareto *The Ruling Class in Italy Before* 1900 ed. S. F. Vanni（New York 1974）p. 12；F. S. Merlino *L'Italia Qual'è.* ed. N. Tranfaglia（1975）.

13. M. Sbriccoli 'Il Diritto Penale Sociale 1883-1912' in *Quaderni Fiorentini per la Storia del Pensiero Giuridico Moderno* 4（1975）pp. 583-629.

14. 同上；另参见 R. Michels *Storia Critica del Movimento Socialista Italiana*（Florence, 1926）pp. 200-205；关于激进派，参见 G. Spadolini *I Radicali dell'Ottocento*（Florence, 1982）pp. 82-101。

15. 转引自 P. Ungari *L'Età del Codice Civile*（1967）p. 176。

16. M. Sbriccoli（1973）pp. 581-591.

17. G. Neppi Modena Scioperi, Potere Politico e Magistratura 1870-1922（Bari, 1969）Vol. 1, p. 93ff；R. Vivarelli 'L'Italia Liberale e Fascismo' in Il Fallimento del Liberalismo；N. Tranfaglia *Dello Stato Liberale al Regime Fascista*（Milan, 1973）pp. 167-180。关于不同环境与时代划分下类似的讨论，另参见：E. P. Thompson *Whigs and Hunters. The Origin of the Black Act*（London, 1975）；E. P. Thompson *The Poverty of Theory*（London, 1978）；*Capitalism and the Rule of Law: From Deviancy Theory to Marxism* eds B. Fine, R. Kinsey, R. Lea, S. Picciotto and J. Young（London, 1979）。

18. S. Lanaro *Nazione e Lavoro: Saggio sulla Cultura della Borghesia in Italia 1870 - 1925*（Venice, 1979）pp. 19-82；F. Gaeta *Il Nazionalismo Italiano*（Bari, 1981）；L. De Rosa

'Economics and Nationalism in Italy (1861–1914)' *JEEH* 1983 (3) pp. 537–574.

19. A. Niceforo *L'Italia Barbara Contemporanea* (Palermo, 1898); A. Niceforo *Lo Studio Scientifico delle Classi Povere* (Trieste, 1907); B. Farolfi 'Antropmetria Militare e Antrologia della Devianza' in *Storia d'Italia* Annali 7 (Turin, Einaudi, 1985) pp. 1210–1219.

缩略语

档案来源

ACSR   Archivo Centrale dello Stato, Rome. 国家中央档案馆, 罗马

AG   Archives de Guerre, Vincennes. 战争档案馆, 温森斯

AMAE   Archives, Ministère des Affaires Etrangères, Paris. 外交部档案馆, 巴黎

ANP   Archives Nationales, Paris. 国家档案馆, 巴黎

ASN   Archivio dello Stato, Napoli. 国家档案馆, 那不勒斯

BNP   Bibliothèque Nationale, Paris. 国家图书馆, 巴黎

档案系列

AP   Archives Privées (ANP) 私人档案 (国家档案馆, 巴黎)

CC   Carte Cripsi (ACSR) 克里斯皮文件 (国家中央档案馆, 罗马)

FI   Fonds Italiens (BNP) 意大利资源 (国家图书馆, 巴黎)

Min. GG   Ministero di Grazia e Giustizia (ACSR) 司法部档案 (国家中央档案馆, 罗马)

Min. Int.   Ministero degli Interni (ACSR/ASN) 内政部档案 (国家中央档案馆, 罗马/国家档案馆, 那不勒斯)

学术期刊

AEUI   《意大利统一的经济档案》 (*Archivio Economico dell'Unificazione*

Italiana）

AHR	《美国历史评论》（*American Historical Review*）
AIISS	《意大利历史研究所年鉴》（*Annali dell'Istituto Italiano per Gli Studi Storici*）
AISMC	《意大利现代史研究所年鉴》（*Annuario dell'Istituto Italiano per la Storia Moderna e Contemporanea*）
ASCL	《卡拉布里亚和卢卡尼亚历史档案》（*Archivo Storico per la Calabria e la Lucania*）
ASM	《墨西拿历史档案》（*Archivio Storico Messinese*）
ASPN	《那不勒斯各省历史档案》（*Archivio Storico per le Provincie Napoletane*）
ASSO	《西西里岛东部历史档案》（*Archivio Storico per la Sicilia Orientale*）
CIHSE	《社会和经济史国际手册》（日内瓦）（*Cahiers Internationaux de l'Histoire Sociale et Economique*）（Geneva）
CJH	《刑事司法史》（*Criminal Justice History*）
CSSH	《历史与社会比较研究》（*Comparative Studies in History and Society*）
EcHR	《经济史评论》（*Economic History Review*）
ER	《农村研究》（*Etudes Rurales*）
ESR	《欧洲研究评论》（*European Studies Review*）
EUI	《欧洲大学学院工作论文》（*European University Institute, Working Papers*）
GE	《经济学期刊》（*Giornale degli Economisti*）
HJ	《历史杂志》（*Historical Journal*）
IAHCCJ	《国际犯罪和刑事司法史协会通讯》（*International Association for the History of Crime and Criminal Justice, Newsletter*）
JEEH	《欧洲经济史杂志》（*Journal of European Economic History*）
JEcH	《经济史杂志》（*Journal of Economic History*）
JIH	《意大利历史杂志》（*Journal of Italian History*）
JPS	《农民研究杂志》（*Journal of Peasant Studies*）
JSH	《社会历史杂志》（*Journal of Social History*）
MEFR	《罗马法国学派文集》（*Mélanges de l'Ecole Française de Rome*）

MO　　　　　《工人运动》（*Movimento Operaio*）

MOS　　　　《工人和社会主义运动》（*Movimento Operaio e Socialista*）

NA　　　　　《新选集》（*Nuova Antologia*）

NRS　　　　《新历史杂志》（*Nuova Rivista Storica*）

PP　　　　　《过去与现在》（*Past and Present*）

QFSPGM　　《现代法律思想史笔记》（*Quaderni Fiorentini per la Storia del Pensiero Giuridico Moderno*）

QS　　　　　《历史笔记》（*Quaderni Storici*）

RISN　　　　《意大利拿破仑时代研究杂志》（*Rivista Italiana di Studi Napoleonici*）

RSC　　　　《当代历史杂志》（*Rivista di Storia Contemporanea*）

RSI　　　　《意大利历史杂志》（*Rivista Storica Italiana*）

RSR　　　　《意大利复兴历史评论》（*Rassegna Storica del Risorgimento*）

S+S　　　　《社会与历史》（*Società e Storica*）

SS　　　　　《历史研究》（*Studi Storici*）

SU　　　　　《城市历史》（*Storia Urbana*）

图书在版编目（CIP）数据

冲突与控制：19 世纪意大利的法律与秩序 /（英）
约翰·戴维斯（John A. Davis）著；陈梅，余曼筠译
. -- 北京：社会科学文献出版社，2024.3
（安全治理丛书）
书名原文：CONFLICT AND CONTROL：LAW AND ORDER
IN NINETEENTH-CENTURY ITALY
ISBN 978-7-5228-2570-0

Ⅰ.①冲… Ⅱ.①约… ②陈… ③余… Ⅲ.①法制史
-意大利-19 世纪 Ⅳ.①D954.69

中国国家版本馆 CIP 数据核字（2023）第 187617 号

· 安全治理丛书 ·

冲突与控制：19 世纪意大利的法律与秩序

著　　者 /［英］约翰·戴维斯（John A. Davis）
译　　者 / 陈　梅　余曼筠
译　　审 / 但彦铮

出 版 人 / 冀祥德
组稿编辑 / 恽　薇
责任编辑 / 颜林柯
责任印制 / 王京美

出　　版 / 社会科学文献出版社 · 经济与管理分社（010）59367226
　　　　　　地址：北京市北三环中路甲 29 号院华龙大厦　邮编：100029
　　　　　　网址：www. ssap. com. cn
发　　行 / 社会科学文献出版社（010）59367028
印　　装 / 三河市龙林印务有限公司
规　　格 / 开　本：787mm×1092mm　1/16
　　　　　　印　张：19.5　字　数：327 千字
版　　次 / 2024 年 3 月第 1 版　2024 年 3 月第 1 次印刷
书　　号 / ISBN 978-7-5228-2570-0
著作权合同
登 记 号 / 图字 01-2014-4059 号
定　　价 / 98.00 元

读者服务电话：4008918866